COMPUTER ASSISTED TOOLS
FOR SEPTUAGINT STUDIES (CATSS)

SOCIETY OF BIBLICAL LITERATURE
SEPTUAGINT AND COGNATE STUDIES SERIES

Edited by
Claude E. Cox

Number 20

COMPUTER ASSISTED TOOLS
FOR SEPTUAGINT STUDIES (CATSS)
Volume 1, Ruth

Project Directors
Robert A. Kraft
Emanuel Tov

COMPUTER ASSISTED TOOLS
FOR SEPTUAGINT STUDIES (CATSS)

Project Directors:
Robert A. Kraft
Emanuel Tov

Volume 1, Ruth

John R. Abercrombie
William Adler
Robert A. Kraft
Emanuel Tov

Scholars Press
Atlanta, Georgia

Computer Assisted Tools for Septuagint Studies (CATSS)
Volume 1, Ruth

Project Directors
Robert A. Kraft
Emanuel Tov

Library of Congress Cataloging in Publication Data

Computer Assisted Tools for Septuagint Studies.

(Septuagint and cognate studies series ; 20–)
Includes bibliographies and indexes.
Contents: v. 1. Ruth / John R. Abercrombie . . . [et al].
1. Bible. O.T. Greek—Versions—Septuagint—Data processing. I. Kraft, Robert A. II. Tov, Emanuel. III. Abercrombie, John R. IV. Computer Assisted Tools for Septuagint Studies (Project) V. Series; Septuagint and cognate studies series ; no. 20.
BS744.C66 1986 221.4'8'0285 85–127892
ISBN 0–89130–978–0 (v. 1 : alk. paper)
ISBN 0–89130–979–9 (v. 1 : pbk. : alk. paper)

Printed in the United States of America
on acid-free paper

COMPUTER ASSISTED TOOLS FOR SEPTUAGINT STUDIES (CATTS)

Directed by Robert A. Kraft and Emanuel Tov

Volume 1, Ruth

John R. Abercrombie, William Adler, Robert A. Kraft, Emanuel Tov

CONTENTS

ACKNOWLEDGMENTS

The authors would especially like to thank the following sponsoring organizations for their generous support of this work: the Research Tools Division of the National Endowment for the Humanities, the David and Lucile Packard Foundation, the Heinz Foundation, the Israel Academy of Sciences, the University of Pennsylvania and the Hebrew University of Jerusalem.

Special thanks go to Benjamin Wright who copyedited and proofread the manuscript and prepared the printed copy of the volume, to Jacqueline Z. Pastis for her assistance with copyediting and proofreading, to Walter Mankowski who wrote and continually updated the computer print programs to meet the special needs of producing a volume such as this, to our special consultants for computing, David Packard, Richard Whitaker and Stephen Waite, and finally to the entire staff of the CATSS project in Philadelphia and Jerusalem, whose influence permeates this volume and the work it represents.

CHAPTER I

I.1 THE PROJECT AND THE VOLUME

Robert A. Kraft
and
Emanuel Tov

This volume is the first of a series of publications
presenting the work carried out either by the members of the
Computer Assisted Tools for Septuagint Studies (CATSS)
project or by others using data provided by the project. It
illustrates for the book of Ruth the range of possibilities
presented by computer analysis of the data which are
entered, digested and analyzed within the project, although
in actuality that range is much wider than indicated in this
volume. The use of such a data base is virtually unlimited.
The data base itself can be enlarged or reshaped in various
ways and a multiplicity of computer programs can be applied
to it. Already several dissertations are being written in
connection with the data collected by the project which will
further illustrate in more detail the flexibility of this
powerful new tool.

I.1.1 The CATSS Project

More detailed information about the project and its
background can be found in the authors' 1981 publication in
the Bulletin of the International Organization for
Septuagint and Cognate Studies (BIOSCS 14). The project

originally came into existence as a means towards the goal
of producing a lexicon of Septuagintal Greek, one of the
hopes of the founders of the IOSCS. Emanuel Tov was named
editor designate for the projected lexicon, and Robert Kraft
was asked to investigate the possibility of using computer
technology to prepare the data from which the lexical
entries would be constructed.

Funding was sought from the National Endowment for the
Humanities as well as from other sources. In 1978-79, a
"feasibility study" grant was received from the NEH which
contributed additional funds in 1981 to permit the project
to experiment with the use of David Packard's IBYCUS System
as an effective means of advancing the project's goals.
Funding was also received for certain sub-projects from the
Packard Foundation and from the Heinz Foundation in
Pittsburgh. Finally, in May 1982, a major two-year grant was
received from the NEH which has enabled the project to
acquire its own IBYCUS System and to proceed rapidly along
the lines described and illustrated in this volume.

The personnel involved in the early development of the
project are well represented in this volume. Kraft and Tov
are co-directors, with Kraft responsible primarily for the
development of the computer aspects and the Greek variant
material, and Tov for the relationship of the Greek to the
Hebrew and for the use of the project data bank in preparing
the desired lexicon. At many points these responsibilities
overlap and intermingle, and each co-director has
contributed a great deal to every aspect of the project --
and has learned a great deal about the use of computers in
such research.

John Abercrombie has served as research associate,
computer consultant and programmer from the time of the
feasibility study, when he visited various computer centers

and projects to gather the needed information to develop CATSS further. After he finished his PhD at the University of Pennsylvania, he continued his work on the project while teaching in the Religion Department at Waynesburg College, PA, with assistance both from his College and from the Pittsburgh offices of the Heinz Foundation. In 1982-83, he returned to the University of Pennsylvania to work full-time on system development, programming and file management for the project, and subsequently to serve as an advisor.

William Adler has also been involved with the computer aspects of the project and with its scholarly development for many years, first as a PhD student at the University of Pennsylvania and later as the director of the sub-project for morphological analysis of the Greek texts, when funding to begin that work was received from the Packard Foundation in 1981. He has also worked with the Jerusalem team.

Other team members whose efforts contributed significantly to this volume include, at the University of Pennsylvania, Benjamin Wright (entry and analysis of textual variants), Theodore Bergren (morphological analysis), Lynne LiDonnici (morphological analysis), Allen Callahan (automatic data entry, morphological analysis), and Walter Mankowski (programming) to mention only the most obvious; at the Hebrew University focusing on the Greek-Hebrew alignment: Paul Lippi, Dr. Zipporah Talshir, Dr. Moshe Zippor, and at a second stage also Dr. Peter Cowe, Nehamah Leiter, Dr. Frank Polak and Fritz Knobloch. Our main consultants have been David W. Packard, creator and chief wizard of the IBYCUS System, Richard E. Whitaker and Stephen S. V. Waite, both of whom make a living by using the many talents of the IBYCUS System. Much assistance and encouragement has also come from the respective staffs of

the computer facilities at the University of Pennsylvania
and at the Hebrew University.

I.1.2 Computer Configurations

The CATSS project relies on different computing
facilities for various aspects of its work. In its own
offices at the University of Pennsylvania is an IBYCUS
System configuration, which runs on Hewlett-Packard
equipment. The IBYCUS System was developed by classicist
David Packard precisely for the needs of scholars who work
with ancient texts (especially Greek and Latin), who wish to
see on the computer screen the actual "foreign" character
sets, and who need highly specialized printing capabilities
to disseminate their work. Built into the system are
programs for rapid searching of texts, sorting of words into
alphabetic order, formatting and editing textual material.
The CATSS project houses four video terminals with Greek and
Hebrew character sets, a NEC Spinwriter printer and three
Toshiba dot matrix printers, a tape drive for transfer of
materials, a disk drive for on-line storage (404 megabyte),
and the central processing unit itself. In addition, two IBM
PCs and the HP LaserJet printer are available to the
project. Most of the day by day work is done on this IBYCUS
System, located in the Religious Studies Department at the
University.

Automatic morphological analysis of Greek texts is done
by a program mounted on the IBM computing facility at the
University of Pennsylvania. This program was also written by
David Packard and is described in some detail in his article
cited in note 1 in I.4 as well as in I.4 itself. The CATSS
staff constantly updates the program dictionary for more
accurate results on hellenistic texts, and the initially

analyzed texts are verified and corrected on the IBYCUS
System.

While he was at Waynesburg College, John Abercrombie
also did several project-related tasks on Waynesburg's DEC
PDP 11/70, using the DEC BASIC programming language. Some
project collaborators who have access to similar DEC
equipment continue to use it for project purposes.

At the Hebrew University in Jerusalem, a PRIME computer
system is being used, and the CATSS project has its own disk
pack for use on that system. The Hebrew University team
receives computer readable data from Philadelphia, then
reformats, corrects and expands that data by means of
various computer programs written on the PRIME system.

The project relies heavily on an automatic data entry
machine for encoding the textual variants. The variants for
Ruth were entered manually, but 1 Esdras, Deuteronomy and
the Minor Prophets were encoded automatically on a Kurzweil
Data Entry Machine (KDEM) at the Computing Center at Oxford
University. Now the project has direct access to a KDEM III
at the University of Pennsylvania with which it is recording
the remaining textual apparatuses. This raw data is then
reformatted and verified with the aid of a series of
computer programs.

Various printing devices are also available for
producing working copy as well as camera-ready copy, whether
in transliteration or in the appropriate character fonts. At
present "downloadable" matrix printers as well as a
cartridge driven laser printer are being used for mixed
fonts.

I.1.3 Computer Programs

Description and discussion of computer programs for searching, indexing ("sorting"), concordancing and related needs will be found below, in III.1. That sort of "software" is of central importance to the progress and ultimate value of the project, but in many ways it represents only a small part of what is done automatically through computer programming in the project.

The IBYCUS System itself has a powerful set of "built in" programs for working with textual and lexical material. Perhaps most impressive is the LEX program, which permits searches for two or more letters or combinations of letters and displays on the video screen Greek characters and a three line context for the material searched. It thus can be used as a flexible, individualized electronic concordance. IBYCUS also provides SORT programs for alphabetizing lists, a COLLATE program to compare similar files, and a standard set of programs (including search, search and replace) for editing texts and printing them attractively.

Although it is not yet implimented on the IBYCUS System, David Packard's MORPH program for automatic analysis of Greek texts is in operation on the University of Pennsylvania's IBM 4341 mainframe for project purposes. Standard editing programs are also available on the IBM. Recently, a program for automatic morphological analysis of the Hebrew (HEBMORPH) has been written for the project by Richard Whitaker, and its results are partly reflected in this volume.

The Greek and Hebrew MORPH programs also are valuable in locating errors in the texts being analyzed, and work hand in hand with other verification-type programs such as

Abercrombie's program to add accentuation and breathings to
the textual variants automatically. Nevertheless,
ultimately everything must be checked as well with human
intervention to determine whether the programs are working
properly and whether the programmers have anticipated all
eventualities in the effected files.

At the Hebrew University, programs for reformatting,
correcting and expanding the aligned text files are in
place, along with standard system programs. As the work
progresses on all fronts, special programs of various sorts
will be required not only to prepare the data bank but to
use it effectively in a wide range of applications.
Fortunately, the IBYCUS System is very "user friendly" for
programming, and several members of the project staff are
being encouraged to combine old-time textual scholarship
with the ability to make the best use of the actual and
potential power available in the new computer tools.

I.1.4 Choice of Greek and Hebrew Base Texts

In an introduction to this initial volume it is
necessary not only to describe the project and its
operations and to discuss the overall aims of the volume but
also to explain, and to some extent justify, the treatment
of the data used in the project.

Initially, the choice of the base texts does not depend
simply on scholarly preference, but also on the practical
consideration as to which texts are available in machine
readable form. We were able to obtain existing computerized
texts for both the Greek and the Hebrew. In order to pursue
the aims of the project, certain modifications were then
necessary.

I.1.4.1 The Hebrew Base Text

The Hebrew text used in the project was encoded under
the direction of Richard Whitaker (Claremont Institute for
Antiquity and Christianity) and H. Van Dyke Parunak
(University of Michigan Computer Center), with funding from
the Packard Foundation. The text is that of the Biblia
Hebraica Stuttgartensia (BHS), with the express consent of
the German Bible Society, and has been corrected by the
Jerusalem team with the aid of the Maredsous Data Bank.
Since BHS contains the best available published Masoretic
text of the complete Hebrew Bible, based on codex Leningrad
B 19A, it places the project on solid foundations. Since the
Aleppo codex is believed to represent the Masoretic
tradition more faithfully than the Leningrad codex, it would
be valuable at some point to include the readings of that MS
in the data bank. But this is not an immediate priority
insofar as the primary focus of the project is the Greek,
the Aleppo codex is not preserved for all of the biblical
books, and the greater part of the differences between the
Aleppo and Leningrad MSS concerns vocalization, which is not
currently relevant for the project.

The Hebrew text used in the project contains all the
elements of BHS, that is, consonants, vowels, cantillation
signs, indications of petuchah and setumah, ketib and qere
readings as well as the modern numbers of verses and
chapters. At the present stage of the work the vocalization
and cantillation signs are disregarded in the running text
reflected in this volume. At a later stage they can easily
be reinserted automatically into the text. While it is true
that the Greek translators must have worked from unvocalized
written texts, the issue of vocalization is not irrelevant
insofar as the Greek textual tradition sometimes reflects a
different understanding (interpretation) of the consonantal

Hebrew text known to the translators in comparison to the MT
vocalization, and such differences will be noted in column b
of the data base (indicated by =v in the Hebrew column). In
these instances vocalization will be included. Vocalization
will also appear in the lemma words of the indices in order
to distinguish between consonantal homographs (e.g., sham/shem).

I.1.4.2 The Greek Text

The Greek text used in the project is that of A.
Rahlfs, Septuaginta, id est Vetus Testamentum graece iuxta
LXX interpretes (Stuttgart, 1935), as encoded by the
Thesaurus Linguae Graecae (TLG) project at the University of
California at Irvine. This was a logical choice for TLG to
encode since the text of Rahlfs, published in two volumes in
1935, represents the only complete critical edition of the
LXX. On the other hand, the Göttingen project subsequently
has produced so many excellent critical editions of
individual books that it would be indefensible for a project
such as ours to ignore the results of their scholarship.
Thus we have decided on the following procedure: We begin
with the machine readable text of Rahlfs purchased from the
TLG project; this is modified to agree with the Göttingen
text when the latter is available; otherwise, Rahlfs
remains as the base text. In general, the differences
between the two texts are relatively minor if we exclude
reference to the respective critical apparatuses. Since we
intend to encode the extensive Göttingen textual
apparatuses, it is a relatively simple matter to substitute
the Göttingen main text for Rahlfs at that time. In
addition to some differences in the textual readings
selected by each edition, there will also be differences in
how they deal with such matters as capitalization,
punctuation, breathings, accents, word division, and verse
numbers (especially in relation to MT, since Rahlfs usually

is much closer to the numbering of MT than are the Göttingen editions). Although in some ways such differences between the Göttingen editions and Rahlfs complicate the procedures, they are to some degree unavoidable since similar variations can be found between the individual Göttingen editions and even within the edition of Rahlfs.

I.1.5 The Greek Variant File

The rationale for choosing the base text (Göttingen or Rahlfs) is to be distinguished from the rationale for the choice of a textual apparatus of variants. In each book the fullest collection of published variants will be encoded into the data base of the project. Where they are available, the Göttingen volumes have the most complete textual apparatuses and thus are used; otherwise, the larger Cambridge Septuagint apparatus is encoded. The choice of different apparatuses necessarily complicates the work, since the Göttingen and Cambridge projects use different systems of annotation and indication of textual witnesses. Many of these matters can be resolved with specially written computer programs, but some present more serious problems. In general, a great deal of reformatting of the textual apparatus is necessary, including adapting the variants listed in the Cambridge editions (normally collated against MS B) to the main text constructed by Rahlfs. As will be seen below, the latter problem was minimal in the book of Ruth, since the B text (used by Cambridge) seldom deviated from the critical text printed by Rahlfs. Where it did vary, we simply reversed the Cambridge notations by treating B and its allies as the "variant" text (see I.3.11, below).

Since data bases are flexible, it is relatively easy to add to the data base details concerning sources discovered or published after the date of the last critical edition.

Thus, for example, the readings of the Dodekapropheton scroll from Nahal Hever could easily be inserted into the variant file created from the Göttingen edition of the Minor Prophets. Other recently published textual materials will be treated similarly.

I.1.6 Integrity of the Text: Sequence and Numbering

The main text file (below, II) contains running texts of the Hebrew and Greek Bible in parallel alignment. Although in the course of that alignment various symbols and details are added to the text, they are always added in such a way that the running text itself remains intact and can easily be retrieved from the alignment file. The sequence of the Hebrew text always remains intact, and that of the Greek text is changed only with large-scale editorial differences between the MT and LXX such as in Exodus and Jeremiah. In those cases the LXX text has been rearranged to fit the LXX and the LXX numbering is added in square brackets.

I.1.7 Procedures Leading to the Present Volume

This volume illustrates the major activities in which the project has been engaged through summer 1983 and it would not be innacurate to state that scores of computer programs have been written in order to organize, analyze, digest and correct the data represented here. A list of the major procedures follows:

1. Adaptation and correction of the Hebrew and Greek texts obtained by the project from external sources.

2. Preparation of morphological analysis of the Greek and Hebrew texts, as a basis for indexing (see #6, below).

3. Creation of a Greek-Hebrew aligned text, based on an initial automatic alignment prepared by means of computer programs.

4. Creation of a file of variants for the Greek main text, entered manually (for Ruth) or automatically from the Göttingen or Cambridge editions and reshaped to the requirements of the project.

5. Morphological analysis of the variants.

6. Merging of the variant file with the aligned Greek-Hebrew main texts.

7. Adding the pertinent morphological information (dictionary forms) to the Hebrew and Greek main files merged with the variant file.

8. Study of the data bank by means of various programs which are able to search, reformat, and analyze some or all of the components in the data bank.

APPENDIX 1

ABBREVIATIONS AND SYMBOLS USED FOR TEXTUAL VARIANTS

CODES	PUBLICATIONS	SCRIPTS
	GÖTTINGEN	BROOKE/MCLEAN
A,B,C....Z	=SAME=	=SAME=
a,b,c....z	=SAME=	=SAME=
(A),(B),(C)...(Z)	raised upper case	
(a),(b),(c)...(z)	raised lower case	

NUMERALS

0,1,2...9	=SAME=	=SAME=
(0),(1),(2)...(9)	raised numerals	raised numerals

GOTHIC CHARACTERS

OA =	Arm	A
OC =	Co (Ach,Bo,Fa,Sa)	C
OE =	Aeth	E
OL =	La	L
MT =	MT	H
OP =	Pal.Syr	P
OS =	Syh	S

APPENDIX 2

TRANSLITERATION CODES FOR HEBREW AND GREEK

<u>Hebrew</u>   <u>Greek</u>

Hebrew		Greek	
aleph	)	alfa	A
beth	B	beta	B
gimel	G	gamma	G
daleth	D	delta	D
he	H	epsilon	E
waw	W		
zayin	Z	zeta	Z
heth	X	eta	H
tet	+	theta	Q
yod	Y	iota	I
kaph	K	kappa	K
lamed	L	lamda	L
mem	M	mu	M
nun	N	nu	N
samek	S	ksi	C
ayin	(	omicron	O
pe	P	pi	P
tsade	C		
qof	Q		
resh	R	rho	R
sin	&	sigma	S
shin	$		
sin/shin	#		
taw	T	tau	T
patah	A	upsilon	U
qametz	F	phi	F
hireq	I	chi	X
segol	E	psi	Y
tsereh	"	omega	W
holam	O		
qibbuts	U		
shureq	W.		
shewa	:		
hateph-patah	:A	smooth breathing	)
hateph-qametz	:F	rough breathing	(
hateph-segol	:E	iota subscript	|
		acute accent	/
		grave accent	\
		circumflex acc.	=
		capital letter	*(before letter)
		midpoint punct.	:

APPENDIX 3

SYMBOLS USED IN THE GREEK-HEBREW ALIGNMENT OF RUTH

A {...}   equivalent of A appears elsewhere in the alignment

A {...X}   equivalent of A is X occurring elsewhere in the
              alignment

---   minus element of the LXX

+--   plus element of the LXX

{!}   occurrence of infinitive absolute

[   ]   number of Rahlfs when different from BHS

*   Ketib

**   Qere

' '   attached to plus or minus entries containing more
              than 4 lines

~   different sequence (either ~X or X~)

~~~   equivalent of the Hebrew or Greek word occurs
              elsewhere in the verse or context

v=   different vocalization of Hebrew implied by the LXX

=   introducing column b

%=   introducing categories of translation technique in
              col. b

@=   introducing etymological exegesis in col. b

;=   retroversion in col. b based on word occurring in
              immediate or remote context

:=   introducing reconstructed proper name

{..p}   preposition added in the LXX

{..d}   distributive rendering

{..~}   stylistic or grammatical transposition

{d}   doublet

      For full explanations and a complete list of the symbols, see
CATSS, vol. 2 (see bibliography).

BIBLIOGRAPHY AND ABBREVIATIONS

1. STUDIES DIRECTLY RELATED TO THE PROJECT

John R. Abercrombie, "Computer-Assisted Alignment of the Greek and Hebrew Biblical Texts - Programming Background," Textus 11 (1984) 125-139.

William Adler, "Computer Assisted Morphological Analysis of the Septuagint," Textus 11 (1984) 1-16.

Robert A. Kraft (ed.), Septuagintal Lexicography, Septuagint and Cognate Studies 1 (SBL/Scholars Press, 1972).

Robert A. Kraft and Emanuel Tov, "Computer Assisted Tools for Septuagint Studies," IOSCS Bulletin 14 (1981) 22-40.

Robert A. Kraft, "Computer-Assisted Tools," IOSCS Bulletin 15 (1982) 4-5.

--------, "Treatment of the Greek Textual Variants," in Computers and Biblical Studies, ed. V. A. Parunak [in press].

Paul Lippi, "The Use of a Computerized Data Base for the Study of Septuagint Revisions," IOSCS Bulletin 17 (1984) 48-62.

David Packard, "Computer-Assisted Morphological Analysis of Ancient Greek," Computational and Mathematical Linguistics: Proceedings of the International Conference on Computational Linguistics Pisa 27/VIII - 1/IX 1973, II, Bibliotheca dell' "Archivum Romanicum," Series II: Linguistica 37 (Florence: Olschki, 1980)

Zipporah Talshir, First Esdras, Origin and Translation, unpubl. diss, Hebrew University, 1984.

Emanuel Tov, "Some Thoughts on a Lexicon of the LXX," IOSCS Bulletin 9 (1976) 14-46.

--------, "Three Dimensions of LXX Words," RB 83 (1976) 529-544.

--------, The Text-Critical Use of the Septuagint in Biblical Research, Jerusalem Biblical Studies 3 (Jerusalem, 1981).

--------, "The Use of a Computerized Data Base for Septuagintal Research: The Greek-Hebrew Parallel Alignment," IOSCS Bulletin 17 (1984), 36-47.

--------, "Computer Assisted Recording of the Greek-Hebrew Equivalents of the LXX and MT," in N. Fernandez Marcos, ed. La Septuaginta en la Investigacion Contemporanea (Madrid, 1985)

Emanuel Tov and Benjamin G. Wright, "Computer Assisted Study of the
Criteria for Assessing the Literalness of Translation Units
in the LXX", Textus 12 (1985), 149-187.

Benjamin G. Wright, "A Note on the Statistical Analysis of
Septuagintal Syntax," JBL 104 (1985) 111-114.

2. MAJOR BIBLIOGRAPHICAL ABBREVIATIONS

BAG   W. F. Arndt and F. W. Gingrich, A Greek-English Lexicon of
      the New Testament . . . (based on W. Bauer) (Chicago, 1979^2).

BDB   F. Brown, S. R. Driver, C. A. Briggs, A Hebrew and English
      Lexicon of the Old Testament (Oxford, 1907).

BHS   K. Elliger and W. Rudolph (eds.), Biblia Hebraica
      Stuttgartensia (Stuttgart, 1976-1977).

H-R   E. Hatch and H. A. Redpath, A Concordance to the Septuagint
      and Other Greek Versions of the Old Testament (Including
      the Apocryphal Books) I-III (Oxford, 1892-1906; repr. Graz,
      1954).

LSJ   H. G. Liddell, R. Scott and H. S. Jones, A Greek-English
      Lexicon (9th ed.; Oxford, 1940);
      used together with E. A. Barber, A Greek-English Lexicon,
      A Supplement (Oxford, 1968).

3. MAJOR EDITIONS OF THE LXX:

Göttingen series   (Various authors), Septuaginta, Vetus
      Testamentum graecum auctoritate academiae litterarum
      göttingensis editum (Göttingen, 1936 - present).

Cambridge series   A. E. Brooke, N. McLean, H. St.J. Thackeray,
      The Old Testament in Greek (Cambridge, 1906-1940).

Rahlfs   A. Rahlfs, Septuaginta, id est Vetus Testamentum
      graece iuxta LXX interpretes (Stuttgart, 1935).

4. OTHER:

IOSCS   International Organization for Septuagint and Cognate
         Studies

TLG   Thesaurus Linguae Graecae project, Irvine, California

MS(S)   Manuscript(s)

LXX   Jewish-Greek Scriptures

MT   Masoretic Text

I.2a COMPUTER ASPECTS OF THE ALIGNMENT

John R. Abercrombie

I.2a.1 Background

A major goal of the Septuagint Tools project, the alignment of the Greek and Hebrew biblical text, has been completed for virtually all of the text. The alignment was accomplished by computer programs specifically written to place a document that exists in two languages (in this instance, Hebrew and Greek) into lines of formal equivalency (see Sample 2). In what follows, computer aspects of this and related research are discussed.

Our underlying purpose for aligning the Hebrew and Greek texts is to assess the relationship between these major textual traditions, especially with reference to the study of the Greek Bible. The idea of placing such textual material side by side is at least as old as Origen. The novelty lies in applying computer technology to such an endeavor. The computer provides a powerful and flexible means to probe the newly created alignment in connection with other files of information (e.g. textual variants and morphological analysis). For the placing of textual variants in electronic form and the morphological analysis of the Greek text, see below I.4.

In general, producing a computer generated alignment was a fairly simple matter for three reasons: some Old Greek translations from Hebrew texts were for the most part literal in their lexical equivalencies; the word order of a good portion of the Greek text follows the Hebrew closely; and modern editions of most books have the same chapter and verse divisions in the Greek and Hebrew texts. The creation of a rudimentary alignment can thus be accomplished by reading each verse of both texts word by word into the memory of the computer (= central processing unit). Since the Hebrew lexical units usually include prefixed (e.g. conjunctions, definite articles and prepositions) and suffixed (personal pronouns) elements, the computer is instructed to group the Greek words accordingly by prefixing almost all Greek prepositions and conjunctions (e.g. ἀπό, ἐν, εἰς, καί, etc.) and Greek articles (ὁ, τόν, τῷ, τῆς, etc.), and appending most pronouns (αὐτοῦ, αὐτῶν, αὐτάς, etc.), to a governing Greek word. The resulting mechanical alignment proves adequate in most instances: ו/אשׁת/ו would, for instance, be on the same line with its equivalents καὶ ἡ γυνὴ αὐτοῦ or ב/ארץ = ἐν τῇ γῇ.

In 1980 the alignment program was first developed on a Digital Equipment Corp. PDP11/70 in the computer language called Basic to test out some concepts of the types of data needed for the project. The original computer program was used only to align samples of text in order to demonstrate the programming logic. In August 1982 the alignment program was rewritten in IBYX, a computer language similar to PASCAL, and is run on the IBYCUS system located in the project's office at the University of Pennsylvania. Revisions were made at various times during the academic year as initial alignments were produced. Most of these revisions improved the speed of processing, but occasionally new instructions were introduced at the suggestion of Emanuel Tov and Paul Lippi to deal with certain problems.

I.2a.2 Preparation of the Alignment

Before the alignment can be created the Greek and Hebrew biblical book must be prepared in prescribed formats. By means of a battery of programs, each version is transformed into a "vertical text" in which each separate word occupies a separate line. For the Hebrew, the consonantal text is used rather than a fully vocalized text, and the particle את (and ו/את) is joined to the following word. At this point, some coordination of verse designation may be needed since the actual order of the Greek and Hebrew sometimes is different. Entire verses may be missing in one or the other text; or textual units within a book may be located differently in each textual tradition (e.g. Exodus, Jeremiah, Proverbs). In those instances, the variations are noted at the appropriate place in each context by using a program that is able to shift verses and chapters from one place to another. Notations are inserted into the file to indicate that material has been transposed.

Once the formatting of a book is completed the alignment program will run automatically. Each Greek and Hebrew verse from an already designated book is read into its own "array," or temporary storage location in computer memory:

HEBREW ARRAY RUTH 1:1 GREEK ARRAY

HEBREW ARRAY	GREEK ARRAY
ו/יהי	Καὶ
ב/ימי	ἐγένετο
שפט	ἐν
[etc.]	[etc.]

The program processes the material in these arrays by moving its pointers (location markers) up or down in each array in accord with program instructions. The program first sets its pointers at the first word in each array. It then moves the pointer to the second word in the Greek file because it has been told that Καὶ is usually to be put on the same line with the succeeding word. Since no instruction governs ἐγένετο, the computer aligns ו/יהי with καὶ ἐγενέτο on the same line. Once these have been aligned the Hebrew pointer moves to the next word (ב/ימי) and the Greek pointer moves to ἐν. The process then repeats itself until the verse is completed at which time the next Hebrew and Greek verses are read into the arrays. In this way the text is processed verse by verse.

I.2a.3 Instruction Dictionaries

The preceding section describes in general terms how mechanical or formal alignments are created by a sequential principle. The next issue is the question of how the computer is instructed to treat a Greek word as a prefix or suffix. This is handled through the use of special instruction dictionaries which provide a firmer basis for formatting the Greek words in accordance with the Hebrew.

For this purpose the computer checks each entry against the information stored in four different dictionaries (Table 1). The first two dictionaries pertain only to the Greek text and contain most of the normal prefixing and suffixing elements. The third dictionary is bilingual and includes ambiguous forms, mostly prepositions, which can also stand alone in Hebrew.

TABLE 1

THREE INSTRUCTION DICTIONARIES IN COMPUTER MEMORY

LIST 1 PREFIX DICT.	LIST 2 SUFFIX DICT.	LIST 3 PREFIX/PRINT DICT.	
ἅ	αὐτάς	ἀπό	מן
ἅ	αὐτῆς	εἰς	אל
ἀνά	αὐτοῦ	ἐκ	מ/עם
ἀφ'	αὐτῶν	ἐκ	מן
αἱ	δέ	καί	ו/גם
αἷ	ἐάν	μετά	עם
ἀνθ'	εἶ	μετά	אחרי
ἀπ'	εἰμί	πρός	אל
ἀπό	εἰμι		
δι'	ἐμοῦ		
διά	ἐστί		
ἐξ	ἡμᾶς		
ἐφ'	ἡμῶν		
εἰς	μέν		
ἐκ	μου		
ἐν	σου		
ἐπ'	ὑμῶν		
ἡ			
ἧ			
ἧς			
ἥ			
ἦν			
καί			
καθ'			
καθώς			
κατ'			
κατά			
μεθ'			
ὁ			
ὅ			
οἱ			
οἷς			

οὗ
οὕς
παρά
πρός
σύν
ταῖς
τά
τάς
τε
τῆς
τῇ
τήν
τοῖς
τοῦ
τούς
τό
τόν
τῶν
τῷ
ὑπέρ
ὥστε
ὧν
ᾧ
ὡς
ὡσεί

Each word in a verse is processed individually according to the instructions in the program. All Greek words in the prefix and suffix lists which are not in list 3 (see Table 1) are either added to the subsequent word or appended to the previous one on the same line. At the same time, a few conjunctions and prepositions (list 3) may not be prefixed but should be printed on a separate line with the Hebrew equivalent (e.g. ו/גם = καί). The computer checks the Hebrew column to determine whether this is the situation. Thus, if ἀπό equals the separate preposition מן, these two words are printed alone on the same line, but if it equals מ/ as part of a compound Hebrew word it is placed on the line with the next Greek word as is done for other prepositions (list 1).

The second list in Table 1 contains various elements which are always appended to the preceding Greek word, especially Greek pronouns representing Hebrew suffix elements. Other Greek words may be ambiguous (see Table 2): for example, με is appended only when it fails to equal separate words ל/י or ב/י. For Greek words listed in Table 2, the computer is instructed to check the Hebrew array in order to determine how to handle the word. If the subsequent Hebrew word is found, the Greek pronoun will not be appended but printed along with its equivalent:

TABLE 2

LIST OF WORDS FOR WHICH TWO DIFFERENT INSTRUCTIONS ARE GIVEN

Print Greek word and Hebrew equivalent		Append Greek word to previous one
αὐτῇ	ל/ה ב/ה את/ה אות/ה	all other times
αὐτήν	ל/ה את/ה אות/ה	all other times
αὐτοῖς	ב/ם ב/הם ל/הם את/ם	all other times
αὐτόν	ל/ו את/ו אות/ו	all other times
αὐτούς	ל/הם את/ם אות/ם	all other times
αὐτῷ	ל/ו ב/ו אות/ו את/ו ל/ה ב/ה את/ה	all other times
ἦν	היה היתה	all other times
με	ב/י ל/י	all other times
σε	ל/ך את/ך אות/ך	all other times
ὑμᾶς	ל/כם את/כם אות/כם	all other times

The Hebrew אשר poses special problems for the alignment program and after some deliberation it was decided not to create a series of special instructions for this word. Instead, the program assumes that the available Greek word is the equivalent for אשר (usually the relative pronoun). At the same time, a series of special instructions appends to that Greek word any adjacent appearance of ἐάν, ἄν, ἐστιν, ἐστίν, or τρόπον.

I.2a.4 Dictionary of Standard Equivalents

The usefulness of the aforementioned instruction dictionaries is by itself limited since very often the Greek contains pluses (longer textual forms) or minuses (shorter textual forms) which throw off the equivalence of all subsequent words in the verse. For this purpose another dictionary was created by Tov which is continuously checked by the computer. This particular procedure is probably the most crucial routine in the entire computer program for without it a good initial alignment could not be produced.

The dictionary itself is expandable and contains the most frequent personal names for which a consistent equivalence is found in the Greek as well as the most frequent equations of nouns and verbs and/or roots. These equations are listed in their minimal form not taking into consideration case endings of the Greek or pronominal suffixes of the Hebrew (e.g., עון = αδικ, טוב = αγαθ). A Greek word not covered by any of the above instructions is looked up in this dictionary by an indexing method. In Table 3, a short sample from this dictionary gives the first fifty entries. (The full dictionary currently contains more than 800 entries.) The dictionary is sorted into alphabetic order on the Greek form for efficient location of all equivalents.

TABLE 3

DICTIONARY OF SELECTED HEBREW-GREEK EQUIVALENTS

אהרן	ααρων
שׂם	αβατ
אבנר	αβεννηρ
אבישׂי	αβεσσα
אביה	αβια
אביתר	αβιαθαρ
אבימלך	αβιμελεχ
אלימלך	αβιμελεχ
אבינעם	αβινεεμ
אביהוא	αβιουδ
אבישׂג	αβισακ
אברהם	αβρααμ
אברם	αβραμ
אדם	αδαμ
אח	αδελφ
הדר	αδερ
עון	αδικ
אדוניה	αδωνι
אגג	αγαγ
אהב	αγαπ
טוב	αγαθ
מלאך	αγγελ
קד	αγι
שׂד	αγρ
אבישׁ	αγχους
מצרים	αιγυπτ
אולם	αιλαμ
דם	αιμα
הללו	αινειτε
כושׁ	αιθιοπ
עולם	αιων
שׂב	αιχμαλως
עקרון	ακκαρων
אמת	αληθ
אך	αλλα
הללו	αλληλουια
פלשׁתי	αλλοφυλ
זר	αλλοτρι
יחד	αμα
עמלק	αμαληκ
המן	αμαν
חטא	αμαρτ
רשׁע	αμαρτ
עמרי	αμβρι
שׁתי	αμφοτερ
שׁני	αμφοτερ
עמון	αμμμων
אמנון	αμνων
אמרי	αμορρ

The procedure starts from the Greek text. If the
current Greek word is located in the dictionary, the program
checks whether the current Hebrew word is an equivalent in
the dictionary list. If this is the case, the program will
print the Hebrew and Greek equivalents together with prefix
or suffixing elements, if any, into the "output" file.

If, on the other hand, the current Hebrew word is not
the equivalent expected for the current Greek word, the
computer examines first the previous Hebrew word in the
array, next the subsequent Hebrew word, then the Hebrew word
back two words, and lastly all Hebrew words within a span of
six words either way in the array to locate that equivalent.
If the correct equivalence is found, the program realigns
the text from that point onward, thus preventing the rest of
the verse from being falsely aligned. In Sample 1, this
realignment occurs twice in the verse. One of the
following flag markers is placed in column 30 for the
benefit of the corrector: * = match found in list for
current Hebrew and Greek words, ?b = back one line for
equivalent, ?f = forward one line for the equivalent, ?2b =
back two lines for the equivalent, ?- = omission in the
Hebrew and ??* = equivalent found within a span of six
words. If no equivalent is found for a Greek word or if the
Greek word is not in the dictionary, the logic dictates that
the original equivalent is not problematic and the Greek and
Hebrew words are printed together with their accompanying
prefix and suffix elements.

On occasion, either the Greek or Hebrew verse is longer
than its parallel version. If it happens that the Hebrew is
longer than the Greek, the remaining Hebrew elements in the
verse will be printed at the end of the verse without Greek
equivalents. If the Greek side is longer, the Greek elements
will be printed without equivalents and at the same time the

Greek is formatted (with regard to prefixed and suffixed
elements) as if there were extant Hebrew material.

The following sample shows how the different words in
Ruth 1:1 are treated by the logic of the program. Some
words are prefixed to the next one (prefix), others are
suffixed to the preceding one (append) and again others are
aligned (print). Problematic equivalencies are resequenced.
(For symbols in the middle column, see above.)

SAMPLE 1

CHART OF THE PROGRAM'S LOGIC

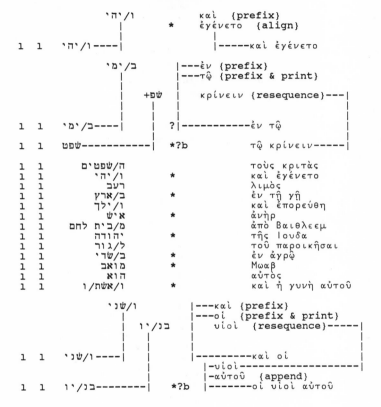

```
                 ו/יהי              καὶ  {prefix}
                     |        *     ἐγένετο  {align}
                     |                 |
1  1   ו/יהי----|                 |-----καὶ ἐγένετο

                 ב/ימי        |---ἐν {prefix}
                     |        |---τῷ {prefix & print}
                     |        |
                     |   שׂפ+  |   κρίνειν {resequence}---|
                     |    |   |                           |
                     |    |   |                           |
1  1   ב/ימי----|    |   ?|-----------ἐν τῷ             |
                          |                               |
1  1   שׂפט-----------|   *?b          τῷ κρίνειν-----|

1  1      ה/שׂפטים                     τοὺς κριτὰς
1  1        ו/יהי         *            καὶ ἐγένετο
1  1          רעב                      λιμὸς
1  1        ב/ארץ         *            ἐν τῇ γῇ
1  1        ו/ילך                      καὶ ἐπορεύθη
1  1          אישׁ         *            ἀνὴρ
1  1   מ/בית לחם                      ἀπὸ Βαιθλεεμ
1  1        יהודה         *            τῆς Ιουδα
1  1        ל/גור                      τοῦ παροικῆσαι
1  1        ב/שׂדי         *            ἐν ἀγρῷ
1  1         מואב         *            Μωαβ
1  1          הוא                      αὐτὸς
1  1     ו/אשׁת/ו         *            καὶ ἡ γυνὴ αὐτοῦ

                ו/שׁני          |---καὶ {prefix}
                     |          |---οἱ  {prefix & print}
                     |   בנ/יו   |   υἱοὶ  {resequence}-----|
                     |    |     |                          |
                     |    |     |                          |
1  1   ו/שׁני----|    |     |---------καὶ οἱ               |
                          |       |-υἱοὶ-------------------|
                          |       |-αὐτοῦ  {append}
1  1   בנ/יו--------|   *?b  |-------οἱ υἱοὶ αὐτοῦ
```

I.2a.5 Correction

The initial alignment of the text may take from a few hours to a day to prepare, depending on the size of the biblical book. These computer prepared alignments are then used as "raw material" and corrected towards a certain concept of the Greek-Hebrew alignment as envisaged by Tov (see below, I.2b). A flexible computer program designed by Tov and written in FORTRAN 77 allows the staff in Jerusalem to reconfigure the material verse by verse. In most cases, verses have but one minor problem needing correction or additional symbols, though many verses are "correct" and need no changes. This reordering and correction is accomplished by a series of prompting instructions that allow the operator to delete line(s) on the Greek or Hebrew side, move sections of line(s) from one record to another, etc. For some of the corrections, compare Sample 1 with Sample 2.

SAMPLE 2

CORRECTED ALIGNMENT (RUTH 1:1)

1	1	ו/יהי	καὶ ἐγένετο
1	1	ב/ימי	ἐν ---
1	1	שׁפט	τῷ κρίνειν
1	1	ה/שׁפטים	τοὺς κριτὰς
1	1	ו/יהי	καὶ ἐγένετο
1	1	רעב	λιμὸς
1	1	ב/ארץ	ἐν τῇ γῇ
1	1	ו/ילך	καὶ ἐπορεύθη
1	1	אישׁ	ἀνὴρ
1	1	מ/בית לחם	ἀπὸ Βαιθλεεμ
1	1	יהודה	τῆς Ιουδα
1	1	ל/גור	τοῦ παροικῆσαι
1	1	ב/שׂדי	ἐν ἀγρῷ
1	1	מואב	Μωαβ
1	1	הוא	αὐτὸς
1	1	ו/אשׁת/ו	καὶ ἡ γυνὴ αὐτοῦ
1	1	ו/שׁני	καὶ οἱ ---
1	1	בנ/יו	{...οἱ} υἱοὶ αὐτοῦ

I.2a.6 Greek Variants

The corrected alignments form the central files in the project's data bank which is a collection of computer data files and computer programs. When completed, the main files

of the data base will include not only the aligned text, but
also all Greek variants published in the Göttingen series or
in the larger Cambridge editions. This variant material is
being placed in electronic form in a variety of ways: typed
in through graphics terminals capable of displaying Greek
and Roman scripts, entered by a specially designed computer
program to enter and edit the apparatus or scanned by a
flexible optical character reader such as the Kurzweil Data
Entry Machine. (For further details on the nature and
analysis of these variants, see I.3) Once the variant file
is in a suitable and corrected form, it is merged with the
alignment text in a two step process. A computer program
first places each Greek word on its own line. A second
computer program substitutes the variant file for the Greek
material in the alignment, and at the same time preserves
all comments found between brackets and all omission symbols
in the corrected alignment text. This merging is completely
automatic and takes only a few seconds per chapter. The
resulting file then can be used by itself and in conjuction
with other material for studies of the text.

SAMPLE 3

MERGE OF HEBREW-GREEK ALIGNMENT WITH FULL FILE OF VARIANTS

ו/יהי	RT 01 01(0101)	Καὶ] > OL
	RT 01 01(0200)	ἐγένετο
	RT 01 01(0300)	+ post[μετὰ] OA
	RT 01 01(0400)	+ hoc[ταῦτα] OA
ב/ימי =ב/	RT 01 01(0500)	ἐν
	RT 01 01(0600)	+ ταῖς AMNdefhijkmpqrstuvyb2 OA(codd)
	RT 01 01(0700)	+ ἡμέραις AMNdefhijkmpqrstuvyb2 OA (codd) OE OL ([in diebus)
	RT 01 01(0800)	+<ἐν A
	RT 01 01(0000)	---
שׁפט	RT 01 01(0901)	τῷ] > q OA(codd)
	RT 01 01(0902)	: τοῦ MNdefhijkmprstuvyb2 OA(ed) OE
	RT 01 01(0903)	: ταῖς 237
	RT 01 01(1001)	κρίνειν] > q OA(codd)
	RT 01 01(1002)	: κριταῖς 237
	RT 01 01(1003)	: κρίνοντος N
	RT 01 01(1004)	: iudicis OL
ה/שׁפטים	RT 01 01(1101)	τοὺς] > N
	RT 01 01(1102)	: τῶν q
	RT 01 01(1201)	κριτὰς]
	RT 01 01(1202)	: κριτῶν q OA
	RT 01 01(1203)	: iudicum OL
ו/יהי	RT 01 01(1301)	καὶ (sup ras q)] > gknowe2 125 OA OE
	RT 01 01(1401)	ἐγένετο (sup ras q)] > 125
רעב	RT 01 01(1501)	λιμὸς (sup ras q)]
	RT 01 01(1502)	: λοιμὸς dnv
ב/ארץ	RT 01 01(1601)	ἐν] > q
	RT 01 01(1602)	: ἐπὶ ciptv
	RT 01 01(1603)	: in [terram] OL
	RT 01 01(1701)	τῇ] > q
	RT 01 01(1702)	: τὴν iptv
	RT 01 01(1703)	: τῆς c
	RT 01 01(1801)	γῇ] > q
	RT 01 01(1802)	: γῆν iptv
	RT 01 01(1803)	: γῆς c
	RT 01 01(1804)	: [in] terram OL
	RT 01 01(1901)	,] · (B-M)
ו/ילך	RT 01 01(2000)	καὶ
	RT 01 01(2100)	ἐπορεύθη
אישׁ	RT 01 01(2201)	ἀνὴρ] > f
מ/בית לחם	RT 01 01(2301)	ἀπὸ]
	RT 01 01(2302)	: ἐκ q OL
	RT 01 01(2401)	Βαιθλεεμ B]
	RT 01 01(2402)	: Βιθλεεμ bcknr
	RT 01 01(2403)	: Βηθλεεμ AMNab'defghijmopqstuv wxya2b2e2 +(?)
	RT 01 01(2404)	: bethlem OL

	RT 01 01(2405)	: Βηθλαιεμ 131
יהודה	RT 01 01(2501)	τῆς] > hq(a?)
	RT 01 01(2601)	Ιουδα]
	RT 01 01(2602)	: Ιουδαιας fikmnrya2
ל/גור	RT 01 01(2701)	τοῦ] > 18 70 128
	RT 01 01(2800)	παροικῆσαι
ב/שדי	RT 01 01(2900)	ἐν
	RT 01 01(3000)	ἀγρῷ
מואב	RT 01 01(3100)	Μωαβ
	RT 01 01(3200)	,
	RT 01 01(3300)	+<καὶ m
הוא	RT 01 01(3400)	αὐτὸς
ו/אשת/ו	RT 01 01(3500)	καὶ
	RT 01 01(3601)	ἡ] > j
	RT 01 01(3700)	γυνὴ
	RT 01 01(3800)	αὐτοῦ
ו/שני	RT 01 01(3901)	καὶ] > a2(>4)
	RT 01 01(4001)	οἱ] > a2(>4)
	RT 01 01(4100)	+ δύο AMNabcdefhijmprstuvxyb2 OA OE(c) OL OS(sub &)
	RT 01 01(4200)	+<οἱ N*tv*(vid)
	RT 01 01(0000)	---
בנ/יו	RT 01 01(0000)	{...οἱ}
	RT 01 01(4301)	υἱοὶ] > a2(>4)
	RT 01 01(4401)	αὐτοῦ] > a2(>4)
	RT 01 01(4500)	.

I.2b BACKGROUND OF THE GREEK-HEBREW ALIGNMENT

Emanuel Tov

I.2b.1 The Alignment of the Greek and Hebrew Main Texts:
Formal Equivalents

The central data file of the project provides in
parallel columns elements of the LXX and MT in such a way
that each element in the LXX has its equivalent in the
column of MT and vice versa. The procedure used in this
alignment has been developed within the project itself. In a
way, it resembles the basis from which the concordance of
Hatch-Redpath (H-R) has been created, but it commits itself
with regard to more details than H-R and it is more
elaborate. The base texts for the alignment are the Biblia
Hebraica Stuttgartensia (encoded by R. Whitaker) for the
Hebrew and for the LXX the editions of Göttingen and that of
Rahlfs (encoded by the Thesaurus Linguae Graecae)
supplemented with the critical apparatus of variants of
either the Göttingen editions or that of Cambridge.

The principle on which the parallel alignment is based
is that of formal equivalence of the Greek and Hebrew. That
is, we always determine the Hebrew element(s) standing in
the place of one or more Greek elements, including zero
equivalents. (For a discussion of the different types of
equivalence, see my book The Text-Critical Use of the
Septuagint in Biblical Research [Jerusalem, 1981], pp.
101ff., 144ff.) Adherence to the principle of formality
should create rather consistent and objective results, but
in the course of the analysis many decisions have to be

made, so that its subjective elements cannot be denied. The nature of the enterprise requires that all elements of exegesis in the translation are disregarded for the purpose of notation. Our sole purpose initially is to determine which element in the Hebrew is somehow represented by an element in the LXX, and when doing so, we disregard exegesis. Thus the following elements are listed as regular equivalents, without any question marks:

Hos 8:8	אין חפץ בו	- ἄχρηστος
Isa 40:5	יחדו	- τὸ σωτήριον τοῦ θεοῦ
Num 12:8	תמנת	- τὴν δόξαν

By the same token, all differences between MT and the presumed <u>Vorlage</u> of the LXX are initially disregarded in the recording. In the notation of formal equivalences one acts as if the LXX translator used the text of MT, even if that assumption is incorrect. Textual scholarship must begin with some controllable procedure in order to make consistent progress, and this procedure seemed most sensible and "objective" for our purposes and actually also reflects the conventional approach of scholars to this issue.

Because of this procedure our recording contains some unrealistic equivalents such as Gen 14:7 where τοὺς ἄρχοντας is listed as an equivalent of שׂדה of MT even though it clearly represents the graphically similar שׂר. Likewise, in Ruth 1:1 ἐν is listed as an equivalent of בימי, although in reality it reflects only ב/ (see the context).

The equivalents recorded in the alignment have been determined within the project, and since the computer plays such an important role in the project we should add that all <u>real</u> decisions have been made by human beings. In actuality, however, the procedure followed in the project is, at it were, a correction to an earlier set of "decisions" by the computer which produced a draft of such an alignment on the basis of the computer program described in I.2a.

That program operates on a sequential basis, enabled by the fact that the words in most translation units, even the free ones, follow the sequence of the words in the Hebrew text. Another principle which is basic to the alignment is the structure of the Hebrew and Greek words since the program places on each individual line one Hebrew/Aramaic "main" word with all its attached elements as well as its Greek counterparts in the Greek column. Thus for the one Hebrew word ו/ב/בית/ו the Greek column would usually contain five words (if it represents a literal translation): καὶ ἐν τῷ οἴκῳ αὐτοῦ. The basic structure of the Hebrew and Aramaic language remains the guiding principle for the Greek column also when there is no Hebrew equivalent. In those cases the Greek words are clustered as if they reflect a Hebrew word: Ruth 1:14 --- τὸν λαὸν αὐτῆς.

In order to arrange the Greek and Hebrew texts in this fashion the computer had to be programmed with knowledge concerning the structure of the Hebrew and Greek words, especially regarding the Greek elements usually reflecting attached words in the Hebrew, such as the article, prepositions and pronominal suffixes. In literal translation units the program operates successfully, leaving only few errors. Thus in Ruth and Ecclesiastes the final form of the alignment is, with the exception of the inserted symbols, almost identical with the draft produced by the computer. This holds also for some free translation units, since even if the translation is free, one nevertheless often encounters a 1 to 1 equivalence. This, for example, is the case for the book of Isaiah. The relative success of the computer program is of interest for those who work on the project, but for scholars using the final results of the project this information may not be so relevant, since they always see the final products which are checked and produced by individuals.

At this point we should outline the principles which guided the notation of the parallel elements in the alignment. Limitations of space preclude entering into too much detail here, but a full account describing these principles may be found in CATSS, vol. 2 (see bibliography). We limit ourselves here to the major points, especially the principles behind the notation, omitting matters of detail regarding the treatment of specific Greek and Hebrew words.

For every element in the LXX an equivalent element in MT is denoted, including minuses, and vice versa. In this way we commit ourselves to a detailed notation which therefore is more practical for further study than the notation in H-R. That concordance commits itself only with regard to the equivalents of the main Greek and Hebrew words and not to the attached elements, such as the article, pronouns, prepositions, etc. Thus in the following instance H-R only denotes the equivalence יום - ἡμέρα, and it does not enter into the question which Hebrew elements are reflected by the Greek words between the article and the noun:

Gen 2:17 כי ב/יום - ᾗ δ᾽ἄν ἡμέρᾳ

In this case it is not clear whether δέ and/or ἄν should be recorded for יום or כי or whether the four Greek words should be listed as equivalent equivalents of Greek pronouns, prepositions, the article and other attached elements in the Hebrew. Our recording, on the other hand, refers to <u>all</u> elements, so that these are accessible for searching and sorting for indices and concordances. The full notation such as used here provides data not only for

lexical, but also for grammatical investigations. Likewise,
all elements lacking in one of the two columns, that is,
both pluses and minuses of the LXX, can be retrieved at the
indexing stage.

A full description of the Greek-Hebrew alignment is found in
CATSS, vol. 2 (see bibliography). In the present context we
turn to some select issues.

I.2b.1.1 Formality

As a rule, it is not difficult to record the
Greek-Hebrew equivalents as long as one recognizes that
formality is the overriding guiding principle behind the
notation. Thus, as noted above, all exegesis and possible
variants are disregarded. Two examples follow

Mic 4:5	כי	ὅτι
	כל	πάντες
	ה/עמים	οἱ λαοὶ
	ילכו	πορεύσονται
	איש	ἕκαστος
	ב/שם אלה/יו	τὴν ὁδὸν αὐτοῦ

Even though ב/שם אלה/יו differs much from τὴν ὁδὸν αὐτοῦ,
these two phrases as listed are equivalents, and they cannot
be broken down into smaller units.

Mic 1:5	ו/מי	καὶ τίς
	במות	ἡ ἁμαρτία οἴκου
	יהודה	Ιουδα

In this example, the present notation is chosen because it
is hard to know whether either ἁμαρτία, or οἴκου (בית from

במות?), or both or neither reflect במות. It remains true to say that במות and ἡ ἁμαρτία οἴκου are formally equivalent.

At the same time, the system of formal representation is not followed blindly. In a few cases we deviate from that system, and since the number of exceptions is not very large and their nature can be formulated well, the system itself is not harmed by them. Formal representation is abandoned when it actually is misleading. The principle behind the formality is that the Greek and Hebrew word stand on the same place and their listing as equivalents is a good basis for further study, even if the Greek word actually did not translate its Hebrew counterpart. However, the claim that a Greek and a Hebrew word stand on the same place is misleading when the Greek obviously represents an element which is not present in MT and when MT has another word not represented in the LXX. The very recognition of such a situation is to some extent subjective and when in doubt the formal approach is applied. At the same time, when formality becomes misleading, that approach is abandoned, as in the following examples:

Gen 4:25	ו/ידע	ἔγνω δὲ
	אדם	Αδαμ
	עוד	---
	את --+	Ευαν
	אשת/ו	τὴν γυναῖκα αὐτοῦ

Formality would require to list ευαν as equivalent with עוד. However, as long as עוד is not considered graphically close to חוה (the presumed equivalent of Ευαν), it is more correct to record both עוד and Ευαν as having zero-equivalents.

Deut 13:3	נלכה	πορευθῶμεν
	אחרי	---
	~ ~~~	καὶ λατρεύσωμεν
	אלהים	θεοῖς
	אחרים	ἑτέροις

On a formal level, אחרי and καὶ λατρεύσωμεν are equivalent. However, λατρεύσωμεν has its real equivalent at the end of the sentence, so that the above notation is more realistic.

Ruth 2:21	ו/תאמר	καὶ εἶπεν
	רות	ρουθ
	ה/מואביה	---
	+--	πρὸς
	+--	τὴν πενθερὰν αὐτῆς

On a formal level, ה/מואביה is equivalent with πρὸς τὴν πενθερὰν αὐτῆς. However, these words have completely different functions, and graphically they are dissimilar, so that both are denoted as having zero-equivalents.

I.2b.1.2 Split Representation

The basis for the recording is a single Hebrew word with all its attached elements or two or more Hebrew words represented by one or sometimes more than one Greek main word. Although there are many complicated cases, as a rule this system can be followed conveniently. Complications are met when the Hebrew or Greek word is represented by two or more words or parts of words which are not consecutive. For these and other instances a procedure has been devised for recording the information in such a way that all of it is available at the stage of indexing. For this purpose details are recorded twice, once in their actual place (for the sequence of the LXX and MT is never abandoned) and once within special brackets, {}, in acccordance with their equivalents. All material within these brackets duplicates data found elsewhere in the text in its actual sequence:

Gen 3:23	אשר {...מ/שם}	ἐξ ἧς
	לקח	ἐλήμφθη
	מ/שם	{...}

ἐξ ἧς reflects both אשר and מ/שם occurring later in the sentence.

Mic 4:3	ו/לא {...עוד}	καὶ οὐκέτι μὴ
	ילמדון	μάθωσι
	עוד	{...}

οὐκέτι reflects both לא and עוד.

This system is also used for possible condensations:

Gen 7:11	ב/שנת	ἐν {...}
	שש מאות	τῷ ἑξακοσιοστῷ
	{...ב/שנת} שנה	ἔτει

Both ב/שנת and שנה are represented by one word only.

Gen 5:32	בן	{...}
	תשעים ו/תשע	ἐνενήκοντα ἐννέα
	{...בן} שנה	ἐτῶν

I.2b.1.3 Inversions

The notation of inversions is problematic since the exact representation of the actual sequence creates unrealistic equivalents. At the same time, there is no reason to deviate from the principles described above, since also in other instances the formal representation creates unrealistic equivalents. Furthermore, in many instances it is not clear whether the LXX reflects the sequence of MT or an inverted sequence.

In our system, unlike H-R, whenever the LXX reflects a sequence XY and MT yx, the equivalents are represented exactly as they occur in the text, that is X-y, Y-x. In those cases, a reversal sign (~) is used in the Hebrew column, after the first element and before the second one. In some cases question marks are added after the reversal sign. The real equivalents (presumed equivalents) are provided in column b. This system is used for the inversion of both adjacent and non-adjacent elements referring to either one or more elements.

Gen 2:4   ארץ ו/שמים   τὸν οὐρανὸν καὶ τὴν γῆν

is recorded as

ארץ ~ שמים=   τὸν οὐρανὸν
~   ו/שמים = ו/ארץ   καὶ τὴν γῆν

Deut 13:3	נלכה	πορευθῶμεν
	~~ ~ =ו/נעבד	καὶ λαθρεύσωμεν
	אחרי	---
	אלהים	θεοῖς
	אחרים	ἑτέροις
	אשר	οὓς
	לא	οὐκ
	ידעתם	οἴδατε
	~ ו/נעבד/ם	---

Grammatical and stylistic transpositions are treated differently from the aforementioned system, since for them the actual sequence of the LXX is <u>not</u> followed. In these cases we allow ourselves to deviate from the sequence of the LXX since these transpositions are part and parcel of the Greek language. At the same time, when doubts arise with regard to the choice between regular and stylistic transpositions, the former option is always chosen, since that system does not require the insertion of changes. Grammatical and stylistic transpositions of the LXX are thus represented in an inverted order; however, with the aid of the aforementioned system of split representation which repeats information the actual sequence of the LXX is always preserved. This system applies especially to the post-position of particles.

Ruth 3:11	כי	{...}
	יודע	οἶδεν
	{..~כי}	γὰρ

Gen 8:5	{...}	τοῦ δεκάτου
	ה/חדש	{...τοῦ} μηνός
	ה/עשירי	{..~τοῦ δεκάτου}

I.2b.1.4 Pluses and Minuses

The LXX, which is our point of departure, contains both
pluses and minuses vis-a-vis MT. Thus elements of MT which
are lacking in the LXX are named minuses of the LXX, denoted
by three hyphens (---) in the Greek column. Elements of the
LXX which do not represent an element in MT are named pluses
of the LXX, indicated as +-- in the Hebrew column.

The recording of pluses and minuses presents the most
difficult problems in the analysis. There will always remain
cases in which it is hard to decide whether the Greek word
represents one or two words of the Hebrew or sometimes no
word at all. It is clear that a decision must be made, but
at the same time the subjective nature of that decision
should be acknowledged.

E.g., Ruth 4:1   פלני   ---

                         אלמני   κρύφιε

In this case we have decided that κρύφιε represents only
אלמני (see the variants) and not both Hebrew words. In a
free translation unit and in different circumstances, a
different decision might have been made. Although we are
confident about this decision, an element of uncertainty is
attached to it. In cases of doubt both Hebrew words will be
listed as equivalents of the Greek word, but in this case
more information is available at the indexing stage after
the decision about the equivalence has been made. Or
another example, Exod 32:34

אל	εἰς
+--	τὸν τόπον
אשׁר	ὃν
דברתי	εἶπά
ל/ך	σοι

According to one way of viewing the equivalences in this verse, εἰς τὸν τόπον represents אל. In a way, this is a formal presentation of the evidence, since εἰς τὸν τόπον represents the one Hebrew word found in the slot between העם and אשׁר. However, there is also another way of viewing the equivalence, and that, too, presents the data formally. Since εἰς does represent אל, it is not impossible that τὸν τόπον reflects a variant, viz., המקום , and hence it is preferable to list τὸν τόπον as a plus element. This type of formal presentation is preferred, since only in this way will the plus τὸν τόπον be available at the stage of indexing as a plus element.

In order to improve the practicability of the index, plus and minus indications apply also to the lack of one out of two words written on the same line, especially for את:

Gen 36:6	ו/את --+	καὶ πάντα
	מקנ/הו	τὰ ὑπάρχοντα

I.2b.2 The Alignment of the Hebrew Main Text with the Greek Main Text and its Variants: Formal Equivalents

The full alignment of the Hebrew and Greek texts has been prepared in the following way. To the Greek-Hebrew alignment a variant file was added so that the variants became part of the parallel alignment. A practical problem was met for the book of Ruth since the main alignment was based on the text of Rahlfs, while the collection of

variants was construed around the Cambridge text, that is,
the text of codex B. Since the differences between the two
texts are not numerous, it was relatively easy to adapt the
text (as well as the apparatus) to the format of Rahlfs.
Once this was done, the Greek variants were added to the
main word in the Greek text. No further changes were
inserted in the combined Greek text with the exception of
one group of changes. When a particular Hebrew word was
lacking in the Greek main text and was subsequently added in
the manuscript tradition of the LXX, this was often listed
as a plus to the preceding word, and hence that information
had to be moved from that lemma to the next one by moving
the main text of the alignment one lemma up (see, e.g.,
1:10,11,12,13).

I.2b.3 The Alignment of the Greek and Hebrew Main Texts:
       Presumed Equivalents

        In the alignment file, the Hebrew section is composed
of two parts, column a and column b. Column a contains the
formal equivalents of the Hebrew and Greek texts and the
idea behind this column is to provide as accurate as
possible information on the comparison of the transmitted
Hebrew text and a modern reconstruction of the Old Greek
translation. Even though both sets of data are problematic,
they provide a good basis for further study. Beyond the
formal equivalents recorded in column a, column b contains
remarks on the presumed Greek-Hebrew equivalents. This
column remarks only on select Hebrew words. In other words,
it does not contain a full retroversion of the Vorlage of
the LXX, but only some retroversions as well as some remarks
on translation technique relevant to textual issues. The
main purpose of the column is to add data which are not
available through the use of column a only. The notes
belonging to column b are presented as additions to column

a, after an = sign. If no note is appended to a particular
word, the Greek is taken to reflect MT.

In composing column b, the following principles are
taken into consideration:

1) Column a contains much information that is also relevant to
   the parent text of the LXX, such as pluses and minuses. This
   information is not repeated in column b.

2) Remarks on categories of translation technique in
   column b are preceded by %.

3) The following elements are not retroverted into Hebrew, either
   in pluses of the LXX or in content differences from MT:

   θεός
   κύριος
   numbers
   οὐκ, etc.
   πᾶς
   ὅτι
   forms of εἶναι and γίγνεσθαι
   pronouns
   demonstratives
   particles
   conjunctions
   prepositions
   αὐτός

   Column b is prepared within the project with the full
knowledge that it represents the views of one or more
scholars, and it therefore remains subjective. Moreover, the
views of those within the project constantly change with
regard to these details. An additional problem is that of
the Greek variants which, too, must be taken into
consideration, since the creation of the supposed original
form of the Old Greek translation is always doubtful, and
every detail which is now presented as a variant could in
fact have belonged to that original translation. At this
stage, however, column b contains no remarks on Greek
variants.

The main file (II) includes col.b, and these data are also contained in the indices, but the lemma words of the indices refer only to col. a. In other words, this volume does not contain an index of retroverted words or of words on which col. b remarks.

I.3 TREATMENT OF THE GREEK TEXTUAL VARIANTS

Robert A. Kraft

One of the major goals of the CATSS project is the encoding of all significant textual variations in the Greek tradition. Ultimately, this will include ancient versions and other secondary evidence (e.g. patristic quotations) based on the Greek texts. At the outset, however, our goal is to be able to access by computer the major published apparatuses in the Göttingen editions and, where there is no Göttingen edition, in the larger Cambridge Septuagint.

I.3.1 Format of the Greek Textual File

For purposes of the project, and in accord with efficient computer management and utilization, it was decided to place each Greek word on a separate line to the extent that this was practical. The Greek main text (Rahlfs' edition, for Ruth) was first reformatted in that fashion as a "vertical text," and the textual evidence (from the larger Cambridge edition, for Ruth) was reorganized and integrated into the same format. This format allows for efficient searching of the file, analysis of textual groupings, recreation of the main text or of the consecutive text of particular witnesses and/or families, etc. Unfortunately, this is not the conventional way in which published textual apparatuses are presented, so a great deal of reorganization and innovation in formatting has been required.

The resulting Greek text, in its fullest form, intersperses the main text (Göttingen or Rahlfs) with the textual variants rather than keeping text and apparatus in separate blocks or files. On each line of the comprehensive file, the first fifteen "columns" (spaces, characters) are used to indicate the location of the particular item (book, chapter, verse, etc.). If the line contains a main text entry ("lemma"), that begins in column 16. If the line records a variant reading rather than a main text lemma, column 16 is blank and column(s) 17(-18) contain(s) the appropriate siglum for that variant (see below). Thus it is a simple matter to recreate the main text by instructing the computer to reproduce only the lines in which column 16 is not blank. If a variant is associated with the main text lemma, the lemma (and any closely related information about attestation) is followed immediately by a right bracket (]); any witnesses that do not attest the lemma ("minuses" or "omissions") are noted to the right of the bracket, on the same line, prefixed with the ">" sign; alternative readings are recorded on subsequent lines, as are any additional materials ("pluses"). All Greek words, whether main text or variants, include accents and breathings (except for undeclined proper names and apparent nonsense readings). Punctuation is included as part of the main text, and variations in punctuation between the main editions consulted are also noted.

The detailed "file format" for any given line ("record") of the full Greek text (including variants) is as follows:

```
 columns (spaces) beginning
 from the left margin and
 numbered horizontally                   1         2         3
 along each line              12345678901234567890123456789012 (etc.)

                              |  |  |  | |    |
  1-2 = book (abbrev.)        RT |  |  | |    |
  4-5 = chapter                 03  |  | |    |
  7-8 = verse                      05  | |    |
 10-11= (item                        (06|    |
 12-13=  variation)                      02) |
 16   = start of lemma (if any)               XXX...]...
 17-18= sigla of variant (if any)              +:
 19   = start of variant (if any)                 XXX...
 ...  = textual attestation                          ...(MSS)...
```

If there is a variant to the lemma that begins in column 16, the lemma is followed by a squared right bracket (]).

The textual apparatus to the Greek Ruth was entered "by hand" over a period of several weeks by R. A. Kraft and his graduate assistant, Benjamin Wright. In deciphering the apparatus to the Cambridge edition of Brooke-McLean (there is no Göttingen edition of Ruth at present), an attempt was made to break it up into single word entries and to insert those entries at the appropriate locations in the sequence of the main text (Rahlfs) that we had purchased from TLG. This was intended as an experiment as well as an act of data entry, to alert us to the sorts of problems that would be encountered in dealing with variants in this novel manner. A few chapters of Genesis were also entered in the same way. Subsequent encoding of the textual apparatuses has been done, at the initial level, by means of automatic data entry on an "optical character reader" (OCR) or "scanner" and reformatted afterwards by a series of computer programs. The resulting files are then checked carefully "by hand" for completeness, correctness and consistency.

For the book of Ruth, the lemma or main text is that of Rahlfs with the exception that καίγε is treated as a single word (in accord with recent practice following Barthélemy's

investigations) rather than as two words (as in Rahlfs and
older editions). The apparatus is from the larger Cambridge
Septuagint (ed. Brooke and McLean), adjusted to the main
text of Rahlfs. For examples of the adjustments involved see
below, I.3.5 for καίγε and I.3.11 for readings in which the
main text of Rahlfs differs from that of Cambridge (MS B).

I.3.2 Locators (Book, Chapter, Verse, Item/Variant)

For many purposes in computer assisted searching and
sorting, it is crucial that each line has a tag indicating
its location in the file. With our materials, the
conventional chapter and verse locators in each book are
prefixed automatically, plus a four column code (within
parentheses) to number each distinct item (word, variant
unit, punctuation mark) within the verse. The four numbers
within the parentheses are actually intended as two sets of
two numbers; the two leftmost numbers indicate the item
itself while the two rightmost numbers attach to any variant
units within the item. Thus "0403" identifies the 4th item
in the verse and the 3rd alternative in that variant unit;
"1400" means the 14th item, for which there is no variant
(note that item 14 may itself be a "plus" reading); "2101"
means an item (number 21) which is lacking in some witnesses
(thus 01, but there will not be a 2102 unless an alternative
reading also exists), or an item for which alternative
readings exist (which are numbered 2102, etc.). Punctuation
also receives an item number and if there is variant
punctuation, a variant number as well.

I.3.3 Quantitative Variation ("Pluses" and "Minuses")

Few problems were encountered in the recording of "pluses" and "minuses" (quantitative variants). It was decided to include on the same line as the lemma, after the right square bracket (]), any notation that certain witnesses lacked that lemma, using the conventional "greater than" symbol (>) to indicate the type of variation and to introduce the textual witnesses containing the shorter text. For instances in which some witnesses include <u>additional</u> material absent from the base text, each "added" word was placed on a separate line preceded by the conventional "plus" sign (+) and followed by the list of witnesses. The only inconvenience of these procedures was that it became necessary to repeat for each entry the list of witnesses attesting any ">" or "+" readings that were more than a single word in length. In this connection, we decided to identify readings in which three or more consecutive words were lacking by the appended notation (>3), etc., and consecutive pluses that extend to four or more words by (+4), etc., to aid persons who search the variant file for specific occurrences but cannot see the surrounding context.

A somewhat more complicated problem was encountered in those instances in which a "plus" reading in one witness is balanced by an alternative "plus" reading in another (variant to a variant). Since it is important to know when such alternative variants are encountered as well as what each particular variant may be, the first entry of a "plus"-with-alternative(s) unit is prefixed with "+:" while the subsequent alternatives to it are identified with the ":+" indicator. For the numbering of such variation units, see I.3.2 above.

"_Praemittit_ (-unt)" _Readings_. A special type of "plus" reading is material that depends closely upon what _follows_ _it_ to form a sense unit. Although the textcritical convention normally used to identify such material is "pr," an attempt was made to be clear as to the type of variation involved and to avoid confusion in the choice of sigla ("pr" could also designate two manuscripts in the Cambridge system); thus such readings are treated as a "+" followed by the symbol for "less than" (<). Where a string of several words form a longer text of the "pr" type, the designation "+<" normally introduces only the first word of the string. When a "pr" type variant entry itself has one or more alternative variations linked to it, the alternatives are indicated by the usual ":+" symbol combination (see above) since it would be necessary to examine the immediately preceding lines in the variant file to understand the entire variation unit in any event.

"_Transposed_" _Material_ (_Inversions_). Although "transpositions" are not really quantitative variations insofar as the total length of the context in which they occur may not be affected, they can be handled effectively as a balanced set of "minus" and "plus" readings. Thus in the notation used in the project, the siglum ">" accompanied on the same line by "(~)" indicates a "transposition" and will be balanced in the surrounding context by a line on which the "+" is accompanied by "(~)" for the same textual witnesses. For example, when the order of words in the main text (m) is 123456 but a variant text (v) has the order 563412, the notation will contain ten lines as follows:

```
1 m] > v(~)
2 m] > v(~)
  + 5 v(~)
  + 6 v(~)
3 mv
4 mv
  + 1 v(~)
  + 2 v(~)
5 m] > v(~)
6 m] > v(~)
```

If a computer search is made of the readings in v, it will
be noted immediately that the apparent "omission" of 1-2 is
balanced by the apparent "addition" of the same elements
later. Other variants involving the same body of text will
also be included alongside the transposed material. Thus it
is possible to handle this sort of variation consistently
and effectively within the framework of the desired
one-variant-word-per-line format.

I.3.4 Qualitative Variations (Substitutions/Alternatives)

     When some witnesses have an alternative reading to what
is in the main text, this is preceded by a colon (:) and
followed by a list of the pertinent witnesses. If the
alternative reading is itself part of a "plus" text, the
first affected entry is preceded by "+:" (or "+<" for a "pr"
type "plus") and the alternatives by ":+". The numbering of
the item within the verse (in parentheses after the chapter
and verse numbers) is identical in the first two columns for
all members of a substitution variant unit, while the lemma
text itself is numbered 01 in the last two columns and each
of the alternatives is numbered 02, 03, etc. (see further
above, I.3.2).

I.3.5 Special Problem: One Word / Two Word Variants

In some passages, the variant cannot easily be reduced to a single Greek word without compromising the basic sequence or the principles on which the file has been formatted. This is especially true when the Greek permits crasis, the joining of two words such as καί and ἐγώ into one (κἀγώ), but obtains as well in other instances where an analogous situation is attested in the textual witnesses. The following examples are instructive:

```
RT 01 12(1001) διότι]
RT 01 12(1002)  : δή b(+ὅτι)
RT 01 12(1003)  : διά MNdefhijmrsuyb2 OL
RT 01 12(1100)  + τοῦτο MNdefhijmrsuyb2 OL
RT 01 12(1200)  +<ὅτι MNbdefhijmrsuvyb2 OL Thdt
```

Note that the elements δι, δη and δια are true variants, but that οτι must also be treated as a "plus" in some witnesses insofar as τουτο separates it from the δι/δια element (the similarity of MS b to the MNdef, etc., grouping is apparently coincidental here since MS b really reads δη οτι without an intervening τουτο).

```
RT 02 09(3000) καὶ
RT 02 09(3101) ὅ .. ]
RT 02 09(3201) τι]
RT 02 09(3202)  : ὅτε abdefjlqw
RT 02 09(3203)  : ὁπότε MNhikmprtuvb2
RT 02 09(3204)  : ubi OS
RT 02 09(3205)  : si OC OL
```

The two dots after ὅ signify that the minimal variant unit here is ὅ τι, and the alternatives listed after τι in actuality relate to both words (ὅ τι), not simply to τι.

RT 03 04(0100) καὶ
RT 03 04(0201) ἔσται] > OC OE
RT 03 04(0301) ἐν ..]
RT 03 04(0401) τῷ]
RT 03 04(0402) : ὅταν 30
RT 03 04(0500) κοιμηθῆναι

Here, MS 30 lacks the words ἐν τῷ and has in their place the
word ὅταν. This could be treated as a ">" with a "+" or (as
we have done; note the ".." joiner) as a one-for-two
substitution.

RT 04 04(0101) κἀγὼ] > b2
RT 04 04(0102) : καὶ .. aglnoptva2e2
RT 04 04(0200) + ἐγὼ aglnoptva2e2
RT 04 04(0301) εἶπα] > ptvb2
RT 04 04(0302) : εἶπον glnoe2

Here is a blatant two-for-one variation, treated somewhat
artificially as a substitution and a "+" joined by "..".

RT 04 04(5101) κἀγώ ABabmxa2] > OL(ego)
RT 04 04(5102) : καὶ .. MNcdefghijklmopqrstuvb2e2
RT 04 04(5103) : et [post te ego sum] OA-ed
RT 04 04(5200) + ἐγώ MNcdefghijklmopqrstuvb2e2 OL
RT 04 04(5301) εἰμι] > OA-ed

Here the complexity of possible readings, when OA and OL are
considered, suggests that the ":" with "+" may be a more
useful approach.

RT 04 04(5700) +<*et* OA-codd OE OL
RT 04 04(5801) ὁ] > 30(see below) OA-ed(>3) OA-codd(>5) (see OE)
RT 04 04(5802) : *ille* OL
RT 04 04(5901) δὲ] > OA-ed(>3) OA-codd(>5) OE OL
RT 04 04(5902) : ὧδε 30(see above)
RT 04 04(6000) +<καὶ 30
RT 04 04(6101) εἶπεν] > OA-ed(>3) OA-codd(>5)

The situation is complex: where most MSS have ὁ δέ, MS 30 has a two-for-one reading ὧδε but OL has *et* *ille* (καὶ ὁ ?).

Finally, in the two-for-one (or one-for-two) category, the treatment of καίγε should be noted. In accord with recent convention on this matter (relating especially to Barthélemy's research), we have modified earlier practice (including Rahlfs' text) to read καίγε as one word rather than two. This policy sometimes affects the treatment of variants as well:

RT 01 05(0501) καίγε] > Akptv 18(~) OA OC OE OL

RT 01 12(2801) τοῦ]
RT 01 12(2802) : καὶ MN*hyb2 71 OA '?'(k)
RT 01 12(2803) : καίγε 'a'(*b*)

Here it would also be possible to treat the variants as ">" and "+".

RT 02 16(0501) καίγε] > OL(>4)
RT 02 16(0502) : καὶ gklnowa2e2 OA OC

RT 03 12(1801) καίγε]
RT 03 12(1802) : καὶ hkmw
RT 03 12(1900) + εἰ k
RT 03 12(2000) + ὅτι w
RT 03 12(2100) + quod(τι?) OS
RT 03 12(2200) + sed OL

Probably the εἰ in MS k represents the γε of καίγε, and perhaps a similar explanation obtains for OS. The apparatus in its present form does not attempt to adjudicate this matter.

RT 04 10(0101) καίγε] > dkr OE OL(>14)
RT 04 10(0102) : καὶ ἥ c

As with 03 12 (above), probably the ἥ in MS c is an alternative to the γε. In this instance, the apparatus has left the two words of MS c together.

I.3.6 Orthography

There has been no attempt to reproduce the first apparatus in the Cambridge edition, which lists orthographic differences between the major uncials. Such material can be added at any time, as a subset of "qualitative variations," by using the same coding. In fact, numerous orthographic variations are included in the material for the book of Ruth in the various treatments of certain proper names -- Νωεμειν is an obvious example (see also I.3.11 below).

I.3.7 Punctuation

With much hesitation, it was decided to include punctuation on its own line as a separate record, and to note differences in punctuation between the base text (for Ruth, Rahlfs) and the source of variants (for Ruth, Cambridge). Where the Göttingen edition will be used for both base text and variants, differences in punctuation in Rahlfs may be noted.

I.3.8 Attestation (Manuscripts and Other Witnesses)

Normally, lists of witnesses are provided only for the deviations from the main text. In some instances, however, attestation (in part or in whole) for the lemma may also be included. These situations depend on the policy of the apparatus from which the material came, except for instances in which the Cambridge apparatus is being used and Rahlfs' main text differs from the Cambridge reading (MS B). When MS B is relocated as a variant and a Cambridge variant becomes the lemma text (in agreement with Rahlfs), attestation for the new main text (Rahlfs) will be listed from the Cambridge apparatus, along with whatever other information is available there. See I.3.11 for examples.

Default Attestation ("omn", "rell" or "rel"). For the Cambridge apparatus, which is based on a relatively small number of representative manuscripts, the manuscript designations included in the default attestation "omn" and "rell" or covered by such listings as "a-d" (= abcd) have been filled out explicitly in the project file. Different procedures may be required with the Göttingen apparatuses, which cover a much larger range of MSS.

Versional Evidence. For the present, we have attempted
to reproduce the versional information found in the
respective apparatuses consulted. This material requires
especially close scrutiny and will need extensive
modification sometime in the future. The Cambridge editors
tended to supply relatively full information for the Old
Latin (OL), Syro-hexapla (OS), Armenian (OA) and Palestinian
Aramaic (OP) versions. They were more selective with the
Ethiopic (OE) and Coptic (OC) materials. In the Ruth variant
file, the OL spelling as found in the Cambridge edition is
sometimes standardized by use of parentheses (to fill in
letters), OS transliterations follow the Hebrew coding
employed by the project, and relatively certain Greek
retroversions are sometimes noted in parentheses. More
satisfactory treatment of most of the versional material,
however, must await the results of specific studies (with
computer assistance?) on each of the versions.

Quotations and Other Secondary Witnesses. For the
present the information in the source apparatus attesting
patristic quotations and related material is simply
reproduced. As with the versions, much work needs to be done
before this type of evidence can be evaluated adequately.
The advent of computer assisted research encourages us to
look for greater progress in these areas in the near future.

Other Ancient Greek Versions ("the Three," etc.). The
format constructed for the project is sufficiently flexible
to accommodate the inclusion of all ancient Greek variants,
from whatever source. Thus we have not attempted to devise a
separate apparatus for "the Three" (Theodotion, Aquila,
Symmachus) and similar materials. Instead, the apostrophe
(') is used to indicate these materials, enclosing the
designation siglum on both sides ('t', 'a', 's', etc.) and
the witness from which the information derives. A computer
search of the file for any of these distinctive elements

will enable the user to create an apparatus of these
materials.

I.3.9 Indicators of Uncertainty ("vid", "see", "?")

The apparatus reproduces the "vid" (= "apparently," but
with room for doubt) notations in the Cambridge apparatus,
but also adds other indicators of uncertainty: "see" is
usually a term of cross reference and occurs especially in
connection with versional material that has been broken into
smaller units and often requires a consideration of the
fuller versional context in order to determine what
versional word(s) aligns with the Greek word; "?" is most
often attached to a suggested reconstruction of versional
material into Greek and warns the user that this is simply a
suggestion (it is sometimes combined with "see" in such
contexts). When "(?)" follows a MS designation, it simply
reproduces the notation in the Cambridge apparatus; when it
follows a versional siglum (OA, OC, OE, OL, OS), it usually
is a warning to check the variant context carefully. In
general, in these and in other occurrences, "?" is used as
an indicator of doubt.

I.3.10 Annotated Sample of Variant Text Notations (Ruth 3:5-6)

```
book verse
| chp | item
|   |   |  | sub-variant                      comments
|   |   |  | |
RT 03 05(0100)  +<καὶ 18                   {pr type reading with
RT 03 05(0200) εἶπεν                           a καί-δέ variation
RT 03 05(0301) δὲ] > 18                        in MS 18}
RT 03 05(0401) Ρουθ] > (~)OA-OL(~)        {possible transpostion}
RT 03 05(0500) πρὸς
RT 03 05(0601) αὐτήν]
RT 03 05(0602)  : αὐτῇ b                   {alternative readings}
RT 03 05(0603)  : αὐτόν o*
RT 03 05(0700)  + Ρουθ (~)OA-OL(~)        {balances earlier "(~)"}
RT 03 05(0800) Πάντα
RT 03 05(0901) ,] > (B-M)                  {punctuation difference}
RT 03 05(1000) ὅσα
RT 03 05(1101) ἐὰν ABacfkxb2]              {base text attestation}
RT 03 05(1102)  : ἂν MNΔ(10)bdeghijlmnopqrstuvwa2e2
RT 03 05(1200) εἴπῃς
RT 03 05(1300)  + πρός bcx                 {simple plus}
RT 03 05(1401)  +:με bcx                   {complex plus}
RT 03 05(1402)  :+μοι Δ(10)fhipqrtv OL OS
RT 03 05(1403)  :+mihi OA OC OE
RT 03 05(1501) ,] > (B-M)
RT 03 05(1600) ποιήσω
RT 03 05(1700) .
RT 03 06(0101) καὶ] > OL(>5)               {extensive minus in OL}
RT 03 06(0201) κατέβη] > OL(>5)
RT 03 06(0300)  + Ρουθ glnoptvwe2
RT 03 06(0401) εἰς] > OL(>5)
RT 03 06(0501) τὸν] > OL(>5)
RT 03 06(0502)  :<τὴν b'glnoptvwe2
RT 03 06(0601) ἅλω] > OL(>5)
RT 03 06(0602)  : ἅλωνα Δ(10)(vid)cghlmnoprtvwa2e2 {vid notation}
RT 03 06(0700)  + , (B-M)                  {punctuation added}
RT 03 06(0800) καὶ
RT 03 06(0900) ἐποίησεν
RT 03 06(1001) κατὰ]
RT 03 06(1002)  : τὰ 74 76
RT 03 06(1100) πάντα
RT 03 06(1201) ,] > (B-M)
RT 03 06(1300) ὅσα
RT 03 06(1401) ἐνετείλατο]
RT 03 06(1402)  : εἶπεν u
RT 03 06(1501) αὐτῇ] > OL
RT 03 06(1502)  : αὐτήν oe2
RT 03 06(1600) ἡ
RT 03 06(1700) πενθερὰ
RT 03 06(1800) αὐτῆς
RT 03 06(1900) .
```

I.3.11 Differences between Rahlfs and Cambridge (MS B)

RT 01 02(1401) καὶ (=c(a?)q(b) 236 [etc.])] >(>6) Bc*(~)q* OE(f)
RT 01 02(1501) ὄνομα ([etc. as above])] >(>6) Bc*(~)q* OE(f)
RT 01 02(1601) τῇ (=c(a?) 236 [etc.])] >(>6) Bc*(~)q* OE(f)
RT 01 02(1701) γυναικὶ ([etc. as above])] >(>6) Bc*(~)q* OE(f)
RT 01 02(1801) αὐτοῦ (=c(a?)q(B) 236 [etc.])] >(>6) Bc*(~)q* OE(f)
RT 01 02(1901) Νωεμιν (R)] >(>6) Bc*(~)q* OE(f)

RT 01 04(0501) Μωαβίτιδας (=A)]
RT 01 04(0502) : Μωαβείτιδας B

RT 01 15(1301) ἡ] > B

RT 02 12(0901) καὶ] > Ba

RT 02 16(1401) ἄφετε AMNabdefhijkmqrsuxb2 OA OE(c) OS] > Bca2 OC OL(?)

RT 03 16(1601) Τίς Aacgloxe2 OC OS] > B
RT 03 16(1701) εἶ Aacgloxe2 OC OS] > Bbna2 OE

RT 04 13(0801) καὶ] > Ba2-OE(f)(>9) blgnowe2
RT 04 13(0901) ἐγενήθη] > Ba2-OE(f)(>9) blgnowe2
RT 04 13(1001) αὐτῷ] > Ba2-OE(f)(>9) OL
RT 04 13(1101) εἰς (OS sub &)] > Ba2-OE(f)(>9) bglnw OE(c) OL
RT 04 13(1201) γυναῖκα (OS sub &)] > Ba2-OE(f)(>9) OL
RT 04 13(1401) καὶ] > Ba2-OE(f)(>9) OE(c)(>4)
RT 04 13(1501) εἰσῆλθεν] > Ba2-OE(f)(>9) OE(c)(>4)
RT 04 13(1601) πρὸς] > Ba2-OE(f)(>9) OE(c)(>4)
RT 04 13(1701) αὐτήν] > Ba2-OE(f)(>9) OE(c)(>4)

RT 04 15(2201) σου] > B

RT 04 19(1301) Αμιναδαβ A]
RT 04 19(1303) : Αμειναδαβ BMNacdegijklmnopqrtuvwxya2b2e2

RT 04 20(0201) Αμιναδαβ A OC OL]
RT 04 20(0203) : Αμειναδαβ BMNabcdegijklmnopqrtuvwxya2b2e2

I.4 COMPUTER ASSISTED MORPHOLOGICAL ANALYSIS

William Adler

One segment of the project involves the tagging of
every word in the Septuagint according to its part of speech
and lexical form. This information is used for the creation
of concordances and the study of word distribution,
lexicography and syntax.

Preparing the data base is a time-consuming task, not
only because of the size of the Septuagint, but also because
of the inherent ambiguities of identifying words
morphologically. The completion of the project has been
accelerated considerably by a sophisticated program,
developed by David Packard, which automatically parses
classical Greek words. Although the program was originally
designed for instructing beginning Greek students, the speed
with which it processes Greek words gives it applications in
other areas as well.[1] In the spring of 1981, the program,
written in IBM 360 assembly language, was mounted at the
University of Pennsylvania. Since that time, it has been run
on the entire text of Ralhfs.

I.4.1 Automatic Analysis of Greek

Very little preliminary formatting is required to run
Packard's program. A text need not be alphabetized in
advance. It need only conform to the transliteration scheme
(beta format) of the TLG (Thesaurus Linguae Graecae) which

encoded the text. For this purpose each record should be 75 characters or less in length.

Essentially, the program identifies Greek words by examining three dictionaries -- a dictionary of endings, stems, and "indeclinables" (e.g. prepositions, highly irregular forms, and particles). The dictionary of stems (see Table 1) is by far the largest dictionary, but the speed with which information is retrieved from it is very great, because the whole stems dictionary is packed and loaded into core memory at the point of execution. This ensures very fast processing -- under normal conditions, over 2000 words per second. At the same time, however, the maximum size of the dictionary is limited by the capacity of the internal memory.

TABLE 1

The following is a portion of the stems dictionary. The first field contains the stem, the second its type (coding in Table 2), and the third the dictionary form.

STEM	TYPE	DICT. FORM	STEM	TYPE	DICT. FORM
ἀρεσκ	A1	ἄρεσκος	ἀργυρ	N2 M	ἄργυρος
ἀρκι	A1A	ἄρκιος	ἀρκ	N2 M	ἄρκος
ἀρκ	N3UF	ἄρκυς	ἀρνυ	V5 M	ἄρνυμαι
ἀροτ	N2 M	ἄροτος	ἀρουρ	N1AF	ἄρουρα
ἀρσεν	A3N	ἄρσην	ἀρς	N3IF	ἄρσις
ἀρτι	A1A	ἄρτιος	ἀρτ	N2 M	ἄρτος
ἠρκ	VK	ἄρχομαι	ἠρκ	VM	ἄρχω
ἀρξ	VF	ἄρχω	ἀρξ	VA	ἄρχω
ἀρχ	V1	ἄρχω	ἀρχ	N3M	ἄρχων
ἀσφαλτ	N2 M	ἄσφαλτος	ἀς	N1 F	ἄση
ἀσημ	A1B	ἄσημος	ἀσηπτ	A1B	ἄσηπτος
ἀσιτ	A1B	ἄσιτος	ἀσκησ	N3IF	ἄσκησις
ἀσμεν	A1	ἄσμενος	ἀστρ	N2NN	ἄστρον
ἀσυλ	A1B	ἄσυλος			
ἀσωτ	A1B	ἄσωτος	ἀτεκν	A1B	ἄτεκνος
ἀτεχν	A1B	ἄτεχνος	ἀτ	N1 F	ἄτη
ἀτιμ	A1B	ἄτιμος	ἀτμητ	A1B	ἄτμητος
ἀτολμ	A1B	ἄτολμος	ἀτοπ	A1B	ἄτοπος
ἀτρακτ	N2 M	ἄτρακτος	ἀυπν	A1B	ἄυπνος
ἀχ	N3EN	ἄχος	ἀχθε	VS	ἄχθομαι
ἀχθ	V1 M	ἄχθομαι	ἀχθεσ	VF M	ἄχθομαι
ἀχθ	N3EN	ἄχθος	ἀχρηστ	A1B	ἄχρηστος
ἀχυρ	N1AF	ἄχυρα	ἀχυρ	N2N	ἄχυρον
ἀψυχ	A1B	ἄψυχος	ἀζυγ	A3	ἄζυξ
ἀζυμ	A1B	ἄζυμος	ἀθλ	N2 N	ἆθλον
ᾀσ	N3MN	ᾆσμα	ἀβυσσ	N2 M	ἄβυσσος
ἀθλ	N2NN	ἆθλον	ἀβασανιστ	A1B	ἀβασάνιστος
ἀβλαβ	A3H	ἀβλαβής	ἀβουλι	N1AF	ἀβουλία
ἀξι	N1AF	ἀξία	ἀξιω	N3MN	ἀξίωμα
ἀξιαγαστ	A1B	ἀξιάγαστος	ἀξιακροατ	A1B	ἀξιακρόατος
ἀξιολογ	A1B	ἀξιόλογος	ἀξι	V4	ἀξιόω
ἀξιωσ	VA	ἀξιόω	ἀξιωσ	VF	ἀξιόω
ἀδαμαντ	N3 M	ἀδάμας	ἀδαμαντιν	A1	ἀδαμάντινος
ἀδεκαστ	A1B	ἀδέκαστος	ἀδεσποτ	A1B	ἀδέσποτος
ἀδε	A3H	ἀδεής	ἀδελφ	N1 F	ἀδελφή
ἀδελφ	N2 M	ἀδελφός	ἀδικη	N3MN	ἀδίκημα
ἀδικησ	VF	ἀδικέω	ἠδικηκ	VX	ἀδικέω
ἀδικ	V2	ἀδικέω	ἠδικη	VM	ἀδικέω
ἀδικησ	VA	ἀδικέω	ἀδικη	VC	ἀδικέω
ἀδικι	N1AF	ἀδικία	ἀδιοριστ	A1B	ἀδιόριστος
ἀδοκητ	A1B	ἀδόκητος	ἀδοκιμ	A1B	ἀδόκιμος
ἀδοξι	N1AF	ἀδοξία	ἀδολεσχ	N1MM	ἀδολέσχης
ἀδολεσχ	V2	ἀδολεσχέω	ἀδολεσχησ	VA	ἀδολεσχέω
ἀδολεσχι	N1AF	ἀδολεσχία	ἀδυνατ	A1B	ἀδύνατος
ἀδυνατησ	VA	ἀδυνατέω	ἀδυνατ	V2	ἀδυνατέω

A substantial number of Greek verbs are compound forms, consisting of a simple verb and a prepositional prefix. In order to economize on the size of the stems dictionary, Packard decided to include all compound verbs under one stem. Before the program attempts to identify a verb form from the stems dictionary, therefore, it must first remove prepositional prefixes. This approach is reflected in the output of the lexical form of compound verbs. In its identification of this form, the program first provides the simple verb form, followed by the prepositional prefix. Thus, for example, the program would identify the lexical form of καταλαμβάνω as λαμβάνω κατα.

Every word analyzed by the program is output as one record, consisting of four fields of information -- 1)the text word; 2) the word's type; 3) parsing information; and 4) dictionary lemma. Parsing information is provided in a code explained below (see Table 2). At the end of execution, the program provides a summary of words processed and the number of words which were successfully parsed.

TABLE 2

KEY TO CODING USED IN PACKARD'S MORPHOLOGICAL ANALYSIS
"TYPE" CODES (3 columns maximum, to identify part of speech)

N = Noun (up to 3 columns)
  N1 = 1st declension (fem. in -H)
  N1A = stem ending in -A (fem.)
  N1M = masc. with nom. in -HS
  N1S = stem in -H, nom. in -A (f.)
  N1T = masc. with nom. in -AS
  N2 = 2nd declension (masc./fem.)
  N2N = neuters (in -ON)
  N3 = 3rd declension
  N3A,D,E,G,I,K,M,U indicates the
    final letter of the stem
    to which endings are added

A = Adjective (up to 3 cols.)
  A1 = -OS/-H/-ON pattern endings
  A1A = -OS/-A/-ON
  A1B = -OS/-OS/-ON
  A1C = -OUS/-OUS/-OUN
  A1S = nom. in -A, stem in -H
  A3 = 3rd declension patterns

R = Pronouns (2 Columns)
  RA = Article
  RD = Demonstrative
  RI = Interrogative/Indefinite
  RP = Personal/Possessive
  RR = Relative
  RX = O(/STIS

C = Conjunction
X = Particle
I = Interjection
M = Indeclinable Number
P = Preposition
D = Adverb

V = Verbs (up to 3 cols.)
  (I in col.3 = augmented,
    whatever the stem)
"Progressive" Stems
  V1 = regular present
  V2 = contracts in -EW
  V3 =   "   in -AW
  V4 =   "   in -OW
  V5 = regular -MI verbs
  V6 = -A stem -MI verbs
  V7 = -E stem "   "
  V8 = -O stem "   "
  V9 = EI)MI/ and EI)=MI
Aorist Stems
  VA = 1st aorist active
  VB = 2nd aorist act. #1
  VZ = 2nd   "   " #2
  VH, VE, VO = -H, -E,
    -O stem -MI verbs
  VC = #1 aor.& fut.pass.
  VD = #2 "   "   "   "
  VV = labial " " "   "
  VS = dental " " "   "
  VQ = guttural" " "   "
Perfect Stems
  (I in col.3 = Plupf.augm.)
  VX = perfect active
  VM =   "   middle
  VP = labial perf. midd.
  VT = dental "   "
  VK = guttural "   "
Future Stems
  VF = regular future
  VF2 = liquid
  VF3 = E)LAU/NW

"PARSE" CODE (up to 6 columns, as needed, to parse each form)

Nouns and Pronouns (3 columns)
  col.1 = case: N(om) G(en) D(at)
    A(ccus) V(ocative)
  col.2 = number: S(ing) D(ual) P(l)
  col.3 = gender: M(asc) F(em) N(eut)
Adjectives (up to 4 columns)
  cols.1-3 as with Nouns (above)
  col.4 = degree if irregular:
    C(ompar) S(uperl)
Adverbs (1 to 2 cols, as needed)
  B = derived from Adjective
  BC = comp.adj.used adverbially

Verbs (to 5 cols, exc.Ptcp)
  col.1 = tense: P(resent)
    I(mperfect) F(ut) A(or)
    X(Perfect) Y(Pluperfect)
  col.2 = voice: A(ctive)
    M(iddle) P(assive)
  col.3 = mood: I(ndicative)
    D(Imperative) S(ubjunct)
    O(pt) N(Infin) P(Ptcp)
  col.4 = person: 1 2 3
  col.5 = number as Noun col.2
  cols.4-6 Ptcp as for Noun

I.4.2 Updating the Dictionary and Correcting Output

Since Packard originally designed the program to analyze classical Greek texts, it has been necessary to update the dictionaries to reflect more completely the vocabulary of the Septuagint. When the program was first installed, it was able to analyze about 60% of the words from a sample Septuagint text. Since that time, hundreds of stems have been added to the stems dictionary. Because of the limitations on the size of the stems dictionary, only those words are entered which recur frequently enough to justify automatic analysis. Hapax legomena and Hebrew proper names in Greek transliteration, for example, are identified manually by a proof-reader.

As a result of updating the dictionary, the program is now able to identify 90% of the words which it processes. All parsings, however, must be subsequently verified to correct and modify the analysis where necessary. Ambiguous forms and homographs, for example, are sometimes incorrectly identified by the program. In cases such as these, the program can only make an "educated guess." In order to facilitate manual correction, the program flags ambiguous forms with a question mark or an ampersand. Because many of the errors committed by the program are predictable, they can often be corrected automatically (see below Table 3).

TABLE 3

Example of uncorrected automatic morphological analysis
of Deut 5:1-2. Uncertain identifications are flagged
with an ampersand or question mark.

```
KAI\ E)KA/LESEN *MWUSH=S PA/NTA *ISRAHL KAI\ EI)=PEN PRO\S      5  1
1    KAI\               C        ?   KAI/     (*or adverb)
2    E)KA/LESEN         VAI  AAI3S    KALE/W
3    *MWUSH=S           N1M  NSM      *MWUSH=S
4    PA/NTA             A3   ASM  ?   PA=S     (*or neuter plural)
5    *ISRAHL                          *ISRAHL  (*not parsed*)
6    KAI\               C        ?   KAI/     (*same as #1)
7    EI)=PEN            VBI  AAI3S    EI)=PON
8    PRO\S              P            PRO/S
AU)TOU/S *)/AKOUE, *ISRAHL, TA\ DIKAIW/MATA KAI\ TA\ KRI/MATA, 5  1
9    AU)TOU/S           RD   APM      AU)TO/S
10   A)/KOUE            V1   PAD2S    A)KOU/W
11   *ISRAHL,                         *ISRAHL, (*same as #5)
12   TA\                RA   APN  ?   O(       (*or NPN)
13   DIKAIW/MATA        N3M  APN  ?   DIKAIW/MA (*or NPN)
14   KAI\               C        ?   KAI/     (*same as #1)
15   TA\                RA   APN  ?   O(
16   KRI/MATA,          N3M  APN  ?   KRI/MA
O(/SA E)GW\ LALW= E)N TOI=S W)SI\N U(MW=N E)N TH=| H(ME/RA|      5  1
17   O(/SA              A1   APN  ?   O(/SOS
18   E)GW\              RP   NS       E)GW/
19   LALW=              V2   PAI1S ?  LALE/W
20   E)N                P            E)N
21   TOI=S              RA   DPM  ?   O(
22   W)SI\N             N3T  DPN      OU)=S
23   U(MW=N             RP   GP       SU/
24   E)N                P            E)N
25   TH=|               RA   DSF      O(
26   H(ME/RA|           N1A  DSF      H(ME/RA
TAU/TH|, KAI\ MAQH/SESQE AU)TA\ KAI\ FULA/CESQE POIEI=N AU)TA/.5  1
27   TAU/TH|,           RD   DSF      OU)(=TOS
28   KAI\               C        ?   KAI/
29   MAQH/SESQE         VF   FMI2P    MANQA/NW
30   AU)TA\             RD   APN  ?   AU)TO/S
31   KAI\               C        ?   KAI/
32   FULA/CESQE         VF   FMI2P    FULA/SSW
33   POIEI=N            V2   PAN      POIE/W
34   AU)TA/.            RD   APN  ?   AU)TO/S
KU/RIOS O( QEO\S U(MW=N DIE/QETO PRO\S U(MA=S DIAQH/KHN E)N     5  2
35   KU/RIOS            N2   NSM  &   KU/RIOS
36   O(                 RA   NSM      O(
37   QEO\S              N2   NSM      QEO/S
38   U(MW=N             RP   GP       SU/
39   DIE/QETO           VBI  AMI3S    TI/QHMI          DIA
40   PRO\S              P            PRO/S
41   U(MA=S             RP   AP       SU/
42   DIAQH/KHN          N1   ASF      DIAQH/KH
43   E)N                P            E)N
*XWRHB:                                                        5  2
44   *XWRHB:                          *XWRHB:
```

I.4.3 The Policy for Identifying Words Morphologically

From the very outset of the project, some uncertainty arose regarding the morphological analysis and lexical form of certain problem words.

One source of confusion concerned the identification of the lexical form of a word. The existing lexical tools (BAG, LSJ, H-R) are not always helpful, since they sometimes disagree among themselves. With a few exceptions,[2] our identification of the dictionary lemma of a word conforms to the lexical form in H-R. When H-R gives multiple lemma words, the first one is chosen for the sake of expediency.

The reasons for this decision are three-fold:

1) In many cases it was felt that H-R more accurately reflects the vocabulary of the LXX than Liddell and Scott;

2) conformity with the dictionary form of H-R implies that the data can more readily be used to supplement and augment the information provided by the standard LXX concordance;

3) the use of H-R as the final arbiter introduces a standard for analyzing many words whose grammatical identification might otherwise be subject to the individual tastes of a proof-reader.

Assigning correct grammatical information to Greek words is sometimes complicated by their inherent ambiguity. Many of these ambiguities involve declined forms of a noun or pronoun that function in a sentence as adverbs or prepositions. It is often difficult to decide whether to indicate these as declined forms, or as indeclinable prepositions or adverbs. Examples of these are numerous in the Septuagint. A few of the regularly recurring problem words will serve to illustrate the ambiguities:

a) κύκλῳ -- adverb or preposition (meaning "around"), or dative singular masculine from κύκλος.

b) τί -- adverb (meaning "why"), or accusative singular neuter from τίς.

c) οὗ -- adverb (meaning "where"), or genitive singular masculine from ὅς.

Since parsing of these words is largely subjective, the most one can strive for are clearly delineated standards of analysis. In preparing the data base, it became evident that using H-R to identify the lexical form of a word could also help in identifying the word morphologically. Thus, the form κύκλῳ is listed as a declinable form of κύκλος in H-R (as against BAG which has this word under a separate entry). In conformity with H-R, our analysis of κύκλῳ gives it as a DSM from κύκλος. Had H-R given a separate entry for κύκλῳ, then the analysis would have reflected this by identifying the form as a preposition.

The same policy extends to other problem words as well:

a) Proper names: In some instances, H-R and Rahlfs vary in their evaluation of proper names. In the sample material supplied from Ruth, for example, it will be noted that the form Πικραν is treated (following H-R) as an accusative singular feminine adjective from πικρός, in spite of the fact that Rahlfs gives it as a proper name.

b) οὗ, when it has the meaning "where," is identified as an
adverb, since H-R lists this word under a separate entry from ὅς.

c) τί, even when used adverbially (meaning "why"), is identified
as an interrogative pronoun, accusative singular neuter from τίς.

This procedure of adhering to H-R will inevitably lead
to an occasionally debatable identification. These few cases
are heavily outweighed, however, by the need to preserve
uniform standards of analysis. In the creation of an
electronic data-base, this is especially critical, since the
speed and accuracy of data retrieved by the computer often
depend on such uniform standards.

I.4.4 Morphological Analysis of Variants

In undertaking the analysis of variant readings in
Ruth, several cases occurred which required the formulation
of uniform principles of analysis. Grammatical
identification of variants is more complicated than for the
main text, not only because variants are not treated by H-R,
but also because of the inherent difficulties of many
variant readings. These problems fall into three categories:

a) Proper names:

The treatment of proper names is the same as that
applied to the proper names in the main text. In Ruth 1:20,
for example, some manuscripts (Akqw) have as a variant for
πίκραν, πικρίαν, others πίκρα or πικρία. In this case,
πικρίαν is identified as an accusative singular feminine of
πικρία, whereas the undeclined forms πίκρα and πικρία are
treated as proper names. In general, a variant which gives
a name as a declined form of a common noun or adjective is
treated accordingly, even if the majority reading treats it
as a proper name.

b) Corrupt or highly irregular forms:

For highly irregular or corrupt forms, a conjectural
identification is offered where there are sufficient grounds
for this. All conjectures are denoted with a question mark.
Thus, at Ruth 3:10, MS u gives the reading "ἐκ τῶν ἀδελ."
The context and the main text reading make it reasonably
clear that the form is the genitive plural masculine of
ἀδελφός.

For those cases which are too corrupt to allow for a
conjectural reconstruction, the form is simply flagged with
a question mark, and no identification is attempted.

c) Morphological confusion in the variant reading:

There are a few cases in which a variant may reflect an
imperfect understanding of Greek morphology. Septuagint
manuscripts, for example, sometimes mistake forms of ὁράω
for forms of οἶδα.[3] This confusion may be responsible for
the reading which MSS b'op give at Ruth 3:11 -- εἶδεν
instead of οἶδεν. Thus, a case could be made for treating
this variant as an "incorrect," or even a rare form of
οἶδεν.[4]

Such an identification, however, would only be made if
one were to know that εἶδεν was a variant of οἶδεν. To this
extent, treating εἶδεν as a variant spelling of οἶδα would
involve making text-critical judgments about the manuscript
which gives this reading, as well as its relationship to the
"main text" reading. Although this is potentially a very
worthwhile subject to investigate, it would be premature and
even prejudicial to make such judgments in the preparation
of the data base. Accordingly, the dictionary form of εἶδεν

is given as ὁράω. This same procedure extends to other
variants which have similar characteristics.

I.4.5 Applications of the Morphological Analysis

Once the morphological analysis is completed, it can be
used for the creation of several lexical tools, published in
conventional (hardcopy) or machine sensible form.

Concordances created from our data base will have
several advantages over H-R. One major advantage of an
electronic data base is that the user is not limited to the
format provided by a published concordance. Information can
be accessed, sorted, and concorded in a variety of ways,
depending on the interests of the individual user. It is a
relatively easy task, for example, to retrieve information
sorted according to different fields of information (textual
form, dictionary lemma, or parsing field).

The two tables below provide small samples of data
concorded from a morphologicaly analyzed file of Ruth.

TABLE 4

Sort of the Rahlfs text of Ruth according to textual lemma.

RT	02 17 10	ἅ	RR	APN	ὅς
RT	02 18 13	ἅ	RR	APN	ὅς
RT	02 18 20	ἅ	RR	APN	ὅς
RT	03 04 28	ἅ	RR	APN	ὅς
RT	01 02 05	Αβιμελεχ	*N	N M	Αβιμελεχ
RT	01 03 03	Αβιμελεχ	*N	N M	Αβιμελεχ
RT	02 01 17	Αβιμελεχ	*N	G M	Αβιμελεχ
RT	02 03 22	Αβιμελεχ	*N	G M	Αβιμελεχ
RT	04 03 16	Αβιμελεχ	*N	G M	Αβιμελεχ
RT	04 09 18	Αβιμελεχ	*N	G M	Αβιμελεχ
RT	04 15 24	ἀγαθή	A1	NSF	ἀγαθός
RT	02 22 09	ἀγαθόν	A1	NSN	ἀγαθός
RT	03 13 11	ἀγαθόν	A1	D	ἀγαθός
RT	04 15 18	ἀγαπήσασά	VA	AAPNSF	ἀγαπάω
RT	01 02 29	ἀγρὸν	N2	ASM	ἀγρός
RT	02 02 11	ἀγρὸν	N2	ASM	ἀγρός
RT	02 09 06	ἀγρόν	N2	ASM	ἀγρός
RT	04 05 10	ἀγρὸν	N2	ASM	ἀγρός
RT	01 06 12	ἀγροῦ	N2	GSM	ἀγρός
RT	01 22 13	ἀγροῦ	N2	GSM	ἀγρός
RT	02 03 17	ἀγροῦ	N2	GSM	ἀγρός
RT	02 06 22	ἀγροῦ	N2	GSM	ἀγρός
RT	04 03 09	ἀγροῦ	N2	GSM	ἀγρός
RT	04 03 23	ἀγροῦ	N2	GSM	ἀγρός
RT	01 01 24	ἀγρῷ	N2	DSM	ἀγρός
RT	01 06 17	ἀγρῷ	N2	DSM	ἀγρός
RT	02 03 07	ἀγρῷ	N2	DSM	ἀγρός
RT	02 07 26	ἀγρῷ	N2	DSM	ἀγρός
RT	02 08 12	ἀγρῷ	N2	DSM	ἀγρός
RT	02 17 05	ἀγρῷ	N2	DSM	ἀγρός
RT	02 22 22	ἀγρῷ	N2	DSM	ἀγρός
RT	04 14 15	ἀγχιστέα	N3U	ASM	ἀγχιστεύς
RT	04 03 05	ἀγχιστεῖ	N3U	DSM	ἀγχιστεύς
RT	04 06 17	ἀγχιστείαν	N1A	ASF	ἀγχιστεία
RT	04 07 11	ἀγχιστείαν	N1A	ASF	ἀγχιστεία
RT	04 07 35	ἀγχιστείαν	N1A	ASF	ἀγχιστεία
RT	04 08 10	ἀγχιστείαν	N1A	ASF	ἀγχιστεία
RT	04 04 21	ἀγχίστευε	V1	PAD2S	ἀγχιστεύω
RT	04 04 20	ἀγχιστεύεις	V1	PAI2S	ἀγχιστεύω
RT	04 04 25	ἀγχιστεύεις	V1	PAI2S	ἀγχιστεύω
RT	03 13 12	ἀγχιστευέτω	V1	PAD3S	ἀγχιστεύω
RT	04 07 33	ἀγχιστεύοντι	V1	PAPDSM	ἀγχιστεύω
RT	02 20 34	ἀγχιστευόντων	V1	PAPGPM	ἀγχιστεύω
RT	03 09 25	ἀγχιστεὺς	N3U	NSM	ἀγχιστεύς
RT	03 12 04	ἀγχιστεὺς	N3U	NSM	ἀγχιστεύς
RT	03 12 09	ἀγχιστεὺς	N3U	NSM	ἀγχιστεύς
RT	04 06 04	ἀγχιστεύς	N3U	NSM	ἀγχιστεύς

TABLE 5

This table, prepared from the morphological analysis file of Ruth, gives the dictionary entry form, and all occurrences of that form together with a limited context. For purposes of analysis the size of the context could be expanded to whatever dimensions were required.

Αβιμελεχ			
*N	N M	RT 01 02	ἀνδρὶ Αβιμελεχ, καὶ
*N	N M	RT 01 03	ἀπέθανεν Αβιμελεχ ὁ
*N	G M	RT 02 01	συγγενείας Αβιμελεχ, καὶ
*N	G M	RT 02 03	συγγενείας Αβιμελεχ.
*N	G M	RT 04 03	τοῦ Αβιμελεχ, ἢ
*N	G M	RT 04 09	τοῦ Αβιμελεχ καὶ
ἀγαθός			
A1	NSF	RT 04 15	ἐστιν ἀγαθή σοι
A1	NSN	RT 02 22	αὐτῆς ἀγαθόν θύγατερ,
A1	D	RT 03 13	σε, ἀγαθόν, ἀγχιστευέτω·
ἀγαπάω			
VA	AAPNSF	RT 04 15	ἡ ἀγαπήσασά σε
ἀγρός			
N2	ASM	RT 01 02	εἰς ἀγρὸν Μωαβ
N2	ASM	RT 02 02	εἰς ἀγρὸν καὶ
N2	ASM	RT 02 09	τὸν ἀγρόν, οὗ
N2	ASM	RT 04 05	τὸν ἀγρὸν ἐκ
N2	GSM	RT 01 06	ἐξ ἀγροῦ Μωαβ,
N2	GSM	RT 01 22	ἐξ ἀγροῦ Μωαβ·
N2	GSM	RT 02 03	τοῦ ἀγροῦ Βοος
N2	GSM	RT 02 06	ἐξ ἀγροῦ Μωαβ
N2	GSM	RT 04 03	τοῦ ἀγροῦ, ἤ
N2	GSM	RT 04 03	ἐξ ἀγροῦ Μωαβ,
N2	DSM	RT 01 01	ἐν ἀγρῷ Μωαβ,
N2	DSM	RT 01 06	ἐν ἀγρῷ Μωαβ
N2	DSM	RT 02 03	τῷ ἀγρῷ κατόπισθεν
N2	DSM	RT 02 07	τῷ ἀγρῷ μικρόν.
N2	DSM	RT 02 08	ἐν ἀγρῷ συλλέξαι
N2	DSM	RT 02 17	τῷ ἀγρῷ ἕως
N2	DSM	RT 02 22	ἐν ἀγρῷ ἑτέρῳ.
ἀγχιστεύς			
N3U	ASM	RT 04 14	τὸν ἀγχιστέα, καὶ
N3U	DSM	RT 04 03	τῷ ἀγχιστεῖ τὴν
ἀγχιστεία			
N1A	ASF	RT 04 06	τὴν ἀγχιστείαν μου,
N1A	ASF	RT 04 07	τὴν ἀγχιστείαν καὶ
N1A	ASF	RT 04 07	τὴν ἀγχιστείαν αὐτοῦ,
N1A	ASF	RT 04 08	τὴν ἀγχιστείαν μου·

Probably the most promising applications of the morphological analysis of the Septuagint lie in its use with the other data files currently being developed, e.g. the variants and the Hebrew-Greek alignment (II). One of the long-range goals of the project is to complete morphological analysis not only of the main (=Rahlfs) text, but of all variant readings as well. From this it will be possible to create a much richer concordance than that currently available. A comprehensive concordance of the Septuagint which could be created from these three data bases would include morphological analysis and lemmatization of the "main" text, all variant Greek readings, as well as the parallel Hebrew word or words which this reading renders. Although there are many possible applications of this data, one area of research which should profit immeasurably from this is the study of Septuagint lexicography and translation technique.

It should be emphasized that the maximum utility of this data is not always to be found in printed concordances. As has already been noted, the strength of a data base in machine form is in its ability to produce information of an almost limitless variety. This quality makes it a powerful tool for very specific applications. For example, a researcher interested in studying morphological and lexicographical features of only one family of manuscripts could retrieve from an electronic data base only that body of material relevant to those particular interests. In an application such as this, efficient programs and a well-constructed data base are often a better way to conduct research than large concordances. For this reason, one of the major goals of the CATSS project is the construction of a comprehensive data-base management system and flexible programs to access information from it.

NOTES

[1]For a more complete description of the program, see Packard's article, "Computer-Assisted Morphological Analysis of Ancient Greek," in the Proceedings of the 1973 International Conference on Computational Linguistics, Pisa 1980. A more condensed discussion of the program can be found in Susan Hockey's A Guide to Computer Applications in the Humanities, (Baltimore: Johns Hopkins, 1980) 102-103.

[2]The following deviations should be noted: a) For Hebrew names transliterated into Greek, H-R supplies accents and breathings. For the sake of expediency, these are not included in the analysis. b) Unlike H-R, the program identifies the lexical form of a verb as the first person present singular, not the infinitive. In a few cases, it may not be immediately clear to the reader which form has been identified as the "first person present" of the infinitive form provided by H-R. This is especially true of the forms of οἶδα and ὁράω. Forms in H-R listed under εἰδεῖν are identified by the program as forms of οἶδα. The program gives ὁράω as the lexical form of those words listed by H-R as forms of ἰδεῖν.

[3]See Thackeray's Grammar of the Old Testament in Greek, (Cambridge: University Press, 1909), 278.

[4]Note that Thackeray rules out the existence of genuine forms of οἶδα morphologically identical to forms of ὁράω (cf. Thackeray, 278).

Chapter II

GREEK-HEBREW ALIGNED PARALLEL TEXT OF RUTH

Masoretic Text (BHS) and LXX (Rahlfs),
with the Full Brooke-McLean Apparatus to the Greek

Note: Where breathing marks or accents are uncertain in the variant text they are not written. Iota subscripts are not included in the variant text unless they are indicated in the critical edition. Personal names are not accented.

superscription

	0 00(0100)	+ Tὸ e2
	0 00(0200)	+ παρὸν e2
	0 00(0301)	+:βιβλίον nwe2
	0 00(0302)	:+βίβλος f
	0 00(0400)	+ ὑπάρχη e2
	0 00(0501)	+:τεσσαρ... e2
	0 00(0502)	:+η’ w
	0 00(0600)	+<῾H km
	0 00(0700)	Pουθ (BAMNabcehijoqrstuvxy a2b2)
	0 00(0801)	+:βίβλος n
	0 00(0802)	:+βιβλίον b'dgkp
	0 00(0901)	+:ὄγδος n
	0 00(0902)	:+ὄγδοον dp
	0 00(0903)	:+η’ gk
	0 00(0904)	:+θ’ b'
	0 00(1000)	+ ἀρχή g

main body of text

ו/יהי	1 01(0101)	Καὶ] > OL
	1 01(0200)	ἐγένετο
	1 01(0300)	+ post [μετὰ] OA
	1 01(0400)	+ hoc [ταῦτα] OA
ב/ימי =ב/	1 01(0500)	ἐν
	1 01(0000)	---
	1 01(0600)	+ ταῖς AMNdefhijkmpqrstuvyb2 OA(codd) OE
	1 01(0700)	+ ἡμέραις AMNdefhijkmpqrstuvyb2 OA(codd) OE OL([in] diebus)
	1 01(0800)	+<ἐν A
שׁפט	1 01(0901)	τῷ] > q OA(codd)
	1 01(0902)	: τοῦ MNdefhijkmprstuvyb2 OA(ed) OE
	1 01(0903)	: ταῖς 237
	1 01(1001)	κρίνειν] > q OA(codd)
	1 01(1002)	: κριταῖς 237
	1 01(1003)	: κρίνοντος N
	1 01(1004)	: iudicis OL

ה/שפטים	1	01(1101)	τοὺς] > N
	1	01(1102)	: τῶν q
	1	01(1201)	κριτὰς]
	1	01(1202)	: κριτῶν q OA
	1	01(1203)	: iudicum OL
ו/יהי	1	01(1301)	καὶ (sup ras q)] > gknowe2 125 OA OE OL
	1	01(1401)	ἐγένετο (sup ras q)] > 125
רעב	1	01(1501)	λιμὸς (sup ras q)]
	1	01(1502)	: λοιμὸς dnv
ב/ארץ	1	01(1601)	ἐν] > q
	1	01(1602)	: ἐπὶ ciptv
	1	01(1603)	: in [terram] OL
	1	01(1701)	τῇ] > q
	1	01(1702)	: τὴν iptv
	1	01(1703)	: τῆς c
	1	01(1801)	γῇ] > q
	1	01(1802)	: γῆν iptv
	1	01(1803)	: γῆς c
	1	01(1804)	: [in] terram OL
	1	01(1901)	,] · (B-M)
ו/ילך	1	01(2000)	καὶ
	1	01(2100)	ἐπορεύθη
איש	1	01(2201)	ἀνὴρ] > f
מ/בית לחם	1	01(2301)	ἀπὸ]
	1	01(2302)	: ἐκ q OL
	1	01(2401)	Βαιθλεεμ B]
	1	01(2402)	: Βιθλεεμ bcknr
	1	01(2403)	: Βηθλεεμ AMNab'defghijmopqstuvwx ya2b2e2
	1	01(2404)	: bethlem OL
	1	01(2405)	: Βηθλαιεμ 131
יהודה	1	01(2501)	τῆς] > hq(a?)
	1	01(2601)	Ιουδα]
	1	01(2602)	: Ἰουδαίας fikmnrya2
ל/גור	1	01(2701)	τοῦ] > 18 70 128
	1	01(2800)	παροικῆσαι
ב/שדי	1	01(2900)	ἐν
	1	01(3000)	ἀγρῷ
מואב	1	01(3100)	Μωαβ
	1	01(3200)	,
	1	01(3300)	+<καὶ m
הוא	1	01(3400)	αὐτὸς
ו/אשת/ו	1	01(3500)	καὶ
	1	01(3601)	ἡ] > j
	1	01(3700)	γυνὴ
	1	01(3800)	αὐτοῦ
ו/שני	1	01(3901)	καὶ] > a2(>4)
	1	01(4001)	οἱ] > a2(>4)
	1	01(4100)	+ δύο AMNabcdefhijmprstuvxyb2 OA OE(c) OL OS(sub &)
	1	01(4200)	+<οἱ N*tv*(vid)
	1	01(0000)	---
ב/ני/ו	1	01(0000)	{...οἱ}

1 01(4301) υἱοὶ] > a2(>4)
1 01(4401) αὐτοῦ] > a2(>4)
1 01(4500) .
1 02(0100) +<καὶ c*(~6)
1 02(0200) + ὄνομα c*(~6)
1 02(0300) + τῇ c*(~6)
1 02(0400) + γυναίκῃ c*(~6)
1 02(0500) + αὐτοῦ c*(~6)
1 02(0600) + Νοεμει c*(~6)
ו/שׁם 1 02(0700) καὶ
1 02(0800) ὄνομα
1 02(0900) + viro [illi] OL
ה/אישׁ 1 02(1001) τῷ]
1 02(1002) : αὐτῷ w OL([viro] illi)
1 02(1101) ἀνδρὶ] > OL
אלימלך =:אבימלך 1 02(1201) Αβιμελεχ]
1 02(1202) : Αβειμελεχ Bfgnopqstvwe2
1 02(1203) : Αλιμελεχ 241
1 02(1204) : Αλιμελεκ A
1 02(1205) : Αιλιμελεχ dj
1 02(1206) : Ελιμελεχ MNabcehikmruxyb2 OA OL
1 02(1207) : Ελιμεχ a2
1 02(1300) ,
ו/שׁם 1 02(1401) καὶ (=c(a?)q(b) 236 241 OA OE(c) OL OS(sub &))]
>(>6) Bc*(~)q* OE(f)
1 02(1501) ὄνομα(=c(a?)q(b) 236 241 OA OE(c) OL OS(sub &))]
>(>6) Bc*(~)q* OE(f)
אשׁת/ו 1 02(1601) τῇ (=c(a?) 236 241 OA OE(c) OL OS(sub &))]
>(>6) Bc*(~)q* OE(f)
1 02(1602) : τῆς q(b)
1 02(1701) γυναικὶ (=c(a?) 236 241 OA OE(c) OS(sub &))]
>(>6) Bc*(~)q* OE(f)
1 02(1702) : γυναικὸς q(b) OL
1 02(1801) αὐτοῦ(=c(a?)q(b) 236 241 OA OE(c) OL OS(sub &))]
>(>6) Bc*(~)q* OE(f)
נעמי 1 02(1901) Νωεμιν (R)] >(>6) Bc*(~)q* OE(f)
1 02(1902) : Νωεμει x
1 02(1903) : Νωεμη q(b)
1 02(1904) : Νωεμμιν 241
1 02(1905) : noemi OL
1 02(1906) : Νοεμει c(a?)
1 02(1907) : Νοεμμει b
1 02(1908) : Νοεμμειν Aagoptvwe2 OE(c) OS(sub &)
1 02(1909) : Νοεμμην n
1 02(1910) : Νοομειν m OA
1 02(1911) : Νοομη b
1 02(1912) : Νοομμειν MNdefhijkrsuya2b2
1 02(1913) : Νοουμμειν 236
1 02(2000) ,

ו/שׁם 1 02(2100) καὶ
1 02(2200) +<τὸ 30
1 02(2301) ὄνομα] > 125
1 02(2302) : n(o)m(in)a OL
שׁני 1 02(2400) τοῖς
1 02(2501) δυσὶν] > na2
1 02(2502) : δύο q
1 02(2600) +<οἱ e2
בנ/יו 1 02(0000) {...τοῖς}
1 02(2701) υἱοῖς] > o
1 02(2800) αὐτοῦ
מחלון 1 02(2901) Μααλων]
1 02(2902) : Μααλλων MNdefgknswya2b2 OL
1 02(2903) : Μαλλων cq(1st λ sup ras)
1 02(2904) : Μαελλων ptv
1 02(2905) : Μανωε 125
ו/כליון 1 02(3000) καὶ
1 02(3100) + alter OL
1 02(3201) Χελαιων ksx(α sup ras x(a))y]
1 02(3202) : Χελεων Abcoq
1 02(3203) : cheleon OE
1 02(3204) : Χελιων f
1 02(3205) : celion OL
1 02(3206) : Χελων b'
1 02(3207) : Χελλαιων MNadeghj
1 02(3208) : Χελλαιον u
1 02(3209) : Χελλεων imnprtvw(x?)e2
1 02(3210) : Χελλων b2 OA Anon(I)
1 02(3211) : Χαιλων a2
1 02(3212) : Κελαιων B
1 02(3213) : Κελλαιων 16
1 02(3300) ,
אפרתים 1 02(3401) Εφραθαῖοι] > b2
1 02(3402) : Εφρανθαῖοι g
1 02(3403) : Εφρααμ 236
1 02(3404) : euphratei OL
1 02(3500) + qui OL
1 02(3600) + erant OL
מ/בית לחם 1 02(3700) ἐκ
1 02(3800) + τῆς h(~)
1 02(3900) + φυλῆς h (see OA-ed [de] tribu)
1 02(4000) + Ιουδα h(~)
1 02(4100) +<ἀπὸ h
1 02(4201) Βαιθλεεμ B] > b OA
1 02(4202) : Βιθλεεμ cknor
1 02(4203) : Βηθλεεμ AMNadefghijmpqstuvwxya2 b2e2
1 02(4204) : [ex] bethlem OL
יהודה 1 02(4301) τῆς] > h(~) 125
1 02(4302) : γῆς bqa2
1 02(4401) Ιουδα] > h(~)
1 02(4402) : ᾿Ιουδαίας mn
1 02(4500)
ו/יבאו 1 02(4601) καὶ] > 71

1 02(4700) +<τοῦ 71
1 02(4801) ἤλθοσαν]
1 02(4802) : ἦλθον ab*(vid)gnqwxa2e2
1 02(4803) : ἦλθαν o
1 02(4804) : παροικῆσαι 71
{...} 1 02(4901) εἰς]
1 02(4902) : ἐν 71
שׂדי 1 02(0000) {..p εἰς}
1 02(5001) ἀγρὸν]
1 02(5002) : ἀγρῷ 71
מואב 1 02(5100) Μωαβ
ו/יהיו 1 02(5200) καὶ
1 02(5300) ἦσαν
שׁם 1 02(5400) ἐκεῖ
1 02(5500) .
ו/ימת 1 03(0100) καὶ
1 03(0200) ἀπέθανεν
1 03(0300) +<ὁ ovwe2
אלימלך =:אבימלך 1 03(0401) Αβιμελεχ]
1 03(0402) : Αβειμελεχ Bfgnopqstvwe2
1 03(0403) : Αλιμελεκ A
1 03(0404) : Αιλιμελεχ dj
1 03(0405) : Αχιμελεχ i*
1 03(0406) : Ελιμελεχ MNabcehi(a?)kmruxya2b2 OA OL
אישׁ 1 03(0500) ὁ
1 03(0600) ἀνὴρ
1 03(0700) + ὁ b'(bis scr)
1 03(0800) + ἀνὴρ b'(bis scr)
נעמי 1 03(0901) τῆς] > MNdefhijkmrsuyb2
1 03(0902) : eius [αὐτῆς] OL
1 03(1000) + γυναῖκος w
1 03(1101) Νωεμιν] > w OL
1 03(1102) : Νωεμει cx
1 03(1103) : Νωεμειν Bq
1 03(1104) : Νοεμιν p Thdt
1 03(1105) : Νοεμμειν ghotve2 Anon(I)
1 03(1106) : Νοεμμην n
1 03(1107) : Νοεμμει Aab'
1 03(1108) : Νοομμαν a2
1 03(1109) : Νοομει b
1 03(1110) : Νοομειν m OA
1 03(1111) : Νοομμειν MNdefijkrsuyb2
1 03(1200) ,
ו/תשׁאר 1 03(1300) καὶ
1 03(1401) κατελείφθη (-λιφ- B*)]
1 03(1402) : κατελήφθησαν n
1 03(1500) + ἡ bcx (OA)
1 03(1600) + γυνὴ bcx OA
היא 1 03(1701) αὐτὴ (αὕτη B?)]
1 03(1702) : ἐκεῖ q
ו/שׁני 1 03(1800) καὶ
1 03(1900) οἱ
1 03(2000) δύο

בנ/יה	1 03(0000)	{...οἱ}
	1 03(2100)	υἱοὶ
	1 03(2201)	αὐτῆς]
	1 03(2202)	: αὐτοῦ c*
	1 03(2300)	.
ו/ישׂאו	1 04(0100)	καὶ
	1 04(0201)	ἐλάβοσαν BAbca2] > q
	1 04(0202)	: ἔλαβεν r
	1 04(0203)	: ἔλαβον MNadefghijkmnopstuvwxy b2e2
ל/הם	1 04(0301)	ἑαυτοῖς]
	1 04(0302)	: αὐτοῖς ra2
נשׂים	1 04(0400)	γυναῖκας
מאביות	1 04(0501)	Μωαβίτιδας (=A)]
	1 04(0502)	: Μωαβείτιδας B
	1 04(0601)	,] · (B-M)
שׂם	1 04(0701)	ὄνομα]
	1 04(0702)	: ὀνόματι N
ה/אחת	1 04(0801)	τῇ] > Nb
	1 04(0901)	μιᾷ] > b
ערפה	1 04(1001)	Ορφα]
	1 04(1002)	: Αρφα p
	1 04(1100)	,
ו/שׂם	1 04(1200)	καὶ
	1 04(1300)	ὄνομα
ה/שׂנית	1 04(1400)	τῇ (periere in r)
	1 04(1501)	δευτέρᾳ (periere in r)]
	1 04(1502)	: ἑτέρᾳ s OL(alteri)
רות	1 04(1601)	Ρουθ (periere in r)
	1 04(1700)	·
ו/ישׁבו	1 04(1800)	καὶ
	1 04(1901)	κατῴκησαν]
	1 04(1902)	: mortuus est OL
שׁם	1 04(2001)	ἐκεῖ] > b
כ/עשׂר	1 04(2101)	ὡς]
	1 04(2102)	: ὡσεὶ goptvwe2
	1 04(2103)	: ἕως 209
	1 04(2200)	δέκα
שׁנים	1 04(2300)	ἔτη
	1 04(2400)	.
	1 05(0100)	+<καίγε 18(~)
ו/ימותו	1 05(0200)	καὶ
	1 05(0301)	ἀπέθανον]
	1 05(0302)	: ἀπέθαναν Ah
	1 05(0400)	+ ἐκεῖ m OA
גם	1 05(0501)	καίγε] > Akptv 18(~) OA OC OE OL
שׁנ/יהם	1 05(0601)	ἀμφότεροι] > ptv
	1 05(0700)	+ [ambo] filii OL
	1 05(0800)	+ eius OL
	1 05(0900)	,
	1 05(1000)	+<videlicet OL
מחלון	1 05(1101)	Μααλων]
	1 05(1102)	: Μααλλων MNefgjklmnptwyb2e2 OL
	1 05(1103)	: Μαελλων v

ו/כליון 1 05(1200) καὶ
1 05(1301) Χελαιων Bksxy OC]
1 05(1302) : Χελεων Abcq
1 05(1303) : celion OL
1 05(1304) : Χελλαιων MNadeghjmua2b2
1 05(1305) : Χελλαων 131
1 05(1306) : Χελλεων inoprtvwe2
1 05(1307) : chellon OA
1 05(1308) : Κελλαιων 16
1 05(1309) : Γελεων 18
1 05(1310) : Γελιων f
1 05(1401) ,] · (B-M)
ו/תשאר 1 05(1500) καὶ
1 05(1600) κατελείφθη (-λίφ- B*)
ה/אשה 1 05(1700) ἡ
1 05(1800) γυνὴ
1 05(1900) + μόνη gnowe2 OA
מ/שני ~ 1 05(2000) ἀπὸ
1 05(2100) + τῶν (~)abcx-OS(~)
1 05(2200) + δύο (~)abcx-OL-OS(~)
1 05(2300) + υἱῶν (~)abcx-OL-OS(~)
ילד/יה ~ 1 05(0000) ~~~
ו/מ/איש/ה 1 05(0000) {...ἀπὸ}
1 05(2401) τοῦ] > (~)abcx-OS(~)
1 05(2501) ἀνδρὸς] > (~)abcx-OL-OS(~)
1 05(2601) αὐτῆς] > f OC
=ו/מ/שני ~~~ ~ 1 05(2700) καὶ
1 05(2801) ἀπὸ] > 125
1 05(2900) + τοῦ (~)abcx-OS(~)
1 05(3000) + ἀνδρὸς (~)abcx-OL-OS(~)
1 05(3101) τῶν] > (~)abcx-OS(~)
1 05(3201) δύο] > (~)abcx-OL-OS(~) b2 OA
=ילד/יה ~~~ ~ 1 05(0000) {...τῶν}
1 05(3301) υἱῶν] > (~)abcx-OL-OS(~)
1 05(3401) αὐτῆς] > OC
1 05(3500) .
ו/תקם 1 06(0100) καὶ
1 06(0201) ἀνέστη]
1 06(0202) : ἀπέστη b*
1 06(0203) : ἀνέστησαν n
היא 1 06(0300) αὐτὴ (αὕτη B?)
=ו/שתי +-- 1 06(0400) καὶ
1 06(0500) αἱ
1 06(0600) δύο
ו/כלת/יה 1 06(0000) {...καὶ}
1 06(0000) {...αἱ}
1 06(0700) νύμφαι
1 06(0800) αὐτῆς
ו/תשב 1 06(0900) καὶ
1 06(1001) ἀπέστρεψαν]
1 06(1002) : ἀνέστρεψαν h
1 06(1003) : ἐπέστρεψαν Aabcqxa2
1 06(1004) : ὑπέστρεψαν b2
1 06(1005) : rediit OE(c)

	1 06(1100)	+ αὐτὴ n
מ/שׂדי	1 06(1200)	ἐξ
	1 06(1300)	ἀγροῦ
מואב	1 06(1400)	Μωαβ
	1 06(1500)	,
כי	1 06(1601)	ὅτι] >(>5) fhmqu OE(l) OL
שׁמעה	1 06(1701)	ἤκουσαν] >(>5) fhmqu OE(l) OL
	1 06(1702)	: ἤκουσεν ir OE(c)
	1 06(1703)	: ἠκούσαμεν a2
ב/שׂדה	1 06(1801)	ἐν] >(>5) fhmqu OA OE(cl) OL
	1 06(1901)	ἀγρῷ] >(>5) fhmqu OA OE(cl) OL
מואב	1 06(2001)	Μωαβ] >(>5) fhmqu 125 OA OE(cl) OL
	1 06(2002)	: Μοαβ c*
כי	1 06(2100)	ὅτι
פקד	1 06(2201)	ἐπέσκεπται]
	1 06(2202)	: ἐπεσκέψατο gnorwe2 (see Lk 7.16)
	1 06(2203)	: visitaberat OL
יהוה	1 06(2301)	κύριος]
	1 06(2302)	: deus OA(ed) (see Lk 7.16 ὁ θεὸς)
את עמ/ו	1 06(2400)	τὸν
	1 06(2500)	λαὸν
	1 06(2600)	αὐτοῦ
	1 06(2700)	+ , (B-M)
	1 06(2800)	+<τοῦ MNikmpqrtuvyb2
ל/תת	1 06(2900)	δοῦναι
ל/הם	1 06(3001)	αὐτοῖς] > 236
לחם	1 06(3101)	ἄρτους]
	1 06(3102)	: ἄρτον j
	1 06(3103)	: ἀγρούς ptv
	1 06(3200)	.
ו/תצא	1 07(0100)	καὶ
	1 07(0201)	ἐξῆλθεν]
	1 07(0202)	: ἐξῆλθον 209
	1 07(0203)	: ἐξῆλθαν A
	1 07(0204)	: ἐξήλθωσαν h
	1 07(0205)	: exierunt OE(f) OS
	1 07(0300)	+ ἡ gnowe2
	1 07(0401)	+:Νοεμμειν goptvwe2
	1 07(0402)	:+Νοεμμην n
	1 07(0403)	:+Νοεμιν 125
מן	1 07(0501)	ἐκ] > b(>3)
ה/מקום	1 07(0601)	τοῦ] > b(>3)
	1 07(0701)	τόπου] > b(>3)
	1 07(0801)	,] > (B-M)
אשׁר	1 07(0901)	οὗ]
	1 07(0902)	: in quo OL
	1 07(1000)	+ οὐκ o
היתה	1 07(1101)	ἦν]
	1 07(1102)	: ἦσαν A OE
	1 07(1103)	: fuerat OL
שׁמ/ה	1 07(1201)	ἐκεῖ] > gn OA OE OS
	1 07(1300)	,
	1 07(1400)	+<αὐτῇ b'(αὐτὸς b*)b2 OC

ו/שׁתי 1 07(1500) καὶ
1 07(1601) αἱ] > n
1 07(1700) δύο
כלת/יה 1 07(0000) {...αἱ}
1 07(1800) νύμφαι
1 07(1900) αὐτῆς
עמ/ה 1 07(2001) μετ'] > kmq
1 07(2101) αὐτῆς] > kḿq
1 07(2200) ·
ו/תלכנה 1 07(2301) καὶ] > OL
1 07(2302) : ἐκεῖ a2
1 07(2400) + ἀπέστρεψαν m(+5)
1 07(2500) + ἐξ m(+5)
1 07(2600) + ἀγροῦ m(+5)
1 07(2700) + Μωαβ m(+5)
1 07(2800) +<καὶ m(+5)
1 07(2901) ἐπορεύοντο]
1 07(2902) : ἐπορεύετο c(-εύε- ex -εύθ-)h
ב/דרך 1 07(3001) ἐν] > OL
1 07(3100) τῇ
1 07(3201) ὁδῷ] > OL
ל/שׁוב 1 07(3300) τοῦ
1 07(3400) ἐπιστρέψαι
אל 1 07(3501) εἰς]
1 07(3502) : ἐπὶ ptv
ארץ 1 07(3601) τὴν] > AMNabcdefgikjlmnsuxyza2b2
1 07(3700) γῆν
יהודה 1 07(3800) Ιουδα
1 07(3900) .
ו/תאמר 1 08(0100) καὶ
1 08(0200) εἶπεν
1 08(0300) +<ἡ n
נעמי 1 08(0401) Νωεμιν (R)]
1 08(0402) : Νωεμει cx OL
1 08(0403) : Νωεμειν Bq
1 08(0404) : Νοεμειν h OC
1 08(0405) : Νοεμμει ab'
1 08(0406) : Νοεμμειν goptvwe2
1 08(0407) : Νοεμμην n
1 08(0408) : Νοομει b
1 08(0409) : noomin OA
1 08(0410) : Νοομμει A
1 08(0411) : Νοομμειν MNdefijkmrsuya2b2
ל/שׁתי 1 08(0500) ταῖς
1 08(0000) ---
1 08(0601) +:δύο b'
1 08(0602) :+δυσὶ AMNbcdefhijklmp r(vid)stuvxyb2 18(-ὶν) OA OC OL OS
כלת/יה 1 08(0000) {...ταῖς}
1 08(0701) νύμφαις]
1 08(0702) : ἀδελφαῖς 18
1 08(0800) αὐτῆς
לכנה 1 08(0901) Πορεύεσθε (to end of verse, periere e in r)]

1 08(0902) : Πορεύθεισε N
1 08(0903) : Πορεύθησαι M
1 08(0904) : Πορεύθητε Aabcginopqtvwxyza2b2e2
1 08(1001) δὴ] > bikmua2b2e2 OA OC OE OL
1 08(1100) + , (B-M)
1 08(1200) +<καὶ ehmptva2b2 74
שׁבנה 1 08(1301) ἀποστράφητε] > b
1 08(1302) : ἀποστρέψατε 74
1 08(1303) : ἀποστρέψετε ptv
1 08(1304) : ἀποστράφηθι 125
1 08(1305) : redite vos OL
1 08(1400) + δὴ A
אשׁה 1 08(1501) ἑκάστη] > x (?OE(c)?)
1 08(1502) : ἑκάστης c
1 08(1503) : ἕκαστος a2
ל/בית 1 08(1600) εἰς
1 08(1700) +<τὸν Aadehjnopqtvwyb2e2
1 08(1801) οἶκον] > 125(~)
1 08(1802) : domos OE(c)(?οἴκους?)
1 08(1901) +:τοῦ A
1 08(1902) :+τὸν ahptvyb2 125
1 08(2001) +:πατρός A 128 OA
1 08(2002) :+patrum OE(c)(?πατέρων?)
1 08(2003) :+πατρικὸν MNahikptuvyb2 125
1 08(2004) :+πατρικῆς m
1 08(2100) + οἶκον 125(~)
1 08(2200) + vestrorum OE(c)(?= ἕκαστος...αὐτοῦ?)
1 08(2300) +<καὶ OE(c)
1 08(2400) +<τῆς nq
אמ/ה 1 08(2501) μητρὸς] > AMNahikmptuvyb2 125 128 OA
1 08(2502) : matrum OE(c)(μητερῶν)
1 08(2601) αὐτῆς]
1 08(2602) : vestrarum OE(c)(?= ἑκάστη...αὐτῆς?)
1 08(2700)
1 08(2800) +<καὶ gnoptvwe2 OA OC OE
**יעשה *יעשׂ 1 08(2900) ποιήσαι
יהוה 1 08(3000) κύριος
1 08(3100) + ἔλεος (~)ptv-64(~)
עמ/כם 1 08(3200) μεθ᾽
1 08(3301) ὑμῶν]
1 08(3302) : ἡμῶν ko*a2
חסד 1 08(3401) ἔλεος] > (~)ptv-64(~) q
1 08(3402) : ἔλεον gnoptvwe2
1 08(3500) ,
כ/אשׁר 1 08(3600) καθὼς
עשׂיתם 1 08(3701) ἐποιήσατε]
1 08(3702) : ἐποίησε 16
1 08(3800) + vos OL
1 08(3900) +<καὶ 125
עם 1 08(4000) μετὰ

ה/מתים 1 08(4100) τῶν
1 08(4201) τεθνηκότων]
1 08(4202) : θνησκόντων d
ו/עמד/י 1 08(4300) καὶ
1 08(4400) μετ᾽
1 08(4500) ἐμοῦ
1 08(4600) .
1 09(0100) +<καὶ c*q OE
יתן 1 09(0201) δῴη]
1 09(0202) : δοίη u
1 09(0203) : δῷ Ac(c)
1 09(0204) : δῴηται b'
1 09(0300) + ὑμῖν (~)p-OA(~)
יהוה 1 09(0401) κύριος] > q
1 09(0500) +<ἐν 70
ל/כם 1 09(0601) ὑμῖν] > (~)p-OA(~)
1 09(0701) +:ἔλεον goptvwe2
1 09(0702) :+ἐλέως n
1 09(0703) :+misericordiam OE
ו/מצאן 1 09(0801) καὶ]
1 09(0802) : ut OL
1 09(0901) εὕροιτε]
1 09(0902) : εὕρητε A(-ται)bdghimpqst vya2
1 09(0903) : inveniatis OL
1 09(1000) + misericordiam OE(c)(ἔλεον)
1 09(1100) +<et OE(c)(καὶ)
1 09(1200) + ἑκάστη (~)gnoqwe2-OC(~)
מנוחה 1 09(1300) ἀνάπαυσιν
אשה 1 09(1401) ἑκάστη] > (~)gnoqwe2-OC(~)
{...} 1 09(1500) ἐν
1 09(1600) +<τῷ defjs
בית 1 09(0000) {..p ἐν}
1 09(1700) οἴκῳ
איש/ה 1 09(1801) ἀνδρὸς]
1 09(1802) : ἀνδρὶ a2
1 09(1803) : ἀνδρῶν n
1 09(1804) : patris OA(ed)(πάτρος see 1.8)
1 09(1900) αὐτῆς
1 09(2000) .
ו/תשק 1 09(2100) καὶ
1 09(2200) κατεφίλησεν
ל/הן 1 09(2300) αὐτάς
1 09(2401) ,] · (B-M)
ו/תשאנה 1 09(2501) καὶ]
1 09(2502) : ad ille OL
1 09(2601) ἐπῆραν]
1 09(2602) : ἐπῆρον oe2
1 09(2603) : ἐπῆρεν b'nw
1 09(2604) : ἀπῆραν dgrs
1 09(2605) : ἀπῆρεν 125
1 09(2606) : ἦραν c
1 09(2700) + ἑκάστη gnoptvwe2
קול/ן 1 09(2800) τὴν

	1 09(2900)	φωνὴν
	1 09(3001)	αὐτῶν] > a2 OC
	1 09(3002)	: αὐτῆς gn
ו/תבכינה	1 09(3101)	καὶ] > m
	1 09(3201)	ἔκλαυσαν] > m
	1 09(3300)	.
ו/תאמרנה	1 10(0100)	καὶ
	1 10(0201)	εἶπαν]
	1 10(0202)	: εἶπον abcegnopqtvwxe2
ל/ה	1 10(0301)	αὐτῇ] > u OL
	1 10(0401)	+:οὐχὶ MNadefhijmpqrstuvyb2
	1 10(0402)	:+non ita OA
	1 10(0403)	:+non ibimus OL
כי	1 10(0000)	---
	1 10(0501)	+:ὅτι ir
	1 10(0502)	:+sed OA
	1 10(0503)	:+q(uonia)m OL
את/ך	1 10(0600)	Μετὰ
	1 10(0700)	σοῦ
נשוב	1 10(0801)	ἐπιστρέφομεν]
	1 10(0802)	: ἐπιστρέφωμεν n
	1 10(0803)	: ἐπιστρέψομεν AMikmpr(a)suy OA OC OL
	1 10(0804)	: ἐπιστρέψωμεν Nbhr*(vid)tvb2
ל/עמ/ך	1 10(0901)	εἰς]
	1 10(0902)	: ἐπὶ abx
	1 10(0903)	: ad OL
	1 10(1000)	τὸν
	1 10(1100)	λαόν
	1 10(1200)	σου
	1 10(1300)	.
ו/תאמר	1 11(0100)	καὶ
	1 11(0200)	εἶπεν
נעמי	1 11(0301)	Νωεμιν OC]
	1 11(0302)	: Νωεμει x
	1 11(0303)	: Νωεμειν Bq
	1 11(0304)	: noemi OL
	1 11(0305)	: Νοεμει c
	1 11(0306)	: Νοεμμει ab'
	1 11(0307)	: Νοεμμειν goptvwe2
	1 11(0308)	: Νοεμμην n
	1 11(0309)	: Νοομει b
	1 11(0310)	: Νοομειν f*h OA
	1 11(0311)	: Νοομμειν AMNdef(a)ijkmrsuya2b2
שבנה	1 11(0401)	Ἐπιστράφητε]
	1 11(0402)	: Ἀποστράφητε Thdt
	1 11(0501)	δή] > ptv OA OC OE OL Thdt
	1 11(0600)	,
בנת/י	1 11(0700)	θυγατέρες
	1 11(0800)	μου
	1 11(0900)	·
	1 11(1000)	+ πορεύθητε A(-ται) OC
ל/מה	1 11(1101)	καὶ] > MNdefhijklmrsuyb2 OA OE OL
	1 11(1200)	ἵνα
	1 11(1300)	τί

תלכנה 1 11(1401) πορεύεσθε]
1 11(1402) : venistis OL
עמ/י 1 11(1500) μετ᾽
1 11(1600) ἐμοῦ
1 11(1700) ;
ה/עוד 1 11(1801) μὴ]
1 11(1802) : μηκέτι w
1 11(1901) ἔτι] > w(μηκέτι)
1 11(1902) : τι u
1 11(1903) : ἕτοιμοι n
1 11(1904) : ἑτοίμη c(η ex corr)
ל/י 1 11(2001) μοι] > MNc(ἑτοίμη)dehijm n(ἕτοιμοι)rsuya2b2 OA OL
1 11(2002) : μου q
בנים 1 11(2101) υἱοὶ] > i* 30(~)
ב/מע/י 1 11(2200) ἐν
1 11(2300) τῇ
1 11(2400) κοιλίᾳ
1 11(2500) μου
1 11(2600) + υἱοί 30(~)
1 11(2700) + , (B-M)
ו/היו 1 11(2800) καὶ
1 11(2900) ἔσονται
ל/כם 1 11(3000) ὑμῖν
ל/אנשים 1 11(3100) εἰς
1 11(3200) ἄνδρας
1 11(3300) ;
1 12(0100) +<καὶ 236
שבנה 1 12(0201) ἐπιστράφητε]
1 12(0202) : ἀποστράφητε h Thdt
1 12(0301) δή] > bdejn 236 OA OC
1 12(0400) ,
בנת/י 1 12(0500) θυγατέρες
1 12(0600) μου
1 12(0700) ,
לכן 1 12(0000) ---
1 12(0800) +<et ita OA
1 12(0900) +<πορεύθητε bcx OC OS(sub &)
כי 1 12(1001) διότι]
1 12(1002) : δὴ b(+ὅτι)
1 12(1003) : διά MNdefhijmrsuyb2 OL
1 12(1100) + τοῦτο MNdefhijmrsuyb2 OL
1 12(1200) +<ὅτι MNbdefhijmrsuvyb2 OL Thdt
זקנתי 1 12(1300) γεγήρακα
מ/היות 1 12(1400) τοῦ
1 12(1501) μὴ]
1 12(1502) : sine [viro] OL
1 12(1600) εἶναι
1 12(1700) + με b2
ל/איש 1 12(1801) ἀνδρί]
1 12(1802) : [sine] viro OL
1 12(1900) ·
1 12(2000) +<καὶ degjnoptvwe2 Thdt
כי 1 12(2101) ὅτι] > gjnoptvwb2e2

	1 12(2102)	: διότι bck
	1 12(2103)	: si OA
אמרתי	1 12(2201)	εἶπα]
	1 12(2202)	: εἶπαν y
	1 12(2203)	: εἶπον gnopqtvwa2e2 Thdt
	1 12(2204)	: dicam OA
+--	1 12(2301)	ὅτι (o ex corr o(a))] > bcx Thdt
	1 12(2302)	: quasi OL
	1 12(2401)	+:οὐκ dgnoptvwe2
	1 12(2402)	:+οὐκέτι Thdt
יֵשׁ	1 12(2501)	ἔστιν] > Thdt
	1 12(2502)	: ἔστη a2
	1 12(2503)	: sit OL
ל/י	1 12(2600)	μοι
תקוה	1 12(2701)	ὑπόστασις]
	1 12(2702)	: υἱὸς y
	1 12(2703)	: supplicatio OA
	1 12(2704)	: spes OL
גם	1 12(0000)	---
??= הייתי	1 12(2801)	τοῦ]
	1 12(2802)	: καὶ MN*hyb2 71 OA '?'(k)
	1 12(2803)	: καίγε 'a'(b)
	1 12(2901)	γενηθῆναί]
	1 12(2902)	: γένεσθαι N(a?)gnoptvwe2 Thdt
	1 12(2903)	: ἐγενόμην MN*hyb2 71
	1 12(2904)	: fiam OA
	1 12(2905)	: βεβηλωμένην 'a'(b, see Mk)
	1 12(2906)	: συλλαβεῖν 's'(M, see k)
	1 12(3001)	με] > MN*hyb2 71 OA(?)
	1 12(3002)	: μοι dn
	1 12(3003)	: μὴ 241
ה/לילה	1 12(0000)	---
	1 12(3101)	+:λελακκωμένη MN*hyb2
	1 12(3102)	:+λελαικωμένην x 'a'(b)
	1 12(3103)	:+λελαληκαμένην c
	1 12(3104)	:+λελοχωμένη 71
	1 12(3105)	:+λελαίκω k
	1 12(3106)	:+laicam OS(sub &)
	1 12(3107)	:+odie OL
	1 12(3108)	:+[viro] profanata OA
	1 12(3200)	+<ἐν d
ל/אִישׁ	1 12(3300)	ἀνδρὶ 'a'(b)
	1 12(3400)	+<εἰ ptv (?see OL ut)
	1 12(3500)	+<δὲ ptv (?see OL ut)
ו/גם	1 12(3600)	καὶ
	1 12(3700)	+<εἰ owe2
ילדתי	1 12(3801)	τέξομαι]
	1 12(3802)	: τέξω s
	1 12(3803)	: possim parere OL
בנים	1 12(3900)	υἱούς
	1 12(4000)	,
ה/ל/הן	1 13(0101)	μὴ]
	1 13(0102)	: et OA OE

	1 13(0200)	αὐτοὺς
תשׁברנה	1 13(0301)	προσδέξεσθε]
	1 13(0302)	: προσδέξησθε ahkmq
	1 13(0303)	: προσδέξασθαι b'c
	1 13(0304)	: προσδέχεσθε defjsa2
עד	1 13(0400)	ἕως
אשׁר	1 13(0501)	οὗ] > q
	1 13(0502)	: τοῦ i*
	1 13(0503)	: ἂν a
יגדלו	1 13(0601)	ἁδρυνθῶσιν BAMNha2b2]
	1 13(0602)	: ἀνδρισθῶσιν y
	1 13(0603)	: ἀνδρυνθῶσιν abcdefgijkmnop qrstuvwxe2 Thdt
	1 13(0700)	;
ה/ל/הן	1 13(0801)	ἢ]
	1 13(0802)	: εἰ n
	1 13(0803)	: καὶ MNhikruyb2 OA OE OL
	1 13(0901)	αὐτοῖς] > OE
	1 13(0902)	: αὐταὶ c OL
תעגנה	1 13(1001)	κατασχεθήσεσθε]
	1 13(1002)	: καταισχηνθήσεσθαι c(2nd α ex corr)
	1 13(1003)	: decinemini OL
ל/בלתי	1 13(1101)	τοῦ] > 30
	1 13(1102)	: τὸ b
	1 13(1103)	: ut OL
	1 13(1201)	μὴ] > 30
	1 13(1202)	: in hec OL
היות	1 13(1301)	γενέσθαι] > 30
	1 13(1302)	: γίνεσθε f
	1 13(1303)	: ἐπιγενείσθαι n
	1 13(1304)	: fiatis OL
ל/אישׁ	1 13(1401)	ἀνδρί]
	1 13(1402)	: viris OL OS
	1 13(1500)	;
אל	1 13(1601)	μὴ]
	1 13(1602)	: μηδέ b
	1 13(1603)	: nolite OL
+--	1 13(1701)	δή] > b'(μηδέ b)ecfjoqe2 OA OC OE (see OL nolite)
	1 13(1801)	,] > (B-M)
בנת/י	1 13(1900)	θυγατέρες
	1 13(2000)	μου
	1 13(2100)	,
כי	1 13(2201)	ὅτι] > n
מר	1 13(2301)	ἐπικράνθη]
	1 13(2302)	: ἐπικράνον M(b)
	1 13(2303)	: irascor OL
ל/י	1 13(2401)	μοι]
	1 13(2402)	: μου oe2 (see OL)
מאד	1 13(0000)	---
	1 13(2500)	+ σφόδρα Abckx OE OL(valde) OS(sub &)
מ/כם	1 13(2600)	ὑπὲρ

	1 13(2701)	ὑμᾶς]
	1 13(2702)	: ἡμᾶς k*o*
	1 13(2800)	+ σφόδρα ir (see above)
	1 13(2900)	+ , (B-M)
כי	1 13(3000)	ὅτι
יצאה	1 13(3100)	ἐξῆλθεν
ב/י	1 13(3201)	ἐν]
	1 13(3202)	: ἐπ᾽ γ OƷ
	1 13(3301)	ἐμοὶ]
	1 13(3302)	: ἐμὲ g OC
יד	1 13(3400)	χεὶρ
יהוה	1 13(3500)	κυρίου
	1 13(3600)	.
ו/תשׂנה	1 14(0100)	καὶ
	1 14(0201)	ἐπῆραν]
	1 14(0202)	: ἀπῆραν 125
קול/ן	1 14(0300)	τὴν
	1 14(0400)	φωνὴν
	1 14(0501)	αὐτῶν] > 125
	1 14(0600)	+ ἔτι (~)OA-OC-OE(~)
ו/תבכינה	1 14(0700)	καὶ
	1 14(0800)	ἔκλαυσαν
עוד	1 14(0901)	ἔτι] > dejx (~)OA-OC-OE(~)
	1 14(1000)	·
ו/תשק	1 14(1100)	καὶ
	1 14(1200)	κατεφίλησεν
ערפה	1 14(1301)	Ορφα]
	1 14(1302)	: Αρφα c
ל/חמות/ה	1 14(1400)	τὴν
	1 14(1500)	πενθερὰν
	1 14(1600)	αὐτῆς
	1 14(1700)	+ καὶ c(+5)
	1 14(1800)	+ εἶπεν c(+5)
	1 14(1900)	+ Κ(ύριο)ς c(+5)
	1 14(2000)	+ μεθ᾽ c(+5)
	1 14(2100)	+ ἡμῶν c(+5)
--+ =ו/תשׁב	1 14(2200)	καὶ
	1 14(2301)	ἐπέστρεψεν]
	1 14(2302)	: ἀπέστρεψεν b
	1 14(2303)	: ἀνέστρεψεν 209
	1 14(2304)	: ὑπέστρεψεν ckma2
	1 14(2305)	: habiit OL
--+ =אל	1 14(2401)	εἰς] > OL(? habiit)
--+ =עמ/ה	1 14(2500)	τὸν
	1 14(2601)	λαὸν] > OL(? habiit)
	1 14(2602)	: οἶκον 71
	1 14(2701)	αὐτῆς] > OL(? habiit)
	1 14(2800)	,
ו/רות	1 14(2900)	Ρουθ ~
	1 14(3000)	δὲ
דבקה	1 14(3101)	ἠκολούθησεν]
	1 14(3102)	: adesit [ad illam] OL
ב/ה	1 14(3201)	αὐτῇ]
	1 14(3202)	: αὐτῆς a2

1 14(3203) : αὐτήν 30
1 14(3204) : ad illam OL
1 14(3205) : socrui eius OC
1 14(3300) .
ו/תאמר 1 15(0100) καὶ
1 15(0200) εἶπεν
1 15(0300) + αὐτῇ 125
1 15(0400) + socrus sua OL
נעמי:= +-- 1 15(0501) Νωεμιν (see OC)] > OL (? socrus sua)
1 15(0502) : Νωεμειν Bq
1 15(0503) : Νοεμει cx
1 15(0504) : Νοεμμει b'
1 15(0505) : Νοεμμειν Aaghoptvwe2
1 15(0506) : Νοεμμην n
1 15(0507) : Νοομει b
1 15(0508) : noomin OA
1 15(0509) : Νοομμειν MNdefijkmrsuya2b2
אל;= +-- 1 15(0601) πρὸς] > 125 OL(? socrus sua)
1 15(0700) +<τὴν a
רות:= +-- 1 15(0801) Ρουθ] > 125 OL(? socrus sua)
הנה 1 15(0900) Ἰδοὺ
1 15(1000) + δὴ m
שׁבה 1 15(1101) ἀνέστρεψεν]
1 15(1102) : ἀπέστρεψεν ahx
1 15(1103) : ἐπέστρεψεν q
1 15(1200) + orfa OL
יבמת/ך 1 15(1301) ἡ] > B
1 15(1302) : εἰς q
1 15(1400) σύννυμφός
1 15(1500) σου
אל 1 15(1601) πρὸς] > 18
1 15(1700) +<τὸν MNabefghijkmnopqrstuvwyb2e2
עמ/ה 1 15(1800) λαὸν
1 15(1901) αὐτῆς]
1 15(1902) : αὐτοῦ o*
ו/אל 1 15(2001) καὶ] > r(>5)
1 15(2101) πρὸς] > r(>5)
אלה/יה 1 15(2201) τοὺς] > r(>5)
1 15(2301) θεοὺς] > r(>5)
1 15(2401) αὐτῆς] > r(>5)
1 15(2500) ·
שׁובי 1 15(2601) ἐπιστράφητι]
1 15(2602) : ἐπιστράφηθι B(Ib)Mdeh(b?)jklmnpq stvw
??= +-- 1 15(2701) δὴ (OS sub @)] > Mhmuyb2 OA OC OE OL
גם= +-- 1 15(2801) καὶ (OS sub @)] > MNhmuyb2
את= +-- 1 15(2901) σὺ (OS sub @)] > MNhmuyb2
1 15(3000) + filia OC
1 15(3100) + mea OC
אחרי 1 15(3200) ὀπίσω
יבמת/ך 1 15(3301) τῆς]
1 15(3302) : τῇ r*

	1 15(3303)	: αὐτῆς 125
	1 15(3401)	συννύμφου] > 125
	1 15(3402)	: συννύμφῳ r*
	1 15(3403)	: συννυμφίου l
	1 15(3404)	: συννύμφης bfhe2*(vid)
	1 15(3405)	: νύμφης dw
	1 15(3501)	σου] > 125
	1 15(3600)	.
	1 16(0100)	+<καὶ ky OE
ו/תאמר	1 16(0200)	εἶπεν
	1 16(0301)	~ δὲ] > y
	1 16(0302)	: αὐτῇ k OE
רות	1 16(0400)	Ρουθ
אל	1 16(0500)	Μὴ
	1 16(0600)	+ μοι (~)glnowe2-Thdt(~)
תפגעי	1 16(0701)	ἀπαντῆσαι]
	1 16(0702)	: γένοιτο gk(mg)lnowe2 Thdt
ב/י	1 16(0801)	ἐμοὶ BAqu] > (~)glnowe2-Thdt(~)
	1 16(0802)	: με p
	1 16(0803)	: μοι MNabcdefhijkmrstvxya2b2
	1 16(0901)	+:σκληρῶς ir
	1 16(0902)	:+σκληρὸς dej
ל/עזב/ך	1 16(1001)	τοῦ]
	1 16(1002)	: τοῦτο owe2
	1 16(1100)	+ ἀποστρέψαι (see below) a2
	1 16(1200)	+<ἢ (see below) a2
	1 16(1301)	καταλιπεῖν]
	1 16(1302)	: καταλειπεῖν Mhinra2b2
	1 16(1303)	: ἐγκαταλιπεῖν 64
	1 16(1400)	σε
ל/שׁוב	1 16(1501)	ἢ] > MNhimruyb2 OL
	1 16(1502)	: καὶ k OA OE
	1 16(1600)	+<τοῦ MNghilmnoprtuvwyb2e2 Thdt
	1 16(1701)	ἀποστρέψαι]
	1 16(1702)	: οπο-(sic ex corr) o(a)
	1 16(1703)	: ἀποστράφῃ q
	1 16(1800)	+ ἀποστρέψω q
	1 16(1900)	+ με y
	1 16(2000)	+<ἀπὸ MNdefhikmprstuyb2 OA OE OS
מ/אחר/יך	1 16(2100)	ὄπισθέν
	1 16(2201)	σου]
	1 16(2202)	: σε b'
	1 16(2301)	·] , (B-M)
כי	1 16(2401)	ὅτι]
	1 16(2402)	: ο n
{...}	1 16(2501)	σὺ] > AMNhikmryb2e2 OL (~)glnoptvw -OE-Thdt(~) OA(~) OS(~)
	1 16(2502)	: οὗ 30
אל אשר	1 16(2601)	ὅπου]
	1 16(2602)	: οὗ MNfghiklmnopqrtvwya2 b2e2 Thdt
	1 16(2700)	+ σὺ OA(~)
	1 16(2801)	ἐὰν]
	1 16(2802)	: ἂν p

1 16(2900) + σὺ OS(~)
תלכי 1 16(0000) {..~σὺ}
1 16(3000) πορευθῇς
1 16(3100) + σὺ (~)glnoptvw-OE-Thdt(~)
1 16(3201) ,] > (B-M)
אלך 1 16(3301) πορεύσομαι]
1 16(3302) : πορεύσωμαι n
1 16(3400) ,
ו/ב/אשר 1 16(3500) καὶ
1 16(3601) οὗ]
1 16(3602) : ὅπου MNfikrya2b2
1 16(3603) : ὅς n*(vid)
1 16(3701) ἐὰν]
1 16(3702) : ἂν n*x
תליני 1 16(3801) αὐλισθῇς]
1 16(3802) : ἀπελθῇς b2
1 16(3900) + σύ lowe2
1 16(4001) ,] > (B-M)
אלין 1 16(4101) αὐλισθήσομαι]
1 16(4102) : αὐλησθήσωμαι c
1 16(4103) : αὐλισθήσωμαι n
1 16(4200) + ἐκεῖ glnoptvwe2 OS(sub @) Thdt
1 16(4300) ·
1 16(4401) +<ὅτι gnoptvwe2 Thdt
1 16(4402) :+διότι l
עמ/ך 1 16(4500) ὁ
1 16(4600) λαός
1 16(4701) σου]
1 16(4702) : μου c*x
עמ/י 1 16(4800) λαός
1 16(4901) μου]
1 16(4902) : σου x
1 16(5000) ,
ו/אלה/יך 1 16(5101) καὶ] > Thdt(>6)
1 16(5201) ὁ] > Thdt(>6)
1 16(5301) θεός] > q* Thdt(>6)
1 16(5401) σου] > q* Thdt(>6)
אלה/י 1 16(5501) θεός] > Thdt(>6)
1 16(5601) μου] > Thdt(>6)
1 16(5700) ·
ב/אשר 1 17(0100) καὶ
1 17(0200) οὗ
1 17(0301) ἐὰν]
1 17(0302) : ἂν MNpua2 Thdt-ed
תמותי 1 17(0401) ἀποθάνῃς]
1 17(0402) : ᾗς Thdt-cod
1 17(0501) ,] > (B-M)
1 17(0600) +<ibi[ἐκεῖ] OL
אמות 1 17(0701) ἀποθανοῦμαι]
1 17(0702) : ἀποθάνω b'
1 17(0800) + , (B-M)
ו/שם 1 17(0901) κἀκεῖ BAabcqxa2] > l
1 17(0902) : καὶ ἐκεῖ MNdefghijkmnoprstuvwy b2e2 Thdt

אקבר 1 17(1001) ταφήσομαι] > l
1 17(1002) : ταφήσωμαι n
1 17(1101) ·] . (B-M)
כה 1 17(1200) τάδε
יעשה 1 17(1301) ποιήσαι]
1 17(1302) : ἐποίησε n
1 17(1303) : προσθείη (see below) a2
יהוה ~ =ל/י 1 17(1401) μοι] > (~)Abcx-OS(~)
1 17(1500) +<ὁ MNdehijkpstuva2b2
~ ל/י =יהוה 1 17(1601) κύριος]
1 17(1602) : θ(εὸ)ς hptva2 OL
1 17(1701) +:μοι (~)Abcx-OS(~)
1 17(1702) :+μου a2 128
ו/כה 1 17(1800) καὶ
1 17(1900) τάδε
יסיף 1 17(2000) προσθείη
1 17(2100) + μοι c OC OL
1 17(2200) ,
כי 1 17(2301) ὅτι]
1 17(2302) : si non OL
1 17(2400) +<ὁ MNkmub2 Thdt
ה/מות 1 17(2500) θάνατος
יפריד 1 17(2601) διαστελεῖ]
1 17(2602) : διαστέλλει chva2
בינ/י 1 17(2700) ἀνὰ
1 17(2800) μέσον
1 17(2900) ἐμοῦ
ו/בינ/ך 1 17(3000) καὶ
1 17(3100) + ἀνὰ ir OL
1 17(3200) + μέσον ir OL
1 17(0000) {..d ἀνὰ}
1 17(0000) {..d μέσον}
1 17(3300) σοῦ
1 17(3400) .
1 18(0100) +<καὶ a
ו/תרא 1 18(0201) ἰδοῦσα]
1 18(0202) : que cum vidisset OL
1 18(0301) ~ δὲ] > a OL(?)
+-- =:נעמי 1 18(0401) Νωεμιν (see OC; OS sub @)] > MNc*d ef
1 18(0402) : Νωεμει x
1 18(0403) : Νωεμειν Bq
1 18(0404) : Νοεμοι c(a)
1 18(0405) : Νοεμμει ab'
1 18(0406) : Νοεμμειν Agoptvwe2
1 18(0407) : Νοεμμην ln
1 18(0408) : Νοομει b
1 18(0409) : noomin OA
1 18(0410) : Νοομμειν ka2
1 18(0500) + ἐμοὶ c*
1 18(0600) + αὐτῆν f
כי 1 18(0700) ὅτι
מתאמצת 1 18(0800) κραταιοῦται
היא 1 18(0901) αὐτὴ] > fgnw OC OE OL

1 18(0902) : ἡ loptve2
1 18(1000) + Ρουθ glnoptvwe2
ל/לכת 1 18(1100) τοῦ
1 18(1201) πορεύεσθαι]
1 18(1202) : πορευθῆναι aikmrua2b2
את/ה 1 18(1301) μετ᾽]
1 18(1302) : σὺν dej
1 18(1401) αὐτῆς]
1 18(1402) : αὐτῆν f
1 18(1403) : αὐτῇ dej
1 18(1500) ,
1 18(1600) +<καὶ ir
ו/תחדל 1 18(1701) ἐκόπασεν]
1 18(1702) : ἐκοπίασεν r
1 18(1703) : ἡσύχασεν a
ל/דבר 1 18(1801) τοῦ] > MNdefhijkmrsuyb2
1 18(1900) λαλῆσαι
אל/יה 1 18(2001) πρὸς]
1 18(2002) : μετ᾽ dejs OA(vid)
1 18(2101) αὐτὴν]
1 18(2102) : αὐτῆς dejs OA(vid)
עוד= +-- 1 18(2201) ἔτι] > OL
1 18(2300) .
1 19(0100) +<καὶ glnoptvwe2
ו/תלכנה 1 19(0200) ἐπορεύθησαν
1 19(0301) ~ δὲ] > glnoprtvwe2
שת/יהם 1 19(0401) ἀμφότεραι]
1 19(0402) : ἀμφότεροι Nl OL
1 19(0500) + ἅμα ir OL(simul)
עד 1 19(0601) ἕως] > ir
בא/נה 1 19(0701) τοῦ]
1 19(0702) : οὗ wy
1 19(0800) παραγενέσθαι
1 19(0901) αὐτὰς] > dejs
{...} 1 19(1001) εἰς]
1 19(1002) : ἐν MN
1 19(1003) : πρὸς y
בית לחם 1 19(0000) {..p εἰς}
1 19(1101) Βαιθλεεμ BA]
1 19(1102) : Βιθλεεμ bcknr
1 19(1103) : Βηθλεεμ MNab'defghijlmopqstuvwx ya2b2e2 OC
1 19(1104) : bethlem OL
1 19(1200) .
ו/יהי 1 19(0000) ---
1 19(1300) +<καὶ MNadefhijkmprtvyb2 236 OA OL
1 19(1401) +:ἐγένετο MNadehijkmprtvyb2 236 OA OC OL
1 19(1402) :+ἐγένοντο f
1 19(1500) + δὲ u OC
כ/בא/נה 1 19(0000) ---
1 19(1600) + ἐν MNadefhijkmprtuvyb2 236 OA OC (see OL)
1 19(1700) + τῷ MNadefhijkmprtuvyb2 236 OA OC

1 19(1801) +:ἐλθούσης bcx
1 19(1802) :+pervenissent OL
1 19(1803) :+ἐλθεῖν MNadejkmprtuvyb2 OA OC
1 19(1804) :+εἰσελθεῖν fhi
1 19(1805) :+ἑλκύσαι y
1 19(1900) + δὲ bcx
1 19(2001) +:αὐτῆς bcx
1 19(2002) :+αὐτὰς MNadefhijkmprtuvyb2 OA OC (>236~)
בית לחם 1 19(0000) ---
1 19(2100) + εἰς MNabcdefhijkmprtuvxyb2 236 OA OC
1 19(2201) +:Βηθλεεμ MNab'defhijkmprtuvxyb2 236 OA OC
1 19(2202) :+bethlem OL
1 19(2203) :+Βιθλεεμ bckr
1 19(2300) + αὐτὰς 236(~)
ו/תהם 1 19(2401) καὶ] > bkx OA
1 19(2501) ἤχησεν]
1 19(2502) : ἠχῆ t*
1 19(2503) : ἡσύχασεν a2
1 19(2504) : audibit OL
כל 1 19(2600) πᾶσα
ה/עיר 1 19(2700) ἡ
1 19(2800) πόλις
על/יהן 1 19(2901) ἐπ'] > N
1 19(3001) αὐταῖς MNa(a,sup ras)bdefghijlmnop q*(vid)r(a)stuvwxyb2e2 OL]
1 19(3002) : αὐτῆς B
1 19(3003) : αὐτῇ Acq(a)a2
1 19(3004) : αὐτάς r*
1 19(3100) + , (B-M)
ו/תאמרנה 1 19(3201) καὶ] > a
1 19(3301) εἶπον] > a
1 19(3302) : εἶπαν MNdfhi(a?)jkmrsuxxa2 b2
1 19(3303) : εἶπεν bcei*q OS
1 19(3401) +<εἰ MNdefhijkmprstuvyb2
1 19(3402) :+ἡ 71
ה/זאת 1 19(3500) Αὕτη
1 19(3600) +<τί Aq
1 19(3700) ἐστὶν
1 19(3800) +<ἡ 1
נעמי 1 19(3901) Νωεμιν (R)]
1 19(3902) : Νωεμει x OL
1 19(3903) : Νωεμειν Bq
1 19(3904) : Νωομμιν 241
1 19(3905) : Νοεμειν c OC
1 19(3906) : Νοεμμει b'
1 19(3907) : Νοεμμειν aghoptvwe2
1 19(3908) : Νοεμμην ln
1 19(3909) : Νοομει b
1 19(3910) : Νοομειν f OA

1 19(3911) : Νοομμειν AMNdeijkmrsuya2b2
1 19(4000) ;
ו/תאמר 1 20(0100) καὶ
1 20(0201) εἶπεν]
1 20(0202) : εἶπον n
1 20(0203) : εἶπαν 70
אל/יהן 1 20(0301) πρὸς] > OL
1 20(0401) αὐτάς] > OL
1 20(0402) : αὐτοὺς degjln(a)optvwe2
1 20(0500) + Νοομμειν km
אל 1 20(0601) Μὴ] > k(>5)
+-- 1 20(0701) δὴ] > k(>5) AMNdefgijmrsuyb2 OA OE OL OS
תקראנה 1 20(0801) καλεῖτέ] > k(>5) (~)efjs(~)
1 20(0802) : καλεσῆτέ w
1 20(0803) : λαλεῖτέ tv*
1 20(0804) : λαλῆτέ v(a)
ל/י 1 20(0901) με] > k(>5) l
1 20(1000) + καλεῖτε (~)efjs(~)
נעמי 1 20(1101) Νωεμιν (R)] > k(>5)
1 20(1102) : Νωεμει x OL
1 20(1103) : Νωεμειν Bcq
1 20(1104) : <u>noemin</u> OC
1 20(1105) : Νοεμμει ab'
1 20(1106) : Νοεμμειν ghoptvwe2
1 20(1107) : Νοεμμην ln
1 20(1108) : Νοομει <u>b</u>
1 20(1109) : Νοομειν f OA
1 20(1110) : Νοομμειν AMN(a)deij(>k~)mrsuya2b2
1 20(1111) : Νομμειν N*
1 20(1200) ,
1 20(1300) +<ἀλλά ghlnoptvwe2 OA OE(c) OL
קראן 1 20(1401) καλέσατέ]
1 20(1402) : καλέσεταί n
1 20(1403) : καλεῖταί h
1 20(1404) : καλέσετέ a
ל/י 1 20(1501) με]
1 20(1502) : μοι c
1 20(1600) + ἤ d
1 20(1700) +<ἡ MNdefhijsuya2b2 OL
מרא 1 20(1801) Πικράν]
1 20(1802) : Πικρά MNdefhijmrsya2b2
1 20(1803) : Πικρία u OL
1 20(1804) : Πικρίαν Akqw
1 20(1900) ,
כי 1 20(2001) ὅτι]
1 20(2002) : ὁ a2
המר 1 20(2101) ἐπικράνθη (pr ras 5 litt t)]
1 20(2102) : ἐπίκρανεν MNdefijkmrsub2 OA OL
1 20(2103) : ἐπι... y
שׁדי ~ =ב/י 1 20(2201) ἐν] > MNdefijkmrsux(~)b2 OA OL
1 20(2301) ἐμοὶ] > x(~)
1 20(2302) : μοι MNdikmrsub2 OL

	1 20(2303)	: με efj OA
~ ל/י =שדי	1 20(2401)	ὁ] > b
	1 20(2501)	ἱκανὸς] > b
	1 20(2502)	: ἰσχυρὸς hptvb2
	1 20(2503)	: d(eu)s OL (θεὸς)
	1 20(2600)	+ ΜΠΔΥΝΑΤΟΣ OC
	1 20(2700)	+ ἐν x(~)
	1 20(2800)	+ ἐμοὶ x(~)
מאד	1 20(2900)	σφόδρα
	1 20(3001)	·] . (B-M)
אני	1 21(0101)	ἐγὼ] > OA
	1 21(0200)	+ γάρ glnoptvwe2 OS (sub @)
מלאה	1 21(0301)	πλήρης] > b(~)
הלכתי	1 21(0401)	ἐπορεύθην]
	1 21(0402)	: ἐπορεύθη c
	1 21(0500)	+ πλήρης b(~)
	1 21(0600)	,
ו/ריקם	1 21(0700)	καὶ
	1 21(0801)	κενὴν]
	1 21(0802)	: καινὴν a2
	1 21(0900)	+ με (~)gn(~)
השיב/ני	1 21(1001)	ἀπέστρεψέν]
	1 21(1002)	: ἐπέστρεψε glnowe2
	1 21(1101)	με] > (~)gn(~)
	1 21(1102)	: μοι 18
יהוה	1 21(1201)	ὁ] > bqtv
	1 21(1301)	κύριος]
	1 21(1302)	: θεός a2*
	1 21(1400)	+ ὧδε 18 30
	1 21(1500)	·
ל/מה	1 21(1601)	καὶ] > MNdefhijmrsub2 30 OE OL(>8)
	1 21(1700)	+ νῦν OA
	1 21(1801)	ἵνα] > OL(>8)
	1 21(1901)	τί] > OL(>8)
תקראנה	1 21(2001)	καλεῖτέ] > OL(>8)
ל/י	1 21(2101)	με] > OL(>8)
נעמי	1 21(2201)	Νωεμιν (R)] > OL(>8)
	1 21(2202)	: Νωεμει x
	1 21(2203)	: Νωεμειν Bcq
	1 21(2204)	: noemin OC
	1 21(2205)	: Νοεμμει ab'
	1 21(2206)	: Νοεμμειν goptvwe2
	1 21(2207)	: Νοεμμην ln
	1 21(2208)	: Νοεμμειμ h(b?)
	1 21(2209)	: Νοομει b
	1 21(2210)	: Νοομειν f* OA
	1 21(2211)	: Νοομμειν AMNdef(a?)h*(vid)ijkmr sua2b2
	1 21(2301)	;] , (B-M)
ו/יהוה	1 21(2401)	καὶ] > OL(>8)
	1 21(2500)	+ κύριος 70
	1 21(2600)	+<ὁ MNcdefghijklmnprstuvwb2
	1 21(2701)	κύριος] > OL(>8)
ענה =v	1 21(2801)	ἐταπείνωσέν]

	1 21(2802)	: ἐκάκωσέν h
ב/י	1 21(2900)	με
	1 21(3000)	,
ו/שׁדי	1 21(3101)	καὶ] > Al(>5)
	1 21(3201)	ὁ] > n Al(>5)
	1 21(3301)	ἱκανὸς] > Al(>5)
	1 21(3302)	: ἱκανῶς n
	1 21(3303)	: admodum OE
הרע	1 21(3401)	ἐκάκωσέν] > a2 Al(>5)
	1 21(3402)	: ἐταπείνωσέν h
	1 21(3403)	: ἔσωσε 125
ל/י	1 21(3501)	με] > a2 Al(>5)
	1 21(3601)	.] ; (B-M)
ו/תשׁב	1 22(0101)	καὶ] > 237
	1 22(0201)	ἐπέστρεψεν]
	1 22(0202)	: ἀπέστρεψεν hptvx
	1 22(0203)	: reuersae sunt OA
	1 22(0300)	+<ἡ ej 236
נעמי	1 22(0401)	Νωεμιν (R)]
	1 22(0402)	: Νωεμει x OL
	1 22(0403)	: Νωεμειν Bcq
	1 22(0404)	: noemin OC
	1 22(0405)	: Νοεμμει ab'
	1 22(0406)	: Νοεμμειν goptvwe2
	1 22(0407)	: Νοεμμην ln
	1 22(0408)	: Νοεμμειμ h(b?)
	1 22(0409)	: noomin OA
	1 22(0410)	: Νοομει b
	1 22(0411)	: Νοομμειν AMNdefh*ijkmrsua2b2
	1 22(0412)	: Νοουμμειν 236
ו/רות	1 22(0500)	καὶ
	1 22(0600)	+<ἡ w
	1 22(0700)	Ρουθ
ה/מואביה	1 22(0801)	ἡ] > 77 (~)a2-OE(~)
	1 22(0901)	Μωαβῖτις] > 77 (~)a2-OE(~)
כלת/ה	1 22(1000)	ἡ
	1 22(1100)	νύμφη
	1 22(1200)	αὐτῆς
	1 22(1300)	+ ἡ (~)a2-OE(~)
	1 22(1400)	+ Μωαβῖτις (~)a2-OE(~)
	1 22(1500)	+ μετ' AMNbcdefhijmprstuvxb2 OA OL OS(sub &)
	1 22(1600)	+ αὐτῆς AMNbcdefhijmprstuvxb2 OA OL OS(sub &)
עמ/ה	1 22(0000)	---
ה/שׁבה	1 22(1701)	ἐπιστρέφουσα]
	1 22(1702)	: ἐπιστρεφούσαι qtvwe2 OE
	1 22(1703)	: que reuersa est OL
	1 22(1704)	: iens OA(ed)
	1 22(1705)	: et iuit et exiit OA(codd)
מ/שׂדי	1 22(1800)	ἐξ
	1 22(1900)	ἀγροῦ
מואב	1 22(2000)	Μωαβ
	1 22(2100)	·

ו/המה	1	22(2201)	αὐταὶ] > OA(? et) OE(? et)
	1	22(2202)	: αὐτῇ d
	1	22(2301)	~ δὲ]
	1	22(2302)	: δὴ 241
	1	22(2303)	: et OA OE
באו	1	22(2401)	παρεγενήθησαν]
	1	22(2402)	: παρεγένοντο glnowe2
	1	22(2403)	: uenit OA(codd)
{...}	1	22(2501)	εἰς]
	1	22(2502)	: ad OL
בית לחם	1	22(0000)	{..ρεἰς}
	1	22(2601)	Βαιθλεεμ AB]
	1	22(2602)	: Βιθλεεμ bknor
	1	22(2603)	: Βηθλεεμ MNab'cdefghijlmpqstuvwx a2b2e2 OC Or-gr
	1	22(2604)	: bethlem OL
ב/תחלת	1	22(2700)	ἐν
	1	22(2801)	ἀρχῇ]
	1	22(2802)	: ἡμέραις a2
קציר	1	22(2900)	θερισμοῦ
שׂערים	1	22(3001)	κριθῶν]
	1	22(3002)	: πυρῶν a2
	1	22(3100)	.
ו/ל/נעמי	2	01(0100)	Καὶ
	2	01(0200)	+ ibi OA
	2	01(0300)	+ erat OA
	2	01(0401)	τῇ]
	2	01(0402)	: τὴν oe2
	2	01(0501)	Νωεμιν (R)] > OA(~?)
	2	01(0502)	: Νωεμει cx OL
	2	01(0503)	: Νωεμειν BAq
	2	01(0504)	: noemin OC
	2	01(0505)	: Νοεμμει ab'
	2	01(0506)	: Νοεμμειν goptvwe2
	2	01(0507)	: Νοεμμην ln
	2	01(0508)	: Νοεμμειμ h(b?)
	2	01(0509)	: Νοομει b
	2	01(0510)	: Νοομειν MNefh*(vid)ijkmrsua2b2
	2	01(0511)	: Νοομμει d
	2	01(0512)	: ((~)noomin OA(~))
*מידע **מודע	2	01(0601)	ἀνὴρ] > (~)ax-OL(~)
	2	01(0700)	γνώριμος
ל/אישׁ/ה	2	01(0800)	τῷ
	2	01(0900)	ἀνδρὶ
	2	01(1001)	αὐτῆς]
	2	01(1002)	: noomin OA(~?)
	2	01(1100)	+ ἀνήρ (~)ax-OL(~)
	2	01(1200)	·
אישׁ	2	01(1301)	ὁ] > OL(>3)
	2	01(1401)	δὲ] > OL(>3)
	2	01(1402)	: enim OS
	2	01(1501)	ἀνὴρ] > OL(>3)
גבור	2	01(1600)	δυνατὸς
	2	01(1700)	+ fuit OS

	2 01(1800)	+<ἐν Aq
חיל	2 01(1901)	ἰσχύι]
	2 01(1902)	: εὐπορίᾳ 'a'(b)
מ/משפחת	2 01(2000)	ἐκ
	2 01(2100)	τῆς
	2 01(2200)	συγγενείας
	2 01(2300)	+ μου a2
אלימלך =:אבימלך	2 01(2401)	Αβιμελεχ]
	2 01(2402)	: Αβειμελεχ ABfglnopqstvwe2
	2 01(2403)	: Αλιμελεχ m
	2 01(2404)	: Αιλιμελεχ d
	2 01(2405)	: Ελιμελεχ MNabceh(first ε ex corr)ijkruxa2b2 OA OL
	2 01(2500)	,
ו/שמ/ו	2 01(2600)	καὶ
	2 01(2700)	+<τὸ 209
	2 01(2800)	ὄνομα
	2 01(2901)	αὐτῷ]
	2 01(2902)	: eius OA OC OE OL
בעז	2 01(3001)	Βοος]
	2 01(3002)	: Βοοζ Mbdefg(a?)h(b)ijklnopqrtvw xb2e2 OL Thdt
	2 01(3003)	: Βωζ g*
	2 01(3004)	: boes OC
	2 01(3100)	+ et OA
	2 01(3200)	+ dedit OA
	2 01(3300)	+ noomin OA
	2 01(3400)	+ domum OA
	2 01(3500)	+ uiduitatis OA
	2 01(3600)	+ habitare OA
	2 01(3700)	+ in OA
	2 01(3800)	+ ea OA
	2 01(3900)	.
ו/תאמר	2 02(0101)	καὶ] > MNdefhijkmprstuvb2
	2 02(0200)	εἶπεν
	2 02(0300)	+ δὲ MNdefhijkprstuvb2
רות	2 02(0400)	Ρουθ
ה/מואביה	2 02(0501)	ἡ (OS sub @)] > (~)abc(~) b2
	2 02(0601)	Μωαβῖτις (OS sub @)] > (~)abc(~) b2
אל	2 02(0700)	πρὸς
נעמי	2 02(0801)	Νωεμιν (R)]
	2 02(0802)	: Νωεμει x OL
	2 02(0803)	: Νωεμειν Bq
	2 02(0804)	: noemin OC
	2 02(0805)	: Νοεμμειν ab'cgh(b?)optvwe2
	2 02(0806)	: Νοεμμην ln
	2 02(0807)	: Νοομει A
	2 02(0808)	: Νοομειν bf* OA
	2 02(0809)	: Νοομι 241
	2 02(0810)	: Νοομμειν MNdef(a?)h*ijkmrsua2b2
	2 02(0900)	+ ἡ (~)abc(~)
	2 02(1000)	+ Μωαβῖτις (OS sub @)] > (~)abc(~)
אלכה	2 02(1101)	Πορευθῶ]
	2 02(1102)	: πορευθῶμεν u

	2 02(1103)	: ibo OC OL
נא	2 02(1201)	δὴ] > b OA OC
	2 02(1202)	: δὲ p
ה/שׂדה	2 02(1301)	εἰς] > a2(~)
	2 02(1401)	ἀγρὸν] > a2(~)
ו/אלקטה	2 02(1500)	καὶ
	2 02(1601)	συνάξω]
	2 02(1602)	: συλλέγω a2
	2 02(1603)	: συλλέξω MNghiklmnoprtuvwb2e2
	2 02(1604)	: συλλέξωμεν 30
	2 02(1700)	+ εἰς a2(~)
	2 02(1800)	+ ἀγρὸν a2(~)
ב/שׁבלים	2 02(1901)	ἐν] > OA OL
	2 02(2001)	τοῖς]
	2 02(2101)	στάχυσιν]
	2 02(2102)	: spicas OA OL
	2 02(2103)	: ἀστάχυσιν w
	2 02(2200)	+<καὶ w
אחר	2 02(2301)	κατόπισθεν]
	2 02(2302)	: ὄπισθεν w
אשׁר	2 02(2401)	οὗ]
	2 02(2402)	: ὅ N*
	2 02(2501)	ἐὰν]
	2 02(2502)	: ἄν bx
אמצא	2 02(2600)	εὕρω
חן	2 02(2700)	χάριν
ב/עינ/יו	2 02(2800)	ἐν
	2 02(2900)	ὀφθαλμοῖς
	2 02(3000)	αὐτοῦ
	2 02(3100)	.
ו/תאמר	2 02(3200)	εἶπεν
	2 02(3300)	~ δὲ
ל/ה	2 02(3401)	αὐτῇ] > q OS
	2 02(3402)	: αὐτήν o
	2 02(3501)	+:Νοεμμειν goptvwe2
	2 02(3502)	:+Νοεμμην ln
	2 02(3503)	:+noemin OC
	2 02(3504)	:+נעמי OS(sub @)
לכי	2 02(3601)	Πορεύου]
	2 02(3602)	: πορευθῆτι a2
	2 02(3700)	,
בת/י	2 02(3801)	θύγατερ]
	2 02(3802)	: θυγάτηρ BAfh*w(vid)
	2 02(3900)	.
ו/תלך	2 03(0100)	καὶ
	2 03(0200)	ἐπορεύθη
	2 03(0300)	+ Ρουθ glnoptvwe2
	2 03(0400)	+ ἐλθοῦσα cx OS
ו/תבוא	2 03(0000)	---
ו/תלקט	2 03(0500)	καὶ
	2 03(0600)	+ ἐλθοῦσα AMNbdefhijmprstuvb2 OA OL
	2 03(0700)	συνέλεξεν
	2 03(0800)	+ [veniens colligebat] spicas OA

ב/שׂדה 2 03(0900) ἐν
2 03(1000) τῷ
2 03(1100) ἀγρῷ
2 03(1200) +<καὶ 236
אחרי 2 03(1301) κατόπισθεν]
2 03(1302) : ὄπισθεν A
ה/קצרים 2 03(1400) τῶν
2 03(1500) θεριζόντων
2 03(1600) ·
ו/יקר 2 03(1700) καὶ
2 03(1801) περιέπεσεν]
2 03(1802) : πυρὶ ἔπεσε o
מקר/ה =v 2 03(1901) περιπτώματι] > OC OE
2 03(1902) : περίπτωμα n
2 03(1903) : παραπτώματι x
2 03(2000) +<ἐν ptva2
חלקת 2 03(2100) τῇ
2 03(2200) μερίδι
2 03(2300) + Βοοζ glno(a)we2
2 03(2400) +<ἐν glno(a)we2
ה/שׂדה 2 03(2501) τοῦ] > o*
2 03(2502) : τῷ glno(a)we2
2 03(2601) ἀγροῦ] > o*
2 03(2602) : ἀγρῷ glno(a)we2
ל/בעז 2 03(2701) Βοος]
2 03(2702) : Βοοζ Mbdefgh(b)ijklnopqrtvwxb2e2 OL
2 03(2703) : boes OC
אשׁר 2 03(2801) τοῦ] > bhq
מ/משׁפחת 2 03(2901) ἐκ] > q
2 03(3000) +<τῆς AMNadefhijkmpqrstuvwb2
2 03(3100) συγγενείας
אלימלך =:אבימלך 2 03(3201) Αβιμελεχ]
2 03(3202) : Αβειμελεχ Bbfglnopqstvwxe2
2 03(3203) : Αλιμελεχ A
2 03(3204) : Αιλιμελεχ dj
2 03(3205) : Ελιμελεχ MNacehikmruxa2b2 OA OL
2 03(3300) .
ו/הנה 2 04(0100) καὶ
2 04(0200) ἰδοὺ
בעז 2 04(0301) Βοος BANach*mub2 OA OE]
2 04(0302) : Βοοζ Mbdefgh(b)ijklnopqrstvwxa2 e2 OL
2 04(0303) : boes OC
בא 2 04(0401) ἦλθεν] > h
2 04(0402) : ἐξῆλθεν 71
מ/בית לחם 2 04(0501) ἐκ]
2 04(0502) : εἰς ir(vid)
2 04(0601) Βαιθλεεμ B]
2 04(0602) : Βιθλεεμ bknor
2 04(0603) : Βεθλεεμ A
2 04(0604) : bethlem OL
2 04(0605) : Βηθλεεμ MNab'cdefghijlmpqstuv wxa2b2e2 OC

ו/יאמר	2	04(0700)	καὶ
	2	04(0800)	εἶπεν
	2	04(0900)	+ ἐν gn
	2	04(1000)	+ ἰσχύι gn
ל/קוצרים	2	04(1100)	τοῖς
	2	04(1201)	θερίζουσιν]
	2	04(1202)	: θεράπουσιν r
	2	04(1203)	: messoribus OA
	2	04(1300)	+ suis OA
	2	04(1400)	+<ὁ a
יהוה	2	04(1500)	Κύριος
עמ/כם	2	04(1600)	μεθ'
	2	04(1701)	ὑμῶν]
	2	04(1702)	: ἡμῶν deln
	2	04(1800)	·
ו/יאמרו	2	04(1900)	καὶ
	2	04(2001)	εἶπον]
	2	04(2002)	: εἶπαν AM adefhijkmrsuxb2
	2	04(2003)	: εἶπεν N
ל/ו	2	04(2101)	αὐτῷ] > ac
	2	04(2200)	+ κύριος (~)dej(~)
יברכ/ך	2	04(2300)	Εὐλογήσαι
	2	04(2400)	σε
יהוה	2	04(2501)	κύριος] > (~)dej(~)
	2	04(2600)	.
ו/יאמר	2	05(0100)	καὶ
	2	05(0200)	εἶπεν
בעז	2	05(0301)	Βοος ABNach*mua2 OA OE]
	2	05(0302)	: Βοοζ Mbdefgh(b?)ijklopqrstvwx b2e2
	2	05(0303)	: booz OL
	2	05(0304)	: Βοωζ n
	2	05(0305)	: boes OC
ל/נער/ו	2	05(0400)	τῷ
	2	05(0500)	παιδαρίῳ
	2	05(0601)	αὐτοῦ] > A OC
ה/נצב	2	05(0700)	τῷ
	2	05(0801)	ἐφεστῶτι (φ ex corr h)] > OC
	2	05(0802)	: ἐφεστήκωτι f
	2	05(0803)	: ἑστῶτι a2
על	2	05(0900)	ἐπὶ
ה/קוצרים	2	05(1001)	τοὺς]
	2	05(1002)	: τῆς c*
	2	05(1101)	θερίζοντας]
	2	05(1102)	: θερίζουσιν c*
ל/מי	2	05(1201)	Τίνος] > a*(>4)
	2	05(1202)	: τίς MNa(b)defhijkmrsub2 OL
ה/נערה	2	05(1301)	ἡ] > a*(>4)
	2	05(1401)	νεᾶνις] > a*(>4)
ה/זאת	2	05(1501)	αὕτη] > a*(>4)
	2	05(1600)	;
ו/יען	2	06(0101)	καὶ] > a(>9)
	2	06(0201)	ἀπεκρίθη] > a(>9)
	2	06(0202)	: εἶπε 237

ה/נער 2 06(0301) τὸ] > a(>9)
2 06(0401) παιδάριον] > a(>9)
ה/נצב 2 06(0501) τὸ] > a(>9)k(>5)
2 06(0502) : τῷ b
2 06(0601) ἐφεστὸς] > a(>9)k(>5) OC
2 06(0602) : ἐφέστωτι b
2 06(0603) : ἐφεστῆκος MNfhimprtuvb2
על 2 06(0701) ἐπὶ] > a(>9)k(>5)
ה/קוצרים 2 06(0801) τοὺς] > a(>9)k(>5)
2 06(0901) θερίζοντας] > a(>9)k(>5)
ו/יאמר 2 06(1001) καὶ] > 237
2 06(1101) εἶπεν] > 237
נערה 2 06(1201) Ἡ] > MNdejsb2
2 06(1202) : ὁ f
2 06(1203) : haec OC OL(~?)(hec est puella moabitidis)
2 06(1300) παῖς (see OL puella)
מואביה 2 06(1401) ἡ] > cv*a2b2
2 06(1500) Μωαβῖτίς (see OL moabitidis)
היא 2 06(1601) ἐστιν] > l OL(~?)
2 06(1700) + , (B-M)
ה/שׁבה 2 06(1800) ἡ
2 06(1901) ἀποστραφεῖσα]
2 06(1902) : ἐπιστρέψασα MNhikmprtvb2
2 06(1903) : ὑποστρέψασα 71
עם 2 06(2001) μετὰ] > n(~)
נעמי 2 06(2101) Νωεμιν (R)] > n(~)
2 06(2102) : Νωεμει cx OL
2 06(2103) : Νωεμειν Bq
2 06(2104) : noemin OC
2 06(2105) : Νοεμμει ab'
2 06(2106) : Νοεμμειν gh(b?)optvwe2
2 06(2107) : Νοεμμην l(n~)
2 06(2108) : Νοομει b
2 06(2109) : Νοομειν f* OA
2 06(2110) : Νοομμειν AMNdef(a?)h*ijkm(n~)rsua2b2
מ/שׂדה 2 06(2200) ἐξ
2 06(2300) ἀγροῦ
מואב 2 06(2400) Μωαβ
2 06(2500) + μετὰ n(~)
2 06(2600) + Νοεμμην n(~)
2 06(2700) + · (B-M)
ו/תאמר 2 07(0100) καὶ
2 07(0200) εἶπεν
2 07(0300) + Ρουθ 70 128
אלקטה 2 07(0400) Συλλέξω
נא 2 07(0501) δὴ] > f OC OE
ו/אספתי 2 07(0601) καὶ] > fa2
2 07(0701) συνάξω] > fa2
ב/עמרים 2 07(0800) ἐν
2 07(0900) τοῖς
2 07(1001) δράγμασιν]
2 07(1002) : δράχμασιν h*b2

2 07(1003) : στάχυσι a2
אחרי 2 07(1101) ὄπισθεν]
2 07(1102) : ὀπίσω MNdfghijlmnoprstuvwa2b2e2 OS
ה/קוצרים 2 07(1200) τῶν
2 07(1300) θεριζόντων
2 07(1400) ·
ו/תבוא 2 07(1500) καὶ
2 07(1600) ἦλθεν
2 07(1700) + non OC
2 07(1800) + cessauit OC
ו/תעמוד 2 07(1901) καὶ] > OL
2 07(2001) ἔστη] > OL
מ/אז 2 07(2100) ἀπὸ
ה/בקר 2 07(2201) πρωίθεν]
2 07(2202) : πρωὶ qw
ו/עד 2 07(2301) καὶ] > MNadegh*h(b)ikmnqruwa2b2 OA OC OE OL
2 07(2400) ἕως
עתה =ערב 2 07(2501) ἑσπέρας]
2 07(2502) : νῦν MNfh*h(b)ikmprtuvb2 OA OE(c) OL
2 07(2600) +<καί n OA OE
זה 2 07(2701) οὐ]
2 07(2702) : τοῦτο MNh*ikmrub2
2 07(2703) : ut OL
שבת/ה =v 2 07(2801) κατέπαυσεν]
2 07(2802) : pausaret OL
2 07(2900) + μικρόν (~)glnowe2-OA-OC-OE(~)
ה/בית =ב/שדה 2 07(3000) ἐν
2 07(3100) τῷ
2 07(3201) ἀγρῷ]
2 07(3202) : domum OL
מעט 2 07(3301) μικρόν] > (~)glnowe2-OA-OC-OE(~)
2 07(3400) .
ו/יאמר 2 08(0100) καὶ
2 08(0200) εἶπεν
2 08(0300) + ἐν gn
2 08(0400) + ἰσχύι gn
2 08(0500) + πρὸς h(~)
2 08(0600) + Ρουθ h(~)
בעז 2 08(0701) Βοος ABNach*(?)mu OA OE] > q
2 08(0702) : Βοοζ Mbdefgh(b)ijkloprstvwxa2b2 e2 OL
2 08(0703) : Βοωζ n
2 08(0704) : boes OC
אל 2 08(0801) πρὸς] > h(~)
רות 2 08(0901) Ρουθ] > h(~)
ה/לוא 2 08(1001) Οὐκ] > MNdehijkmrsa2b2 128(>3) OA
שמעת 2 08(1101) ἤκουσας] > 128(>3)
2 08(1200) ,
בת/י 2 08(1301) θύγατερ] > 128(>3)
2 08(1302) : θυγάτηρ Bdklowe2
2 08(1400) ;

אל	2 08(1500)	μὴ
תלכי	2 08(1600)	πορευθῇς
	2 08(1700)	+ συλλέξαι (~)AMNabchikmprtuvxa2b2 -OA-OL-OS(~)
{...}	2 08(1800)	ἐν
	2 08(1900)	ἀγρῷ
	2 08(2000)	+ ἑτέρῳ (~)defgjlnoswe2-OC -OE-Thdt(ed)(~)
ל/לקט	2 08(2101)	συλλέξαι] >(~)AMNabchikmprtuvxa2b2 -OA-OL-OS(~)
	2 08(2102)	: σύλλεξον l
ב/שׂדה	2 08(0000)	{..~ἐν}
	2 08(0000)	{..~ἀγρῷ}
אחר	2 08(2201)	ἑτέρῳ] > r Thdt(cod)(>6) (~)defgjlnoswe2-OC-OE-Thdt(ed)(~)
	2 08(2300)	,
ו/גם	2 08(2401)	καὶ] > Thdt(>6)
	2 08(2402)	: καίγε MNhikmrub2
	2 08(2403)	: nunc OL
{...}	2 08(2501)	σὺ] > MNikmrub2 Thdt(>6) OE(c) OL(nunc)
לא	2 08(2601)	οὐ] > h Thdt(>6)
תעבורי	2 08(0000)	{..~σὺ}
	2 08(2701)	πορεύσῃ] > Thdt(>6)
	2 08(2702)	: πορεύῃ mq*
	2 08(2703)	: παρελεύσῃ u OL
מ/זה	2 08(2801)	ἐντεῦθεν] > Thdt(>6)
	2 08(2900)	·
	2 08(3001)	+<ἀλλ’ OA OC(sed) Thdt
	2 08(3002)	:+et OL
ו/כה	2 08(3101)	ὧδε] > OC OL
	2 08(3102)	: ὅδε n
	2 08(3103)	: ὥστε q
תדבקין	2 08(3200)	κολλήθητι
עם	2 08(3300)	μετὰ
נערת/י	2 08(3400)	τῶν
	2 08(3500)	κορασίων
	2 08(3601)	μου]
	2 08(3602)	: μοι 128
	2 08(3701)	·] . (B-M)
	2 09(0100)	+<καί MNabdefhijkmprstuvb2 OA OC OE OL
עינ/יך	2 09(0200)	οἱ
	2 09(0300)	ὀφθαλμοί
	2 09(0400)	σου
ב/שׂדה	2 09(0501)	εἰς]
	2 09(0502)	: ἐν c
	2 09(0601)	τὸν]
	2 09(0602)	: τῷ c
	2 09(0701)	ἀγρόν]
	2 09(0702)	: ἀγρῷ c
	2 09(0800)	+ σου a2
	2 09(0901)	,] > (B-M)
אשר	2 09(1000)	οὗ

	2 09(1101)	ἐὰν] > r
יקצרון	2 09(1200)	θερίζωσιν
	2 09(1300)	,
ו/הלכת	2 09(1401)	καὶ] > OL
	2 09(1500)	πορεύσῃ
אחר/יהן	2 09(1600)	κατόπισθεν
	2 09(1700)	αὐτῶν
	2 09(1800)	·
ה/לוא =הנה	2 09(1901)	ἰδοὺ]
	2 09(1902)	: οὐχὶ MNh*i*rb2 OA
	2 09(2000)	+ δὴ km
צויתי	2 09(2100)	ἐνετειλάμην
את ה/נערים	2 09(2201)	τοῖς]
	2 09(2202)	: τοὺς f
	2 09(2301)	παιδαρίοις]
	2 09(2302)	: παῖδας f
	2 09(2303)	: pueris OA
	2 09(2400)	+ meis OA
ל/בלתי	2 09(2500)	τοῦ
	2 09(2600)	μὴ
נגע/ך	2 09(2701)	ἅψασθαί]
	2 09(2702)	: ἅψεσθαι f(a)o
	2 09(2801)	σου]
	2 09(2802)	: σε cpv
	2 09(2900)	·
ו/צמת	2 09(3000)	καὶ
	2 09(3101)	ὅ ..]
	2 09(3201)	τι]
	2 09(3202)	: ὅτε abdefjlqw
	2 09(3203)	: ὁπότε MNhikmprtuvb2
	2 09(3204)	: ubi OS
	2 09(3205)	: si OC OL
	2 09(3301)	διψήσεις]
	2 09(3302)	: διψήσης akpr
	2 09(3400)	,
ו/הלכת	2 09(3501)	καὶ] > ab'kp OA OC OE OL
	2 09(3601)	πορευθήσῃ]
	2 09(3602)	: πορεύθης N
	2 09(3603)	: πορεύσῃ bha2b2
אל	2 09(3701)	εἰς]
	2 09(3702)	: ad OL
ה/כלים	2 09(3800)	τὰ
	2 09(3901)	σκεύη]
	2 09(3902)	: vas OL
	2 09(4000)	+ aqu(a)e OL
ו/שתית	2 09(4100)	καὶ
	2 09(4201)	πίεσαι]
	2 09(4202)	: πίης we2
	2 09(4203)	: πίῃ l
	2 09(4204)	: πίει g (ει ex corr)
	2 09(4205)	: ποιεῖς n
	2 09(4206)	: ποιῇς o
מ/אשר	2 09(4300)	ὅθεν
	2 09(4401)	ἂν] > a

	2 09(4402)	: ἐὰν defjqs
ישאבון	2 09(4501)	ὑδρεύωνται]
	2 09(4502)	: ὑδρεύονται a
	2 09(4503)	: ὑδρεύσωνται MNhiprtva2b2
ה/נערים	2 09(4601)	τὰ]
	2 09(4602)	: οἱ glnowe2
	2 09(4701)	παιδάρια]
	2 09(4702)	: παῖδες glnowe2
	2 09(4801)	+:μου gloptvwe2
	2 09(4802)	:+σου n
	2 09(4900)	.
ו/תפל	2 10(0100)	καὶ
	2 10(0200)	ἔπεσεν
	2 10(0300)	+ Ρουθ glnoptvwe2 OL
על	2 10(0401)	ἐπὶ] > (~)ptv(~)
פנ/יה	2 10(0501)	πρόσωπον] > (~)ptv(~)
	2 10(0601)	αὐτῆς] > (~)ptv(~)
ו/תשתחו	2 10(0701)	καὶ] > OC(~)
	2 10(0801)	προσεκύνησεν] > OC(~)
	2 10(0900)	+ ἐπὶ Aa2 (~)ptv(~)
	2 10(1000)	+ πρόσωπον Aa2 (~)ptv(~)
	2 10(1100)	+ αὐτῆς a2 (~)ptv(~)
ארצ/ה	2 10(1200)	ἐπὶ
	2 10(1300)	τὴν
	2 10(1400)	γῆν (pr ras (2) w)
	2 10(1500)	+ καὶ OC(~)
	2 10(1600)	+ προσεκύνησεν A OC(~)
	2 10(1700)	+ αὐτόν A
	2 10(1800)	+ , (B-M)
ו/תאמר	2 10(1900)	καὶ
	2 10(2000)	εἶπεν
אל/יו	2 10(2101)	πρὸς] > Aj OA-ed
	2 10(2201)	αὐτόν] > Aj OA-ed
מדוע	2 10(2301)	Τί] > ghlnoqwe2 OC(ecce) OL
	2 10(2401)	ὅτι]
	2 10(2402)	: ecce OC
מצאתי	2 10(2500)	εὗρον
חן	2 10(2600)	χάριν
ב/עינ/יך	2 10(2700)	ἐν
	2 10(2800)	ὀφθαλμοῖς
	2 10(2901)	σου] > r
ל/הכיר/ני	2 10(3000)	τοῦ
	2 10(3100)	+ σε ghlnptvw
	2 10(3200)	+ μή r
	2 10(3300)	ἐπιγνῶναί
	2 10(3400)	με
	2 10(3501)	;] , (B-M)
ו/אנכי	2 10(3601)	καὶ] > ikmrub2 OL
	2 10(3700)	ἐγώ
	2 10(3800)	+ δέ ikmrub2 OL
	2 10(3900)	εἰμι
נכריה	2 10(4000)	ξένη
	2 10(4101)	.] ; (B-M)
ו/יען	2 11(0100)	καὶ

2 11(0201) ἀπεκρίθη]
2 11(0202) : dixit OL(~?εἶπεν)
2 11(0300) + ei OL (~?αὐτῇ)
בעז 2 11(0401) Βοος ABNach*mu OA OE]
2 11(0402) : Βοοζ Mbdefgh(b?)ijklopqrstvwxa2 b2e2
2 11(0403) : booz OL
2 11(0404) : Βοωζ n
2 11(0405) : boes OC
ו/יאמר 2 11(0501) καὶ] > OL
2 11(0601) εἶπεν] > OL(~?)
ל/ה 2 11(0701) αὐτῇ] > q OL(~?)
הגד {!} 2 11(0801) Ἀπαγγελίᾳ]
2 11(0802) : Ἐπαγγελίᾳ o
הגד {!} 2 11(0901) ἀπηγγέλη]
2 11(0902) : ἀπαγγέλη dh
2 11(0903) : ἀπάγγελι N
2 11(0904) : ἀπάγγελε n
2 11(0905) : ἀπαγγείλη 70
2 11(0906) : ἀπαγγεῖλον b'
ל/י 2 11(1000) μοι
2 11(1101) +:πάντα Abckx OA OE(vid) OS(sub &)
2 11(1102) :+opera OC
כל אשר 2 11(1201) ὅσα]
2 11(1202) : quae OC
עשית 2 11(1301) πεποίηκας (κ ex σ f(vid))]
2 11(1302) : ἐποίησας aikmqrua2b2
2 11(1303) : ἐποίησα h
את 2 11(1400) μετὰ
חמות/ך 2 11(1501) τῆς] > a
2 11(1502) : τὴν i*
2 11(1503) : τῇ defi(a?)jkmrsb2 OA
2 11(1601) πενθερᾶς]
2 11(1602) : πενθερᾶν i*
2 11(1603) : πενθερᾷ defi(a?)jkmrsb2
2 11(1701) σου]
2 11(1702) : μου h*(vid)
2 11(1800) +<καὶ b' OC(c)
אחרי 2 11(1900) μετὰ
מות 2 11(2000) τὸ
2 11(2100) ἀποθανεῖν
איש/ך 2 11(2200) τὸν
2 11(2300) ἄνδρα
2 11(2401) σου]
2 11(2402) : αὐτῆς r
2 11(2500) + , (B-M)
??= ו/תעזבי 2 11(2600) καὶ
2 11(2701) πῶς (OS sub @)] > MNhkmub2 OL
2 11(2702) : ὡς a
2 11(2801) κατέλιπες]
2 11(2802) : κατέλειπες AMNcghimrub2
2 11(2803) : κατέλειπας na2
2 11(2804) : κατέλιπεν 18(vid)
אבי/ך 2 11(2900) τὸν

2 11(3000) πατέρα
2 11(3100) σου
ו/אמ/ך 2 11(3201) καὶ] > lq(>4)
2 11(3301) τὴν] > lq(>4)
2 11(3401) μητέρα] > lq(>4)
2 11(3501) σου] > lq(>4) OA
ו/ארץ 2 11(3600) καὶ
2 11(3701) τὴν] > 236 77(vid)
2 11(3801) γῆν] > 236 70
2 11(3900) +<τῆς MNdefhijknoprstuvwb2e2 Thdt
מולדת/ך 2 11(4001) γενέσεώς]
2 11(4002) : γενεάν 70
2 11(4100) σου
2 11(4200) + , (B-M)
ו/תלכי 2 11(4300) καὶ
2 11(4400) ἐπορεύθης
אל 2 11(4501) πρὸς]
2 11(4502) : εἰς dop OA
2 11(4600) +<τὸν aoq
עם 2 11(4700) λαὸν
אשר 2 11(4801) ὃν] > n
לא 2 11(4900) οὐκ
ידעת 2 11(5001) ᾔδεις]
2 11(5002) : ᾔδες c
2 11(5003) : ᾔδας 70
2 11(5004) : εἶδες p
2 11(5005) : εἴδης m
2 11(5006) : οἴδεις n
2 11(5100) +<ἀπ' MNadef(vid)hijkmprstuvb2
OS
תמול 2 11(5201) ἐχθὲς]
2 11(5202) : χθές B(b)bln
שלשום 2 11(5301) καὶ]
2 11(5302) : <u>uel</u> OL
2 11(5401) τρίτης]
2 11(5402) : τρίτην gla2
2 11(5501) ·] . (B-M)
ישלם 2 12(0101) ἀποτείσαι(B*)]
2 12(0102) : ἀποτίσαι AB(b)MNacdefghijklmnop
qrstuvwxa2b2e2
2 12(0103) : ἀποτήσαιτο b
2 12(0201) +:σοι glnoptvwe2 OA OC OE OL Thdt-ed
2 12(0202) :+σου Thdt-cod
2 12(0300) +<ὁ opwe2
יהוה 2 12(0400) κύριος
פעל/ך 2 12(0500) τὴν
2 12(0600) ἐργασίαν
2 12(0701) σου]
2 12(0702) : μου b2
2 12(0801) ,] · (B-M)
ו/תהי 2 12(0901) καὶ] > Ba
2 12(1001) γένοιτο]
2 12(1002) : γενῆται 71
משכרת/ך 2 12(1101) ὁ] > h

	2 12(1200)	μισθός
	2 12(1301)	σου] > 70
שׁלמה	2 12(1401)	πλήρης] > aa2 70
מ/עם	2 12(1500)	παρὰ
יהוה	2 12(1600)	κυρίου
	2 12(1700)	+<τοῦ b'loptvwe2
אלהי	2 12(1800)	θεοῦ
	2 12(1900)	+ σου b
ישׂראל	2 12(2000)	Ισραηλ
	2 12(2100)	,
אשׁר	2 12(2200)	πρὸς
	2 12(2301)	ὃν]
	2 12(2302)	: ὁ x*
באת	2 12(2401)	ἦλθες]
	2 12(2402)	: εἰσήλθες 16
ל/חסות =ל/עשׂות	2 12(2501)	πεποιθέναι]
	2 12(2502)	: πεποίθυια 1
תחת	2 12(2601)	ὑπὸ]
	2 12(2602)	: ἐπὶ cn
כנפ/יו	2 12(2701)	τὰς] > nq
	2 12(2800)	πτέρυγας
	2 12(2900)	αὐτοῦ
	2 12(3000)	.
	2 13(0100)	+<et OE OL
ו/תאמר	2 13(0201)	ἡ]
	2 13(0202)	: illa OL
	2 13(0301)	~ δὲ] > OE(et) OL(et)
	2 13(0400)	εἶπεν
	2 13(0500)	+ ei OE
	2 13(0600)	+ ruth OE
אמצא	2 13(0701)	Εὕροιμι]
	2 13(0702)	: εὕρομεν 1(μεν sup ras 4 litt)
	2 13(0703)	: inueni OA OC OE
	2 13(0704)	: si inueni OL
חן	2 13(0800)	χάριν
ב/עינ/יך	2 13(0900)	ἐν
	2 13(1000)	ὀφθαλμοῖς
	2 13(1100)	σου
	2 13(1200)	,
אדנ/י	2 13(1300)	κύριε
	2 13(1400)	+ μου Abhptvx OS
	2 13(1500)	,
כי	2 13(1601)	ὅτι] > b2(>3)
נחמת/ני	2 13(1701)	παρεκάλεσάς] > b2(>3)
	2 13(1801)	με] > b2(>3)
	2 13(1900)	+ , (B-M)
ו/כי	2 13(2001)	καὶ] > OL
	2 13(2100)	ὅτι
דברת	2 13(2201)	ἐλάλησας]
	2 13(2202)	: εἶπας ptv
על	2 13(2301)	ἐπὶ]
	2 13(2302)	: εἰς u OA(vid) OL(vid) OS
	2 13(2400)	+<τὴν b'cghilnoprtuvwb2e2

לב	2 13(2501)	καρδίαν]
	2 13(2502)	: καρδίας k
שפחת/ך	2 13(2601)	τῆς] > OC(c)
	2 13(2701)	δούλης] > OC(c)
	2 13(2801)	σου]
	2 13(2802)	: meam OC(c)
	2 13(2900)	,
/ו= {...}	2 13(3000)	καὶ
	2 13(3100)	+ ἐγὼ a2(~)
הנה/= +--	2 13(3201)	ἰδοὺ] > MNhimrub2 OA OL
ו/אנכי	2 13(0000)	{...καὶ}
	2 13(3301)	ἐγὼ] > OC(c) a2(~)
	2 13(3400)	+ εἰμὶ MNh*imrub2
	2 13(3500)	+<οὐκ b
לא	2 13(0000)	---
אהיה	2 13(3601)	ἔσομαι] > x
	2 13(3602)	: ἐσώμαι n
	2 13(3603)	: sum OL
	2 13(3604)	: ἐσώμε c
	2 13(3700)	+ σοι c OC(mt) OE
כ/אחת	2 13(3800)	ὡς
	2 13(3900)	μία
שפחת/יך	2 13(4000)	τῶν
	2 13(4101)	παιδισκῶν]
	2 13(4102)	: παιδαρίων l
	2 13(4200)	σου
	2 13(4300)	.
ו/יאמר	2 14(0100)	καὶ
	2 14(0200)	εἶπεν
ל/ה	2 14(0300)	αὐτῇ
בעז	2 14(0401)	Βοος ABNach*mu OA OE]
	2 14(0402)	: Βοοζ Mbdefgh(b?)ijklopqrstvwx a2b2e2
	2 14(0403)	: booz OL
	2 14(0404)	: Βοωζ n
	2 14(0405)	: boes OC
ל/עת	2 14(0501)	Ἤδη] > bgiklmnoptvwe2 OL (~)Nfh*rub2(~)
	2 14(0502)	: ecce OA OS
	2 14(0503)	: ubi fuit OE
	2 14(0600)	+<τῇ Nbfgh*iklmnoprtuvwb2e2
	2 14(0700)	+ δὴ (~)Nfh*rub2(~)
	2 14(0800)	ὥρᾳ
ה/אכל	2 14(0900)	τοῦ
	2 14(1000)	φαγεῖν
	2 14(1100)	+ , (B-M)
גשי	2 14(1201)	πρόσελθε] > OC(c)(>4)
	2 14(1202)	: advenies OL
	2 14(1300)	+ δή qtv
	2 14(1400)	+ ad me OL
הלם	2 14(1501)	ὧδε] > (~)defjs(~) b2 OC(c)(>4)
ו/אכלת	2 14(1601)	καὶ] > OC(c)(>4)
	2 14(1701)	φάγεσαι] > OC(c)(>4)
	2 14(1702)	: φαγῇ glnowe2

2 14(1800) + ὧδε (~)defjs(~)
מן ה/לחם 2 14(1901) τῶν] > 70 128
2 14(1902) : τὸν bdegjklnoptve2
2 14(2001) ἄρτων]
2 14(2002) : ἄρτον bdegjklnoptve2 70 OL
2 14(2100) + μου glnopqtvwe2
2 14(2200) + , (B-M)
ו/טבלת 2 14(2301) καὶ] > OL(>4)
2 14(2401) βάψεις] > OL(>4)
פת/ך 2 14(2501) τὸν] > OL(>4)
2 14(2601) ψωμόν] > OL(>4)
2 14(2602) : ζωμόν p
2 14(2701) σου] > c
ב/חמץ 2 14(2800) ἐν
2 14(2900) τῷ
2 14(3000) ὄξει
2 14(3100) + καὶ f(+16)
2 14(3200) + ἔσται f(+16)
2 14(3300) + ἐάν f(+16)
2 14(3400) + διψήσῃς f(+16)
2 14(3500) + καὶ f(+16)
2 14(3600) + πορεύσει f(+16)
2 14(3700) + εἰς f(+16)
2 14(3800) + τὰ f(+16)
2 14(3900) + σκεύη f(+16)
2 14(4000) + καὶ f(+16)
2 14(4100) + πίεσε f(+16)
2 14(4200) + ὅθεν f(+16)
2 14(4300) + ἂν f(+16)
2 14(4400) + ὑδρεύονται f(+16)
2 14(4500) + τὰ f(+16)
2 14(4600) + παιδάρια f(+16)
2 14(4700) .
ו/תשׁב 2 14(4800) καὶ
2 14(4900) ἐκάθισεν
=:רות +-- 2 14(5001) Ρουθ] > OL
מ/צד 2 14(5100) ἐκ
2 14(5200) πλαγίων
ה/קוצרים 2 14(5300) τῶν
2 14(5400) θεριζόντων
2 14(5501) ,] · B-M
ו/יצבט 2 14(5600) καὶ
2 14(5701) ἐβούνισεν]
2 14(5702) : ἐφώνησεν n
2 14(5703) : dedit OL
ל/ה 2 14(5801) αὐτῇ]
2 14(5802) : αὐτήν n
=:בעז +-- 2 14(5901) Βοος ABNach*lmu OA OE] > OL
2 14(5902) : Βοοζ Mbdefgh(b?)ijkopqrstvwxa2b2 e2
2 14(5903) : Βοωζ n
2 14(5904) : boes OC
2 14(6000) +<ὁ n
קלי 2 14(6101) ἄλφιτον]

	2 14(6102)	: ἄλφιτος n
	2 14(6103)	: φρυκτά 'a'(?)(b)
	2 14(6200)	,
ו/תאכל	2 14(6300)	καὶ
	2 14(6400)	ἔφαγεν
ו/תשׂבע	2 14(6500)	καὶ
	2 14(6600)	ἐνεπλήσθη
ו/תתר	2 14(6701)	καὶ] > e OL
	2 14(6801)	κατέλιπεν] > e OL
	2 14(6802)	: κατέλειπεν Abghimnrua2b2
	2 14(6901)	.] , (B-M)
ו/תקם	2 15(0100)	καὶ
	2 15(0200)	ἀνέστη
ל/לקט	2 15(0300)	τοῦ
	2 15(0400)	συλλέγειν
	2 15(0501)	,] . (B-M)
ו/יצו	2 15(0600)	καὶ
	2 15(0700)	ἐνετείλατο
בעז	2 15(0801)	Βοος BNach*mu OA OE]
	2 15(0802)	: Βοοζ AMbdefgh(b?)ijklopqrstvw
		xa2b2e2
	2 15(0803)	: booz OL
	2 15(0804)	: Βοωζ n
	2 15(0805)	: boes OC
את נער/יו	2 15(0901)	τοῖς]
	2 15(0902)	: τῷ h
	2 15(1001)	παιδαρίοις]
	2 15(1002)	: παιδαρίῳ h
	2 15(1100)	αὐτοῦ
ל/אמר	2 15(1201)	λέγων] > b2
גם	2 15(1301)	Καίγε] > k OC OE OL
בין	2 15(1401)	ἀνὰ]
	2 15(1402)	: παρὰ tv
	2 15(1501)	μέσον]
	2 15(1502)	: μεσῶν v
ה/עמרים	2 15(1600)	τῶν
	2 15(1701)	δραγμάτων]
	2 15(1702)	: δραχμάτων h*b2
	2 15(1703)	: διδραγμάτων d
	2 15(1704)	: [inter] manuatores OL
	2 15(1705)	: puerorum OS
תלקט	2 15(1800)	συλλεγέτω
	2 15(1900)	,
ו/לא	2 15(2000)	καὶ
	2 15(2100)	μὴ
תכלימו/ה	2 15(2201)	καταισχύνητε]
	2 15(2202)	: καταισχύνετε bcgln
	2 15(2300)	αὐτήν
	2 15(2400)	·
ו/גם	2 16(0101)	καὶ] > abx-OS(>4)
	2 16(0000)	{d} {...καίγε}
שׁל	2 16(0201)	βαστάζοντες] > abx-OS(>4)
		OE(? portate)
	2 16(0202)	: βαστάζοντα n

2 16(0203) : βαστάσοντες h
2 16(0204) : βαστάξοντες 241
2 16(0205) : βασταξάντες u
2 16(0000) {d} {...παραβάλλοντες}
חשלו 2 16(0301) βαστάξατε] > abx-OS(>4)
2 16(0302) : βαστάξετε tv
2 16(0303) : βαστάσατε MNikmquwa2b2
2 16(0304) : βαστάσετε h
2 16(0305) : portate OE
2 16(0000) {d} {...παραβαλεῖτε}
ל/ה 2 16(0401) αὐτῇ Begptu OC(vid) OL] > abx-
OS(>4) MNhikmqrb2 OA OE(?)
2 16(0402) : αὐτήν Acdfjlnosvwa2e2
2 16(0000) {d} {...αὐτῇ}
{...} 2 16(0501) καίγε] > OL(>4) OE
2 16(0502) : καὶ gklnowa2e2 OA OC
{...} 2 16(0601) παραβάλλοντες] > Nglnoswe2 OL(>4) OE(
2 16(0602) : παραβάλοντες m
2 16(0603) : παρεμβάλλοντες hptv
2 16(0604) : παραλάβοντες q
{...} 2 16(0701) παραβαλεῖτε] > OL(>4) OE(?)
2 16(0702) : παραβαλλεῖτε f
2 16(0703) : παρεμβαλεῖτε hptv
2 16(0704) : σωρεύσατε glnowe2
{...} 2 16(0801) αὐτῇ] > OL(>4)
2 16(0802) : αὐτήν cfjo
מן 2 16(0901) ἐκ]
2 16(0902) : ἐν 70
ה/צבתים 2 16(1001) τῶν]
2 16(1002) : τῷ 70
2 16(1100) βεβουνισμένων
2 16(1201) ,] · (B-M)
ו/עזבתם 2 16(1300) καὶ
2 16(1401) ἄφετε AMNabdefhijkmqrsuxb2 OA OE(c)
OS] > Bca2 OC OL(?)
2 16(1402) : ἀφήσετε gnoptvwe2 (74~)
2 16(1403) : ἀφήσητε l
2 16(1404) : colligat sibi OE(f)
2 16(1405) : sinite OL
2 16(1501) +:αὐτήν MNbdefghijklmnopqrstuvwxb2
e2 OA OE(c) OS
2 16(1502) :+αὐτῇ a (74~)
2 16(1600) + καὶ MNdefhijkmpqrstuvwb2 74 OA
OE(c,f)
2 16(1700) + φάγεται BMNcdefhijkmpqrstuva2b2
OA OC OE(c,f)
2 16(1800) + ἀφήσετε 74(~)
2 16(1900) + αὐτῇ 74(~)
ו/לקטה 2 16(2001) καὶ] > OL
2 16(2101) συλλέξει]
2 16(2102) : συλλέξῃ np
2 16(2103) : colligat OL
2 16(2200) ,
ו/לא 2 16(2300) καὶ

	2 16(2400)	οὐκ
תגערו	2 16(2501)	ἐπιτιμήσετε]
	2 16(2502)	: ἐπιτιμήσεται AM*bchi (vid)noa2b2
	2 16(2503)	: ἐπιτίσετε w(a? vid)
	2 16(2504)	: imperabitis OL
ב/ה	2 16(2601)	αὐτῇ]
	2 16(2602)	: αὐτήν bemqa2
	2 16(2700)	.
ו/תלקט	2 17(0100)	καὶ
	2 17(0201)	συνέλεξεν]
	2 17(0202)	: συλλέξει b
	2 17(0300)	+ Ρουθ glnoptvwe2
ב/שׂדה	2 17(0401)	ἐν] > l
	2 17(0500)	τῷ
	2 17(0600)	ἀγρῷ
עד	2 17(0701)	ἕως] > n
ה/ערב	2 17(0800)	ἑσπέρας
	2 17(0900)	·
ו/תחבט	2 17(1000)	καὶ
	2 17(1101)	ἐρράβδισεν]
	2 17(1102)	: ἐράβδισεν ABMNacdeghijklmnopqrs tuvwxa2b2e2
	2 17(1103)	: ἐράβδισαν f
	2 17(1104)	: ἐράβησεν b
	2 17(1200)	+<ἐξ a2
את אשׁר	2 17(1300)	ἃ
לקטה	2 17(1401)	συνέλεξεν]
	2 17(1402)	: σύνεξε t*
	2 17(1500)	,
ו/יהי	2 17(1601)	καὶ] > d(>19)
	2 17(1701)	ἐγενήθη] > d(>19)
כ/איפה	2 17(1801)	ὡς] > d(>19) b2 OA
	2 17(1802)	: cum OL
	2 17(1901)	οιφι]> d(>19)
	2 17(1902)	: υφι im
	2 17(1903)	: υφη l (ἰφὴ l*)
	2 17(1904)	: consummasset OL
	2 17(1905)	: אופי OS
שׂערים	2 17(2001)	κριθῶν] > d(>19)
	2 17(2002)	: ordiarium OL
	2 17(2100)	.
ו/תשׂא	2 18(0101)	καὶ] > d(>19)
	2 18(0201)	ἦρεν] > d(>19)
ו/תבוא	2 18(0301)	καὶ] > d(>19)
	2 18(0401)	εἰσῆλθεν] > d(>19)
ה/עיר	2 18(0501)	εἰς] > d(>19)
	2 18(0502)	: ἐν q
	2 18(0601)	τὴν] > d(>19)
	2 18(0602)	: τῇ q
	2 18(0701)	πόλιν] > d(>19)
	2 18(0702)	: πόλει q
	2 18(0800)	,
ו/תרא	2 18(0901)	καὶ] > d(>19) OL(?)

	2 18(1001)	εἶδεν (vidit OL)] > d(>19)
	2 18(1100)	+ au(te)m OL(δὲ)
	2 18(1200)	+ καὶ 18
חמות/ה	2 18(1301)	ἡ] > d(>19)
	2 18(1401)	πενθερὰ] > d(>19)
	2 18(1501)	αὐτῆς] > d(>19)
את אשׁר	2 18(1601)	ἃ] > d(>19)
לקטה	2 18(1701)	συνέλεξεν] > d(>19)
	2 18(1800)	+ et OL
	2 18(1900)	+ factum OL
	2 18(2000)	+ est OL
	2 18(2100)	+ cum OL
	2 18(2200)	+ consummasset OL
	2 18(2300)	+ ordiarium OL
	2 18(2401)	,] · (B-M)
ו/תוצא	2 18(2500)	καὶ
	2 18(2601)	ἐξενέγκασα]
	2 18(2602)	: ἐξενεγκοῦσα j
	2 18(2603)	: ἐνέγκασα x OE
	2 18(2604)	: afferens OL
רות:= +--	2 18(2701)	Ρουθ (OS sub @)] > OL
ו/תתן	2 18(2801)	ἔδωκεν]
	2 18(2802)	: δέδωκεν 64
ל/ה	2 18(2901)	αὐτῇ] > e
	2 18(2902)	: τῇ glnptvw
	2 18(2903)	: τὴν oe2
	2 18(3001)	+:πενθερᾷ glnptvw
	2 18(3002)	:+πενθερὰν oe2
	2 18(3100)	+ αὐτῆς glnoptvwe2
את אשׁר	2 18(3200)	ἃ
הותרה	2 18(3301)	κατέλιπεν]
	2 18(3302)	: κατέλειπεν AMNcghimnqrsua2b2
	2 18(3400)	+ τοῦ glnoptvwe2
	2 18(3500)	+ φαγεῖν glnoptvwe2
מ/שׂבע/ה	2 18(3601)	ἐξ]
	2 18(3602)	: ἀφ' '?'(k)
	2 18(3700)	ὧν '?'(k)
	2 18(3800)	ἐνεπλήσθη
	2 18(3900)	.
ו/תאמר	2 19(0100)	καὶ
	2 19(0200)	εἶπεν
ל/ה	2 19(0301)	αὐτῇ] > 237
חמות/ה	2 19(0401)	ἡ] > 71(>3)
	2 19(0501)	πενθερὰ] > 71(>3)
	2 19(0601)	αὐτῆς] > 71(>3)
איפה	2 19(0700)	Ποῦ
לקטת	2 19(0800)	συνέλεξας
ה/יום	2 19(0900)	σήμερον
ו/אנ/ה	2 19(1000)	καὶ
	2 19(1100)	ποῦ
	2 19(1200)	+ τὸ glnoptvwe2
	2 19(1300)	+ ἔργον glnoptvwe2
	2 19(1400)	+ τοῦτο glnoptvwe2
עשׂית	2 19(1501)	ἐποίησας]

2 19(1502) : fuisti OA OL
2 19(1600) + σήμερον a2
2 19(1700) ;
יהי 2 19(1801) εἴη] > OL(>5)
מכיר/ך 2 19(1901) ὁ] > OL(>5)
2 19(1902) : ἡ 1
2 19(2000) + δὲ 1
2 19(2101) ἐπιγνούς] > OL(>5)
2 19(2102) : ἐπιγνοῦσα 1(+ras (1))
2 19(2201) σε] > OL(>5)
2 19(2202) : σοι 1(οι ex corr)
2 19(2300) + εἶπεν 1
ברוך 2 19(2401) εὐλογημένος] > OL(>5)
2 19(2500) + ὅτι ghklnoptvwe2 Thdt (+9)
2 19(2601) +:ἐχόρτασεν ghlnoptvwe2 Thdt (+9)
2 19(2602) :+ἐχόρτασε k(+9)
2 19(2700) + ψυχὴν ghklnoptvwe2 Thdt (+9)
2 19(2801) +:κενὴν ghkloptvwe2 Thdt (+9)
2 19(2802) :+καινὴν n(+9)
2 19(2900) + καθὼς ghlnoptvwe2 Thdt (+9)
2 19(3000) + ἐποίησεν ghlnoptvwe2 Thdt (+9)
2 19(3100) + μεθ' ghnoptvwe2 (+9)
2 19(3200) + οὗ ghnoptvwe2 (+9)
2 19(3300) + ἐποίησεν ghnoptvwe2 (+9)
2 19(3400) .
ו/תגד 2 19(3500) καὶ
2 19(3601) ἀπήγγειλεν]
2 19(3602) : ἀνήγγειλεν Bb2
2 19(3603) : ἐποίησε e
--+ =:רות 2 19(3701) Ρουθ] > OL
ל/חמות/ה 2 19(3801) τῇ]
2 19(3802) : αὐτῇ 71
2 19(3803) : τὴν oe2
2 19(3804) : ὅτι q*
2 19(3901) πενθερᾷ] > 71
2 19(3902) : πενθερὰν oe2
2 19(4001) αὐτῆς] >71
את אשׁר 2 19(4101) ποῦ]
2 19(4102) : qu(a)e OL
עשׂתה 2 19(4201) ἐποίησεν]
2 19(4202) : fuit OA
2 19(4300) ,
עמ/ו 2 19(0000) ---
ו/תאמר 2 19(4401) καὶ [καὶ-(3.7) κοιμηθῆναι mutila in Δ(10)]
2 19(4501) εἶπεν] > 16(~)
שׁם 2 19(4601) Τὸ] > OC
2 19(4701) ὄνομα] > OC
2 19(4800) + εἶπεν 16(~)
ה/אישׁ 2 19(4901) τοῦ] > OC
2 19(5001) ἀνδρός]
2 19(5002) : vir OC
2 19(5101) ,] > (B-M)
אשׁר {...עמ/ו} 2 19(5201) μεθ'] > a

2 19(5300) οὗ
עשׂיתי 2 19(5401) ἐποίησα]
2 19(5402) : ἐποίησε w
2 19(5403) : ἐποίησας 70
2 19(5404) : fuit OA
עמ/ו 2 19(0000) {...}
2 19(5500) + μετ' bcx
2 19(5600) + αὐτοῦ bcx
ה/יום 2 19(5701) σήμερον] > 16
2 19(5801) ,] > (B-M)
בעז 2 19(5901) Βοος ABNach*mub2 OA OE]
2 19(5902) : Βοοζ MΔ(10)bdefgh(b?)ijklopqr stvwxa2e2
2 19(5903) : booz OL
2 19(5904) : Βοωζ n
2 19(5905) : boes OC
2 19(6000) .
ו/תאמר 2 20(0101) καὶ] > MNΔ(10)(vid)dehijkmpqrstu vb2 OL
2 20(0200) εἶπεν
2 20(0300) + δὲ MNΔ(10)(vid)dehijkmpqrstuv b2 OL
נעמי 2 20(0401) Νωεμιν (R)]
2 20(0402) : Νωεμει x OL
2 20(0403) : Νωεμειν B
2 20(0404) : noemi OC
2 20(0405) : Νοεμει c
2 20(0406) : Νοεμην l
2 20(0407) : Νοεμμει ab'
2 20(0408) : Νοεμμειν Δ(10)gh(b?)optvwe2
2 20(0409) : Νοεμμην n
2 20(0410) : Νοομει b
2 20(0411) : Νοομμειν AMNdefh*ijkmqrsua2b2
2 20(0412) : noomin OA
2 20(0500) +<πρὸς Δ(10)(vid)
ל/כלת/ה 2 20(0601) τῇ] > 71(>3)
2 20(0602) : τὴν Δ(10)(vid)
2 20(0603) : ἡ h*
2 20(0701) νύμφῃ] > i 71(>3)
2 20(0702) : νύμφην Δ(10)(vid)
2 20(0800) + Ρουθ i
2 20(0901) αὐτῆς] > i 71(>3)
ברוך 2 20(1001) Εὐλογητός]
2 20(1002) : εὐλογόμενος c
הוא 2 20(1101) ἐστιν]
2 20(1102) : ἔσται af
ל/יהוה 2 20(1200) τῷ
2 20(1301) κυρίῳ]
2 20(1302) : d(omi)n(u)s OL
2 20(1400) ,
אשׁר 2 20(1501) ὅτι]
2 20(1502) : καί 30
2 20(1503) : qui OL
לא 2 20(1600) οὐκ

עזב	2 20(1701)	ἐγκατέλιπεν B(b) (ενκ- B* (+) (B-M))]
	2 20(1702)	: ἐγκατέλειπεν AMΔ(10)(vid) dbcghmn(εκκ-)qrsua2b2e2
חסד/ו	2 20(1801)	τὸ]
	2 20(1802)	: τὸν gptvwe2
	2 20(1901)	ἔλεος]
	2 20(1902)	: ἔλεον gloptvwe2
	2 20(2000)	αὐτοῦ
את	2 20(2100)	μετὰ
ה/חיים	2 20(2200)	τῶν
	2 20(2300)	ζώντων
ו/את	2 20(2401)	καὶ] > 70
	2 20(2500)	μετὰ
ה/מתים	2 20(2600)	τῶν
	2 20(2701)	τεθνηκότων]
	2 20(2702)	: τεθνεότων 30
	2 20(2800)	.
ו/תאמר	2 20(2900)	καὶ
	2 20(3000)	εἶπεν
ל/ה	2 20(3101)	αὐτῇ]
	2 20(3102)	: ad eum OL
	2 20(3200)	+<τῇ n
נעמי	2 20(3301)	Νωεμιν (R)]
	2 20(3302)	: Νωεμει x OL
	2 20(3303)	: Νωεμειν B
	2 20(3304)	: Ν...μει c
	2 20(3305)	: Νοεμειν o OC
	2 20(3306)	: Νοεμην l(a?)
	2 20(3307)	: Νοεμμει ab'
	2 20(3308)	: Νοεμμειν Δ(10vid)gptvwe2
	2 20(3309)	: Νοεμμην l*n
	2 20(3310)	: Νοομει b
	2 20(3311)	: Νοομειν fm OA
	2 20(3312)	: Νοομμειν AMNdehijkqrsua2b2
קרוב	2 20(3401)	Ἐγγίζει] > h
	2 20(3402)	: ἐγγίζῃ bn
ל/נו	2 20(3501)	ἡμῖν] > h
	2 20(3502)	: ὑμῖν w
ה/איש	2 20(3601)	ὁ]
	2 20(3701)	ἀνὴρ] > OL
	2 20(3800)	,
	2 20(3900)	+ hoc est OL(~?)
מ/גאל/נו	2 20(4000)	ἐκ
	2 20(4100)	τῶν
	2 20(4200)	ἀγχιστευόντων
	2 20(4301)	ἡμᾶς]
	2 20(4302)	: ἡμῖν MNΔ(10)adefhijkmpqrs tuvwa2b2 Thdt
	2 20(4303)	: ἡμῶν l
הוא	2 20(4401)	ἐστιν] > OL(~?)
	2 20(4500)	.
ו/תאמר	2 21(0100)	καὶ
	2 21(0200)	εἶπεν
רות	2 21(0300)	Ρουθ

ה/מואביה	2 21(0000)	---
+-- =אל	2 21(0401)	πρὸς] > 71(>4)
+-- =חמות/ה	2 21(0501)	τὴν] > 71(>4)
	2 21(0601)	πενθερὰν] > 71(>4)
	2 21(0701)	αὐτῆς] > 71(>4)
גם	2 21(0801)	Καίγε] > OA(?verum est) OE OL
	2 21(0802)	: καὶ dglonptvwe2 Thdt
	2 21(0803)	: enim OC
	2 21(0900)	+<τὶ dgloptvwe2
כי	2 21(1001)	ὅτι] > cdkma2b2 OA OC OL
	2 21(1002)	: ἔτι ejs
אמר	2 21(1100)	εἶπεν
אל/י	2 21(1201)	πρός] > glnowe2 OL Thdt
	2 21(1301)	με] > glnowe2 Thdt
	2 21(1302)	: mici OL
	2 21(1303)	: ἐμε cx
	2 21(1400)	+ booz OL
עם	2 21(1500)	Μετὰ
ה/נערים	2 21(1600)	τῶν
	2 21(1701)	παιδαρίων]
	2 21(1702)	: κορασίων MNΔ(10)(vid)adehijkm pqrtuvb2 OA OE OL Thdt
אשר ל/י	2 21(1801)	μου] > ka2
	2 21(1802)	: ἐμῶν AMNΔ(10)abchimpqrtuvxb2
	2 21(1900)	+<καὶ l
תדבקין	2 21(2001)	προσκολλήθητι]
	2 21(2002)	: κολλήθητι B Thdt
	2 21(2101)	,] > (B-M)
עד	2 21(2200)	ἕως
אם	2 21(2300)	ἂν
כלו	2 21(2401)	τελέσωσιν]
	2 21(2402)	: συντελέσωσιν ea2
	2 21(2403)	: τέλος σῶση f
את כל	2 21(2501)	ὅλον] > b OA (~)defjs(~)
ה/קציר	2 21(2600)	τὸν
	2 21(2701)	ἀμητόν]
	2 21(2702)	: ἀγρὸν l
	2 21(2800)	+ ὅλον (~)defjs(~)
	2 21(2901)	,] > (B-M)
אשר	2 21(3001)	ὅς]
	2 21(3002)	: ὅσος dej
	2 21(3003)	: τόν glnoptvwe2 Thdt
	2 21(3100)	+ ἂν dj
ל/י	2 21(3201)	ὑπάρχει]
	2 21(3202)	: ὑπάρχοντα glnoptvwe2 Thdt
	2 21(3203)	: ὑπάρχη bchj
	2 21(3300)	μοι
	2 21(3400)	.
ו/תאמר	2 22(0100)	καὶ
	2 22(0200)	εἶπεν
נעמי	2 22(0301)	Νωεμιν (R)]
	2 22(0302)	: Νωεμει cx OL
	2 22(0303)	: Νωεμειν B

	2 22(0304)	: noemin OC
	2 22(0305)	: Νοεμην l
	2 22(0306)	: Νοεμμει ab'
	2 22(0307)	: Νοεμμειν Δ(10vid)gh(b?)optvwe2
	2 22(0308)	: Νοεμμην n
	2 22(0309)	: Νοομει b
	2 22(0310)	: Νοομειν f OA
	2 22(0311)	: Νοομμει A
	2 22(0312)	: Νοομμειν MNdeh*ijkmqrsua2b2
אל	2 22(0400)	πρὸς
	2 22(0500)	+<τήν n
רות	2 22(0601)	Ρουθ] > OL
כלת/ה	2 22(0701)	τὴν]
	2 22(0702)	: τῇ l
	2 22(0801)	νύμφην]
	2 22(0802)	: νύμφῃ l
	2 22(0900)	αὐτῆς
טוב	2 22(1000)	Ἀγαθόν
	2 22(1100)	+ est OL
	2 22(1200)	+ tibi OL
	2 22(1300)	,
בת/י	2 22(1401)	θύγατερ]
	2 22(1402)	: θυγάτηρ ABlowe2
	2 22(1500)	,
כי	2 22(1600)	ὅτι
תצאי	2 22(1701)	ἐπορεύθης] > 16
	2 22(1702)	: ἐξῆλθες MNΔ(10)hikmqrub2 OA-codd OL
	2 22(1703)	: εὑρέθῃς f
	2 22(1704)	: fuisti OA-ed
עם	2 22(1800)	μετὰ
נערות/יו	2 22(1900)	τῶν
	2 22(2000)	κορασίων
	2 22(2100)	αὐτοῦ
	2 22(2200)	,
ו/לא	2 22(2301)	καὶ] > defjs
	2 22(2401)	οὐκ]
	2 22(2402)	: οὐ glnowe2
יפגעו	2 22(2501)	ἀπαντήσονταί]
	2 22(2502)	: συναντήσουσίν glnowe2
	2 22(2503)	: ἀπατήσονταί e
	2 22(2504)	: occurrit OL
ב/ך	2 22(2601)	σοι] > l*e2
ב/שׂדה	2 22(2700)	ἐν
	2 22(2800)	ἀγρῷ
	2 22(2900)	+ ὡς N
אחר	2 22(3001)	ἑτέρῳ]
	2 22(3002)	: ἕτεροι w
	2 22(3100)	.
ו/תדבק	2 23(0100)	καὶ
	2 23(0201)	προσεκολλήθη]
	2 23(0202)	: adiunxisti OL
	2 23(0300)	+<ἡ m
רות:= +--	2 23(0401)	Ρουθ]

2 23(0402) : te OL
ב/נערות 2 23(0500) τοῖς
2 23(0600) κορασίοις
2 23(0700) +<τοῦ Δ(10)defhijkmpqrstuvb2
בעז 2 23(0801) Βοος ABNac]
2 23(0802) : Βοοζ ΜΔ(10)bdefgh(b?)ijklmopq rstuvwxa2b2e2
2 23(0803) : booz OL
2 23(0804) : Βοωζ n
2 23(0805) : boes OC
2 23(0900) +<τοῦ ΜΝΔ(10)defhijkmpqrstuvb2
ל/לקט 2 23(1001) συλλέγειν]
2 23(1002) : λέγειν n*
עד 2 23(1101) ἕως]
2 23(1102) : usque OL
כלות =v 2 23(1201) οὗ] > ba2
2 23(1202) : dum OL
2 23(1203) : τοῦ ΜΝΔ(10)defijkmqrsuxb2 OA
2 23(1301) συνετέλεσεν ABacx]
2 23(1302) : συντέλεσαν glnoptvwe2 OC
2 23(1303) : τέλεσαι MNb2
2 23(1304) : συντέλεσαι Δ(10)bdefhijkmqrsua2 OA(vid)
2 23(1305) : consument OL
קציר 2 23(1400) τὸν
2 23(1501) θερισμὸν]
2 23(1502) : ἀριθμὸν l
ה/שערים 2 23(1600) τῶν
2 23(1700) κριθῶν
ו/קציר 2 23(1801) καὶ] > f
2 23(1901) +:τόν Abkx OA OS(sub &)
2 23(1902) :+τῶν c
2 23(2000) + θερισμὸν Abckx OA OL OS(sub &)
ה/חטים 2 23(2100) τῶν
2 23(2200) πυρῶν
2 23(2300) .
ו/תשב 2 23(2401) καὶ] > OL(>6)
2 23(2501) ἐκάθισεν] > OL(>6)
את 2 23(2601) μετὰ] > OL(>6)
חמות/ה 2 23(2701) τῆς] > OL(>6)
2 23(2702) : τήν n*oe2
2 23(2801) πενθερᾶς] > OL(>6)
2 23(2802) : πενθεράν oe2
2 23(2901) αὐτῆς] > OL(>6)
2 23(3000) .
3 01(0100) +<καὶ glnowe2
ו/תאמר 3 01(0200) Εἶπεν
3 01(0301) ~ δὲ] > glnowe2
ל/ה 3 01(0401) αὐτῇ] > Acm OE 18(~)
3 01(0402) : αὐτήν b'
3 01(0403) : τῇ glnoptvwe2
3 01(0500) + Ρουθ lnoptvwe2
נעמי 3 01(0601) Νωεμιν (R)] > p
3 01(0602) : Νωεμει cx OL

3 01(0603) : Νωεμειν B
3 01(0604) : noemin OC OE(c)
3 01(0605) : Νοεμην l
3 01(0606) : Νοεμμει ab'
3 01(0607) : Νοεμμειν gh(b?)otvwe2
3 01(0608) : Νοεμμιν 18
3 01(0609) : Νοεμμην n
3 01(0610) : Νοομει b
3 01(0611) : Νοομειν f OA
3 01(0612) : Νοομμει A
3 01(0613) : Νοομμειν MNdeh*ijkmqrsua2b2
3 01(0614) : Νοομμιν 241
3 01(0700) + ruth OE(c)
3 01(0801) +:τῇ A 241
3 01(0802) :+αὐτῇ 18(~)
3 01(0900) + νύμφῃ A 241 OE(c)(nurui)
3 01(1000) + αὐτῆς A 241 OE(c)
חמות/ה 3 01(1101) ἡ] > Akp-OE(c)(>3)
3 01(1201) πενθερὰ] > Akp-OE(c)(>3)
3 01(1301) αὐτῆς] > Akp-OE(c)(>3)
3 01(1400) + πρός c
3 01(1500) + αὐτῇ c
3 01(1600) +<νῦν ptv
בת/י 3 01(1701) Θύγατερ] > o
3 01(1702) : Θυγάτηρ ABfh*lwe2
3 01(1800) + μου ax OC
3 01(1900) ,
3 01(2000) +<νῦν glnotvwe2
3 01(2100) + ἐγώ glnoptvwe2
ה/לא 3 01(2201) οὐ] > ax OA
3 01(2301) μὴ] > OA
אבקשׁ 3 01(2401) ζητήσω]
3 01(2402) : εὕρω A
ל/ך 3 01(2501) σοι] > f
3 01(2600) +<εἰς p
מנוח 3 01(2700) ἀνάπαυσιν
3 01(2801) ,] > (B-M)
אשׁר 3 01(2900) ἵνα
ייטב 3 01(3000) εὖ
3 01(3100) + σοι (~)glon(σι)we2-OL(~)
3 01(3201) γένηταί]
3 01(3202) : γένοιται n
3 01(3203) : γένοιτο k
ל/ך 3 01(3301) σοι] > (~)glonwe2-OL(~)
3 01(3400) ;
ו/עתה 3 02(0101) καὶ] > OC
3 02(0200) + ἰδού glnoptvwe2 (~OC) (~OS)
3 02(0301) νῦν] > glnowe2
ה/לא 3 02(0401) οὐχὶ] > glnowe2
3 02(0402) : οὐχ abcx
3 02(0403) : igitur [οὖν] OC
3 02(0500) + ecce [ἰδού] (~)OC-OS(~)
3 02(0600) +<ὁ abcx
בעז 3 02(0701) Βοος ABNkmua2b2]

	3 02(0702)	: Βοοζ Macbdefgijlnopqrstvwxe2
	3 02(0703)	: booz OL
	3 02(0704)	: Βωος h*
	3 02(0705)	: Βωοζ h(b?)
	3 02(0706)	: boes OC
מדעת/נו	3 02(0801)	γνώριμος]
	3 02(0802)	: cognatus OL
	3 02(0901)	ἡμῶν] > a2
	3 02(0902)	: ἡμῖν ghklmnopqrtvwb2e2 OS
	3 02(0903)	: nobis OL
	3 02(1000)	+ est OL
	3 02(1100)	,
אשר	3 02(1201)	οὗ] > o*
	3 02(1202)	: aput quem OL
היית	3 02(1301)	ἧς]
	3 02(1302)	: ἦσθα glnoptvwe2
	3 02(1303)	: essem OL
את	3 02(1400)	μετὰ
נערות/יו	3 02(1500)	τῶν
	3 02(1600)	κορασίων
	3 02(1700)	αὐτοῦ
	3 02(1800)	;
	3 02(1900)	+<καί glnoptvwe2 OC OL
	3 02(2000)	+ νῦν glnoptvwe2
הנה	3 02(2101)	ἰδοὺ] > 16(~)
הוא	3 02(2201)	αὐτὸς] > 76
	3 02(2300)	+ ἰδοὺ 16(~)
זרה	3 02(2401)	λικμᾷ]
	3 02(2402)	: λίκμαται c
	3 02(2403)	: συντίθησιν MNhik(txt)mpqrtuvb2
	3 02(2404)	: commobet OL
את גרן	3 02(2501)	τὸν]
	3 02(2502)	: τὴν glnoptvwe2
	3 02(2600)	ἅλωνα
	3 02(2700)	+ αὐτοῦ foe2
ה/שׂערים	3 02(2800)	τῶν
	3 02(2900)	κριθῶν
	3 02(3000)	+<καὶ b
ה/לילה	3 02(3100)	ταύτῃ
	3 02(3200)	τῇ
	3 02(3300)	νυκτί
	3 02(3400)	.
	3 03(0100)	+<καί MNfhimpqrtvb2
ו/רחצת	3 03(0201)	σὺ] > MNhimqrb2 OL
	3 03(0301)	~ δὲ] > MNbhimpqrtvb2 OL
	3 03(0401)	λούσῃ]
	3 03(0402)	: labare OL
	3 03(0403)	: lauare OS
	3 03(0404)	: δουλεύσῃ b
ו/סכת	3 03(0500)	καὶ
	3 03(0601)	ἀλείψῃ]
	3 03(0602)	: unquere OS
	3 03(0603)	: ἀπόνιψῃ l
	3 03(0700)	+ καὶ glnoptvwe2

3 03(0800) + χρίσῃ glnoptvwe2
3 03(0900) + μύρον glnoptvwe2
ו/שמת 3 03(1000) καὶ
3 03(1101) περιθήσεις]
3 03(1102) : περιθήσῃς d
3 03(1103) : περιθήσει Ahmnoe2
3 03(1104) : περιθήσῃ MNgiklpqrtuvwx*(vid)
3 03(1105) : ἐπιθήσεις a2
3 03(1106) : ἐπιθήσῃ b2
3 03(1107) : indue OL
*שמלת/ך **שמלת/יך 3 03(1200) τὸν
3 03(1300) ἱματισμόν
3 03(1401) σου] > Δ(10)(vid)
3 03(1402) : μου 71
על/יך 3 03(1500) ἐπὶ
3 03(1601) σεαυτῇ]
3 03(1602) : σε B
3 03(1603) : σεαυτῷ g
3 03(1604) : σεαυτήν MNΔ(10)(vid)k
3 03(1700) + , (B-M)
*ו/ירדתי **ו/ירדת 3 03(1800) καὶ
3 03(1901) ἀναβήσῃ]
3 03(1902) : ἀνάβηθι b
3 03(1903) : uade OE
3 03(1904) : descende OL
ה/גרן 3 03(2001) ἐπὶ]
3 03(2002) : εἰς a2 OA(vid) OS
3 03(2003) : ad OE OL
3 03(2101) τὸν]
3 03(2102) : τὴν Δ(10)bglnoptwe2
3 03(2201) ἅλω]
3 03(2202) : ἅλωνα Δ(10)cdfghklmnoptuvwa2e2
3 03(2203) : λαόν q
3 03(2300) ·
3 03(2400) +<καὶ ptv OA OE OL
אל 3 03(2500) μὴ
תודעי 3 03(2600) γνωρισθῇς
ל/איש 3 03(2700) τῷ
3 03(2801) ἀνδρὶ] > OL
עד 3 03(2900) ἕως
3 03(3001) οὗ] > MNΔ(10)defghijklmno
pqrstuvwxa2b2e2
3 03(3100) +<τοῦ MNΔ(10)defghijklmnopqrstu
vwxa2b2e2
כלת/ו 3 03(3201) συντελέσαι]
3 03(3202) : συντέλεσας c
3 03(3203) : συντέλεσεν 70
3 03(3301) αὐτὸν]
3 03(3302) : αὐτῷ b
3 03(3400) +<τοῦ MNΔ(10)defhijklmqrsub2
ל/אכל ~ =ל/שתות 3 03(3501) πιεῖν]
3 03(3502) : ποιεῖν b'o
3 03(3503) : φαγεῖν (~)AMNΔ(10)abcdefghijk
mnpqrstuvxa2b2-OA-OC-OE-OS(~)

3 03(3504) : manducans OL(~)
~ ו/ל/שׁתות = ו/ל/אכל 3 03(3600) καὶ
3 03(3700) +<τοῦ Δ(10)
3 03(3801) φαγεῖν]
3 03(3802) : φάγην b'
3 03(3803) : πιεῖν (~)AMNΔ(10)abcdefghijkm npqrstuvxa2b2-OA-OC-OE-OS(~)
3 03(3804) : bibens OL(~)
3 03(3900) ·
ו/יהי 3 04(0100) καὶ
3 04(0201) ἔσται] > OC OE
ב/שׁכב/ו 3 04(0301) ἐν ..]
3 04(0401) τῷ]
3 04(0402) : ὅταν 30
3 04(0500) κοιμηθῆναι
3 04(0600) αὐτόν
3 04(0700) + τοῦ j(+4)
3 04(0800) + φαγεῖν j(+4)
3 04(0900) + καὶ j(+4)
3 04(1000) + πιεῖν j(+4)
3 04(1101) ,] > (B-M)
ו/ידעת 3 04(1201) καὶ] > k OA OC OE OL
3 04(1300) γνώσῃ
את ה/מקום 3 04(1400) τὸν
3 04(1500) τόπον
3 04(1601) ,] > (B-M)
אשׁר 3 04(1701) ὅπου Bsxa2]
3 04(1702) : ποῦ abcglnoptvwe2
3 04(1703) : οὗ AMNΔ(10)(vid)defij kmqrub2
3 04(1704) : ἐν ᾧ h OL
ישׁכב 3 04(1801) κοιμᾶται]
3 04(1802) : κοῖμα d
שׁם 3 04(1901) ἐκεῖ] > k OA(vid)
3 04(1902) : ibis OL
3 04(2000) ,
ו/באת 3 04(2100) καὶ
3 04(2201) ἐλεύσῃ]
3 04(2202) : εἰσελεύσῃ 16
ו/גלית 3 04(2300) καὶ
3 04(2401) ἀποκαλύψεις]
3 04(2402) : ἀποκαλύψῃς cgv
3 04(2403) : ἀποκαλύψῃ i
3 04(2404) : operies OL
3 04(2500) + te OL
מרגלת/יו 3 04(2601) τὰ]
3 04(2602) : τὸ Δ(10)
3 04(2701) πρὸς]
3 04(2702) : πρὸ w
3 04(2703) : περὶ Thdt
3 04(2800) ποδῶν
3 04(2900) αὐτοῦ
* ו/שׁכבתי ** ו/שׁכבת 3 04(3000) καὶ
3 04(3100) κοιμηθήσῃ

	3 04(3200)	,
ו/הוא	3 04(3300)	καὶ
	3 04(3400)	αὐτὸς
יגיד	3 04(3501)	ἀπαγγελεῖ]
	3 04(3502)	: ἀπαγγελῇ bgh
	3 04(3503)	: ἀπαγγειλῇ w
	3 04(3504)	: ἀναγγελεῖ me2
	3 04(3505)	: ἀναγέλῃ o
ל/ך	3 04(3600)	σοι
את אשר	3 04(3700)	ἃ
תעשין	3 04(3801)	ποιήσεις]
	3 04(3802)	: ποιεῖς Δ(10)(vid)
	3 04(3803)	: facias OL
	3 04(3900)	.
	3 05(0100)	+<καὶ 18
ו/תאמר	3 05(0200)	εἶπεν
	3 05(0301)	~ δὲ] > 18
=:רות --+	3 05(0401)	Ρουθ] > (~)OA-OL(~)
אל/יה	3 05(0500)	πρὸς
	3 05(0601)	αὐτήν]
	3 05(0602)	: αὐτῇ b
	3 05(0603)	: αὐτόν o*
	3 05(0700)	+ Ρουθ (~)OA-OL(~)
כל	3 05(0800)	Πάντα
	3 05(0901)	,] > (B-M)
אשר	3 05(1000)	ὅσα
	3 05(1101)	ἐὰν ABacfkxb2]
	3 05(1102)	: ἂν MNΔ(10)bdeghijlmnopqrs tuvwa2e2
תאמרי	3 05(1200)	εἴπῃς
z* **אל/י	3 05(0000)	---
	3 05(1300)	+ πρός bcx
	3 05(1401)	+:με bcx
	3 05(1402)	:+μοι Δ(10)fhipqrtv OL OS
	3 05(1403)	:+mihi OA OC OE
	3 05(1501)	,] > (B-M)
אעשה	3 05(1600)	ποιήσω
	3 05(1700)	.
ו/תרד	3 06(0101)	καὶ] > OL(>5)
	3 06(0201)	κατέβη] > OL(>5)
	3 06(0300)	+ Ρουθ glnoptvwe2
ה/גרן	3 06(0401)	εἰς] > OL(>5)
	3 06(0501)	τὸν] > OL(>5)
	3 06(0502)	: τὴν b'glnoptvwe2
	3 06(0601)	ἅλω] > OL(>5)
	3 06(0602)	: ἅλωνα Δ(10)(vid)cghlmnoprtv wa2e2
	3 06(0700)	+ , (B-M)
ו/תעש	3 06(0800)	καὶ
	3 06(0900)	ἐποίησεν
כ/כל	3 06(1001)	κατὰ]
	3 06(1002)	: τὰ 74 76
	3 06(1100)	πάντα
	3 06(1201)	,] > (B-M)

אשר 3 06(1300) ὅσα
צותה 3 06(1401) ἐνετείλατο]
3 06(1402) : εἶπεν u
+-- =;ל/ה 3 06(1501) αὐτῇ] > OL
3 06(1502) : αὐτήν oe2
חמות/ה 3 06(1600) ἡ
3 06(1700) πενθερὰ
3 06(1800) αὐτῆς
3 06(1900) .
ו/יאכל 3 07(0100) καὶ
3 07(0200) ἔφαγεν
בעז 3 07(0301) Βοος ABNach*mu OA OE(f) OS(sub &)]
> OE(c)(~)
3 07(0302) : Βοοζ MΔ(10vid)bdefgh(b?)ijklo
pqrstvwxa2b2e2
3 07(0303) : Βοωζ n
3 07(0304) : boes OC
ו/ישׁת 3 07(0000) ---
3 07(0400) + καὶ AMNΔ(10)(vid)abcdefhijkmp
qrstuvxb2 OA OC OE(c) OL
OS(sub &)
3 07(0500) +:ἔπιεν AMNΔ(10)(vid)a(a?)b'cde
fhijkmpqrstuvxb2 OA OC OE(c) OL
OS(sub &)
3 07(0502) :+εἶπεν a*b
3 07(0600) + boos OE(c)(~)
3 07(0701) ,] > (B-M)
ו/ייטב 3 07(0800) καὶ
3 07(0900) ἠγαθύνθη
לב/ו 3 07(1000) ἡ
3 07(1100) καρδία
3 07(1200) αὐτοῦ
3 07(1300) ,
ו/יבא 3 07(1400) καὶ
3 07(1501) ἦλθεν]
3 07(1502) : εἴσελθε 16
3 07(1503) : habiit OL
3 07(1600) + καὶ x OE
3 07(1700) +<τοῦ MNdefhijkmpqrstuvb2
ל/שׁכב 3 07(1801) κοιμηθῆναι]
3 07(1802) : ἐκοιμήθη x OE
3 07(1803) : dormiuit OA(ed)
ב/קצה 3 07(1900) ἐν
3 07(2000) +<τῇ c
3 07(2101) μερίδι]
3 07(2102) : μέρει km
ה/ערמה 3 07(2200) τῆς
3 07(2300) στοιβῆς
3 07(2400) ·
3 07(2500) +<καὶ glnoptvwe2 OE OL
ו/תבא 3 07(2601) ἡ] > glnoptvwe2 77(>9)
3 07(2602) : ipsa OC
3 07(2603) : illa OL
3 07(2701) ~ δὲ] > glnoptvwe2 77(>9) OE

	3 07(2801)	ἦλθεν] > 77(>9)
	3 07(2802)	: ἦλθε glnoptvwe2
	3 07(2900)	+ Ρουθ glnoptvwe2 OC
	3 07(3000)	+<ἐν gkmnq
ב/לט	3 07(3101)	κρυφῇ] > 77(>9) 16(~)
	3 07(3102)	: κρυβῇ A
ו/תגל	3 07(3201)	καὶ] > 77(>9)
	3 07(3301)	ἀπεκάλυψεν] > 77(>9)
	3 07(3302)	: ἐπεκάλυψε ope2
	3 07(3303)	: cooperuit OL
	3 07(3400)	+ κρυφῇ 16(~)
מרגלת/יו	3 07(3501)	τὰ] > 77(>9)
	3 07(3600)	+ se OL
	3 07(3701)	πρὸς] > 77(>9)
	3 07(3801)	ποδῶν] > 77(>9)
	3 07(3900)	αὐτοῦ
ו/תשכב	3 07(0000)	---
	3 07(4000)	+ καὶ AMNabcdefghijklmnopqrstuvwx b2e2 OA OC OE OL OS(sub &)
	3 07(4101)	+:ἐκάθευδεν Abcx
	3 07(4102)	:+ἐκοιμήθη MNadefghijklmnopqrstuv wa2b2e2 OA OC OE OL OS(sub &)
	3 07(4200)	+ ἐκεῖ defjs
	3 07(4300)	+ ad OL
	3 07(4400)	+ pedes OL
	3 07(4500)	+ ejus OL
	3 07(4600)	.
	3 08(0100)	+<καὶ ga2 OL
ו/יהי	3 08(0200)	ἐγένετο
	3 08(0301)	~ δὲ] > a2 OL
ב/חצי ה/לילה	3 08(0400)	ἐν
	3 08(0500)	τῷ
	3 08(0600)	μεσονυκτίῳ
ו/יחרד	3 08(0701)	καὶ] > k OA OC OE OL
	3 08(0801)	ἐξέστη]
	3 08(0802)	: ἐξανέστη Agmn
	3 08(0803)	: ἀνέστη 70
	3 08(0804)	: expergefactus expabit OL
ה/איש	3 08(0900)	ὁ
	3 08(1001)	ἀνὴρ]
	3 08(1002)	: booz OL
ו/ילפת	3 08(1100)	καὶ
	3 08(1200)	ἐταράχθη
	3 08(1300)	,
ו/הנה	3 08(1401)	καὶ]
	3 08(1402)	: ὅτι w
	3 08(1500)	ἰδοὺ
אשה	3 08(1600)	γυνὴ
שכבת	3 08(1701)	κοιμᾶται] > r OE(vid)
	3 08(1702)	: ἐκοίματο ikmqb2 OA OL
מרגלת/יו	3 08(1800)	πρὸς
	3 08(1900)	ποδῶν
	3 08(2000)	αὐτοῦ
	3 08(2100)	.

	3 09(0100)	+<καὶ glnoptvwe2 OL
ו/יאמר	3 09(0201)	εἶπεν]
	3 09(0301)	~ δέ] > glnoptvwe2 OL
	3 09(0400)	+ αὐτῇ glnoptvwe2 OA-codd OC OE OL
	3 09(0500)	+ σύ 74-76(~)
מי	3 09(0601)	Τίς]
את	3 09(0700)	εἶ
	3 09(0801)	σύ] 74-76(~)
	3 09(0900)	;
	3 09(1000)	+<καὶ km OA OE OL
ו/תאמר	3 09(1101)	ἡ] > km OA OE
	3 09(1102)	: εἶ q
	3 09(1103)	: illa OL
	3 09(1201)	~ δὲ] > km OA OE OL
	3 09(1300)	εἶπεν
אנכי	3 09(1400)	Ἐγώ
	3 09(1500)	εἰμι
	3 09(1600)	+<ἡ c
רות	3 09(1700)	Ρουθ
אמת/ך	3 09(1800)	ἡ
	3 09(1900)	δούλη
	3 09(2000)	σου
	3 09(2100)	,
ו/פרשׂת	3 09(2200)	καὶ
	3 09(2301)	περιβαλεῖς]
	3 09(2302)	: περιβαλλεῖς fo
	3 09(2303)	: cooperi OL
כנפ/ך	3 09(2400)	τὸ
	3 09(2501)	πτερύγιόν]
	3 09(2502)	: clamidem OL
	3 09(2601)	σου] > c
על	3 09(2700)	ἐπὶ
אמת/ך	3 09(2800)	τὴν
	3 09(2900)	δούλην
	3 09(3000)	σου
	3 09(3100)	,
כי	3 09(3200)	ὅτι
	3 09(3300)	+ σύ (~)glnowe2(~)
גאל	3 09(3401)	ἀγχιστεὺς]
	3 09(3402)	: ἀγχιστεύεις glnowe2
	3 09(3403)	: ἀγχιστεύει B*cs
	3 09(3404)	: ἀγχιστευτής a
	3 09(3405)	: ἀγχιστευῶν q
	3 09(3500)	+ meus OA-codd
אתה	3 09(3601)	εἶ] > B*cglnoswe2
	3 09(3701)	σύ] > (~)glnowe2(~)
	3 09(3800)	.
ו/יאמר	3 10(0100)	καὶ
	3 10(0200)	εἶπεν
	3 10(0300)	+ ei OC OE
בעז:= +--	3 10(0401)	Βοος ABNach*mu OA] > OC
	3 10(0402)	: Βοοζ Mbdefgh(b?)ijklopqrstvwxa2 b2e2

3 10(0403) : booz OL
3 10(0404) : Βοωζ n
ברוכה 3 10(0500) Εὐλογημένη
את 3 10(0601) σὺ] > h
3 10(0602) : σοὶ be2
ל/יהוה 3 10(0701) τῷ] > prtv
3 10(0702) : ἐν a2
3 10(0703) : a OL
3 10(0801) κυρίῳ] > b2
3 10(0802) : d(omi)no OL
3 10(0900) + τῷ eprtva2
+-- 3 10(1001) θεῷ] > Aabcglmnowxe2 OC OE OL OS
3 10(1100) + σου hptv
3 10(1200) ,
בת/י 3 10(1300) θύγατερ
3 10(1400) ,
+-- 3 10(1500) ὅτι
היטבת 3 10(1600) ἠγάθυνας
3 10(1700) + σου (~)Au(~)
חסד/ך 3 10(1801) τὸ]
3 10(1802) : τὸν glnoptvwe2 Thdt
3 10(1901) ἔλεός]
3 10(1902) : ἔλεόν glnoptvwe2 Thdt
3 10(1903) : ἔλαιόν A
3 10(2001) σου (OS sub @)] > (~)Au(~)
ה/אחרון 3 10(2101) τὸ] > h
3 10(2102) : τὸν glnoptvwe2 Thdt
3 10(2200) ἔσχατον
מן 3 10(2301) ὑπὲρ] > n
ה/ראשון 3 10(2401) τὸ] > n 71
3 10(2402) : τὸν goptvwe2 Thdt
3 10(2501) πρῶτον] > n 71
3 10(2502) : πρότερον a2
3 10(2600) ,
ל/בלתי 3 10(2701) τὸ]
3 10(2702) : τοῦ adefghi(a?)jklmnopqrtvwa2 71 Thdt
3 10(2801) μὴ] > b'q 71 OL
לכת 3 10(2901) πορευθῆναί]
3 10(3001) σε] > B*oe2 OL
3 10(3002) : με f
אחרי 3 10(3100) ὀπίσω
ה/בחורים 3 10(3201) νεανιῶν]
3 10(3202) : νεανιδῶν fm OE(f)
3 10(3203) : νεανισκῶν Thdt
3 10(3300) + ἑτέρων h
3 10(3400) ,
אם 3 10(3501) εἴτοι ABbdejsx]
3 10(3502) : εἴτε MNhikmqrua2b2
3 10(3503) : εἴτι c
3 10(3504) : ἤτοι aglnoptve2 Thdt
3 10(3505) : ἤτε f
3 10(3506) : ἤτις w
3 10(3507) : sive OE OL

דל	3	10(3601)	πτωχὸς]
	3	10(3602)	: πτωχῶν Thdt
	3	10(3603)	: pauperes OA OE OL
ו/אם	3	10(3701)	εἴτοι ABbdejsx]
	3	10(3702)	: εἴτε MNhikmqrua2b2
	3	10(3703)	: εἴτι c
	3	10(3704)	: ἤτοι aloptvwe2 Thdt
	3	10(3705)	: ἤτε f
	3	10(3706)	: ἤ gn
	3	10(3707)	: sive OA OE OL
עשיר	3	10(3801)	πλούσιος]
	3	10(3802)	: πλουσίων Thdt
	3	10(3803)	: divites OA OE OL
	3	10(3900)	.
ו/עתה	3	11(0100)	καὶ
	3	11(0200)	νῦν
	3	11(0300)	,
בת/י	3	11(0401)	θύγατερ]
	3	11(0402)	: θυγάτηρ l
	3	11(0500)	,
אל	3	11(0600)	μὴ
תיראי	3	11(0700)	φοβοῦ
	3	11(0800)	·
	3	11(0900)	+<ego OL
כל	3	11(1000)	πάντα
	3	11(1101)	,] > (B-M)
אשר	3	11(1200)	ὅσα
	3	11(1301)	ἐὰν]
	3	11(1302)	: ἄν Nbdeghjlmnopsuwe2 Thdt
תאמרי	3	11(1400)	εἴπῃς
	3	11(1500)	+ πρός bckx
	3	11(1601)	+:με bckx
	3	11(1602)	:+μοι df
	3	11(1603)	:+mihi OA
	3	11(1701)	,] > (B-M)
אעשה	3	11(1800)	ποιήσω
ל/ך	3	11(1901)	σοι] > OC
	3	11(2000)	·
כי	3	11(0000)	{...}
יודע	3	11(2101)	οἶδεν]
	3	11(2102)	: εἶδεν b'op
{..~כי}	3	11(2200)	γὰρ
כל	3	11(2300)	πᾶσα
	3	11(2400)	+<ἡ MNb2
שער	3	11(2501)	φυλὴ]
	3	11(2502)	: γυνὴ h(a)
	3	11(2503)	: συναγωγὴ h*
	3	11(2600)	+<τοῦ Thdt
עמ/י	3	11(2700)	λαοῦ
	3	11(2801)	μου] > a OC
כי	3	11(2900)	ὅτι
	3	11(3000)	+<ἡ N
אשת	3	11(3100)	γυνὴ
	3	11(3200)	+ γὰρ n

חיל 3 11(3301) δυνάμεως]
3 11(3302) : εὔπορι. '?'(b)
את 3 11(3401) εἶ]
3 11(3402) : εὖ b'
3 11(3500) σύ
3 11(3601) ,] .
ו/עתה 3 12(0100) καὶ
3 12(0000) ---
כי 3 12(0201) ὅτι] > MNh*ikmqrb2 OA OL
3 12(0300) + νῦν MNfh*ikmqrb2 OL
3 12(0400) + ὁ MNh*iqrb2
3 12(0500) + ἀγχιστεὺς OL
3 12(0600) + ἐγώ (~)gn(~)
אמנם 3 12(0701) ἀληθῶς] > 74 76 70(~) OE OL(~)
3 12(0702) : ἀλήθες 16
3 12(0703) : uere [sum] OA
3 12(0800) + sum OA(~)
3 12(0900) + ego OA(~)
z** כי *אם 3 12(0000) ---
גאל 3 12(1001) ἀγχιστεὺς]
3 12(1002) : ἀγχιστευῶν u
3 12(1003) : consanguineus OA
3 12(1100) + ἀληθῶς OL(~)
3 12(1200) + εἰμι (~)ba2(~)
אנכי 3 12(1301) ἐγώ] > (~)gn(~) OA(~)
3 12(1401) εἰμι] > (~)ba2(~) OA(~)
3 12(1500) + tuus OA
3 12(1600) + ἀληθῶς 70(~)
3 12(1701) ,] · (B-M)
ו/גם 3 12(1801) καίγε]
3 12(1802) : καὶ hkmw
3 12(1900) + εἰ k
3 12(2000) + ὅτι w
3 12(2100) + quod OS
3 12(2200) + sed OL
ישׁ 3 12(2301) ἔστιν] > 16(~) 71
3 12(2302) : ἔσται o
3 12(2400) + alius OL
גאל 3 12(2501) ἀγχιστεὺς] > w
3 12(2600) + ἔστιν 16(~)
3 12(2700) + σοι l
קרוב 3 12(2801) ἐγγίων]
3 12(2802) : ἐγγίζων m
3 12(2803) : γείων l
מ/מנ/י 3 12(2900) ὑπὲρ
3 12(3001) ἐμέ]
3 12(3002) : ἐμοῦ a2
3 12(3100) .
ליני 3 13(0100) αὐλίσθητι
ה/לילה 3 13(0201) τὴν] > 16
3 13(0202) : hanc OA OE OS
3 13(0203) : hac OL
3 13(0301) νύκτα] > 16
3 13(0302) : noctem OA OE OS

	3	13(0303)	: nocte OL
	3	13(0400)	+ hanc OC
	3	13(0500)	+ dum OC
	3	13(0600)	+ mane [πρωί] OC
	3	13(0700)	+ fiat OC
	3	13(0800)	,
ו/היה	3	13(0900)	καὶ
	3	13(1000)	ἔσται
ב/בקר	3	13(1101)	τὸ] > dej
	3	13(1102)	: τῷ acgnb2
	3	13(1200)	πρωί
	3	13(1300)	,
	3	13(1400)	+<et OS
אם	3	13(1500)	ἐὰν
יגאל/ך	3	13(1601)	ἀγχιστεύσῃ]
	3	13(1602)	: ἀγχιστεύσῃς f
	3	13(1603)	: ἀγχιστεύσηται b'h*
	3	13(1604)	: adpropinquans OL
	3	13(1701)	σε] > b'h* OE OL
	3	13(1702)	: σοι ptv
	3	13(1800)	+ adpropinquare OL
	3	13(1900)	+ voluerit OL
	3	13(2000)	,
	3	13(2100)	+<εἷς 236
טוב	3	13(2201)	ἀγαθόν] > OA(~) OL
	3	13(2300)	,
יגאל	3	13(2401)	ἀγχιστευέτω]
	3	13(2402)	: ἀγχιστεύω gn
	3	13(2403)	: ἀγχιστευσάτω 70
	3	13(2404)	: ἀχιστευσάτωσαν 128
	3	13(2405)	: consanguineus OA
	3	13(2500)	+ bonum OA(~)
	3	13(2600)	+ est OA
	3	13(2700)	·
ו/אם	3	13(2801)	ἐὰν]
	3	13(2802)	: εἰ h
	3	13(2900)	~ δὲ
לא	3	13(3000)	μὴ
יחפץ	3	13(3101)	βούληται]
	3	13(3102)	: βούλεται h
	3	13(3103)	: βούλοιτο 74
ל/גאל/ך	3	13(3200)	ἀγχιστεῦσαί
	3	13(3301)	σε] > OE OL
	3	13(3302)	: σοι 76
	3	13(3400)	,
ו/גאלתי/ך	3	13(3501)	ἀγχιστεύσω]
	3	13(3502)	: ἀγχιστεύω cdev
	3	13(3503)	: ego adpropinquabo OL(~)
	3	13(3601)	σε] > OL
	3	13(3602)	: σοι v
אנכי	3	13(3700)	ἐγώ
	3	13(3800)	,
חי	3	13(3900)	ζῇ
יהוה	3	13(4000)	κύριος

3 13(4100) + , (B-M)
3 13(4200) + σὺ B
3 13(4300) + εἶ B
3 13(4400) + κύριος B
3 13(4500) ·
3 13(4600) +<καὶ u
שׁכבי 3 13(4700) κοιμήθητι
3 13(4800) + μετ' h
3 13(4900) + ἐμοῦ h
עד 3 13(5000) ἕως
3 13(5101) +:τὸ MNdeijkmprstuv
3 13(5102) :+τῷ fqb2
ה/בקר 3 13(5200) πρωί
3 13(5300) .
ו/תשׁכב 3 14(0101) καὶ] > OA-codd(>7)
3 14(0201) ἐκοιμήθη] > OA-codd(>7)
3 14(0300) + Ρουθ glnoptvwe2
3 14(0400) + ἕως (~)ah-OL(~)
3 14(0500) + πρωί (~)ah-OL(~)
*מרגלת/ו **מרגלת/יו 3 14(0601) πρὸς] > OA-codd(>7)
3 14(0701) ποδῶν] > OA-codd(>7)
3 14(0801) αὐτοῦ] > OA-codd(>7)
3 14(0802) : ἑαυτοῦ a2
עד 3 14(0901) ἕως] > OA-codd(>7) (~)ah-OL(~)
3 14(1000) +<τὸ 77
ה/בקר 3 14(1101) πρωί] > OA-codd(>7) (~)ah-OL(~)
3 14(1201) .] · B-M
ו/תקם 3 14(1301) ἡ] > glnoptvwe2 OA OE OL
3 14(1401) ~ δὲ]
3 14(1402) : καὶ glnoptvwe2 OA OE OL
3 14(1500) ἀνέστη
3 14(1601) +:τὸ adejrs
3 14(1602) :+τῷ f
3 14(1700) + πρωί adefijqrs
ב/טרם 3 14(1801) πρὸ] > qs
יכיר 3 14(1900) τοῦ
3 14(2000) ἐπιγνῶναι
אישׁ 3 14(2100) ἄνδρα
את רע/הו 3 14(2201) τὸν]
3 14(2202) : τῷ f
3 14(2300) πλησίον
3 14(2400) αὐτοῦ
3 14(2500) ·
ו/יאמר 3 14(2600) καὶ
3 14(2700) εἶπεν
3 14(2800) + αὐτῇ k
בעז:= +-- 3 14(2901) Βοος ABNah*mu OA OE] > bx
3 14(2902) : Βοοζ Mcdefgh(b?)ijklopqrstvwa2b2e2
3 14(2903) : <u>booz</u> OL
3 14(2904) : Βοωζ n
3 14(2905) : <u>boes</u> OC
3 14(3000) + αὐτῇ bcx
אל 3 14(3100) Μὴ
יודע 3 14(3200) γνωσθήτω

כי	3 14(3300)	ὅτι
באה	3 14(3401)	ἦλθεν]
	3 14(3402)	: ἐλήλυθεν defhijkmqrsub2
ה/אשה	3 14(3500)	γυνὴ
	3 14(3600)	+ <u>ad</u> OA OL
	3 14(3700)	+ <u>me</u> OA OL
ה/גרן	3 14(3801)	εἰς] > OL
	3 14(3802)	: πρὸς b'
	3 14(3901)	τὸν] > OL
	3 14(3902)	: τὴν Bfglnoe2
	3 14(4001)	ἅλωνα] > OL
	3 14(4002)	: ἅλω Aabdefijqrsub2
	3 14(4100)	.
ו/יאמר	3 15(0101)	καὶ] > OA(>3)
	3 15(0201)	εἶπεν] > OA(>3)
ל/ה =; +--	3 15(0301)	αὐτῇ] > OA(>3) OL
	3 15(0302)	: τῇ glnowe2
	3 15(0400)	+ Ρουθ glnowe2
	3 15(0500)	+ Βοος c
הבי	3 15(0601)	Φέρε]
	3 15(0602)	: φέρετε 70
ה/מטפחת	3 15(0700)	τὸ
	3 15(0801)	περίζωμα]
	3 15(0802)	: περίζωσμα efjk*mu
	3 15(0803)	: σινδόνιον 's'(<u>b</u>)
	3 15(0900)	+ σου k*k(a?)ma2 OL
אשר	3 15(1001)	τὸ] > a2
על/יך	3 15(1101)	ἐπάνω] > a2
	3 15(1201)	σου] > ma2
ו/אחזי	3 15(0000)	---
	3 15(1300)	+ καὶ MNdefhijkmoqrsub2 77 209 237 OA OC OL
	3 15(1401)	+:κράτησον MNdefhi(-σε)jkmqrsub2 77 209 237 OA OC OL
	3 15(1402)	:+ἐκράτησεν o
ב/ה	3 15(0000)	---
	3 15(1500)	+ αὐτὸ MNdefhijkmoqrsub2 OC OL
	3 15(1600)	.
	3 15(1700)	+<ἡ MNhikmqrsb2 OA OC
ו/תאחז	3 15(1801)	καὶ] > MNfhikmqrsub2 OA OC
	3 15(1900)	+ δὲ MNhikmqrsb2 OA OC
	3 15(2001)	ἐκράτησεν] > fu
ב/ה	3 15(2101)	αὐτό] > fu
	3 15(2102)	: αὐτῷ cq
	3 15(2103)	: αὐτόν ia2
	3 15(2201)	,] > (B-M)
ו/ימד	3 15(2300)	καὶ
	3 15(2401)	ἐμέτρησεν (.μετ- y)(+ ras (8) q)]
שׁשׁ	3 15(2500)	ἓξ
שׂערים	3 15(2600)	κριθῶν
ו/ישת	3 15(2700)	καὶ
	3 15(2801)	ἐπέθηκεν]
	3 15(2802)	: ὑπέθηκε r
על/יה	3 15(2900)	ἐπ'

3 15(3001) αὐτήν]
3 15(3002) : αὐτῇ b'a2
3 15(3100) ·
ו/יבא 3 15(3200) καὶ
3 15(3300) εἰσῆλθεν
3 15(3400) + Ρουθ loe2
3 15(3500) + Βοοζ w
ה/עיר 3 15(3601) εἰς] > y(>3)
3 15(3701) τὴν] > y(>3)
3 15(3801) πόλιν] > y(>3)
3 15(3900) .
ו/רות := +-- 3 16(0101) καὶ] > OL
3 16(0200) Ρουθ (OS sub @)
3 16(0300) + autem [δὲ] OL
ו/תבוא =באה 3 16(0000) {...καὶ}
3 16(0400) εἰσῆλθεν
3 16(0500) + in OL
3 16(0600) + domum OL
אל 3 16(0701) πρὸς]
3 16(0702) : εἰς 76
חמות/ה 3 16(0800) τὴν
3 16(0900) πενθερὰν
3 16(1000) αὐτῆς
3 16(1100) ·
ו/תאמר 3 16(1201) ἡ] > n OE (> w to 4.12 ταύτης)
3 16(1301) ~ δὲ]
3 16(1302) : καὶ n OE OL
3 16(1400) + αὐτῇ B OE
3 16(1500) εἶπεν
מי 3 16(1601) Τίς Aacgloxe2 OC OS] > B
3 16(1602) : τί MNbdefhijkmnpqrstuva2b2 OA OL
3 16(1603) : quid [hoc] OE
את 3 16(1701) εἶ Aacgloxe2 OC OS] > Bbna2 OE
3 16(1702) : ἔστιν MNdefhij(k~)mpqrstuvb2 OA OL
3 16(1703) : hoc OE
3 16(1801) +:σοι b'kna2
3 16(1802) :+συ bgloe2
3 16(1900) + ἔστιν k(~)
3 16(2001) ,] > (B-M)
בת/י 3 16(2101) θύγατερ]
3 16(2102) : θυγάτηρ Alm
3 16(2200) ·
ו/תגד 3 16(2300) καὶ
3 16(2401) εἶπεν]
3 16(2402) : ἀπήγγειλεν MNhikmpqrtuvyb2 OA OE OL
3 16(2403) : ἀνήγγειλεν 76
3 16(2404) : ἀνάγγειλεν 74
3 16(2500) + ei OC
3 16(2600) + ego OC
3 16(2700) + ruth OC
3 16(2800) +<et OC
3 16(2900) + annuntiauit OC
ל/ה 3 16(3000) αὐτῇ
3 16(3100) + Ρουθ glnoptve2

את כל	3 16(3201)	πάντα] > 30
	3 16(3202)	: συμπάντα ab(συν-)c(συν-)
	3 16(3301)	,] > (B-M)
אשׂר	3 16(3400)	ὅσα
עשׂה	3 16(3501)	ἐποίησεν]
	3 16(3502)	: εἶπεν a2
ל/ה	3 16(3601)	αὐτῇ] > a OL f(~)
ה/איש	3 16(3701)	ὁ] > 128
	3 16(3800)	ἀνήρ
	3 16(3900)	+ αὐτῇ f(~)
	3 16(4000)	.
ו/תאמר	3 17(0101)	καὶ] > f(>3)
	3 17(0201)	εἶπεν] > f(>3)a2
ל/ה;= +--	3 17(0301)	αὐτῇ] > f(>3) abkx OS
	3 17(0302)	: ὅτι a2
שׂשׂ	3 17(0401)	Τὰ] > OL(>4)
	3 17(0501)	ἓξ] > OL(>4)
	3 17(0502)	: ἐκ k
ה/שׂערים	3 17(0601)	τῶν] > l OL(>4)
	3 17(0701)	κριθῶν] > OL(>4)
ה/אלה	3 17(0800)	ταῦτα
נתן	3 17(0901)	ἔδωκέν]
	3 17(0902)	: δέδωκε ptv
ל/י	3 17(1000)	μοι
	3 17(1100)	,
כי	3 17(1201)	ὅτι]
	3 17(1202)	: et OA
אמר	3 17(1300)	εἶπεν
z* **אל/י	3 17(1401)	πρός] > OA
	3 17(1501)	με] > OA
	3 17(1502)	: ἐμέ ax(a)
אל	3 17(1600)	Μὴ
תבואי	3 17(1700)	εἰσέλθῃς
	3 17(1800)	+ [non introibis] a OL
	3 17(1900)	+ me OL
ריקם	3 17(2001)	κενὴ]
	3 17(2002)	: καινὴ b'ny
אל	3 17(2101)	πρὸς]
	3 17(2102)	: εἰς o
חמות/ך	3 17(2200)	τὴν
	3 17(2300)	πενθεράν
	3 17(2400)	σου
	3 17(2500)	.
ו/תאמר	3 18(0101)	ἡ] > chm OE
	3 18(0201)	~ δὲ] > chm OE
	3 18(0202)	: [dixit] au(te)m OL
	3 18(0300)	+<καὶ chm OE
	3 18(0400)	εἶπεν
	3 18(0500)	+ noemi OL
	3 18(0601)	+:πρός 71 OC OE
	3 18(0602)	:+ad OL
	3 18(0701)	+:αὐτὴν 71 OC OE
	3 18(0702)	:+αὐτῇ h
	3 18(0703)	:+ruth OL

	3 18(0800)	+ ἡ hm
	3 18(0900)	+ πενθερὰ hm
	3 18(1000)	+ αὐτῆς hm
שׁבי	3 18(1101)	Κάθου]
	3 18(1102)	: κάθισον MNdefhijkmqrsuyb2
	3 18(1200)	,
בת/י	3 18(1301)	θύγατερ]
	3 18(1302)	: θυγάτηρ lo
	3 18(1303)	: tu OA
	3 18(1400)	,
עד	3 18(1500)	ἕως
אשׁר	3 18(1600)	τοῦ
תדעין	3 18(1701)	ἐπιγνῶναί]
	3 18(1702)	: ἐπιγνῶσαι o
	3 18(1800)	σε
איך	3 18(1901)	πῶς]
	3 18(1902)	: πα spat (3-4) f
	3 18(1903)	: ποῦ b2
	3 18(1904)	: quoniam OC
+--	3 18(2001)	οὐ (see f)] > glnoptve2 OL
	3 18(2002)	: σου b2
יפל	3 18(2101)	πεσεῖται]
	3 18(2102)	: cadat OL
	3 18(2103)	: ἔσται gnotve2
	3 18(2104)	: ἔστι lp
	3 18(2200)	+<τὸ MNadefhijlmnopqrstuvyb2e2
דבר	3 18(2301)	ῥῆμα]
	3 18(2302)	: vox OE
	3 18(2400)	+ mea OE
	3 18(2500)	+ τοῦτο lnoptve2
	3 18(2600)	·
{...}	3 18(2700)	οὐ
כי	3 18(2800)	γὰρ
לא	3 18(0000)	{..~οὐ}
	3 18(2900)	μὴ
ישׁקט	3 18(3001)	ἡσυχάσῃ]
	3 18(3002)	: ἡσυχάσει AMNnyb2
ה/אישׁ	3 18(3100)	ὁ
	3 18(3200)	ἀνήρ
	3 18(3301)	,] > (B-M)
כי אם	3 18(3400)	ἕως
	3 18(3501)	ἂν] > OL
	3 18(3502)	: οὐ dehja2
	3 18(3503)	: οὔτε 77
	3 18(3504)	: τοῦ ptv
כלה	3 18(3601)	τελέσῃ]
	3 18(3602)	: producat OL
	3 18(3603)	: τέλεσθει 77
	3 18(3604)	: τέλεσαι d(vid)
	3 18(3605)	: ἐκτελέσῃ 18
	3 18(3606)	: συντελέσαι ptv
	3 18(3607)	: συντελέσῃ MNb'ghkmnua2b2
	3 18(3608)	: συντελέσθῃ iqr
	3 18(3609)	: συντελέσητε y

	3 18(3700)	+ σήμερον (~)oye2-OA-OC(~)
ה/דבר	3 18(3801)	τὸ]
	3 18(3900)	ῥῆμα
	3 18(4000)	+ τοῦτο b'hoye2
ה/יום	3 18(4101)	σήμερον] > b'h (~)oye2-OA-OC(~)
	3 18(4200)	.
ו/בעז	4 01(0100)	Καὶ
	4 01(0201)	Βοος ABNch*k*muy OA OE]
	4 01(0202)	: Βοοζ Madefgh(b?)ijk(a)lopqrstva2 b2e2
	4 01(0203)	: booz OL
	4 01(0204)	: Βοωζ n
	4 01(0205)	: boes OC
עלה	4 01(0300)	ἀνέβη
ה/שׁער	4 01(0401)	ἐπὶ]
	4 01(0402)	: εἰς f OA(vid)
	4 01(0403)	: ad OE OL
	4 01(0500)	τὴν
	4 01(0600)	πύλην
	4 01(0700)	+ civitatis OS(sub & with obelus)
ו/ישׁב	4 01(0801)	καὶ] > c(>3)
	4 01(0901)	ἐκάθισεν] > c(>3)
	4 01(0902)	: ἐκάθεισαν h
	4 01(0903)	: ἐκάθητο n
שׁם	4 01(1001)	ἐκεῖ] > c(>3) a2
	4 01(1100)	,
ו/הנה	4 01(1200)	καὶ
	4 01(1300)	ἰδοὺ
ה/גאל	4 01(1401)	ὁ] > u
	4 01(1501)	ἀγχιστευτὴς ABbhx]
	4 01(1502)	: ἀγχιστευαύτης c (η ex corr)
	4 01(1503)	: ἀγχιστεύων aglnoptve2
	4 01(1504)	: ἀγχιστεύς MNdefijkmqrsua2b2 +(?)
עבר	4 01(1601)	παρεπορεύετο]
	4 01(1602)	: παρεπορεύοντο f
	4 01(1603)	: παρεγένετο nu
אשׁר	4 01(1701)	ὃν]
	4 01(1702)	: ὡς y
דבר	4 01(1801)	εἶπεν]
	4 01(1802)	: εἶδεν gn
	4 01(1803)	: ἔλεγεν b2
	4 01(1804)	: ἐλάλησεν hikmqru OA OL
בעז	4 01(1901)	Βοος ABNch*k*muy OA OE]
	4 01(1902)	: Βοοζ Madefgh(b?)ijk(a)lopqrstva2 b2e2
	4 01(1903)	: booz OL
	4 01(1904)	: Βοωζ n
	4 01(1905)	: boes OC
	4 01(2000)	.
ו/יאמר	4 01(2100)	καὶ
	4 01(2201)	εἶπεν]
	4 01(2202)	: εἶ n
+-- =;אל/יו	4 01(2301)	πρὸς] > (~)ptv(~) OL(>3)
	4 01(2401)	αὐτὸν] > (~)ptv(~) OL(>3)

בעז:= +-- 4 01(2501) Βοος ABNch*k*muy OA OE] > OL(>3)
4 01(2502) : Βοοζ Madefgh(b?)ijk(a)lopqrstva2 b2e2
4 01(2503) : Βοωζ n
4 01(2504) : boes OC
4 01(2600) + πρὸς (~)ptv(~)
4 01(2700) + αὐτὸν (~)ptv(~)
סורה 4 01(2801) Ἐκκλίνας]
4 01(2802) : ἐκκλίνον m
4 01(2803) : ἐγκλίνας n
4 01(2900) + δὴ glnoptve2
שבה 4 01(3000) κάθισον
פה 4 01(3101) ὧδε] > n
4 01(3200) + paullum OA
4 01(3300) + et OA
4 01(3400) + mane OA
4 01(3500) ,
4 01(3600) +<sede OL
4 01(3701) +:ὅδε iqn 's'(b)
4 01(3702) :+hic [quicumque es] OL
4 01(3703) :+ὁ M(mg)kmu 30 'a'(b)
4 01(3800) + τις ig 's'(b)
4 01(3900) + quicumque es OL
4 01(4000) +<δεῖνα M(mg)kmu 30 'a'(b) (δῖνα)
פלני 4 01(0000) ---
אלמני 4 01(4101) κρύφιε] > M(mg)k OA OL 'a' 's'
4 01(4102) : κρύφη Aa(b)y
4 01(4200) ·
4 01(4300) +<et OL
4 01(4401) +:ὁ ptve2 OS (+7)
4 01(4402) :+ille OL
4 01(4500) + δὲ ptve2 OS (+7)
4 01(4600) + εἶπεν ptve2 OL OS (+7)
4 01(4701) +:τίς gptve2 OS (+7)
4 01(4702) :+quid OL
4 01(4800) + εἶ gptve2 OS (+7)
4 01(4900) + συ gptve2 OS (+7)
4 01(5001) +:κρύφιε gptve2 OS (+7)
4 01(5002) :+secreti OL
ו/יסר 4 01(5101) καὶ] > 30
4 01(5200) + is OA
4 01(5300) ἐξέκλινεν
ו/ישב 4 01(5400) καὶ
4 01(5501) ἐκάθισεν]
4 01(5502) : ἐκάθησαν c
4 01(5600) .
ו/יקח 4 02(0100) καὶ
4 02(0201) ἔλαβεν]
4 02(0202) : adibit OL
בעז:= +-- 4 02(0301) Βοος ABNch*k*muy OA OE] > OL
4 02(0302) : Βοοζ Madefgh(b?)ijk(a)lopqrstv a2b2e2
4 02(0303) : Βοωζ n

	4 02(0304)	: <u>boes</u> OC
עשׂרה	4 02(0400)	δέκα
אנשׁים	4 02(0500)	ἄνδρας
מ/זקני	4 02(0600)	ἀπὸ
	4 02(0700)	τῶν
	4 02(0800)	πρεσβυτέρων
ה/עיר	4 02(0900)	τῆς
	4 02(1000)	πόλεως
ו/יאמר	4 02(1100)	καὶ
	4 02(1200)	εἶπεν
שׁבו	4 02(1300)	Καθίσατε
פה	4 02(1400)	ὧδε
	4 02(1500)	+ κρύφιε b2
	4 02(1600)	·
ו/ישׁבו	4 02(1701)	καὶ] > b2 128
	4 02(1801)	ἐκάθισαν] > b2 128
	4 02(1802)	: ἐκάθεισεν A
	4 02(1900)	.
ו/יאמר	4 03(0100)	καὶ
	4 03(0200)	εἶπεν
--+ =:בעז	4 03(0301)	Βοος ABNch*k*muy OA OE] > OL
	4 03(0302)	: Βοοζ Madefgh(b?)ijk(a)lopqrstva2 b2e2
	4 03(0303)	: Βοωζ n
ל/גאל	4 03(0401)	τῷ] > A 236
	4 03(0501)	ἀγχιστεῖ] > A
	4 03(0502)	: ἀγχιστευτῇ bdefjs
	4 03(0503)	: ἀγχιστεύοντι MNhikmpqrtuvb2
	4 03(0504)	: ἀγχιστεύσαντι y
חלקת	4 03(0600)	Τὴν
	4 03(0701)	μερίδα]
	4 03(0702)	: <u>pars</u> OL
ה/שׂדה	4 03(0800)	τοῦ
	4 03(0900)	ἀγροῦ
	4 03(1001)	,] > (B-M)
אשׁר	4 03(1101)	ἥ]
	4 03(1102)	: ἥτις A
	4 03(1201)	ἐστιν]
	4 03(1202)	: <u>erat</u> OA-codd
ל/אחי/נו	4 03(1301)	τοῦ] > (~)glnoe2(~)
	4 03(1401)	ἀδελφοῦ] > (~)glnoe2(~)
	4 03(1501)	ἡμῶν] > (~)glnoe2(~)
ל/אלימלך =:ל/אבימלכ	4 03(1601)	τοῦ] > MNghiklmnopqrtuvya2b2e2
	4 03(1701)	Αβιμελεχ]
	4 03(1702)	: Αβειμελεχ B
	4 03(1703)	: Αιλιμελεχ dfj
	4 03(1704)	: Ελιμελεχ MNacehikmqruxya2b2 OA OL
	4 03(1800)	+ τοῦ (~)glnoe2(~)
	4 03(1900)	+ ἀδελφοῦ (~)glnoe2(~)
	4 03(2000)	+ ἡμῶν (~)glnoe2(~)
	4 03(2100)	,
--+	4 03(2201)	ἥ] > MNahikmqrb2 OA OE OL
	4 03(2202)	: ᾧ y

??= מכרה	4	03(2301)	δέδοται]
	4	03(2302)	: ἀπέδοτο MNahikmqryb2 OE(vid)
	4	03(2303)	: vendit OA
	4	03(2304)	: reddita est OL
	4	03(2400)	+ Αβιμελεχ oe2
	4	03(2500)	+<τῇ oe2(> τῇ e2(a?))
נעמי	4	03(2601)	Νωεμιν (R)] > c
	4	03(2602)	: Νωεμει x
	4	03(2603)	: Νωεμειν AB
	4	03(2604)	: noemi OL
	4	03(2605)	: Νοεμει b
	4	03(2606)	: Νοεμην l
	4	03(2607)	: Νοεμμει ab'
	4	03(2608)	: Νοεμμειν ghoptve2
	4	03(2609)	: Νοεμμην n
	4	03(2610)	: Νοομιν 71 OA
	4	03(2611)	: Νοομμειν MNdeijkmqrsuya2b2
	4	03(2612)	: Νεεμιν 18
	4	03(2700)	+<νῦν ἐμοὶ c
ה/שבה	4	03(2801)	τῇ (τ sup ras M)]
	4	03(2802)	: ἡ Nahi*i(a?)qryb2 OA(vid)
	4	03(2901)	ἐπιστρεφούσῃ]
	4	03(2902)	: ἐπιστρεψάσῃ gklmnoptve2 OE(vid)
	4	03(2903)	: ἐπιστρέφουσα Nahi(a?)qrb2
	4	03(2904)	: ἐπιστρέψασα i*y OA(vid)
מ/שדה	4	03(3000)	ἐξ
	4	03(3100)	ἀγροῦ
מואב	4	03(3200)	Μωαβ
	4	03(3301)	+:ἀποδίδοται goptve2
	4	03(3302)	:+ἀποδίδοτε l
	4	03(3303)	:+ἀποδίδωται n
	4	03(3401)	+:αὐτὴν glotve2
	4	03(3402)	:+αὐτῇ np
	4	03(3500)	,
ו/אני	4	04(0101)	κἀγὼ] > b2
	4	04(0102)	: καὶ .. aglnoptva2e2
	4	04(0200)	+ ἐγὼ aglnoptva2e2
אמרתי	4	04(0301)	εἶπα] > ptvb2
	4	04(0302)	: εἶπον glnoe2
אגלה	4	04(0400)	Ἀποκαλύψω
אזנ/ך	4	04(0501)	τὸ] > t*(τοῦς)
	4	04(0601)	οὖς]
	4	04(0602)	: τοῦς t*
	4	04(0603)	: ὠτίον r
	4	04(0700)	σου
	4	04(0800)	+ nunc OA
ל/אמר	4	04(0901)	λέγων] > OA
קנה	4	04(1001)	Κτῆσαι (κ sup ras (4) y)]
	4	04(1100)	+ σεαυτῷ km OE
נגד	4	04(1201)	ἐναντίον]
	4	04(1202)	: ἐνώπιον c
ה/ישבים	4	04(1300)	τῶν
	4	04(1400)	καθημένων

	ו/נגד	4	04(1501)	καὶ] > 77
		4	04(1601)	ἐναντίον] > 77
		4	04(1602)	: ἔναντι m(vid)
	זקני	4	04(1700)	τῶν
		4	04(1800)	πρεσβυτέρων
	עמ/י	4	04(1900)	τοῦ
		4	04(2000)	λαοῦ
		4	04(2101)	μου] > gny
		4	04(2102)	: σου e
		4	04(2200)	·
		4	04(2300)	+<nunc OA
	אם	4	04(2401)	εἰ] > c
		4	04(2500)	+ οὖν glnoptve2 OS(sub @) (see OA)
	תגאל	4	04(2601)	ἀγχιστεύεις]
		4	04(2602)	: ἀγχιστεύῃς k
		4	04(2603)	: ἀγχιστεύσῃς b
		4	04(2604)	: propinquam OL
		4	04(2700)	,
	גאל	4	04(2801)	ἀγχίστευε]
		4	04(2802)	: ἀνχιστεύεις a2
		4	04(2803)	: cognoscis OL
		4	04(2900)	+ ut [sciam] OL(~?)
		4	04(3000)	+ sciam OL(~?)
		4	04(3100)	·
	ו/אם	4	04(3200)	εἰ
		4	04(3301)	~ δὲ (δ ex corr a(a))] > c
	לא	4	04(3401)	μὴ]
		4	04(3402)	: οὐχ l
	יגאל	4	04(3501)	ἀγχιστεύεις]
		4	04(3502)	: ἀγχιστεύῃς dksx*b2
		4	04(3503)	: cognoscis OL
		4	04(3600)	,
	הגידה	4	04(3700)	ἀνάγγειλόν
	ל/י	4	04(3800)	μοι
		4	04(3900)	+ , (B-M)
ו/אדעה **	ו/אדע *	4	04(4001)	καὶ] > OL(~?)
		4	04(4101)	γνώσομαι] > OL(~?)
		4	04(4102)	: γνώσωμαι n
		4	04(4201)	·] > B-M
	כי	4	04(4300)	ὅτι
	אין	4	04(4400)	οὐκ
		4	04(4501)	ἔστιν]
		4	04(4502)	: ἔσται 128
	זולת/ך	4	04(4601)	πάρεξ]
		4	04(4602)	: πάρ' l
		4	04(4701)	σοῦ]
		4	04(4702)	: ἐμε l
	ל/גאול	4	04(4801)	τοῦ] > d
		4	04(4802)	: τό i
		4	04(4901)	ἀγχιστεῦσαι]
		4	04(4902)	: ἀγχιστεύειν f
		4	04(5000)	,
	ו/אנכי	4	04(5101)	κἀγώ ABabmxa2]

	4	04(5102)	: καὶ .. MNcdefghijklmopqrstuvb2e2
	4	04(5103)	: et [post te ego sum] OA-ed
	4	04(5200)	+ ἐγώ MNcdefghijklmopqrstuvb2e2 OL
	4	04(5301)	εἰμι] > OA-ed
אחר/יך	4	04(5400)	μετὰ
	4	04(5501)	σέ]
	4	04(5502)	: σοῦ h*(vid)ioqe2
	4	04(5600)	.
	4	04(5700)	+<et OA-codd OE OL
ו/יאמר	4	04(5801)	ὁ] > 30(see below) OA-ed OA-codd(>5) (see OE)
	4	04(5802)	: ille OL
	4	04(5901)	~ δὲ] > OA-ed OA-codd(>5) OE OL
	4	04(5902)	: ὧδε 30
	4	04(6000)	+<καὶ 30
	4	04(6101)	εἶπεν] > OA-ed OA-codd(>5)
אנכי	4	04(6201)	᾿Εγώ] > OA-codd(>5)
	4	04(6301)	εἰμι] > b' OA-codd(>5)
אגאל	4	04(6401)	ἀγχιστεύσω]
	4	04(6402)	: ἀγχιστεύω MNa2b2
	4	04(6403)	: ἀγχιστεῦσαι c
	4	04(6404)	: consanguineus OA-ed
	4	04(6405)	: eius propincus OL
	4	04(6500)	+ σε f
	4	04(6600)	.
ו/יאמר	4	05(0100)	καὶ
	4	05(0200)	εἶπεν
	4	05(0300)	+ ei OL
בעז	4	05(0401)	Βοος]
	4	05(0402)	: Βοοζ Mabdefgh(b?)ijk(a)lopqrstvxa2 b2e2
	4	05(0403)	: booz OL
	4	05(0404)	: Βοωζ n
ב/יום	4	05(0501)	᾿Εν]
	4	05(0502)	: si OL
	4	05(0600)	+<ἡ g
	4	05(0701)	ἡμέρᾳ]
	4	05(0702)	: odie OL
קנות/ך	4	05(0800)	τοῦ
	4	05(0901)	κτήσασθαί]
	4	05(0902)	: adquiris OL
	4	05(1001)	σε] > l OL
	4	05(1100)	+<εἰς a
ה/שׂדה	4	05(1200)	τὸν
	4	05(1300)	ἀγρὸν
מ/יד	4	05(1401)	ἐκ] > m
	4	05(1402)	: de OA OL
	4	05(1501)	χειρὸς] > m
	4	05(1502)	: manibus OA OL
נעמי	4	05(1601)	Νωεμιν (R)]
	4	05(1602)	: Νωεμει cx OL
	4	05(1603)	: Νωεμειν B
	4	05(1604)	: Νοεμην l
	4	05(1605)	: Νοεμμει ab'

	4 05(1606)	: Νοεμμειν ghoptve2
	4 05(1607)	: Νοεμμην n
	4 05(1608)	: noomin OA
	4 05(1609)	: Νοομει b
	4 05(1610)	: Νοομμει A
	4 05(1611)	: Νοομμειν MNdeijkmqrsua2b2
ו/מ/את	4 05(1700)	καὶ
	4 05(1801)	παρὰ] > OL
רות	4 05(1900)	Ρουθ
	4 05(2000)	+ mulieris OL
ה/מואביה	4 05(2101)	τῆς] > p
	4 05(2200)	+<τῆς a*
	4 05(2300)	Μωαβίτιδος
אשׁת	4 05(2400)	γυναικὸς
ה/מת	4 05(2500)	τοῦ
	4 05(2600)	τεθνηκότος
	4 05(2700)	+ ἐπὶ MNefhijpqrtvyb2 (+7)
	4 05(2800)	+ τῆς MNefhijpqtvyb2 (+7)
	4 05(2900)	+ κληρονομίας MNefhijpqrtvyb2 (+7)
	4 05(3000)	+ αὐτοῦ MNefhijpqrtvyb2 (+7)
	4 05(3100)	+ κτήσασθαι MNipqrtvy*b2 (+7)
	4 05(3200)	+ σε MNipqrtvy*b2 (+7)
	4 05(3301)	+:αὐτὸν MNiqry*b2 (+7)
	4 05(3302)	:+αὐτῷ ptv (+7)
	4 05(3400)	,
+--	4 05(3501)	καὶ (OS sub @)] > d(>11) iqrb2(>5) 76 OL
	4 05(3601)	αὐτὴν (OS sub @)] > d(>11) iqrb2(>5) 76 OL
	4 05(3602)	: αὐτῇ o
	4 05(3603)	: ταυτὴν h
*קניתי **קניתה	4 05(3701)	κτήσασθαί] > d(>11) iqrb2(>5)
	4 05(3702)	: κλήσασθαί s
	4 05(3703)	: adquire [tecum] OL
	4 05(3801)	σε] > d(>11) e(~) iqrb2(>5)
	4 05(3802)	: tecum OL
	4 05(3901)	δεῖ] > d(>11) iqrb2(>5)
	4 05(3902)	: δὴ bcho
	4 05(4000)	+ σε e(~)
	4 05(4100)	+ , (B-M)
ל/הקים	4 05(4201)	ὥστε] > d(>11)
	4 05(4202)	: et OA-ed
	4 05(4301)	ἀναστῆσαι] > d(>11)
	4 05(4302)	: ἀναστήσασθαι Am
	4 05(4303)	: ἀναστῆναι k
	4 05(4400)	+ σε Akm 209
שׁם	4 05(4501)	τὸ] > d(>11)
	4 05(4601)	ὄνομα] > d(>11)
ה/מת	4 05(4701)	τοῦ] > d(>11)
	4 05(4801)	τεθνηκότος (-σήμερον 4.10 valde mutila in OC(cr))] > d(>11)
	4 05(4900)	+ καὶ l*(+11)
	4 05(5000)	+ αὐτὴν l*(+11)
	4 05(5100)	+ κτήσασθαί l*(+11)

4 05(5200) + σε 1*(+11)
4 05(5300) + δεῖ 1*(+11)
4 05(5400) + ὥστε 1*(+11)
4 05(5500) + ἀναστῆσαι 1*(+11)
4 05(5600) + τὸ 1*(+11)
4 05(5700) + ὄνομα 1*(+11)
4 05(5800) + τοῦ 1*(+11)
4 05(5900) + τεθνηκότος 1*(+11)
על 4 05(6001) ἐπὶ] > b'
נחלת/ו 4 05(6100) τῆς
4 05(6200) κληρονομίας
4 05(6300) αὐτοῦ
4 05(6400) .
ו/יאמר 4 06(0100) καὶ
4 06(0201) εἶπεν]
4 06(0202) : respondit OL
ה/גאל 4 06(0301) ὁ] > 16(>4)
4 06(0401) ἀγχιστεύς] > 16(>4)
4 06(0500) + eius OL
4 06(0600) + τῷ bcx OA
4 06(0701) +:Βοος c OA
4 06(0702) :+Βοοζ bx
לא 4 06(0801) Οὐ] > 16(>4)
אוכל 4 06(0901) δυνήσομαι] > 16(>4)
4 06(0902) : possum OA OL
4 06(1000) +<τοῦ gklnoptve2
ל/גאול 4 06(1101) ἀγχιστεῦσαι]
4 06(1102) : ἄγχιστευ j
ל/י 4 06(1201) ἐμαυτῷ] > n(>15)
4 06(1202) : ἑαυτῷ 236
4 06(1300) + , (B-M)
פן 4 06(1401) μήποτε] > n(>15)
4 06(1402) : μή ποτε B-M
אשחית 4 06(1501) διαφθείρω] > n(>15)
4 06(1502) : διαφθέρω 76
את נחלת/י 4 06(1601) τὴν] > n(>15)
4 06(1701) κληρονομίαν] > n (>15)
4 06(1801) μου] > n(>15)
4 06(1802) : αὐτοῦ b
4 06(1900) ·
גאל 4 06(2001) ἀγχίστευσον] > n(>15)
4 06(2002) : ἀγχιστεῦσαι Mhkyb2
4 06(2003) : ἀγχίστευε Niqru
ל/ך 4 06(2101) σεαυτῷ] > n(>15)
4 06(2102) : σεαυτὸν 70
4 06(2200) +<συ MNbcdefijkpqrstu vyb2 OL
אתה 4 06(0000) ---
את גאלת/י 4 06(2301) τὴν] > n(>15)
4 06(2401) ἀγχιστείαν] > n(>15)
4 06(2501) μου] > n(>15)
4 06(2600) ,
כי 4 06(2701) ὅτι] > n(>15)
4 06(2800) +<ego OA

לא 4 06(2901) οὐ] > n(>15)
אוכל 4 06(3001) δυνήσομαι] > n(>15)
4 06(3002) : possum OA
4 06(3100) +<τοῦ gltv
ל/גאל 4 06(3201) ἀγχιστεῦσαι] > n(>15)
4 06(3300) + τὸ k
4 06(3400) + ὄνομα k
4 06(3500) .
ו/זאת 4 07(0100) καὶ
4 07(0201) τοῦτο]
4 07(0202) : τούτῳ c
+-- =ה/משפט 4 07(0301) τὸ] > 77
4 07(0400) δικαίωμα
ל/פנים 4 07(0501) ἔμπροσθεν]
4 07(0502) : ἔμπροσθε M(b)
ב/ישׂראל 4 07(0601) ἐν] > Acoe2 OE
4 07(0602) : νῦν M(b)
4 07(0701) τῷ] > A OE
4 07(0800) Ισραηλ
על 4 07(0901) ἐπὶ]
4 07(0902) : περὶ 's'(b)
ה/גאולה 4 07(1001) τὴν] > 's'
4 07(1101) ἀγχιστείαν]
4 07(1102) : κληρουχίας 's'(b)
ו/על 4 07(1201) καὶ 's'(b)] > ba2
4 07(1301) ἐπὶ] > 's'
ה/תמורה 4 07(1401) τὸ] > 's'
4 07(1501) ἀντάλλαγμα]
4 07(1502) : συναλλαγῆς 's'(b)
4 07(1600) + , (B-M)
ל/קים 4 07(1700) τοῦ
4 07(1800) στῆσαι
כל 4 07(1901) πᾶν BMNchiruxy*a2b2] > Adefjs 77 237 OE
4 07(1902) : πάντα abgklmnopqtvy(c?)e2
4 07(2000) +<τὸν Adefjs 18 OE
דבר 4 07(2100) λόγον
4 07(2201) ,] · B-M
שׁלף 4 07(2301) καὶ] > MNdefh*ijkqrsuyb2 OA
4 07(2401) ὑπελύετο]
4 07(2402) : ὑπεδύετο u
4 07(2403) : ἀπεδύετο l
4 07(2404) : ἐπιλύετο 237
4 07(2405) : soluit OE(f)
איש 4 07(2501) ὁ] > MNciqryb2
4 07(2600) ἀνὴρ
נעל/ו 4 07(2700) τὸ
4 07(2801) ὑπόδημα]
4 07(2802) : ὑπόδυμα b*n
4 07(2900) αὐτοῦ
ו/נתן 4 07(3000) καὶ
4 07(3101) ἐδίδου]
4 07(3102) : ἐπεδίδου 71
4 07(3103) : dedit OE(f)

	4 07(3104)	: dat OA-cod
	4 07(3200)	+ τὸ x
	4 07(3300)	+ ὑπόδημα x
ל/רע/הו	4 07(3401)	τῷ]
	4 07(3402)	: hoc [proximum suum] OL
	4 07(3500)	πλησίον
	4 07(3601)	αὐτοῦ]
	4 07(3602)	: αὐτῷ b'
	4 07(3603)	: [hoc proximum] suum OL
=ה/גאל +--	4 07(3701)	τῷ] > A OL(>5)
	4 07(3801)	ἀγχιστεύοντι] > A OL(>5)
=את גאלת/ו +--	4 07(3901)	τὴν] > u(>3) OL(>5)
	4 07(4001)	ἀγχιστείαν] > u(>3) OL(>5)
	4 07(4101)	αὐτοῦ] > u(>3) OL(>5)
	4 07(4201)	,] · (B-M)
ו/זאת	4 07(4300)	καὶ
	4 07(4401)	τοῦτο]
	4 07(4402)	: τούτῳ c
	4 07(4501)	ἦν] > MNhiqruyb2
	4 07(4600)	+<τὸ MNhuy
ה/תעודה	4 07(4700)	μαρτύριον
ב/ישראל	4 07(4801)	ἐν]
	4 07(4802)	: τῷ 236
	4 07(4900)	Ισραηλ
	4 07(5000)	.
ו/יאמר	4 08(0100)	καὶ
	4 08(0201)	εἶπεν] > b2
ה/גאל	4 08(0300)	ὁ
	4 08(0400)	ἀγχιστεὺς
ל/בעז	4 08(0500)	τῷ
	4 08(0601)	Βοος BNch*u OA OE]
	4 08(0602)	: Βοοζ AMadefgh(b?)ijklmopqrstvya2 b2e2
	4 08(0603)	: booz OL
	4 08(0604)	: Βοωζ n
קנה	4 08(0700)	Κτῆσαι
ל/ך	4 08(0801)	σεαυτῷ]
	4 08(0802)	: σαυτῷ 74
	4 08(0803)	: ἑαυτῷ n
	4 08(0804)	: αὐτῷ o
=גאלת/י +--	4 08(0900)	τὴν
	4 08(1001)	ἀγχιστείαν] > OL
	4 08(1101)	μου] > e OL
	4 08(1200)	·
ו/ישלף	4 08(1300)	καὶ
	4 08(1401)	ὑπελύσατο]
	4 08(1402)	: ὑπεδύσατο i*oue2
	4 08(1403)	: ἀπελύσατο fp
	4 08(1404)	: ὑπελύετο Nbx
נעל/ו	4 08(1501)	τὸ]
	4 08(1502)	: τοῦ l
	4 08(1601)	ὑπόδημα]
	4 08(1602)	: ὑποδήματος l
	4 08(1603)	: ὑπόδυμα c

4 08(1701) αὐτοῦ] > l
ו/יתן= +-- 4 08(1800) καὶ
4 08(1900) ἔδωκεν
ל/ו= +-- 4 08(2001) αὐτῷ]
4 08(2002) : τῷ ptv
4 08(2100) + Βοοζ ptv
4 08(2200) .
ו/יאמר 4 09(0100) καὶ
4 09(0201) εἶπεν]
4 09(0202) : dedit OL
בעז 4 09(0301) Βοος BNch*uy OA OE] > A
4 09(0302) : Βοοζ Madefgh(b?)ijklmopqrstva2 b2e2 Thdt
4 09(0303) : booz OL
4 09(0304) : Βοωζ n
ל/זקנים 4 09(0401) τοῖς]
4 09(0402) : τῷ h OS-cod
4 09(0501) πρεσβυτέροις]
4 09(0502) : πρεσβυτέρῳ h OS-cod
ו/כל 4 09(0600) καὶ
4 09(0700) παντὶ
ה/עם 4 09(0800) τῷ
4 09(0900) λαῷ
עדים 4 09(1000) Μάρτυρες
אתם 4 09(1101) ὑμεῖς]
4 09(1102) : ὑμῶν o
ה/יום 4 09(1200) σήμερον
כי 4 09(1300) ὅτι
קניתי 4 09(1400) κέκτημαι
את כל 4 09(1500) πάντα
אשר 4 09(1601) τὰ] > cnoptv
ל/אלימלך =:ל/אבימלך 4 09(1701) τοῦ] > a2
4 09(1801) Αβιμελεχ]
4 09(1802) : Αβειμελεχ B
4 09(1803) : Αλιμελεχ y
4 09(1804) : Αιλιμελεχ dfj
4 09(1805) : Ελιμελεχ MNacehikqruxb2 OA OL
4 09(1806) : Ενιμελεχ a2
ו/את 4 09(1901) καὶ] > OL(>14)
כל 4 09(2001) πάντα] > OL(>14)
4 09(2101) ,] > (B-M)
אשר 4 09(2201) ὅσα] > OL(>14)
ל/כליון 4 09(2301) ὑπάρχει] > OL(>14)
4 09(2302) : ὑπάρχῃ ch
4 09(2303) : erat OA-codd OS
4 09(2401) τῷ] > OL(>14)
4 09(2501) Χελαιων Bx] > OL(>14)
4 09(2502) : Χελεων br
4 09(2503) : Χελλαιων MNaikma2b2
4 09(2504) : Χελλαιω u
4 09(2505) : Χελλεων cpqtvy
4 09(2506) : chellon OA
4 09(2507) : Χεελων 18
4 09(2508) : Χαιλεων A

	4 09(2509)	: Μααλων (~)eh(b)los-Thd(~)
	4 09(2510)	: Μααλω (~)h(~)
	4 09(2511)	: Μααλλων (~)dfgjne2(~)
ו/מחלון	4 09(2601)	καὶ] > OL(>14)
	4 09(2701)	τῷ] > h OL(>14)
	4 09(2702)	: τῶν q
	4 09(2801)	Μααλων] > OL(>14)
	4 09(2802)	: Μααλλω M
	4 09(2803)	: Μααλλων Nptvyb2
	4 09(2804)	: Μαλλων 74 OC
	4 09(2805)	: Αμαλων 71
	4 09(2806)	: Χελαιων (~)s(~)
	4 09(2807)	: Χελεων (~)f-Thdt(~)
	4 09(2808)	: Χελσων (~)l(~)
	4 09(2809)	: Χελλαιων (~)deh(b)j(~)
	4 09(2810)	: Χελλαιω (~)h*(~)
	4 09(2811)	: Χελλεων (~)gnoe2(~)
	4 09(2901)	,] > (B-M)
מ/יד	4 09(3001)	ἐκ] > OL(>14)
	4 09(3002)	: e OA
	4 09(3101)	χειρὸς] > OL(>14)
	4 09(3102)	: manibus OA
נעמי	4 09(3201)	Νωεμιν (R)] > OL(>14)
	4 09(3202)	: Νωεμει cx
	4 09(3203)	: Νωεμειν B
	4 09(3204)	: Νοεμιν Thdt
	4 09(3205)	: Νοεμην l
	4 09(3206)	: Νοεμμει ab'
	4 09(3207)	: Νοεμμειν ghoptve2
	4 09(3208)	: Νοεμμην n
	4 09(3209)	: noenim OC
	4 09(3210)	: Νοομει b
	4 09(3211)	: Νοομειν f OA
	4 09(3212)	: Νοομμει A
	4 09(3213)	: Νοομμειν MNdeijkmqrsuya2b2
	4 09(3300)	·
ו/גם	4 10(0101)	καίγε] > dkr OE OL(>14)
	4 10(0102)	: καὶ ἡ c
את רות	4 10(0201)	Ρουθ] > OL(>14)
ה/מאביה	4 10(0300)	τὴν
	4 10(0401)	Μωαβῖτιν] > l(>3)
	4 10(0402)	: Μωβιτιν r
אשת	4 10(0501)	τὴν] > f l(>3)
	4 10(0601)	γυναῖκα] > l(>3)
מחלון	4 10(0701)	Μααλων]
	4 10(0702)	: Μααλλων MNdfgjnopqtva2b2e2 OL
	4 10(0800)	+ ἐκ k
	4 10(0900)	+ χειρὸς k
	4 10(1000)	+ Νοομμειν k
קניתי	4 10(1100)	κέκτημαι
ל/י	4 10(1201)	ἐμαυτῷ (seq ras (1) A(?))] > 71(>3)
	4 10(1202)	: ἐμαυτῶν A*(vid)
	4 10(1203)	: ἑαυτῷ ay
ל/אשה	4 10(1301)	εἰς] > 71(>3)

4 10(1401) γυναῖκα] > 71(>3)
ל/הקים 4 10(1500) τοῦ
4 10(1600) ἀναστῆσαι
שׁם 4 10(1700) τὸ
4 10(1800) ὄνομα
ה/מת 4 10(1900) τοῦ
4 10(2000) τεθνηκότος
4 10(2100) + ἐκ c(~) u
4 10(2200) + τῶν c(~) u
4 10(2301) +:ἀδελφῶν c(~)
4 10(2302) :+ἀδελ u
4 10(2400) + αὐτοῦ c(~)
על 4 10(2501) ἐπὶ] > a2-OL(>11)
נחלת/ו 4 10(2601) τῆς (+ ras (3) q)] > a2-OL(>11)
4 10(2701) κληρονομίας] > a2-OL(>11)
4 10(2801) αὐτοῦ] > a2-OL(>11)
4 10(2900) ,
ו/לא 4 10(3001) καὶ] > a2-OL(>11)
4 10(3101) οὐκ] > a2-OL(>11)
4 10(3102) : οὐ μή c
יכרת 4 10(3201) ἐξολεθρευθήσεται] > a2-OL(>11)
4 10(3202) : ἐξολοθρεύθῃ c
שׁם 4 10(3301) τὸ] > n(>4) a2-OL(>11)
4 10(3401) ὄνομα] > n(>4) a2-OL(>11)
ה/מת 4 10(3501) τοῦ] > c n(>4) a2-OL(>11)
4 10(3601) τεθνηκότος] > c n(>4) a2-OL(>11)
4 10(3700) + ἐπὶ de(+4)
4 10(3800) + τῆς de(+4)
4 10(3900) + κληρονομίας de(+4)
4 10(4000) + αὐτοῦ de(+4)
מ/עם 4 10(4101) ἐκ] > c(~)
4 10(4102) : ἐξ 241(?)
אח/יו 4 10(4201) τῶν] > c(~) 241(?)
4 10(4301) ἀδελφῶν] > c(~)
4 10(4401) αὐτοῦ] > c(~)
4 10(4402) : αὐτῶν f*(vid)
ו/מ/שׁער 4 10(4501) καὶ] > cl
4 10(4600) ἐκ
4 10(4700) τῆς
4 10(4801) φυλῆς]
4 10(4802) : πυλῆς x
4 10(4803) : ὀσφύος y
4 10(4900) + αὐτοῦ y
4 10(5000) +<τοῦ AMNabcdefhipqrstuvxa2b2 71 'a''s'(b)
מקומ/ו 4 10(5101) λαοῦ (Babsx 71)] > MNghjklnob2e2 OA OE Thdt 'a''s'
4 10(5200) + τόπου MNhyb2 71 OA OE 'a''s'(b)
4 10(5300) αὐτοῦ
4 10(5400) ·
4 10(5500) +<et OA
עדים 4 10(5600) μάρτυρες
אתם 4 10(5701) ὑμεῖς] > j(>12)
4 10(5702) : ἡμεῖς x*

ה/יום 4 10(5801) σήμερον] > j(>12)
4 10(5900) .
ו/יאמרו 4 11(0101) καὶ] > j(>12)
4 11(0201) εἴποσαν] > j(>12)
4 11(0202) : εἶπον abcloxa2e2
4 11(0203) : εἶπαν A
4 11(0204) : εἶπεν gn OS
4 11(0205) : dixerunt OC
4 11(0206) : ἀπεκρίθησαν MNhkmpqtuvyb2 OA-codd
4 11(0207) : ἀπεκρίθη ir OA-ed
כל 4 11(0301) πᾶς] > j(>12)
4 11(0302) : omnes OL
ה/עם 4 11(0401) ὁ] > j(>12)
4 11(0501) λαὸς] > j(>12) OL
4 11(0600) + καὶ MNhiqrtuvyb2 OA-codd
4 11(0701) +:εἶπαν MNhqrtuvyb2
4 11(0702) :+εἶπον i
4 11(0703) :+dicunt OA-codd
אשר 4 11(0801) οἱ] > j(>12) fo*v OA OE
4 11(0802) : ὁ degn
4 11(0803) : ὅσοι acx
ב/שער 4 11(0901) ἐν] > j(>12)
4 11(1001) τῇ] > j(>12)
4 11(1101) πύλῃ] > j(>12)
4 11(1102) : πόλει gnpa2
4 11(1200) + καὶ k OA-ed OL
4 11(1301) +:εἶπαν k
4 11(1302) :+dicunt OA-ed
4 11(1400) + seniores OL(~?)
עדים= ~ ~~~ 4 11(1501) Μάρτυρες] > j(>12)
4 11(1600) .
ו/ה/זקנים 4 11(1700) καὶ
4 11(1801) +:εἶπαν u(~)
4 11(1802) :+εἶπον n(~)
4 11(1900) οἱ
4 11(2001) πρεσβύτεροι] > OL(~?)
עדים ~ 4 11(0000) ~~~
+-- 4 11(2101) εἴποσαν ABc] > (~)nu(~)
4 11(2102) : εἶπαν MNdefhijkmqrs(u~)yb2
4 11(2103) : εἶπον abgl(n~)optvxa2e2
יתן 4 11(2201) Δῴη]
4 11(2202) : δῴοι 209
יהוה 4 11(2300) κύριος
את ה/אשה 4 11(2400) τὴν
4 11(2500) γυναῖκά
4 11(2601) σου] > ahx OA OL OS
4 11(2700) + ταυτὴν h 71
ה/באה 4 11(2800) τὴν
4 11(2901) εἰσπορευομένην]
4 11(2902) : εἰσπεπορευμένην i*q
4 11(2903) : ἐκπορευομένην k
אל 4 11(3000) εἰς
בית/ך 4 11(3100) τὸν
4 11(3201) οἶκόν]

	4 11(3202)	: κόλπον defjs
	4 11(3300)	σου
כ/רחל	4 11(3400)	ὡς
	4 11(3501)	Ραχηλ]
	4 11(3502)	: Ραχιλ f
	4 11(3503)	: racel OL
	4 11(3504)	: Ραχιηλ b(vid)l
	4 11(3505)	: Ραχην A
ו/כ/לאה	4 11(3601)	καὶ] > 70
	4 11(3701)	ὡς] > bdefgjlnoa2e2 Thdt
	4 11(3801)	Λειαν]
	4 11(3802)	: Λια ka2 OL
	4 11(3900)	,
אשׁר	4 11(4001)	αἳ] > x
בנו	4 11(4101)	ᾠκοδόμησαν]
	4 11(4102)	: οἰκοδόμησαν Ai
שת/יהם	4 11(4200)	ἀμφότεραι
את בית	4 11(4300)	τὸν
	4 11(4400)	οἶκον
	4 11(4500)	+<τοῦ B
ישׂראל	4 11(4600)	Ισραηλ
ו/עשׂה	4 11(4701)	καὶ] > OA
	4 11(4801)	ἐποίησαν]
	4 11(4802)	: ἐποίησαι n
	4 11(4803)	: ποίησαι Aabcgloptvxa2e2 OS Thdt
	4 11(4804)	: fac OE
	4 11(4805)	: facere OA
חיל	4 11(4901)	δύναμιν]
	4 11(4902)	: δυνάμεις f
ב/אפרתה	4 11(5000)	ἐν
	4 11(5101)	Εφραθα]
	4 11(5102)	: Εφρανθα o
	4 11(5103)	: Ευφραθα d
	4 11(5104)	: eufrata OL
	4 11(5105)	: Εσφραθα l(vid)
	4 11(5201)	,] · (B-M)
ו/קרא =??	4 11(5301)	καὶ] > y(>5) k OL
	4 11(5401)	ἔσται (σ ex ν n(a))] > y(>5)
	4 11(5402)	: κάλεσαι MNhikqrub2 OA
	4 11(5403)	: κάλεσ.. e2(mg)
	4 11(5404)	: ἐκάλεσεν o
	4 11(5405)	: habeat celebre OL
	4 11(5500)	+<τὸ hv
שׁם	4 11(5601)	ὄνομα] > y(>5)
ב/בית לחם	4 11(5701)	ἐν] > y(>5)
	4 11(5801)	Βαιθλεεμ AB] > y(>5)
	4 11(5802)	: Βιθλεεμ kor
	4 11(5803)	: Βεθλεεμ 241
	4 11(5804)	: bethlem OL
	4 11(5805)	: Βηθλεεμ MNbcdefghijlmnpqstuvxa2 b2e2 OC Thdt
	4 11(5806)	: Βηθεεμ a
	4 11(5900)	+ παρὰ Thdt (+4)
	4 11(6000)	+ πᾶσιν Thdt (+4)

	4 11(6100)	+ ἀοίδιμον Thdt (+4)
	4 11(6200)	+ ἀνθρώποις Thdt (+4)
	4 11(6301)	·] . (B-M)
ו/יהי	4 12(0100)	καὶ
	4 12(0201)	γένοιτο]
	4 12(0202)	: γένηται iptv
בית/ך	4 12(0301)	ὁ] > q*
	4 12(0400)	οἶκός
	4 12(0501)	σου] > oe2(>4)
כ/בית	4 12(0601)	ὡς] > oe2(>4)
	4 12(0701)	ὁ] > oe2(>4) b'defjpa2 Thdt
	4 12(0801)	οἶκος] > oe2(>4)
פרץ	4 12(0901)	Φαρες]
	4 12(0902)	: Φαρεζ 241
	4 12(1000)	,
אשׁר	4 12(1100)	ὃν
ילדה	4 12(1201)	ἔτεκεν]
	4 12(1202)	: ἔτεκαν b2
תמר	4 12(1300)	Θαμαρ
ל/יהודה	4 12(1400)	τῷ
	4 12(1500)	Ιουδα
	4 12(1600)	,
	4 12(1700)	+<καί bglnoptve2 OE Thdt
מן	4 12(1800)	ἐκ
ה/זרע	4 12(1900)	τοῦ
	4 12(2000)	σπέρματος
	4 12(2100)	+ σου MNabeghiklnopqrtuvya2b2e2 OC OE OS Thdt
	4 12(2201)	,] > (B-M)
אשׁר	4 12(2301)	οὗ] > MNbghiklmnopqrtuvya2b2e2 OA OE OS Thdt
	4 12(2400)	+ <u>et</u> OA
יתן	4 12(2501)	δώσει]
	4 12(2502)	: δώσῃ h
	4 12(2503)	: δώσοι p
	4 12(2504)	: δώει n
	4 12(2505)	: δώῃ bglob2e2 Thdt
	4 12(2506)	: <u>dedit</u> OL
	4 12(2600)	+ σοι (~)bglnoe2-OA-OL-Thdt(~)
יהוה	4 12(2701)	κύριός]
	4 12(2800)	+ ὁ ptv
	4 12(2900)	+ θ(εό)ς ptv
ל/ך	4 12(3001)	σοι] > (~)bglnoe2-OA-OL-Thdt(~)
	4 12(3100)	+ <u>filium</u> OA
מן	4 12(3200)	ἐκ
ה/נערה	4 12(3300)	τῆς
	4 12(3400)	παιδίσκης
	4 12(3500)	+ σου u
ה/זאת	4 12(3600)	ταύτης
	4 12(3700)	+ τέκνα MNadefhijkpqrtuvya2b2
	4 12(3800)	.
ו/יקח	4 13(0100)	καὶ
	4 13(0200)	ἔλαβεν
בעז	4 13(0301)	Βοος ABNch*uy OA OE] > OL

	4 13(0302)	: Βοοζ Madefgh(b?)ijklmopqrstvwa2 b2e2
	4 13(0303)	: Βοωζ n
	4 13(0304)	: boes OC
	4 13(0400)	+ itaque OL
את רות	4 13(0501)	τὴν]
	4 13(0502)	: τῇ w
	4 13(0600)	Ρουθ
	4 13(0700)	,
ו/תהי	4 13(0801)	καὶ] > Ba2-OE(f)(>9) blgnowe2
	4 13(0901)	ἐγενήθη] > Ba2-OE(f)(>9) blgnowe2
	4 13(0902)	: ἐγένετο Acx
	4 13(0903)	: accepit OL
ל/ו	4 13(1001)	αὐτῷ] > Ba2-OE(f)(>9) OL
	4 13(1002)	: ἑαυτῷ bglnowe2
ל/אשה	4 13(1101)	εἰς (OS sub &)] > Ba2-OE(f)(>9) bg lnw OE(c) OL
	4 13(1201)	γυναῖκα (OS sub &)] > Ba2-OE(f)(>9) OL
	4 13(1301)	,] > (B-M)
ו/יבא	4 13(1401)	καὶ] > Ba2-OE(f)(>9) OE(c)(>4)
	4 13(1501)	εἰσῆλθεν] > Ba2-OE(f)(>9) OE(c)(>4)
	4 13(1502)	: ingesus est OL
אל/יה	4 13(1601)	πρὸς] > Ba2-OE(f)(>9) OE(c)(>4)
	4 13(1701)	αὐτήν] > Ba2-OE(f)(>9) OE(c)(>4)
	4 13(1801)	,] > (B-M)
ו/יתן	4 13(1900)	καὶ
	4 13(2000)	ἔδωκεν
~ ~~~ =ל/ה	4 13(2101)	αὐτῇ] > (~)Absw(~) l(~?) 241
	4 13(2102)	: αὐτὴν cq
יהוה	4 13(2200)	κύριος
	4 13(2301)	+:αὐτὸν l(~?)
	4 13(2302)	:+αὐτῇ (~)bsw(~)
~ ל/ה	4 13(0000)	~~~
הריון	4 13(2401)	κύησιν]
	4 13(2402)	: κύημα l
	4 13(2403)	: concepit OL
	4 13(2500)	+ αὐτῇ A(~)
	4 13(2600)	,
ו/תלד	4 13(2700)	καὶ
	4 13(2801)	ἔτεκεν]
	4 13(2802)	: ἐγέννησεν A
	4 13(2901)	+:αὐτῷ bglnoptvw OS(sub @)
	4 13(2902)	:+αὐτὸ o(a)
	4 13(2903)	:+αὐτῇ e2
בן	4 13(3000)	υἱόν
	4 13(3100)	.
ו/תאמרנה	4 14(0100)	καὶ
	4 14(0201)	εἶπαν]
	4 14(0202)	: εἶπον bcglmnoptvwe2
ה/נשים	4 14(0300)	αἱ
	4 14(0400)	γυναῖκες
אל	4 14(0500)	πρὸς
נעמי	4 14(0601)	Νωεμιν (R)]

4 14(0602) : Νωεμειν Bx
4 14(0603) : noemi OL
4 14(0604) : Νοεμειν c OC
4 14(0605) : Νοεμην l
4 14(0606) : Νοεμμει ab'
4 14(0607) : Νοεμμειν gh(b?)optvwe2
4 14(0608) : Νοεμμην n
4 14(0609) : Νοομει b (o 1= ex corr vid)
4 14(0610) : Νοομειν f OA
4 14(0611) : Νοομμειν AMNdeh*ijkmqrsuya2b2
ברוך 4 14(0700) Εὐλογητὸς
יהוה 4 14(0800) κύριος
4 14(0900) + ὁ gnoe2
4 14(1000) + θ(εό)ς gnoe2
4 14(1100) + σου oe2
4 14(1201) ,] > (B-M)
אשר 4 14(1301) ὃς '?'(b)] > e2
לא 4 14(1401) οὐ '?'(b)] > fye2
4 14(1500) + est passus OL
4 14(1600) + ut OL
השבית 4 14(1701) κατέλυσέ]
4 14(1702) : κεκάλεσέν f
4 14(1703) : deficerer OL
4 14(1704) : διέλιπέ '?'(b)
ל/ך 4 14(1801) σοι '?'(b)] > OL
4 14(1802) : σου dejptuv
4 14(1803) : σε q
=ה/יום ~ ~~~ 4 14(1901) σήμερον] > (~)achikqruxa2b2-OS(~) OL
גאל 4 14(2001) τὸν]
4 14(2002) : τῇ c
4 14(2101) ἀγχιστέα]
4 14(2102) : ἀγχιστείαν c
4 14(2103) : ἀγχιστεύοντα bglmnoptvwe2 Thdt
4 14(2104) : familie OL
4 14(2105) : tue OL
4 14(2200) + σήμερον (~)achikqruxa2b2-OS(~)
4 14(2300) ,
ה/יום ~ 4 14(0000) ~~~
ו/יקרא 4 14(2401) καὶ] > Nbgklmnouwe2 OA OC Thdt
4 14(2402) : ut OE
4 14(2500) +<τοῦ N
4 14(2601) καλέσαι]
4 14(2602) : ἐκάλεσαι 70
4 14(2603) : nominaretur OE
4 14(2604) : vocabitur OL
4 14(2700) + τε l
שמ/ו 4 14(2800) τὸ
4 14(2900) ὄνομά
4 14(3001) σου]
4 14(3002) : αὐτοῦ c
ב/ישראל 4 14(3101) ἐν] > s*
4 14(3201) Ισραηλ] > i*
4 14(3301) ,] · (B-M)

ו/היה	4 15(0100)	καὶ
	4 15(0201)	ἔσται]
	4 15(0202)	: ἔσονται a2
ל/ך	4 15(0301)	σοι (ex corr o(a))] > a2 OL Thdt
ל/משיב	4 15(0401)	εἰς (ει ex corr o(a))] > N
	4 15(0402)	: ὡς b2
	4 15(0403)	: ad OL
	4 15(0501)	ἐπιστρέφοντα]
	4 15(0502)	: continendum OL
	4 15(0600)	+ ut OL
	4 15(0700)	+ consoletur OL
נפש	4 15(0800)	ψυχὴν
	4 15(0901)	+:tuam OL
	4 15(0902)	:+σου 71
ו/ל/כלכל	4 15(1000)	καὶ
	4 15(1101)	τοῦ] > b2
	4 15(1201)	διαθρέψαι]
	4 15(1202)	: διαφρεῦσαι n
	4 15(1203)	: nutriat OL
את שיבת/ך	4 15(1300)	τὴν
	4 15(1401)	πολιάν]
	4 15(1402)	: senectutem OL
	4 15(1500)	σου
	4 15(1600)	,
כי	4 15(1701)	ὅτι] > l(>3)
	4 15(1800)	+ de [nuru] OL
כלת/ך	4 15(1901)	ἡ] > l(>3) u
	4 15(2001)	νύμφη] > l(>3)
	4 15(2100)	+ enim OL
	4 15(2201)	σου] > B
אשר	4 15(2301)	ἡ] > s
אהבת/ך	4 15(2401)	ἀγαπήσασά] > OL(~?)
	4 15(2501)	σε] > OL(~?)
ילדת/ו	4 15(2601)	ἔτεκεν]
	4 15(2602)	: natus est OL
	4 15(2700)	+ tibi OA-codd
	4 15(2801)	αὐτόν] > n OL
	4 15(2802)	: υἱὸν MNadehijklpqrstuvy a2b2 OA
	4 15(2900)	+ tibi OE
	4 15(3000)	,
אשר	4 15(3101)	ἥ]
	4 15(3102)	: qui OL
היא	4 15(3201)	ἐστιν] > OL
	4 15(3300)	+ ἥ N
	4 15(3400)	+ ἐστιν N
	4 15(3501)	+:σοι h(~)
	4 15(3502)	:+te [diliget] OL(~?)
	4 15(3600)	+ diliget OL(~?)
	4 15(3700)	+ et OL
	4 15(3800)	+ multo OL
	4 15(3900)	+ erit OL
טובה	4 15(4001)	ἀγαθή]
	4 15(4002)	: ἀγαθόν a2

4 15(4003) : melior OL
ל/ך 4 15(4101) σοι] > h(~) OL
מ/שׁבעה 4 15(4201) ὑπὲρ]
4 15(4202) : quam OL
4 15(4300) + si OL
4 15(4401) ἑπτὰ]
4 15(4402) : decem OA-codd
4 15(4403) : setem OL
4 15(4500) + haberes OL
בנים 4 15(4601) υἱούς]
4 15(4602) : filios OL
4 15(4700) .
ו/תקח 4 16(0101) καὶ] > OL
4 16(0201) ἔλαβεν]
4 16(0202) : suscepta est OL
נעמי 4 16(0301) Νωεμιν (R)]
4 16(0302) : Νωεμει cx OL
4 16(0303) : Νωεμειν B
4 16(0304) : noemin OC
4 16(0305) : Νοεμην l
4 16(0306) : Νοεμμει ab'
4 16(0307) : Νοεμμειν ghoptvwe2
4 16(0308) : Νοεμμην n
4 16(0309) : Νοομει b
4 16(0310) : noomin OA
4 16(0311) : Νοομμειν AMNdefijkmqrsuya2b2
את ה/ילד 4 16(0400) τὸ
4 16(0501) παιδίον]
4 16(0502) : παιδάριον bptvwy
ו/תשׁת/הו 4 16(0601) καὶ] > OL
4 16(0701) ἔθηκεν]
4 16(0702) : ἐπέθηκεν gn
4 16(0703) : ἔθετο ikqrub2
4 16(0801) +:αὐτό AMNhkprtuvxyb2 OC OE OS(sub &)
4 16(0802) :+αὐτῷ ciq
ב/חיק/ה 4 16(0901) εἰς]
4 16(0902) : ἐν hikqrub2
4 16(0903) : ἐπὶ gn
4 16(1001) τὸν]
4 16(1002) : τῷ hikrub2
4 16(1101) κόλπον]
4 16(1102) : κόλπῳ hikrub2
4 16(1200) αὐτῆς
4 16(1300) + , (B-M)
ו/תהי 4 16(1400) καὶ
4 16(1501) ἐγενήθη] > OL(?)
ל/ו 4 16(1601) αὐτῷ] > w OL(?)
4 16(1602) : αὐτό aco
4 16(1603) : αὐτῇ b'fhka2e2*
ל/אמנת 4 16(1701) εἰς] > OL(?)
4 16(1801) τιθηνόν]
4 16(1802) : τιθηνίον g*h
4 16(1803) : nutricus OL

	4 16(1900)	+ ut OL
	4 16(2000)	+ regule OL
	4 16(2100)	+ officio OL
	4 16(2200)	+ fungebatur OL
	4 16(2300)	.
ו/תקראנה	4 17(0101)	καὶ] > OL
	4 17(0201)	ἐκάλεσαν] > OL
	4 17(0202)	: ἐκαλέσαντο a2
	4 17(0203)	: dixerunt OC
	4 17(0300)	+ vicin(a)e [?γείτονες] (~)OC-OL(~)
	4 17(0400)	+ autem [δὲ] OL
	4 17(0500)	+ mulieres OL
	4 17(0600)	+ congaudentes OL
	4 17(0700)	+ nomen [ὄνομα] OA(~)
ל/ו	4 17(0801)	αὐτοῦ] > ka2-OS(~)
	4 17(0802)	: αὐτῷ bg*oe2
	4 17(0803)	: αὐτό g(a?)lnptvw
ה/שׁכנות	4 17(0901)	αἱ] > OC
	4 17(0902)	: οἱ 70
	4 17(1001)	γείτονες] > (~)OC-OL(~)
	4 17(1100)	+ γένους gloptvwe2
	4 17(1200)	+ αὐτοῦ a2 OS
	4 17(1300)	+<τὸ MNadefhjkqsuya2b2 OS
שׁם	4 17(1401)	ὄνομα] > OC OL OA(~)
	4 17(1500)	+ αὐτοῦ ka2-OS(~)
	4 17(1600)	+<et OL
ל/אמר	4 17(1701)	λέγουσαι] > OA OC
	4 17(1702)	: discentes OL [?dicentes?]
ילד	4 17(1800)	Ἐτέχθη
בן	4 17(1900)	υἱὸς
ל/נעמי	4 17(2001)	τῇ] > OA
	4 17(2002)	: τὴν q
	4 17(2101)	Νωεμιν (R)]
	4 17(2102)	: Νωεμει cx OL
	4 17(2103)	: Νωεμειν AB
	4 17(2104)	: noemin OC
	4 17(2105)	: Νοεμην l
	4 17(2106)	: Νοεμμει ab'e2
	4 17(2107)	: Νοεμμειν ghoptvw
	4 17(2108)	: Νοεμμην n
	4 17(2109)	: Νοομει b
	4 17(2110)	: noomin OA
	4 17(2111)	: Νοομμειν MNdefijkmqrsuyb2
	4 17(2112)	: Νομμει a2
	4 17(2200)	·
ו/תקראנה	4 17(2300)	καὶ
	4 17(2401)	ἐκάλεσαν]
	4 17(2402)	: ἐκάλεσεν deja2
שׁמ/ו	4 17(2500)	τὸ
	4 17(2600)	ὄνομα
	4 17(2701)	αὐτοῦ]
	4 17(2702)	: αὐτῷ b2
עובד	4 17(2801)	Ωβηδ]

```
              4 17(2802)  : Ωβηλ 1
              4 17(2803)  : obeth OL
              4 17(2804)  : Ιωβηδ 71 OC OE
              4 17(2900)  ·
     הוא  4 17(3001)  οὗτος]
              4 17(3002)  : αὐτὸς q OE
              4 17(3100)  +<ὁ 18
     אבי  4 17(3200)  πατὴρ
     ישי  4 17(3301)  Ιεσσαι]
              4 17(3302)  : Ιεσαι w*
              4 17(3303)  : ysay OL
              4 17(3304)  : ἔσται u
     אבי  4 17(3401)  πατρὸς]
              4 17(3402)  : πρὸς a
     דוד  4 17(3501)  Δαυιδ]
              4 17(3502)  : Δαβιδ 241 Thdt
              4 17(3600)  ·
  ו/אלה  4 18(0100)  Καὶ
              4 18(0201)  αὗται]
              4 18(0202)  : h(a)ec OL
              4 18(0300)  + est OL
 תולדות  4 18(0401)  αἱ 's'(b)] > w*
              4 18(0501)  γενέσεις]
              4 18(0502)  : progenies [γενεα?] OL
     פרץ  4 18(0600)  Φάρες
              4 18(0700)  ·
     פרץ  4 18(0801)  Φάρες] > lu
   הוליד  4 18(0900)  ἐγέννησεν
 את חצרון  4 18(1000)  τὸν
              4 18(1101)  Εσρων B]
              4 18(1102)  : Εσρωμ AMNacdefhijlmnopqrstuvxya2
                            b2e2 OA OC OE OL Anon
              4 18(1103)  : Εζρων bw
              4 18(1104)  : Εζρωμ gk
              4 18(1200)  ,
              4 19(0100)  +<καὶ MNabdefghijklmnopqrstuvwxyb2
                            e2 OA OC OS Anon
 ו/חצרון  4 19(0201)  Εσρων Bb (see OS) ~]
              4 19(0202)  : Εσρωμ MNacdefhijlmopqrstuvxya2b2
                            e2 OA OC OE OL (see OS) Anon
              4 19(0203)  : Εσζρωμ n
              4 19(0204)  : Εζρων b'w
              4 19(0205)  : Εζρωμ gk
              4 19(0206)  : חיצרון OS
              4 19(0301)  δὲ Ba2 OL] > AMNabcdefghijklmnop
                            qrstuvwxyb2e2 OA OC OE OS
   הוליד  4 19(0400)  ἐγέννησεν
   את רם  4 19(0500)  τὸν
              4 19(0601)  Αρραν AB]
              4 19(0602)  : Αραν n* OL
              4 19(0603)  : Αραμ MNabcdefghijklmn(a)opqrstu
                            vwxya2b2e2 OA OC OE Anon
              4 19(0700)  ,
   ו/רם  4 19(0801)  καὶ] > A 74 OA-ed OC OE OL
```

4 19(0901) Αρραν (AB)]
4 19(0902) : aran OL
4 19(0903) : Αραμ MN omn OA OC OE Anon 74
4 19(1000) + δὲ A OC OL
הוליד 4 19(1100) ἐγέννησεν
את עמינדב 4 19(1200) τὸν
4 19(1301) Αμιναδαβ A]
4 19(1302) : Αμιναδαμ bfs
4 19(1303) : Αμειναδαβ BMNacdegijklmnopqrtuv wxya2b2e2
4 19(1304) : Αμηναδαβ h
4 19(1400) ,
ו/עמינדב 4 20(0101) καὶ] > 74 76 OA-ed OC OE OL
4 20(0201) Αμιναδαβ A OC OL]
4 20(0202) : Αμιναδαμ b'fs
4 20(0203) : Αμειναδαβ BMNabcdegijkl mnopqrtuvwxya2b2e2
4 20(0204) : Αμηναδαβ h
4 20(0300) + autem [δὲ] OC OL
הוליד 4 20(0400) ἐγέννησεν
את נחשון 4 20(0500) τὸν
4 20(0601) Ναασσων] > e(>10) g(>5)
4 20(0602) : Νaασων l OA
4 20(0603) : Νασσων f(a)x*
4 20(0604) : Ασσων k
4 20(0605) : Ασσων f*
4 20(0700) ,
ו/נחשון 4 20(0801) καὶ] > e(>10) g(>5) 74 76 OA-ed OE OL
4 20(0901) Ναασσων] > e(>10) g(>5)
4 20(0902) : Ναασων l OA
הוליד 4 20(1001) ἐγέννησεν] > e(>10) g(>5)
את שלמה 4 20(1101) τὸν] > e(>10) g(>5)
4 20(1201) Σαλμαν Bcl(ras (1) post λ)x (non liquet r)] > e(>10)
4 20(1202) : Σαλμων ANabdfghijkl(c)mopqstuvw ya2b2e2 OA OC OE Anon
4 20(1203) : salam OL
4 20(1204) : Σααλμον n
4 20(1205) : לסלמון OS
4 20(1300) ,
ו/שלמון 4 21(0101) καὶ] > e(>10) 74 76 OA OC OE OL
4 21(0201) Σαλμαν Bcx (non liquet r)] > e(>10)
4 21(0202) : Σαλμων ANabdfghijkl(μω ex corr) mopqstuvwya2b2e2 OE Anon
4 21(0203) : salmon OC
4 21(0204) : סלמון OS
4 21(0205) : salam OL
4 21(0300) + autem [δὲ] OC OL
הוליד 4 21(0401) ἐγέννησεν] > e(>10)
את בעז 4 21(0501) τὸν] > e(>10)
4 21(0601) Βοος ABNch(b?)uy* OA OE Anon]
4 21(0602) : Βοοζ Madefgijklmopqrstvwy(a?)a2 b2e2
4 21(0603) : booz OL

4 21(0604) : Βοωζ n
4 21(0605) : boes OC
4 21(0606) : Ζοροβαβελ h*
4 21(0700) ,
ו/בעז 4 21(0801) καὶ] > 74 OA OC OE OL
4 21(0901) Βοος ABNch(b?)suya2 OA OE Anon]
4 21(0902) : Βοοζ Madefgijklmopqrtvwb2e2(καὶ Βοοζ sup ras e2(a))
4 21(0903) : booz OL
4 21(0904) : Βοωζ n
4 21(0905) : boes OC
4 21(0906) : Ζοροβαβελ h*
4 21(1000) + autem [δὲ] OC OL
הוליד 4 21(1100) ἐγέννησεν
את עובד 4 21(1200) τὸν
4 21(1301) Ωβηδ]
4 21(1302) : Ωβηλ l
4 21(1303) : obeth OA OL Anon
4 21(1304) : Ιωβηδ i*kb2 OC OE
4 21(1305) : Ιωβηθ a2
4 21(1400) + ἐκ h(b)
4 21(1500) + τῆς h(b)
4 21(1600) + Ρουθ h(b)
4 21(1700) ,
ו/עובד 4 22(0101) καὶ] > kv OC OL
4 22(0201) Ωβηδ]
4 22(0202) : Ωβηλ l
4 22(0203) : Ωβηθ a2
4 22(0204) : obeth OA OL Anon
4 22(0205) : Ιωβηδ i*kb2 OC
4 22(0206) : iobed OE
4 22(0300) + δὲ kv OC OL(autem)

הוליד 4 22(0400) ἐγέννησεν
את ישי 4 22(0501) τὸν]
4 22(0601) Ιεσσαι]
4 22(0602) : Ιεσσε n
4 22(0603) : ysay [qui et yesse] OL
4 22(0700) + qui et [yesse] OL
4 22(0800) + yesse OL
4 22(0900) ,
ו/ישי 4 22(1001) καὶ] > OA OC OE OL
4 22(1101) Ιεσσαι]
4 22(1102) : Ιεσσε n
4 22(1200) + autem [δὲ] OC OL
הוליד 4 22(1300) ἐγέννησεν
את דוד 4 22(1400) τὸν
4 22(1501) Δαυιδ]
4 22(1502) : Δαβιδ 241
4 22(1600) + τὸν A 241
4 22(1700) + βασιλέα A 241 OL(regem)
4 22(1800) + david OL
4 22(1900) + autem OL
4 22(2000) + genuit OL

4 22(2100)   + <u>salomonem</u> OL
4 22(2200)   .

subscription

X 00(0100)   + Pουθ BM(vid)Nafhirstvxe2 (~Acen
              qya2~)
X 00(0200)   + ἐνταῦθα l(b)
X 00(0300)   + τελός Ab'ceil(b)npqtvwya2
X 00(0400)   + ἔλαβεν a2
X 00(0500)   + σὺν ptvw
X 00(0600)   + θ(ε)ῷ ptvw
X 00(0700)   + τῆς Aceqy
X 00(0800)   + Pουθ Acenqya2 (~BM(vid)Nafhirst
              vxe2~)
X 00(0900)   + τοῦ l(b)
X 00(1000)   + βιβλίου l(b)n(βίβλου)w
X 00(1100)   + τῆς b'l(c)ptvw
X 00(1200)   + ὀκτατεύχου b'l(c)ptvw
X 00(1300)   + τέρμα l(c)
X 00(1400)   + τῶν l(c)
X 00(1500)   + λόγων l(c)
X 00(1600)   + ἔχει e2
X 00(1701)   +:ἔπη e2
X 00(1702)   :+στίχοι s
X 00(1801)   +:σ' e2
X 00(1802)   :+τ' s

CHAPTER III

INDICES AND SPECIAL APPLICATIONS

III.1 INTRODUCTION

Emanuel Tov

One of the major reasons for creating a computer data
bank is to enable easy access to the data, which for the
CATSS project involves ancient texts and related materials.
This data can be stored in one form, and reformatted in
various ways, not only as running (consecutive) texts, but
also in other configurations. For example, the data can be
accessed in the following ways:

1. <u>Searches</u> for <u>individual</u> words, combinations of words, or letter
   patterns. Any computer system is capable of making such
   searches at some level, but for purposes of the project,
   various relatively sophisticated search programs are needed.

2. <u>Indexing</u> ("sorting") words in a particular part of the data
   base or in the data bank as a whole. Such an index can create a
   simple list of all words in the exact form in which they occur
   in the text together with all other information present in the
   same computer record (line). The words can be sorted according
   to the desired alphabetic order (e.g. English, Hebrew, Greek).
   A similar index can also be made on the basis of the
   "dictionary form" in addition to the "text form" (see below).

3. <u>Concordances</u>. A concordance is based on the same principles as
   an index but supplies the running context of the indexed word
   in the text from which it derives. It normally includes a
   specified number of words or letters both before and after the
   concordanced word.

4. <u>Special Programs</u>. Other information that is not easily
   available through any of the three aforementioned formats can
   be obtained by means of various "tailor made" programs created
   for specific purposes. The only limits to what is possible
   through this approach are the contents of the data base and
   the imagination and programming talents of the person using it.

The special attraction of computer assisted research is
that all of the individual segments of the data base as well
as the entire bank itself can be accessed in all these
different ways. This applies to the Hebrew and Greek main
texts, to variants to the Greek text, to manuscript

attestation of the variants, to morphological analysis of the Hebrew and Greek main texts as well as of the Greek variants, and to the Greek-Hebrew alignment. Although we have not yet been able to take full advantage of all the possibilities created by the newly available data bank, it is clear that new avenues are opened for all aspects of the study of textual criticism of the Hebrew and Greek Bible, linguistic analysis of the Hebrew and Greek, and the study of all the corpora which depend on the Septuagint. In the present context we must limit ourselves to a condensed description of the possibilities presented by computer storage, with particular reference to the book of Ruth. A more detailed analysis and a further exploration of the different possibilities can be accomplished by anyone who has access to the data bank which, incidentally, fits easily onto a single 1600 bpi 2400 foot tape.

III.1.1. _Search_. With the aid of search programs built into a system (e.g. the "LEX" program on the IBYCUS System) or of special software packages such as the Oxford Concordance Program (OCP), words, parts of words and combinations of words can be searched, with or without intervening matter. At the end of the search, OCP even supplies some statistical information. For our purposes, however, a more complex search strategy was required because of the complexity of the main text file which contains not only the aligned Greek-Hebrew main text of the MT and Rahlfs but also the variants to the Greek text and the textual attestation. Since the variants are on separate computer records (lines) from the main (aligned) text, a special search program was needed to supply the relevant information from the main text along with the variant that is being searched. This program, written by John Abercrombie, permits the user to choose any of the following three options, each of which includes relevant statistical information as well:

1. Full display of the data: the aligned main text line is listed together with all the variants to that line, whether the search target is found in the main aligned text or among the variants.

2. Minimal display of the data: displays only the records (lines) in which the searched word occurs.

3. Partially expanded display: includes all the aligned material from the main text plus full information for any variant that contains the search target, but not for all variants. If the search target is found in the aligned main text only, that material is reproduced without its variants.

This special search program is able to search for as many as nine different patterns (targets) so that, among other things, specific Greek-Hebrew equivalents can be located easily. Thus a dual search of the Hebrew third person feminine plural pronominal suffix (/יה) and the Greek αὐτῆς (which is of interest for the study of translation technique) can easily be performed, yielding the following results in relation to each of the aforementioned three types of searches:

1. Full display:

```
          בנ/יה   RT 01 03(0000) {...οἱ}
                  RT 01 03(2100) υἱοὶ
                  RT 01 03(2201) αὐτῆς]
                  RT 01 03(2202)  : αὐτοῦ c*
                  RT 01 03(2300) .

  ~ ~~~ =ילד/יה   RT 01 05(0000) {...τῶν}
                  RT 01 05(3301) υἱῶν] > (~)abcx-OL-OS(~)
                  RT 01 05(3401) αὐτῆς] > OC
                  RT 01 05(3500) .

        ו/כלת/יה  RT 01 06(0000) {...καὶ}
                  RT 01 06(0000) {...αἱ}
                  RT 01 06(0700) νύμφαι
                  RT 01 06(0800) αὐτῆς

          כלת/יה  RT 01 07(0000) {...αἱ}
                  RT 01 07(1800) νύμφαι
                  RT 01 07(1900) αὐτῆς
```

כלת/יה	RT 01 08(0000)	{...ταῖς}
	RT 01 08(0701)	νύμφαις]
	RT 01 08(0702)	: ἀδελφαῖς 18
	RT 01 08(0800)	αὐτῆς
אלה/יה	RT 01 15(2201)	τοὺς] > r(>5)
	RT 01 15(2301)	θεοὺς] > r(>5)
	RT 01 15(2401)	αὐτῆς] > r(>5)
	RT 01 15(2500)	:
אל/יה	RT 01 18(2001)	πρὸς]
	RT 01 18(2002)	: μετ᾽ dejs OA(vid)
	RT 01 18(2101)	αὐτὴν]
	RT 01 18(2102)	: αὐτῆς dejs OA(vid)
פנ/יה	RT 02 10(0501)	πρόσωπον] > (~)ptv(~)
	RT 02 10(0601)	αὐτῆς] > (~)ptv(~)

Total Equivalency	8	[listed above]
/יה	33	[total occurrences]
αὐτῆς	42	[total occurrences]
	0	[other search targets up to a
	0	total of nine]

2. Minimal display

בנ/יה	RT 01 03(0000)	{...οἱ}
	RT 01 03(2201)	αὐτῆς]
~ ~~~ = ילד/יה	RT 01 05(0000)	{...τῶν}
	RT 01 05(3401)	αὐτῆς] > OC
ו/כלת/יה	RT 01 06(0000)	{...καὶ}
	RT 01 06(0800)	αὐτῆς
כלת/יה	RT 01 07(0000)	{...αἱ}
	RT 01 07(1900)	αὐτῆς
כלת/יה	RT 01 08(0000)	{...ταῖς}
	RT 01 08(0800)	αὐτῆς
אלה/יה	RT 01 15(2201)	τοὺς] > r(>5)
	RT 01 15(2401)	αὐτῆς] > r(>5)
אל/יה	RT 01 18(2001)	πρὸς]
	RT 01 18(2102)	: αὐτῆς dejs OA(vid)
פנ/יה	RT 02 10(0501)	πρόσωπον] > (~)ptv(~)
	RT 02 10(0601)	αὐτῆς] > (~)ptv(~)

Total Equivalency	8	[listed above]
/יה	33	[total occurrences]
αὐτῆς	42	[total occurrences]
	0	[other search targets up to a
	0	total of nine]

3. Partly expanded display (including alignment)

בנ/יה	RT 01 03(0000)	{...οἱ}
	RT 01 03(2100)	υἱοὶ
	RT 01 03(2201)	αὐτῆς]
	RT 01 03(2300)	.
~ ~~~ =ילד/יה	RT 01 05(0000)	{...τῶν}
	RT 01 05(3301)	υἱῶν] > (~)abcx-OL-OS(~)
	RT 01 05(3401)	αὐτῆς] > OC
	RT 01 05(3500)	.
ו/כלת/יה	RT 01 06(0000)	{...καὶ}
	RT 01 06(0000)	{...αἱ}
	RT 01 06(0700)	νύμφαι
	RT 01 06(0800)	αὐτῆς
כלת/יה	RT 01 07(0000)	{...αἱ}
	RT 01 07(1800)	νύμφαι
	RT 01 07(1900)	αὐτῆς
כלת/יה	RT 01 08(0000)	{...ταῖς}
	RT 01 08(0701)	νύμφαις]
	RT 01 08(0800)	αὐτῆς
אלה/יה	RT 01 15(2201)	τοὺς] > r(>5)
	RT 01 15(2301)	θεοὺς] > r(>5)
	RT 01 15(2401)	αὐτῆς] > r(>5)
	RT 01 15(2500)	:
אל/יה	RT 01 18(2001)	πρὸς]
	RT 01 18(2101)	αὐτὴν]
	RT 01 18(2102)	: αὐτῆς dejs OA(vid)
פנ/יה	RT 02 10(0501)	πρόσωπον] > (~)ptv(~)
	RT 02 10(0601)	αὐτῆς] > (~)ptv(~)

Total Equivalency	8	[listed above]
/יה	33	[total occurrences]
αὐτῆς	42	[total occurrences]
	0	[other search targets up to a
	0	total of nine]

In the following example, the search is based on the Greek-Hebrew alignment without reference to any variants. A search was made, using the alignment notation, for all differences in word order between the MT and LXX main texts:

שָׁנִים	1	5	מ/שני ~	ἀπὸ ---
יֶלֶד	1	5	ילד/יה ~	~~~
שְׁנַיִם	1	5	~ ~~~ =ו/מ/שני	καὶ ἀπὸ τῶν δύο

יֶלֶד	1	5	~ ~~~ =ילד/יה	{...τῶν} υἱῶν
יְהוָה	1	17	יהוה ~ =ל/י	μοι
ל/	1	17	~ ל/י =יהוה	κύριος
שַׁדַּי	1	20	שׁדי ~ =%ב/י	ἐν ἐμοὶ
ל/	1	20	~ ל/י =שׁדי	ὁ ἱκανὸς
אכל	3	3	ל/אכל ~ =ל/שׁתות	πιεῖν
שׁתה	3	3	~ ו/ל/שׁתות =ו/ל/אכל	καὶ φαγεῖν
~~	4	11	~~~ ~ =עדים	μάρτυρες
עֵד	4	11	~ עדים	~~~
~~	4	13	~~~ ~ =ל/ה	αὐτῇ
ל/	4	13	~ ל/ה	~~~
~~	4	14	~~~ ~ =ה/יום	σήμερον
יוֹם	4	14	~ ה/יום	~~~

Total Equivalency 16
~ 16 [only one item searched]
0 [...no others requested]

The importance of such searches for the study of translation technique will be apparent to anyone who reflects upon the possibilities provided by this search program. The reader familiar with the book by R. A. Martin, Syntactical Evidence of Semitic Sources in Greek Documents (Septuagint and Cognate Studies 3 [1974]), will recognize how such searches for syntactical data in the LXX materials can now be done more quickly, accurately and thoroughly with the aid of the computer and a comprehensive data bank. Of special importance are comparative studies of the various translation units, in which connection close attention can be paid to matters of syntax and vocabulary. At the same time this new approach to the study of translation technique and analysis of the literalness of the translation is supported by work that has not been performed with the aid of a computer. In an exemplary and detailed study of some groups of prepositions, R. Sollamo recently demonstrated that the employment of a certain type of rendering is closely related to the translation character of that unit (Renderings of Hebrew Semiprepositions in the Septuagint,

AASF Diss. Hum. Litt. 19 [Helsinki, 1979]). If such
conclusions can be reached with manual work, they can
certainly be confirmed and pursued further with the help of
computer analysis. For example, in a few sample searches
performed on the Ruth data bank, the computer provided
information on such issues as the relation between the
equivalence of Hebrew /ב and Greek ἐν as opposed to other
usages of each of these elements. It is equally easy to
obtain statistics for the two main Greek renderings of
Hebrew /ו, viz., καί and δέ. Likewise, the more "literal"
Greek translation units prefer to represent the Hebrew
pronouns by separate Greek elements (αὐτοῦ, etc.). A
search program can help discover when the Greek deviates
from this type of translation. For study of the treatment of
various aspects of the Hebrew verbal system by Greek
translators the possibilities offered by the search programs
also are numerous. With a data bank containing Greek
morphological analysis along with Hebrew morphological
analysis, even more breadth is given for using computer
searches to examine how the Hebrew verb has been handled;
e.g. what do the different Greek past tenses represent for
any given translation unit?

    In this area research is still in an experimental stage,
but the first fruits of our work are published in an article
by E. Tov and B. G. Wright, "Computer Assisted Study of the
Criteria for Assessing the Literalness of Translation Units
in the LXX," Textus 12 (1985) 149-187. In this article,
various renderings are analyzed for their consistency, and
from these data conclusions are drawn with regard to the
literalness of the translation unit as a whole. On the basis
of these conclusions, a tentative comparison of the
literalness of the various translation units is then
composed.

    III.1.2. Index. An index is based either on the exact

form of the word in a text ("text word") or on the form
under which a word is found in a dictionary ("dictionary
form"). Thus the dictionary form for the Hebrew ‏ו/ילך‎ is ‏הלך‎
and for the Greek ἦλθεν it is ἔρχομαι. For each text word,
the computer consults a file of the dictionary forms that
have been supplied as explained in I.4. The dictionary forms
are not part of the main text file, but are stored in
additional files that are accessed for the purposes of
indexing and concordancing. Indices based on text words are
of limited value for our purposes, since the information
relating to a single dictionary form often is to be found in
text words that are scattered widely throughout the
alphabetic lists. While indices can be made from any file,
the most complete indices usually are the most useful. They
can be based either on the Greek dictionary forms as in
III.2 or on the Hebrew dictionary forms as in III.3. In
either instance the main text is not changed. The background
of the two indices is as follows:

    The Greek-Hebrew index (III.2) is based on the main
file (II), that is, it follows the dictionary forms for the
text of both the Greek-Hebrew alignment and of the variants
which have been merged with the alignment. All Greek words,
including problematic ones, are included in the index, so
that the problems raised in I.4 regarding the
lexicographical understanding of the variants apply also to
the index. On each line appear the text word (either main
text or variant), the dictionary form, and the word
occurring in the Hebrew column. This Hebrew word should not
be considered an equivalent of the Greek word, but it merely
refers the user to the main file (II) in which the full
information is recorded. Thus all the entries listed in the
Greek column of 1:8 for ‏ל/בית‎ are automatically aligned in
the index with ‏ל/בית‎, and this includes the Greek
preposition, the noun, variants to the noun and "additional"
words following the noun:

ל/בית	1	08(1600)	εἰς
ל/בית	1	08(1700)	+<τὸν Aadehjnopqtvwyb2e2
ל/בית	1	08(1801)	οἶκον] > 125(~)
ל/בית	1	08(1802)	: *domos* OE(c)(?οἴκους?)
ל/בית	1	08(1901)	+:τοῦ A
ל/בית	1	08(1902)	:+τὸν ahptvyb2 125
ל/בית	1	08(2001)	+:πατρός A 128 OA
ל/בית	1	08(2002)	:+*patrum* OE(c)(?πατέρων?)
ל/בית	1	08(2003)	:+πατρικὸν MNahikptuvyb2 125
ל/בית	1	08(2004)	:+πατρικῆς m
ל/בית	1	08(2100)	+ οἶκον 125(~)
ל/בית	1	08(2200)	+ *vestrorum* OE(c)(?=ἕκαστος...αὐτοῦ?)
ל/בית	1	08(2300)	+<καὶ OE(c)
ל/בית	1	08(2400)	+<τῆς nq

The Hebrew-Greek index (III.3) reflects the aligned main text only. For the variants, the reader must refer to the full text (II).

Limitations of space prevent us from presenting examples of additional indices. Several others could be prepared, based on either the Hebrew, the Greek, or the textual attestation.

III.1.3. *Concordances*. Concordances supply the context before and after the concordanced word, along with the word itself. Traditionally, concordances have proved especially useful for examining the running text of the Bible in Hebrew, Greek, and other languages. Other types of concordances can also be valuable. It is possible, through special programs, to include information on textual variants, Hebrew-Greek equivalents, etc., within the concordance format, although the results become increasingly bulky with each new item of added information. Several years ago, a computer assisted concordance including textual variants was produced at Harvard for the tractate *Poimandres* from the Hermetic Corpus as an experimental volume. From the CATSS data bank, concordances of the readings from any given manuscript or group of textual witnesses can also be constructed as needed. In general, however, for working

with the alignment and the variants, "context" means the
full range of evidence pertaining to a particular lemma.
This context usually can be accessed best through one of the
search program options (see above). In many instances, it is
necessary to examine the full running text to obtain
sufficient context. Sometimes it is possible to write a
special program to meet special concordancing needs (see
III.4, below). For one example of a concordance, see I.4
above.

III.1.4. Special Programs. The number of special
programs that may be written in connection with the central
text file is virtually unlimited. All aspects of the Hebrew
and Greek main text, the Greek variants, their attestation,
the morphological analysis of the Greek and Hebrew, the
relation between the Greek and Hebrew can be examined within
individual translation units and the data can be compared
with other translation units.

We shall limit ourselves to one example, viz., the
importance of these data for the study of LXX lexicography,
an area from which the present project derived and for which
it presents much of the raw material. In addition to the
material available through regular searches and indices such
as described above, the lexicographer needs detailed
information on the relation between words within the Greek
tradition as well as on their Hebrew background.
Information of this kind is available through a comparison
of the Hebrew and Greek morphological analyses together with
the parallel alignment which contains special information on
the syntactical relation between the two texts. Thus, with
the aid of a special program, the comparative treatment of
Hebrew verbs in Greek can be documented in detail, including
information on the Hebrew background (this applies, e.g., to
the various usages of λέγω with either a preposition or the
dative, to the different usages of προσκυνέω and προστίθημι,
to the use of the numerals).

III.2 GREEK-HEBREW INDEX OF MAIN TEXT (INCLUDING VARIANTS)

Αασσων		את נחשון	4	20(0604)	: Αασσων k
Αβειμελεχ		אלימלך =:אבימלך	1	02(1202)	: Αβειμελεχ Bfgnopqstvwe2
Αβειμελεχ		אלימלך =:אבימלך	1	03(0402)	: Αβειμελεχ Bfgnopqstvwe2
Αβειμελεχ		אלימלך =:אבימלך	2	01(2402)	: Αβειμελεχ ABfglnopqstvwe2
Αβειμελεχ		אלימלך =:אבימלך	2	03(3202)	: Αβειμελεχ Bbfglnopqstvwxe2
Αβειμελεχ		ל/אלימלך	4	03(1702)	: Αβειμελεχ B
Αβειμελεχ		ל/אלימלך =:ל/אבימלך	4	09(1802)	: Αβειμελεχ B
Αβιμελεχ		אלימלך =:אבימלך	1	02(1201)	Αβιμελεχ]
Αβιμελεχ		אלימלך =:אבימלך	1	03(0401)	Αβιμελεχ]
Αβιμελεχ		אלימלך =:אבימלך	2	01(2401)	Αβιμελεχ]
Αβιμελεχ		אלימלך =:אבימלך	2	03(3201)	Αβιμελεχ]
Αβιμελεχ		ל/אלימלך	4	03(1701)	Αβιμελεχ]
Αβιμελεχ		מכרה =??	4	03(2400)	+ Αβιμελεχ oe2
Αβιμελεχ		ל/אלימלך =:ל/אבימלך	4	09(1801)	Αβιμελεχ]
ἀγαθός		טוב	2	22(1000)	Ἀγαθόν
ἀγαθός		טוב	3	13(2201)	ἀγαθόν] > OA(~) OL
ἀγαθός		טובה	4	15(4001)	ἀγαθή]
ἀγαθός		טובה	4	15(4002)	: ἀγαθόν a2
ἀγαθύνω		ו/ייטב	3	07(0900)	ἠγαθύνθη
ἀγαθύνω		היטבת	3	10(1600)	ἠγάθυνας
ἀγαπάω		אהבת/ך	4	15(2401)	ἀγαπήσασά] > OL(~?)
ἀγγέλλω	ἀνα	ו/תגד	2	19(3602)	: ἀνήγγειλεν Bb2
ἀγγέλλω	ἀνα	יגיד	3	04(3504)	: ἀναγγελεῖ me2
ἀγγέλλω	ἀνα	יגיד	3	04(3505)	: ἀναγέλῃ o
ἀγγέλλω	ἀνα	ו/תגד	3	16(2403)	: ἀνήγγειλεν 76
ἀγγέλλω	ἀνα	ו/תגד	3	16(2404)	: ἀνάγγειλεν 74
ἀγγέλλω	ἀνα	הגידה	4	04(3700)	ἀνάγγειλόν
ἀγγέλλω	ἀπο	הגד {!}	2	11(0901)	ἀπηγγέλη]
ἀγγέλλω	ἀπο	הגד {!}	2	11(0902)	: ἀπαγγέλη dh
ἀγγέλλω	ἀπο	הגד {!}	2	11(0903)	: ἀπάγγελι N
ἀγγέλλω	ἀπο	הגד {!}	2	11(0904)	: ἀπάγγελε n
ἀγγέλλω	ἀπο	הגד {!}	2	11(0905)	: ἀπαγγείλη 70
ἀγγέλλω	ἀπο	הגד {!}	2	11(0906)	: ἀπαγγεῖλον b'
ἀγγέλλω	ἀπο	ו/תגד	2	19(3601)	ἀπήγγειλεν]
ἀγγέλλω	ἀπο	יגיד	3	04(3501)	ἀπαγγελεῖ]
ἀγγέλλω	ἀπο	יגיד	3	04(3502)	: ἀπαγγελῇ bgh

ἀγγέλλω ἀπο יגיד 3 04(3503) : ἀπαγγειλῇ w
ἀγγέλλω ἀπο ו/תגד 3 16(2402) : ἀπήγγειλεν MNhikmpqrtuvyb2 OA OE OL
ἀγρός ב/שׂדי 1 01(3000) ἀγρῷ
ἀγρός שׂדי 1 02(5001) ἀγρὸν]
ἀγρός שׂדי 1 02(5002) : ἀγρῷ 71
ἀγρός מ/שׂדי 1 06(1300) ἀγροῦ
ἀγρός ב/שׂדה 1 06(1901) ἀγρῷ] >(>5) fhmqu OA OE(cl) OL
ἀγρός לחם 1 06(3103) : ἀγρούς ptv
ἀγρός ו/תלכנה 1 07(2600) + ἀγροῦ m(+5)
ἀγρός מ/שׂדי 1 22(1900) ἀγροῦ
ἀγρός ה/שׂדה 2 02(1401) ἀγρὸν] > a2(~)
ἀγρός ו/אלקטה 2 02(1800) + ἀγρὸν a2(~)
ἀγρός ב/שׂדה 2 03(1100) ἀγρῷ
ἀγρός ה/שׂדה 2 03(2601) ἀγροῦ] > o*
ἀγρός ה/שׂדה 2 03(2602) : ἀγρῷ glno(a)we2
ἀγρός מ/שׂדה 2 06(2300) ἀγροῦ
ἀγρός ה/בית =ב/שׂדה 2 07(3201) ἀγρῷ]
ἀγρός {...} 2 08(1900) ἀγρῷ
ἀγρός ב/שׂדה 2 08(0000) ἀγρῷ}
ἀγρός ב/שׂדה 2 09(0701) ἀγρόν]
ἀγρός ב/שׂדה 2 09(0702) : ἀγρῷ c
ἀγρός ב/שׂדה 2 17(0600) ἀγρῷ
ἀγρός ה/קציר 2 21(2702) : ἀγρὸν l
ἀγρός ב/שׂדה 2 22(2800) ἀγρῷ
ἀγρός ה/שׂדה 4 03(0900) ἀγροῦ
ἀγρός מ/שׂדה 4 03(3100) ἀγροῦ
ἀγρός ה/שׂדה 4 05(1300) ἀγρὸν
ἀγχιστεία את גאלת/י 4 06(2401) ἀγχιστείαν] > n(>15)
ἀγχιστεία ה/גאולה 4 07(1101) ἀγχιστείαν]
ἀγχιστεία --+ =את גאלת/ו 4 07(4001) ἀγχιστείαν] > u(>3) OL(>5)
ἀγχιστεία --+ =גאלת/י 4 08(1001) ἀγχιστείαν] > OL
ἀγχιστεία גאל 4 14(2102) : ἀγχιστείαν c
ἀγχιστεύς גאל 3 09(3401) ἀγχιστεὺς]
ἀγχιστεύς כי 3 12(0500) + ἀγχιστεὺς OL
ἀγχιστεύς גאל 3 12(1001) ἀγχιστεὺς]
ἀγχιστεύς גאל 3 12(2501) ἀγχιστεὺς] > w
ἀγχιστεύς ה/גאל 4 01(1504) : ἀγχιστεύς MNdefijkmqrsua2b2
ἀγχιστεύς ל/גאל 4 03(0501) ἀγχιστεῖ] > A

ἀγχιστεύς	ה/גאל	4	06(0401)	ἀγχιστεύς] > 16(>4)
ἀγχιστεύς	ל/גאול	4	06(1102)	: ἄγχιστευ j
ἀγχιστεύς	ה/גאל	4	08(0400)	ἀγχιστεὺς
ἀγχιστεύς	גאל	4	14(2101)	ἀγχιστέα]
ἀγχιστευτής	ה/גאל	4	01(1501)	ἀγχιστευτὴς ABbhx]
ἀγχιστευτής	ל/גאל	4	03(0502)	: ἀγχιστευτῇ bdefjs
ἀγχιστεύω	מ/גאל/נו	2	20(4200)	ἀγχιστευόντων
ἀγχιστεύω	גאל	3	09(3402)	: ἀγχιστεύεις glnowe2
ἀγχιστεύω	גאל	3	09(3403)	: ἀγχιστεύει B*cs
ἀγχιστεύω	גאל	3	09(3404)	: ἀγχιστευτής a
ἀγχιστεύω	גאל	3	09(3405)	: ἀγχιστευῶν q
ἀγχιστεύω	גאל	3	12(1002)	: ἀγχιστευῶν u
ἀγχιστεύω	יגאל/ך	3	13(1601)	ἀγχιστεύσῃ]
ἀγχιστεύω	יגאל/ך	3	13(1602)	: ἀγχιστεύσῃς f
ἀγχιστεύω	יגאל/ך	3	13(1603)	: ἀγχιστεύσηται b'h*
ἀγχιστεύω	יגאל	3	13(2401)	ἀγχιστευέτω]
ἀγχιστεύω	יגאל	3	13(2402)	: ἀγχιστεύω gn
ἀγχιστεύω	יגאל	3	13(2403)	: ἀγχιστευσάτω 70
ἀγχιστεύω	יגאל	3	13(2404)	: ἀχιστευσάτωσαν 128
ἀγχιστεύω	ל/גאל/ך	3	13(3200)	ἀγχιστεῦσαί
ἀγχιστεύω	ו/גאלתי/ך	3	13(3501)	ἀγχιστεύσω]
ἀγχιστεύω	ו/גאלתי/ך	3	13(3502)	: ἀγχιστεύω cdev
ἀγχιστεύω	ה/גאל	4	01(1502)	: ἀγχιστευαύτης c (η ex corr)
ἀγχιστεύω	ה/גאל	4	01(1503)	: ἀγχιστεύων aglnoptve2
ἀγχιστεύω	ל/גאל	4	03(0503)	: ἀγχιστεύοντι MNhikmpqrtuvb2
ἀγχιστεύω	ל/גאל	4	03(0504)	: ἀγχιστεύσαντι y
ἀγχιστεύω	תגאל	4	04(2601)	ἀγχιστεύεις]
ἀγχιστεύω	תגאל	4	04(2602)	: ἀγχιστεύῃς k
ἀγχιστεύω	תגאל	4	04(2603)	: ἀγχιστεύσῃς b
ἀγχιστεύω	גאל	4	04(2801)	ἀγχίστευε]
ἀγχιστεύω	יגאל	4	04(3501)	ἀγχιστεύεις]
ἀγχιστεύω	יגאל	4	04(3502)	: ἀγχιστεύῃς dksx*b2
ἀγχιστεύω	ל/גאול	4	04(4901)	ἀγχιστεῦσαι]
ἀγχιστεύω	ל/גאול	4	04(4902)	: ἀγχιστεύειν f
ἀγχιστεύω	אגאל	4	04(6301)	ἀγχιστεύσω]
ἀγχιστεύω	אגאל	4	04(6302)	: ἀγχιστεύω MNa2b2
ἀγχιστεύω	אגאל	4	04(6303)	: ἀγχιστεῦσαι c
ἀγχιστεύω	ל/גאול	4	06(1101)	ἀγχιστεῦσαι]

ἀγχιστεύω		גאל	4	06(2001)	ἀγχίστευσον] > n(>15)
ἀγχιστεύω		גאל	4	06(2002)	: ἀγχιστεῦσαι Mhkyb2
ἀγχιστεύω		גאל	4	06(2003)	: ἀγχίστευε Niqru
ἀγχιστεύω		ל/גאל	4	06(3201)	ἀγχιστεῦσαι] > n(>15)
ἀγχιστεύω		+-- =ה/גאל	4	07(3801)	ἀγχιστεύοντι] > A OL(>5)
ἀγχιστεύω		גאל	4	14(2103)	: ἀγχιστεύοντα bglmnoptvwe2 Thdt
ἄγω	συν	ו/אלקטה	2	02(1601)	συνάξω]
ἄγω	συν	ו/אלקטה	2	02(1602)	: συλλέγω a2
ἄγω	συν	ו/אספתי	2	07(0701)	συνάξω] > fa2
ἀδελφή		כלת/יה	1	08(0702)	: ἀδελφαῖς 18
ἀδελφός		ל/אחי/נו	4	03(1401)	ἀδελφοῦ] > (~)glnoe2(~)
ἀδελφός		ל/אלימלך	4	03(1900)	+ ἀδελφοῦ (~)glnoe2(~)
ἀδελφός		ה/מת	4	10(2301)	+:ἀδελφῶν c(~)
ἀδελφός		ה/מת	4	10(2302)	:+ἀδελ υ
ἀδελφός		אח/יו	4	10(4301)	ἀδελφῶν] > c(~)
ἀδρύνω		יגדלו	1	13(0601)	ἁδρυνθῶσιν BAMNha2b2]
Αιλιμελεχ		אלימלך =:אבימלך	1	02(1205)	: Αιλιμελεχ dj
Αιλιμελεχ		אלימלך =:אבימלך	1	03(0404)	: Αιλιμελεχ dj
Αιλιμελεχ		אלימלך =:אבימלך	2	01(2404)	: Αιλιμελεχ d
Αιλιμελεχ		אלימלך =:אבימלך	2	03(3204)	: Αιλιμελεχ dj
Αιλιμελεχ		ל/אלימלך	4	03(1703)	: Αιλιμελεχ dfj
Αιλιμελεχ		ל/אלימלך =:ל/אבימלך	4	09(1804)	: Αιλιμελεχ dfj
αἴρω		ו/תשׂאנה	1	09(2606)	: ἦραν c
αἴρω		ו/תשׂא	2	18(0201)	ἦρεν] > d(>19)
αἴρω	ἀπο	ו/תשׂאנה	1	09(2604)	: ἀπῆραν dgrs
αἴρω	ἀπο	ו/תשׂאנה	1	09(2605)	: ἀπῆρεν 125
αἴρω	ἀπο	ו/תשׂנה	1	14(0202)	: ἀπῆραν 125
αἴρω	ἐπι	ו/תשׂאנה	1	09(2601)	ἐπῆραν]
αἴρω	ἐπι	ו/תשׂאנה	1	09(2602)	: ἐπῆρον oe2

αἴρω	ἐπι	ו/תשׂאנה	1 09(2603)	: ἐπῆρεν	b'nw
αἴρω	ἐπι	ו/תשׂנה	1 14(0201)	ἐπῆραν]	
αἰσχύνω	κατα	תכלימו/ה	2 15(2201)	καταισχύνητε]	
αἰσχύνω	κατα	תכלימו/ה	2 15(2202)	: καταισχύνετε	bc
ἀκολουθέω		דבקה	1 14(3101)	ἠκολούθησεν]	
ἀκούω		שׁמעה	1 06(1701)	ἤκουσαν]	>(>5) fhmqu OE(l) OL
ἀκούω		שׁמעה	1 06(1702)	: ἤκουσεν	ir OE(c)
ἀκούω		שׁמעה	1 06(1703)	: ἠκούσαμεν	a2
ἀκούω		שׁמעת	2 08(1101)	ἤκουσας]	> 128(>3)
ἀλείφω		ו/סכת	3 03(0601)	ἀλείψῃ]	
ἀληθής		אמנם	3 12(0702)	: ἀλήθες	16
ἀληθής		גאל	3 12(1100)	+ ἀληθῶς	OL(~)
ἀληθής		אנכי	3 12(1600)	+ ἀληθῶς	70(~)
ἀληθῶς		אמנם	3 12(0701)	ἀληθῶς]	> 74 76 70(~) OE OL(~)
Αλιμελεκ		אלימלך =:אבימלך	1 02(1204)	: Αλιμελεκ A	
Αλιμελεκ		אלימלך =:אבימלך	1 03(0403)	: Αλιμελεκ A	
Αλιμελεχ		אלימלך =:אבימלך	1 02(1203)	: Αλιμελεχ	241
Αλιμελεχ		אלימלך =:אבימלך	2 01(2403)	: Αλιμελεχ m	
Αλιμελεχ		אלימלך =:אבימלך	2 03(3203)	: Αλιμελεχ A	
Αλιμελεχ		ל/אלימלך =:ל/אבימלך	4 09(1803)	: Αλιμελεχ y	
ἀλλά		נעמי	1 20(1300)	+<ἀλλά	ghlnoptvwe2 OA OE(c) OL
ἀλλά		מ/זה	2 08(3001)	+<ἀλλ'	OA OC(<u>sed</u>) Thdt
ἄλφιτον		קלי	2 14(6101)	ἄλφιτον]	
ἄλφιτος		קלי	2 14(6102)	: ἄλφιτος n	
ἅλων		את גרן	3 02(2600)	ἅλωνα	
ἅλων		ה/גרן	3 03(2201)	ἅλω]	
ἅλων		ה/גרן	3 03(2202)	: ἅλωνα	Δ(10)cdfghklmnoptuvwa2e2
ἅλων		ה/גרן	3 06(0601)	ἅλω]	> OL(>5)
ἅλων		ה/גרן	3 06(0602)	: ἅλωνα	Δ(10)(vid)cghlmnoprtvwa2e2
ἅλων		ה/גרן	3 14(4001)	ἅλωνα]	> OL
ἅλων		ה/גרן	3 14(4002)	: ἅλω	Aabdefijqrsub2
ἅμα		שׁת/יהם	1 19(0500)	+ ἅμα	ir OL(<u>simul</u>)
Αμαλων		ו/מחלון	4 09(2805)	: Αμαλων	71
Αμειναδαβ		את עמינדב	4 19(1303)	: Αμειναδαβ	BMNacdegijklmnopqrtuvwxya2b2e2

Αμεειναδαβ	ו/עמינדב	4	20(0203)	: Αμεειναδαβ
				BMNΔ(10)bcdegijklmnopqrtuvwxya2b2e2
Αμηναδαβ	את עמינדב	4	19(1304)	: Αμηναδαβ h
Αμηναδαβ	ו/עמינדב	4	20(0204)	: Αμηναδαβ h
ἀμητός	ה/קציר	2	21(2701)	ἀμητόν]
Αμιναδαβ	את עמינדב	4	19(1301)	Αμιναδαβ
				A]
Αμιναδαβ	ו/עמינדב	4	20(0201)	Αμιναδαβ
				A OC OL]
Αμιναδαμ	את עמינדב	4	19(1302)	: Αμιναδαμ
				bfs
Αμιναδαμ	ו/עמינדב	4	20(0202)	: Αμιναδαμ
				b'fs
ἀμφότεροι	שׁנ/יהם	1	05(0601)	ἀμφότεροι]
				> ptv
ἀμφότεροι	שׁת/יהם	1	19(0401)	ἀμφότεραι]
ἀμφότεροι	שׁת/יהם	1	19(0402)	: ἀμφότεροι
				Nl OL
ἀμφότεροι	שׁת/יהם	4	11(4200)	ἀμφότεραι
ἄν	אשׁר	1	13(0503)	: ἄν a
ἄν	אל אשׁר	1	16(2802)	: ἄν
				p
ἄν	ו/ב/אשׁר	1	16(3702)	: ἄν
				n*x
ἄν	ב/אשׁר	1	17(0302)	: ἄν
				MNpua2 Thdt-ed
ἄν	אשׁר	2	02(2502)	: ἄν
				bx
ἄν	מ/אשׁר	2	09(4401)	ἄν]
				> a
ἄν	ב/חמץ	2	14(4300)	+ ἄν
				f(+16)
ἄν	אם	2	21(2300)	ἄν
ἄν	אשׁר	2	21(3100)	+ ἄν
				dj
ἄν	אשׁר	3	05(1102)	: ἄν
				MNΔ(10)bdeghijlmnopqrstuvwa2e2
ἄν	אשׁר	3	11(1302)	: ἄν
				Nbdeghjlmnopsuwe2 Thdt
ἄν	כי אם	3	18(3501)	ἄν]
				> OL
ἀνά	בינ/י	1	17(2700)	ἀνὰ
ἀνά	ו/בינ/ך	1	17(3100)	+ ἀνὰ
				ir OL
ἀνά	ו/בינ/ך	1	17(0000)	{..d ἀνὰ}
ἀνά	בין	2	15(1401)	ἀνὰ]
ἀνάπαυσις	מנוחה	1	09(1300)	ἀνάπαυσιν
ἀνάπαυσις	מנוח	3	01(2700)	ἀνάπαυσιν
ἀνδρίζω	יגדלו	1	13(0602)	: ἀνδρισθῶσιν y
ἀνδρύνω	יגדלו	1	13(0603)	: ἀνδρυνθῶσιν
				abcdefgijkmnopqrstuvwxe2 Thdt
ἀνήρ	אישׁ	1	01(2201)	ἀνὴρ]
				> f

ἀνήρ		ה/אישׁ	1 02(1101)	ἀνδρὶ] > OL
ἀνήρ		אישׁ	1 03(0600)	ἀνὴρ
ἀνήρ		אישׁ	1 03(0800)	+ ἀνὴρ b'(bis scr)
ἀνήρ		ו/מ/אישׁ/ה	1 05(2501)	ἀνδρὸς] > (~)abcx-OL-OS(~)
ἀνήρ		ו/מ/שׁני = ~~~ ~	1 05(3000)	+ ἀνδρὸς (~)abcx-OL-OS(~)
ἀνήρ		אישׁ/ה	1 09(1801)	ἀνδρὸς]
ἀνήρ		אישׁ/ה	1 09(1802)	: ἀνδρὶ a2
ἀνήρ		אישׁ/ה	1 09(1803)	: ἀνδρῶν n
ἀνήρ		ל/אנשׁים	1 11(3200)	ἄνδρας
ἀνήρ		ל/אישׁ	1 12(1801)	ἀνδρί]
ἀνήρ		ל/אישׁ	1 12(3300)	ἀνδρὶ 'a'(<u>b</u>)
ἀνήρ		ל/אישׁ	1 13(1401)	ἀνδρί]
ἀνήρ		*מידע **מודע	2 01(0601)	ἀνὴρ] > (~)ax-OL(~)
ἀνήρ		ל/אישׁ/ה	2 01(0900)	ἀνδρὶ
ἀνήρ		ל/אישׁ/ה	2 01(1100)	+ ἀνήρ (~)ax-OL(~)
ἀνήρ		אישׁ	2 01(1501)	ἀνὴρ] > OL(>3)
ἀνήρ		אישׁ/ך	2 11(2300)	ἄνδρα
ἀνήρ		ה/אישׁ	2 19(5001)	ἀνδρός]
ἀνήρ		ה/אישׁ	2 20(3701)	ἀνὴρ] > OL
ἀνήρ		ל/אישׁ	3 03(2801)	ἀνδρὶ] > OL
ἀνήρ		ה/אישׁ	3 08(1001)	ἀνὴρ]
ἀνήρ		אישׁ	3 14(2100)	ἄνδρα
ἀνήρ		ה/אישׁ	3 16(3800)	ἀνήρ
ἀνήρ		ה/אישׁ	3 18(3200)	ἀνήρ
ἀνήρ		אנשׁים	4 02(0500)	ἄνδρας
ἀνήρ		אישׁ	4 07(2600)	ἀνὴρ
ἄνθρωπος		ב/בית לחם	4 11(6200)	+ ἀνθρώποις Thdt(+4)
ἀντάλλαγμα		ה/תמורה	4 07(1501)	ἀντάλλαγμα]
ἀντάω	ἀπο	תפגעי	1 16(0701)	ἀπαντῆσαι]
ἀντάω	ἀπο	יפגעו	2 22(2501)	ἀπαντήσονταί]
ἀντάω	συν	יפגעו	2 22(2502)	: συναντήσουσιν glnowe2
ἀνχιστεύω		גאל	4 04(2802)	: ἀνχιστεύεις a2
ἀοίδιμος		ב/בית לחם	4 11(6100)	+ ἀοίδιμον Thdt (+4)
ἀπαγγελία		{!} הגד	2 11(0801)	Ἀπαγγελίᾳ]
ἀπατάω		יפגעו	2 22(2503)	: ἀπατήσονται e
ἀπό		מ/בית לחם	1 01(2301)	ἀπὸ]
ἀπό		מ/בית לחם	1 02(4100)	+<ἀπὸ h
ἀπό		מ/שׁני ~	1 05(2000)	ἀπὸ

ἀπό		ו/מ/אישׁ/ה	1	05(0000)	---
ἀπό		ו/מ/שׁני= ~~~ ~	1	05(2801)	ἀπὸ]
					> 125
ἀπό		ל/שׁוב	1	16(2000)	+<ἀπὸ
					MNdefhikmprstuyb2 OA OE OS
ἀπό		מ/אז	2	07(2100)	ἀπὸ
ἀπό		ידעת	2	11(5100)	+<ἀπ’
					MNadef(vid)hijkmprstuvb2 OS
ἀπό		מ/שׁבע/ה	2	18(3602)	: ἀφ’
					'?'(k)
ἀπό		מ/זקני	4	02(0600)	ἀπὸ
ἅπτω		נגע/ך	2	09(2701)	ἅψασθαί]
ἅπτω		נגע/ך	2	09(2702)	: ἅψεσθαι
					f(a)o
Αραμ		את רם	4	19(0603)	: Αραμ
					MNabcdefghijklmn(a)opqrstuvwxya2b2e2 OA OC OE Anon
Αραμ		ו/רם	4	19(0903)	: Αραμ
					MN omn OA OC OE Anon 74
Αραν		את רם	4	19(0602)	: Αραν
					n* OL
ἀριθμός		קציר	2	23(1502)	: ἀριθμὸν l
Αρραν		את רם	4	19(0601)	Αρραν
					AB]
Αρραν		ו/רם	4	19(0901)	Αρραν
					(AB)]
ἄρτος		לחם	1	06(3101)	ἄρτους]
ἄρτος		לחם	1	06(3102)	: ἄρτον j
ἄρτος		מן ה/לחם	2	14(2001)	ἄρτων]
ἄρτος		מן ה/לחם	2	14(2002)	: ἄρτον
					bdegjklnoptve2 70 OL
Αρφα		ערפה	1	04(1002)	: Αρφα p
Αρφα		ערפה	1	14(1302)	: Αρφα c
ἀρχή			0	00(1000)	+ ἀρχή g
ἀρχή		ב/תחלת	1	22(2801)	ἀρχῇ]
ἄρχω	ὑπο	ל/י	2	21(3201)	ὑπάρχει]
ἄρχω	ὑπο	ל/י	2	21(3202)	: ὑπάρχοντα
					glnoptvwe2 Thdt
ἄρχω	ὑπο	ל/כליון	4	09(2301)	ὑπάρχει]
					> OL(>14)
ἄρχω	ὑπο	ל/כליון	4	09(2302)	: ὑπάρχῃ
					ch
Ασσων		את נחשׁון	4	20(0605)	: Ασσων
					f*
ἄσταχυς		ב/שׁבלים	2	02(2103)	: ἀστάχυσιν w
αὐλίζομαι		תליני	1	16(3801)	αὐλισθῇς]
αὐλίζομαι		אלין	1	16(4101)	αὐλισθήσομαι]
αὐλίζομαι		אלין	1	16(4102)	: αὐλησθήσωμαι c
αὐλίζομαι		אלין	1	16(4103)	: αὐλισθήσωμαι n
αὐλίζομαι		ליני	3	13(0100)	αὐλίσθητι
αὐτός		הוא	1	01(3400)	αὐτὸς
αὐτός		ו/אשׁת/ו	1	01(3800)	αὐτοῦ
αὐτός		ב/נ/יו	1	01(4401)	αὐτοῦ]
					> a2(>4)
αὐτός		ב/נ/יו	1	02(0500)	+ αὐτοῦ
					c*(~6)

αὐτός   שׁיא/ה 1 02(1002) : αὐτῷ
         w OL([viro] illi)
αὐτός   ו/אשׁח 1 02(1801) αὐτοῦ(=c(a?)q(b)
236 241 OA OE(c) OL OS(sub &))] > Bc*(~)q* OE(f)
αὐτός   בנ/י 1 02(2800) αὐτοῦ
αὐτός   נעמי 1 03(0902) : eius
         [αὐτῆς] OL
αὐτός   היא 1 03(1701) αὐτὴ
         (αὕτη B?)]
αὐτός   בנ/יה 1 03(2201) αὐτῆς]
αὐτός   בנ/יה 1 03(2202) : αὐτοῦ
         c*
αὐτός   ל/הם 1 04(0302) : αὐτοῖς
         ra2
αὐτός   ו/מ/איש/ה 1 05(2601) αὐτῆς]
         > f OC
αὐτός   ילד/יה = ~~~ ~ 1 05(3401) αὐτῆς]
         > OC
αὐτός   היא 1 06(0300) αὐτὴ
         (αὕτη B?)
αὐτός   ו/כלח/יה 1 06(0800) αὐτῆς
αὐτός   ו/חשׁב 1 06(1100) + αὐτὴ n
αὐτός   את עמ/ו 1 06(2600) αὐτοῦ
αὐτός   ל/הם 1 06(3001) αὐτοῖς]
         > 236
αὐτός   שׁמ/ה 1 07(1400) +<αὐτὴ
         b'(αὐτὸς b*)b2 OC
αὐτός   כלח/יה 1 07(1900) αὐτῆς
αὐτός   עמ/ה 1 07(2101) αὐτῆς]
         > kmq
αὐτός   כלח/יה 1 08(0800) αὐτῆς
αὐτός   אמ/ה 1 08(2601) αὐτῆς]
αὐτός   איש/ה 1 09(1900) αὐτῆς
αὐτός   ל/הן 1 09(2300) αὐτάς
αὐτός   קול/ן 1 09(3001) αὐτῶν]
         > a2 OC
αὐτός   קול/ן 1 09(3002) : αὐτῆς
         gn
αὐτός   ל/ה 1 10(0301) αὐτῇ]
         > u OL
αὐτός   ה/ל/הן 1 13(0200) αὐτοὺς
αὐτός   ה/ל/הן 1 13(0901) αὐτοῖς]
         > OE
αὐτός   ה/ל/הן 1 13(0902) : αὐταὶ
         c OL
αὐτός   קול/ן 1 14(0501) αὐτῶν]
         > 125
αὐτός   ל/חמות/ה 1 14(1600) αὐτῆς
αὐτός   עמ/ה =+-- 1 14(2701) αὐτῆς]
         > OL(? habiit)
αὐτός   ב/ה 1 14(3201) αὐτῇ]
αὐτός   ב/ה 1 14(3202) : αὐτῆς
         a2

αὐτός	ב/ה	1	14(3203)	:	αὐτήν
			30		
αὐτός	ו/חאמר	1	15(0300)	+	αὐτῇ
			125		
αὐτός	עמ/ה	1	15(1901)		αὐτῆς]
αὐτός	עמ/ה	1	15(1902)	:	αὐτοῦ
					o*
αὐτός	אלה/יה	1	15(2401)		αὐτῆς]
					> r(>5)
αὐτός	יבמח/ך	1	15(3303)	:	αὐτῆς
			125		
αὐτός	ו/חאמר	1	16(0302)	:	αὐτῇ
					k OE
αὐτός	נעמ':= +--	1	18(0600)	+	αὐτήν f
αὐτός	היא	1	18(0901)		αὐτή]
					> fgnw OC OE OL
αὐτός	אח/ה	1	18(1401)		αὐτῆς]
αὐτός	אח/ה	1	18(1402)	:	αὐτήν f
αὐτός	אח/ה	1	18(1403)	:	αὐτῇ
					dej
αὐτός	אל/יה	1	18(2101)		αὐτήν]
αὐτός	אל/יה	1	18(2102)	:	αὐτῆς
					dejs OA(vid)
αὐτός	בא/נה	1	19(0901)		αὐτάς]
					> dejs
αὐτός	כ/בא/נה	1	19(2001)	+:	αὐτῆς
					bcx
αὐτός	כ/בא/נה	1	19(2002)	:+	αὐτάς
					MNadefhijkmprtuvyb2 OA OC (>236~)
αὐτός	ביח לחם	1	19(2300)	+	αὐτάς
					236(~)
αὐτός	על/יהן	1	19(3001)		αὐταῖς
	MNa(a)(sup ras)bdefghijlmnopq*(vid)r(a)stuvwxyb2e2 OL]				
αὐτός	על/יהן	1	19(3002)	:	αὐτῆς B
αὐτός	על/יהן	1	19(3003)	:	αὐτῇ
					Acq(a)a2
αὐτός	על/יהן	1	19(3004)	:	αὐτάς
					r*
αὐτός	אל/יהן	1	20(0401)		αὐτάς]
					> OL
αὐτός	אל/יהן	1	20(0402)	:	αὐτοὺς
					degjln(a)optvwe2
αὐτός	כלח/ה	1	22(1200)		αὐτῆς
αὐτός	כלח/ה	1	22(1600)	+	αὐτῆς
					AMNbcdefhijmprstuvxb2 OA OL OS(sub &)
αὐτός	ו/המה	1	22(2201)		αὐταί]
					> OA(? et) OE(? et)
αὐτός	ו/המה	1	22(2202)	:	αὐτῇ d
αὐτός	ל/א/יש/ה	2	01(1001)		αὐτῆς]
αὐτός	ו/שמ/	2	01(2901)		αὐτῷ]
αὐτός	ב/עי/נ/יו	2	02(3000)		αὐτοῦ
αὐτός	ל/ה	2	02(3401)		αὐτῇ]
					> q OS
αὐτός	ל/ה	2	02(3402)	:	αὐτήν o

αὐτός ל/ו 2 04(2101) αὐτῷ]
> ac
αὐτός ל/נער/ו 2 05(0601) αὐτοῦ]
> A OC
αὐτός אחר/יהן 2 09(1700) αὐτῶν
αὐτός פנ/יה 2 10(0601) αὐτῆς]
> (~)ptv(~)
αὐτός ו/תשׁתחו 2 10(1100) + αὐτῆς
a2 (~)ptv(~)
αὐτός ארצ/ה 2 10(1700) + αὐτόν A
αὐτός אל/יו 2 10(2201) αὐτόν]
> Aj OA-ed
αὐτός ו/יען 2 11(0300) + <u>ei</u>
OL (~?αὐτῇ)
αὐτός ל/ה 2 11(0701) αὐτῇ]
> q OL(~?)
αὐτός אישׁ/ך 2 11(2402) : αὐτῆς r
αὐτός כנפ/יו 2 12(2900) αὐτοῦ
αὐτός ל/ה 2 14(0300) αὐτῇ
αὐτός ל/ה 2 14(5801) αὐτῇ]
αὐτός ל/ה 2 14(5802) : αὐτήν n
αὐτός את נער/יו 2 15(1100) αὐτοῦ
αὐτός תכלימו/ה 2 15(2300) αὐτήν
αὐτός ל/ה 2 16(0401) αὐτῇ
Begptu OC(vid) OL] > abx-OS(>4) MNhikmqrb2 OA
αὐτός ל/ה 2 16(0402) : αὐτήν
Acdfjlnosvwa2e2
αὐτός ל/ה 2 16(0000) {d} {...αὐτῇ}
αὐτός {...} 2 16(0801) αὐτῇ]
> OL(>4)
αὐτός {...} 2 16(0802) : αὐτήν
cfjo
αὐτός ו/עזבתם 2 16(1501) +:αὐτήν
MNbdefghijklmnopqrstuvwxb2e2 OA OE(c) OS
αὐτός ו/עזבתם 2 16(1502) :+αὐτῇ
a (74~)
αὐτός ו/עזבתם 2 16(1900) + αὐτῇ
74(~)
αὐτός ב/ה 2 16(2601) αὐτῇ]
αὐτός ב/ה 2 16(2602) : αὐτήν
bemqa2
αὐτός חמות/ה 2 18(1501) αὐτῆς]
> d(>19)
αὐτός ל/ה 2 18(2901) αὐτῇ]
> e
αὐτός ל/ה 2 18(3100) + αὐτῆς
glnoptvwe2
αὐτός ל/ה 2 19(0301) αὐτῇ]
> 237
αὐτός חמות/ה 2 19(0601) αὐτῆς]
> 71(>3)
αὐτός ל/חמות/ה 2 19(3802) : αὐτῇ
71
αὐτός ל/חמות/ה 2 19(4001) αὐτῆς]
> 71

αὐτός	עמ/ו	2	19(5600)	+ αὐτοῦ bcx
αὐτός	ל/כלת/ה	2	20(0901)	αὐτῆς] > i 71(>3)
αὐτός	חמד/ו	2	20(2000)	αὐτοῦ
αὐτός	ל/ה	2	20(3101)	αὐτῇ]
αὐτός	--+ =חמות/ה	2	21(0701)	αὐτῆς] > 71(>4)
αὐτός	כלת/ה	2	22(0900)	αὐτῆς
αὐτός	נערות/יו	2	22(2100)	αὐτοῦ
αὐτός	חמות/ה	2	23(2901)	αὐτῆς] > OL(>6)
αὐτός	ל/ה	3	01(0401)	αὐτῇ] > Acm OE 18(~)
αὐτός	ל/ה	3	01(0402)	: αὐτήν b'
αὐτός	נעמי	3	01(0802)	:+αὐτῇ 18(~)
αὐτός	נעמי	3	01(1000)	+ αὐτῆς A 241 OE(c)
αὐτός	חמות/ה	3	01(1301)	αὐτῆς] > Akp-OE(c)(>3)
αὐτός	חמות/ה	3	01(1500)	+ αὐτῇ c
αὐτός	נערות/יו	3	02(1700)	αὐτοῦ
αὐτός	הוא	3	02(2201)	αὐτὸς] > 76
αὐτός	את גרן	3	02(2700)	+ αὐτοῦ foe2
αὐτός	כלת/ו	3	03(3301)	αὐτὸν]
αὐτός	כלת/ו	3	03(3302)	: αὐτῷ b
αὐτός	ב/שכב/ו	3	04(0600)	αὐτόν
αὐτός	מרגלת/יו	3	04(2900)	αὐτοῦ
αὐτός	ו/הוא	3	04(3400)	αὐτὸς
αὐτός	אל/יה	3	05(0601)	αὐτήν]
αὐτός	אל/יה	3	05(0602)	: αὐτῇ <u>b</u>
αὐτός	אל/יה	3	05(0603)	: αὐτόν o*
αὐτός	--+ =;ל/ה	3	06(1501)	αὐτῇ] > OL
αὐτός	--+ =;ל/ה	3	06(1502)	: αὐτήν oe2
αὐτός	חמות/ה	3	06(1800)	αὐτῆς
αὐτός	לב/ו	3	07(1200)	αὐτοῦ
αὐτός	מרגלת/יו	3	07(3900)	αὐτοῦ
αὐτός	מרגלת/יו	3	08(2000)	αὐτοῦ
αὐτός	ו/יאמר	3	09(0400)	+ αὐτῇ glnoptvwe2 OA-codd OC OE OL
αὐτός	*מרגלת/ו **מרגלת/יו	3	14(0801)	αὐτοῦ] > OA-codd(>3)
αὐτός	את רע/הו	3	14(2400)	αὐτοῦ
αὐτός	ו/יאמר	3	14(2800)	+ αὐτῇ k
αὐτός	--+ =:בעז	3	14(3000)	+ αὐτῇ bcx

αὐτός	+-- =;ל/ה	3 15(0301)	αὐτῇ] > OA(>3) OL
αὐτός	ב/ה	3 15(1500)	+ αὐτὸ MNdefhijkmoqrsub2 OC OL
αὐτός	ב/ה	3 15(2101)	αὐτό] > fu
αὐτός	ב/ה	3 15(2102)	: αὐτῷ cq
αὐτός	ב/ה	3 15(2103)	: αὐτόν ia2
αὐτός	על/יה	3 15(3001)	αὐτήν]
αὐτός	על/יה	3 15(3002)	: αὐτῇ b'a2
αὐτός	חמות/ה	3 16(1000)	αὐτῆς
αὐτός	ו/תאמר	3 16(1400)	+ αὐτῇ B OE
αὐτός	ל/ה	3 16(3000)	αὐτῇ
αὐτός	ל/ה	3 16(3601)	αὐτῇ] > a OL f(~)
αὐτός	ה/איש	3 16(3900)	+ αὐτῇ f(~)
αὐτός	+-- =;ל/ה	3 17(0301)	αὐτῇ] > f(>3) abkx OS
αὐτός	ה/אלה	3 17(0800)	ταῦτα
αὐτός	ו/תאמר	3 18(0701)	+:αὐτὴν 71 OC OE
αὐτός	ו/תאמר	3 18(0702)	:+αὐτῇ h
αὐτός	ו/תאמר	3 18(1000)	+ αὐτῆς hm
αὐτός	+-- =;אל/יו	4 01(2401)	αὐτὸν] > (~)ptv(~) OL(>3)
αὐτός	+-- =:בעז	4 01(2700)	+ αὐτὸν (~)ptv(~)
αὐτός	מואב	4 03(3401)	+:αὐτὴν glotve2
αὐτός	מואב	4 03(3402)	:+αὐτῇ np
αὐτός	ה/מת	4 05(3000)	+ αὐτοῦ MNefhijpqrtvyb2 (+7)
αὐτός	ה/מת	4 05(3301)	+:αὐτὸν MNiqry*b2 (+7)
αὐτός	ה/מת	4 05(3302)	:+αὐτῷ ptv (+7)
αὐτός	+--	4 05(3601)	αὐτὴν (OS sub @)] > d(>11) iqrb2(>5) 76 OL
αὐτός	+--	4 05(3602)	: αὐτῇ o
αὐτός	ה/מת	4 05(5000)	+ αὐτὴν l*(+11)
αὐτός	נחלת/ו	4 05(6300)	αὐτοῦ
αὐτός	את נחלת/י	4 06(1802)	: αὐτοῦ b
αὐτός	נעל/ו	4 07(2900)	αὐτοῦ
αὐτός	ל/רע/הו	4 07(3601)	αὐτοῦ]
αὐτός	ל/רע/הו	4 07(3602)	: αὐτῷ b'

αὐτός +-- =את גאלת/ו 4 07(4101) αὐτοῦ]
> u(>3) OL(>5)
αὐτός ל/ך 4 08(0804) : αὐτῷ o
αὐτός נעל/ו 4 08(1701) αὐτοῦ]
> l
αὐτός +-- =ל/ו 4 08(2001) αὐτῷ]
αὐτός ה/מת 4 10(2400) + αὐτοῦ
c(~)
αὐτός נחלת/ו 4 10(2801) αὐτοῦ]
> a2-OL(>11)
αὐτός ה/מת 4 10(4000) + αὐτοῦ
de(+4)
αὐτός אח/יו 4 10(4401) αὐτοῦ]
> c(~)
αὐτός אח/יו 4 10(4402) : αὐτῶν
f*(vid)
αὐτός ו/מ/שׁער 4 10(4900) + αὐτοῦ y
αὐτός מקומ/ו 4 10(5300) αὐτοῦ
αὐτός ל/ו 4 13(1001) αὐτῷ]
> Ba2-OE(f)(>9) OL
αὐτός אל/יה 4 13(1701) αὐτήν]
> Ba2-OE(f)(>9) OE(c)(>4)
αὐτός ~~~ ~ =ל/ה 4 13(2101) αὐτῇ]
> (~)Absw(~) l(~?) 241
αὐτός ~~~ ~ =ל/ה 4 13(2102) : αὐτὴν
cq
αὐτός יהוה 4 13(2301) +:αὐτὸν
l(~?)
αὐτός יהוה 4 13(2302) :+αὐτῇ
(~)bsw(~)
αὐτός הריון 4 13(2500) + αὐτῇ
A(~)
αὐτός ו/תלד 4 13(2901) +:αὐτῷ
bglnoptvw OS(sub @)
αὐτός ו/תלד 4 13(2902) :+αὐτὸ
o(a)
αὐτός ו/תלד 4 13(2903) :+αὐτῇ
e2
αὐτός שׁמ/ו 4 14(3002) : αὐτοῦ c
αὐτός ילדת/ו 4 15(2801) αὐτόν]
> n OL
αὐτός ו/תשׁת/הו 4 16(0801) +:αὐτό
AMNhkprtuvxyb2 OC OE OS (sub &)
αὐτός ו/תשׁת/הו 4 16(0802) :+αὐτῷ
ciq
αὐτός ב/חיק/ה 4 16(1200) αὐτῆς
αὐτός ל/ו 4 16(1601) αὐτῷ]
> w OL(?)
αὐτός ל/ו 4 16(1602) : αὐτό
aco
αὐτός ל/ו 4 16(1603) : αὐτῇ
b'fhka2e2*
αὐτός ל/ו 4 17(0801) αὐτοῦ]
> ka2-OS(~)

αὐτός ו/ל 4 17(0802) : αὐτῷ
bg*oe2
αὐτός ו/ל 4 17(0803) : αὐτό
g(a?)lnptvw
αὐτός ה/שכנות 4 17(1200) + αὐτοῦ
a2 OS
αὐτός שם 4 17(1500) + αὐτοῦ
ka2-OS(~)
αὐτός שמ/ו 4 17(2701) αὐτοῦ]
αὐτός שמ/ו 4 17(2702) : αὐτῷ
b2
αὐτός הוא 4 17(3002) : αὐτὸς
q OE
Αχιμελεχ אלימלך =:אבימלך 1 03(0405) : Αχιμελεχ
i*
Βαιθλεεμ מ/בית לחם 1 01(2401) Βαιθλεεμ
B]
Βαιθλεεμ מ/בית לחם 1 02(4201) Βαιθλεεμ
B] > b OA
Βαιθλεεμ בית לחם 1 19(1101) Βαιθλεεμ
BA]
Βαιθλεεμ בית לחם 1 22(2601) Βαιθλεεμ
AB]
Βαιθλεεμ מ/בית לחם 2 04(0601) Βαιθλεεμ
B]
Βαιθλεεμ ב/בית לחם 4 11(5801) Βαιθλεεμ
AB] > y(>5)
βαίνω ἀνα *ו/ירדתי **ו/ירדת 3 03(1901) ἀναβήσῃ]
βαίνω ἀνα *ו/ירדתי **ו/ירדת 3 03(1902) : ἀνάβηθι b
βαίνω ἀνα עלה 4 01(0300) ἀνέβη
βαίνω κατα ו/תרד 3 06(0201) κατέβη]
> OL(>5)
βάλλω παρα של 2 16(0000) {...παραβάλλοντες}
βάλλω παρα תשלו 2 16(0000) {d}{...παραβαλεῖτε}
βάλλω παρα {...} 2 16(0601) παραβάλλοντες]
> Nglnoswe2 OL(>4)
βάλλω παρα {...} 2 16(0602) : παραβάλοντες m
βάλλω παρα {...} 2 16(0701) παραβαλεῖτε]
> OL(>4)
βάλλω παρα {...} 2 16(0702) : παραβαλλεῖτε f
βάλλω παρα ἐν {...} 2 16(0603) : παρεμβάλλοντες
hptv
βάλλω παρα ἐν {...} 2 16(0703) : παρεμβαλεῖτε
hptv
βάλλω περι ו/פרשת 3 09(2301) περιβαλεῖς]
βάλλω περι ו/פרשת 3 09(2302) : περιβαλλεῖς
fo
βάπτω ו/טבלת 2 14(2401) βάψεις]
> OL(>4)
βασιλεύς את דוד 4 22(1700) + βασιλέα
A 241 OL(regem)
βαστάζω של 2 16(0201) βαστάζοντες]
> abx-OS(>4) OE(?)

βαστάζω	שׁל	2 16(0202)	: βαστάζοντα n
βαστάζω	שׁל	2 16(0203)	: βαστάσοντες h
βαστάζω	שׁל	2 16(0204)	: βαστάξοντες 241
βαστάζω	שׁל	2 16(0205)	: βασταξάντες u
βαστάζω	תשׁלו	2 16(0301)	βαστάξατε] > abx-OS(>4)
βαστάζω	תשׁלו	2 16(0302)	: βαστάξετε tv
βαστάζω	תשׁלו	2 16(0303)	: βαστάσατε MNikmquwa2b2
βαστάζω	תשׁלו	2 16(0304)	: βαστάσετε h
βεβηλόω	הייתי =??	1 12(2905)	: βεβηλωμένην 'a'(b, see Mk)
Βεθλεεμ	מ/בית לחם	2 04(0603)	: Βεθλεεμ A
Βεθλεεμ	ב/בית לחם	4 11(5803)	: Βεθλεεμ 241
Βηθεεμ	ב/בית לחם	4 11(5806)	: Βηθεεμ a
Βηθλαιεμ	מ/בית לחם	1 01(2405)	: Βηθλαιεμ 131
Βηθλεεμ	מ/בית לחם	1 01(2403)	: Βηθλεεμ AMNab'defghijmopqstuvwxya2b2e2
Βηθλεεμ	מ/בית לחם	1 02(4203)	: Βηθλεεμ AMNadefghijmpqstuvwxya2b2e2
Βηθλεεμ	בית לחם	1 19(1103)	: Βηθλεεμ MNab'defghijlmopqstuvwxya2b2e2 OC
Βηθλεεμ	בית לחם	1 19(2201)	+:Βηθλεεμ MNab'defhijkmprtuvxyb2 236 OA OC
Βηθλεεμ	בית לחם	1 22(2603)	: Βηθλεεμ MNab'cdefghijlmpqstuvwxa2b2e2 OC Or-gr
Βηθλεεμ	מ/בית לחם	2 04(0605)	: Βηθλεεμ MNab'cdefghijlmpqstuvwxa2b2e2 OC
Βηθλεεμ	ב/בית לחם	4 11(5805)	: Βηθλεεμ MNbcdefghijlmnpqstuvxa2b2e2 OC Thdt
βιβλίον		0 00(0301)	+:βιβλίον nwe2
βιβλίον		0 00(0802)	:+βιβλίον b'dgkp
βιβλίον	את דוד	X 00(1000)	+ βιβλίου l(b)n(βίβλου)w
βίβλος		0 00(0302)	:+βίβλος f
βίβλος		0 00(0801)	+:βίβλος n
Βιθλεεμ	מ/בית לחם	1 01(2402)	: Βιθλεεμ bcknr
Βιθλεεμ	מ/בית לחם	1 02(4202)	: Βιθλεεμ cknor
Βιθλεεμ	בית לחם	1 19(1102)	: Βιθλεεμ bcknr
Βιθλεεμ	בית לחם	1 19(2203)	:+Βιθλεεμ bckr
Βιθλεεμ	בית לחם	1 22(2602)	: Βιθλεεμ bknor
Βιθλεεμ	מ/בית לחם	2 04(0602)	: Βιθλεεμ bknor

Βιθλεεμ   ב/בית לחם 4 11(5802) : Βιθλεεμ
kor

Βοοζ   בעז 2 01(3002) : Βοοζ
Mbdefg(a?)h(b)ijklnopqrtvwxb2e2 OL Thdt

Βοοζ   חלקת 2 03(2300) + Βοοζ
glno(a)we2

Βοοζ   ל/בעז 2 03(2702) : Βοοζ
Mbdefgh(b)ijklnopqrtvwxb2e2 OL

Βοοζ   בעז 2 04(0302) : Βοοζ
Mbdefgh(b)ijklnopqrstvwxa2e2 OL

Βοοζ   בעז 2 05(0302) : Βοοζ
Mbdefgh(b?)ijklopqrstvwxb2e2

Βοοζ   בעז 2 08(0702) : Βοοζ
Mbdefgh(b)ijkloprstvwxa2b2e2 OL

Βοοζ   בעז 2 11(0402) : Βοοζ
Mbdefgh(b?)ijklopqrstvwxa2b2e2

Βοοζ   בעז 2 14(0402) : Βοοζ
Mbdefgh(b?)ijklopqrstvwxa2b2e2

Βοοζ   בעז:= +-- 2 14(5902) : Βοοζ
Mbdefgh(b?)ijkopqrstvwxa2b2e2

Βοοζ   בעז 2 15(0802) : Βοοζ
AMbdefgh(b?)ijklopqrstvwxa2b2e2

Βοοζ   בעז 2 19(5902) : Βοοζ
MΔ(10)bdefgh(b?)ijklopqrstvwxa2e2

Βοοζ   בעז 2 23(0802) : Βοοζ
MΔ(10)bdefgh(b?)ijklmopqrstuvwxa2b2e2

Βοοζ   בעז 3 02(0702) : Βοοζ
Macbdefgijlnopqrstvwxe2

Βοοζ   בעז 3 07(0302) : Βοοζ
MΔ(10)(vid)bdefgh(b?)ijklopqrstvwxa2b2e2

Βοοζ   בעז:= +-- 3 10(0402) : Βοοζ
Mbdefgh(b?)ijklopqrstvwxa2b2e2

Βοοζ   בעז:= +-- 3 14(2902) : Βοοζ
Mcdefgh(b?)ijklopqrstvwa2b2e2

Βοοζ   יבא/ו 3 15(3500) + Βοοζ w

Βοοζ   בעז/ו 4 01(0202) : Βοοζ
Madefgh(b?)ijk(a)lopqrstva2b2e2

Βοοζ   בעז 4 01(1902) : Βοοζ
Madefgh(b?)ijk(a)lopqrstva2b2e2

Βοοζ   בעז:= +-- 4 01(2502) : Βοοζ
Madefgh(b?)ijk(a)lopqrstva2b2e2

Βοοζ   בעז:= +-- 4 02(0302) : Βοοζ
Madefgh(b?)ijk(a)lopqrstva2b2e2

Βοοζ   בעז:= +-- 4 03(0302) : Βοοζ
Madefgh(b?)ijk(a)lopqrstva2b2e2

Βοοζ   בעז 4 05(0402) : Βοοζ
Mabdefgh(b?)ijk(a)lopqrstvxa2b2e2

Βοοζ   גאל/ה 4 06(0702) :+Βοοζ
bx

Βοοζ   ל/בעז 4 08(0602) : Βοοζ
AMadefgh(b?)ijklmopqrstvya2b2e2

Βοοζ   ל/ל= +-- 4 08(2100) + Βοοζ
ptv

Βοοζ   בעז 4 09(0302) : Βοοζ
Madefgh(b?)ijklmopqrstva2b2e2 Thdt

Βοος	את בעז 4 21(0601) Βοος
	ABNch(b?)uy* OA OE Anon]
Βοος	ו/בעז 4 21(0901) Βοος
	ABNch(b?)suya2 OA OE Anon]
βούλομαι	יחפץ 3 13(3101) βούληται]
βούλομαι	יחפץ 3 13(3102) : βούλεται h
βούλομαι	יחפץ 3 13(3103) : βούλοιτο
	74
βουνίζω	ו/יצבט 2 14(5701) ἐβούνισεν]
βουνίζω	ה/צבתים 2 16(1100) βεβουνισμένων
Βοωζ	בעז 2 05(0304) : Βοωζ n
Βοωζ	בעז 2 08(0703) : Βοωζ n
Βοωζ	בעז 2 11(0404) : Βοωζ n
Βοωζ	בעז 2 14(0404) : Βοωζ n
Βοωζ	בעז:= +-- 2 14(5903) : Βοωζ n
Βοωζ	בעז 2 15(0804) : Βοωζ n
Βοωζ	בעז 2 19(5904) : Βοωζ n
Βοωζ	בעז 2 23(0804) : Βοωζ n
Βοωζ	בעז 3 07(0303) : Βοωζ n
Βοωζ	בעז:= +-- 3 10(0404) : Βοωζ n
Βοωζ	בעז:= +-- 3 14(2904) : Βοωζ n
Βοωζ	ו/בעז 4 01(0204) : Βοωζ n
Βοωζ	בעז 4 01(1904) : Βοωζ n
Βοωζ	בעז:= +-- 4 01(2503) : Βοωζ n
Βοωζ	בעז:= +-- 4 02(0303) : Βοωζ n
Βοωζ	בעז:= +-- 4 03(0303) : Βοωζ n
Βοωζ	בעז 4 05(0404) : Βοωζ n
Βοωζ	ל/בעז 4 08(0604) : Βοωζ n
Βοωζ	בעז 4 09(0304) : Βοωζ n
Βοωζ	בעז 4 13(0303) : Βοωζ n
Βοωζ	את בעז 4 21(0604) : Βοωζ n
Βοωζ	ו/בעז 4 21(0904) : Βοωζ n
Βωζ	בעז 2 01(3003) : Βωζ
	g*
Βωοζ	בעז 3 02(0705) : Βωοζ
	h(b?)
Βωος	בעז 3 02(0704) : Βωος
	h*
γάρ	אני 1 21(0200) + γὰρ
	glnoptvwe2 OS (sub @)
γάρ	{כי~..} 3 11(2200) γὰρ
γάρ	אשת 3 11(3200) + γὰρ n
γάρ	כי 3 18(2800) γὰρ
γείτων	ה/שכנות 4 17(1001) γείτονες]
	> (~)OC-OL(~)
Γελεων	ו/כליון 1 05(1309) : Γελεων
	18
Γελιων	ו/כליון 1 05(1310) : Γελιων f
γενεά	מולדת/ך 2 11(4002) : γενεάν
	70
γενεαλογία	תולדות 4 18(0502) : γενεαλογίαι
	's'(b)
γένεσις	מולדת/ך 2 11(4001) γενέσεώς]

γένεσις תולדות 4 18(0501) γενέσεις]
γεννάω ו/תלד 4 13(2802) : ἐγέννησεν A
γεννάω הוליד 4 18(0900) ἐγέννησεν
γεννάω הוליד 4 19(0400) ἐγέννησεν
γεννάω הוליד 4 19(1100) ἐγέννησεν
γεννάω הוליד 4 20(0400) ἐγέννησεν
γεννάω הוליד 4 20(1001) ἐγέννησεν]
> e(>10) g(>5)
γεννάω הוליד 4 21(0401) ἐγέννησεν]
> e(>10)
γεννάω הוליד 4 21(1100) ἐγέννησεν
γεννάω הוליד 4 22(0400) ἐγέννησεν
γεννάω הוליד 4 22(1300) ἐγέννησεν
γένος ה/שכנות 4 17(1100) + γένους
gloptvwe2
γῆ ב/ארץ 1 01(1801) γῆ]
> q
γῆ ב/ארץ 1 01(1802) : γῆν
iptv
γῆ ב/ארץ 1 01(1803) : γῆς c
γῆ יהודה 1 02(4302) : γῆς
bqa2
γῆ ארץ 1 07(3700) γῆν
γῆ ארצ/ה 2 10(1400) γῆν
(pr ras (2) w)
γῆ ו/ארץ 2 11(3801) γῆν]
> 236 70
γῆ קרוב 3 12(2803) : γείων l
γηράσκω זקנתי 1 12(1300) γεγήρακα
γίγνομαι ו/יהי 1 01(0200) ἐγένετο
γίγνομαι ו/יהי 1 01(1401) ἐγένετο
(sup ras q)] > 125
γίγνομαι היתי =?? 1 12(2901) γενηθῆναί]
γίγνομαι היתי =?? 1 12(2902) : γένεσθαι
N(a?)gnoptvwe2 Thdt
γίγνομαι היתי =?? 1 12(2903) : ἐγενόμην
MN*hyb2 71
γίγνομαι היות 1 13(1301) γενέσθαι]
> 30
γίγνομαι היות 1 13(1302) : γίνεσθε f
γίγνομαι תפגעי 1 16(0702) : γένοιτο
gk(mg)lnowe2 Thdt
γίγνομαι ו/יהי 1 19(1401) +:ἐγένετο
MNadehijkmprtvyb2 236 OA OC OL
γίγνομαι ו/יהי 1 19(1402) :+ἐγένοντο f
γίγνομαι ו/תהי 2 12(1001) γένοιτο]
γίγνομαι ו/תהי 2 12(1002) : γενήται
71
γίγνομαι ו/יהי 2 17(1701) ἐγενήθη]
> d(>19)
γίγνομαι ייטב 3 01(3201) γένηταί]
γίγνομαι ייטב 3 01(3202) : γένοιται n
γίγνομαι ייטב 3 01(3203) : γένοιτο k
γίγνομαι ו/יהי 3 08(0200) ἐγένετο

γίγνομαι ו/יהי 4 12(0201) γένοιτο]

γίγνομαι ו/יהי 4 12(0202) : γένηται
iptv

γίγνομαι ו/תהי 4 13(0901) ἐγενήθη]
> Ba2-OE(f)(>9) blgnowe2

γίγνομαι ו/תהי 4 13(0902) : ἐγένετο
Acx

γίγνομαι ו/תהי 4 16(1501) ἐγενήθη]
> OL(?)

γίγνομαι ἐπι היות 1 13(1303) : ἐπιγενείσθαι n

γίγνομαι παρα בא/נה 1 19(0800) παραγενέσθαι

γίγνομαι παρα באו 1 22(2401) παρεγενήθησαν]

γίγνομαι παρα באו 1 22(2402) : παρεγένοντο
glnowe2

γίγνομαι παρα עבר 4 01(1603) : παρεγένετο
nu

γιγνώσκω ו/ידעת 3 04(1300) γνώσῃ

γιγνώσκω יודע 3 14(3200) γνωσθήτω

γιγνώσκω *ו/אדע **ו/ארעה 4 04(4101) γνώσομαι]
> OL(~?)

γιγνώσκω *ו/אדע **ו/ארעה 4 04(4102) : γνώσωμαι n

γιγνώσκω ἐπι ל/הכיר/ני 2 10(3300) ἐπιγνῶναί

γιγνώσκω ἐπι מכיר/ך 2 19(2101) ἐπιγνούς]
> OL(>5)

γιγνώσκω ἐπι מכיר/ך 2 19(2102) : ἐπιγνοῦσα
l(+ras (1))

γιγνώσκω ἐπι יכיר 3 14(2000) ἐπιγνῶναι

γιγνώσκω ἐπι תדעין 3 18(1701) ἐπιγνῶναί]

γιγνώσκω ἐπι תדעין 3 18(1702) : ἐπιγνῶσαι o

γνωρίζω תודעי 3 03(2600) γνωρισθῇς

γνώριμος *מידע **מודע 2 01(0700) γνώριμος

γνώριμος מדעת/נו 3 02(0801) γνώριμος]

γυνή ו/אשת/ו 1 01(3700) γυνὴ

γυνή בנ/יו 1 02(0400) + γυναίκῃ
c*(~6)

γυνή אשת/ו 1 02(1701) γυναικὶ
c(a?) 236 241 OA OE(c) OS(sub &))] > Bc*(~)q* OE(f)

γυνή אשת/ו 1 02(1702) : γυναικὸς
q(b) OL

γυνή נעמי 1 03(1000) + γυναῖκος w

γυνή ו/תשאר 1 03(1600) + γυνὴ
bcx OA

γυνή נשים 1 04(0400) γυναῖκας

γυνή ה/אשה 1 05(1800) γυνὴ

γυνή אשה 3 08(1600) γυνὴ

γυνή שער 3 11(2502) : γυνὴ
h(a)

γυνή אשת 3 11(3100) γυνὴ

γυνή ה/אשה 3 14(3500) γυνὴ

γυνή אשת 4 05(2400) γυναικὸς

γυνή אשת 4 10(0601) γυναῖκα]
> l(>3)

γυνή ל/אשה 4 10(1401) γυναῖκα]
> 71(>3)

γυνή את ה/אשה 4 11(2500) γυναῖκά
γυνή ל/אשה 4 13(1201) `γυναῖκα
(OS sub &)] > Ba2-OE(f)(>9) OL
γυνή ה/נשים 4 14(0400) γυναῖκες
Δαβιδ דוד 4 17(3502) : Δαβιδ
241 Thdt
Δαβιδ את דוד 4 22(1502) : Δαβιδ
241
Δαυιδ דוד 4 17(3501) Δαυιδ]
Δαυιδ את דוד 4 22(1501) Δαυιδ]
δέ ל/איש 1 12(3500) +<δὲ
ptv (?see OL ut)
δέ ו/רות 1 14(3000) δὲ
δέ ו/תאמר 1 16(0301) δὲ]
> y
δέ ו/תרא 1 18(0301) δὲ]
> a OL(?)
δέ ו/תלכנה 1 19(0301) δὲ]
> glnoprtvwe2
δέ ו/יהי 1 19(1500) + δὲ
u OC
δέ כ/בא/נה 1 19(1900) + δὲ
bcx
δέ ו/המה 1 22(2301) δὲ]
δέ איש 2 01(1401) δὲ]
> OL(>3)
δέ ו/תאמר 2 02(0300) + δὲ
MNdefhijkprstuvb2
δέ נא 2 02(1202) : δὲ p
δέ ו/תאמר 2 02(3300) δὲ
δέ ו/אנכי 2 10(3800) + δὲ
ikmrub2 OL
δέ ו/תאמר 2 13(0301) δὲ]
> OE(et) OL(et)
δέ ו/תרא 2 18(1100) + au(te)m
OL(δὲ)
δέ מכיר/ך 2 19(2000) + δὲ l
δέ ו/תאמר 2 20(0300) + δὲ
MNΔ(10)(vid)dehijkmpqrstuvb2 OL
δέ ו/תאמר 3 01(0301) δὲ]
> glnowe2
δέ ו/רחצת 3 03(0301) δὲ]
> MNbhimpqrtvb2 OL
δέ ו/תאמר 3 05(0301) δὲ]
> 18
δέ ו/תבא 3 07(2701) δὲ]
> glnoptvwe2 77(>9) OE
δέ ו/יהי 3 08(0301) δὲ]
> a2 OL
δέ ו/יאמר 3 09(0301) δέ]
> glnoptvwe2 OL
δέ ו/תאמר 3 09(1201) δὲ]
> km OA OE OL
δέ ו/אם 3 13(2900) δὲ

δέ ו/תקם 3 14(1401) δὲ]

δέ ו/תאחז 3 15(1900) + δὲ
MNhikmqrsb2 OA OC

δέ ו/רות:= +-- 3 16(0300) + autem [δὲ]
OL

δέ ו/תאמר 3 16(1301) δὲ]

δέ ו/תאמר 3 18(0201) δὲ]
> chm OE

δέ אלמני 4 01(4500) + δὲ
ptve2 OS (+7)

δέ ו/אם 4 04(3301) δὲ
(δ ex corr a(a))] > c

δέ ו/יאמר 4 04(5801) δὲ]
> OA-ed OA-codd(>5) OE OL

δέ ו/תקראנה 4 17(0400) + autem [δὲ]
OL

δέ ו/חצרון 4 19(0301) δὲ
Ba2 OL] > AMNabcdefghijklmnopqrstuvwxyb2e2 OA OC OE OS

δέ ו/רם 4 19(1000) + δὲ
A OC OL

δέ ו/עמינדב 4 20(0300) + autem [δὲ]
OC OL

δέ ו/שׂלמון 4 21(0300) + autem [δὲ]
OC OL

δέ ו/בעז 4 21(1000) + autem [δὲ]
OC OL

δέ ו/עובד 4 22(0300) + δὲ
kv OC OL(autem)

δέ ו/ישׁי 4 22(1200) + autem [δὲ]
OC OL

δεινός פה 4 01(4000) + δεῖνα
M(mg)kmu 30 'a'(b)(δῖνα)

δέκα כ/עשׂר 1 04(2200) δέκα

δέκα עשׂרה 4 02(0400) δέκα

δεύτερος ה/שׁנית 1 04(1501) δευτέρᾳ
(periere in r)]

δέχομαι προς תשׂברנה 1 13(0301) προσδέξεσθε]

δέχομαι προς תשׂברנה 1 13(0302) : προσδέξησθε
ahkmq

δέχομαι προς תשׂברנה 1 13(0303) : προσδέξασθαι
b'c

δέχομαι προς תשׂברנה 1 13(0304) : προσδέχεσθε
defjsa2

δέω **קניתה *קניתי 4 05(3901) δεῖ]
> d(>11) iqrb2(>5)

δέω ה/מת 4 05(5300) + δεῖ
l*(+11)

δή לכנה 1 08(1001) δὴ]
> bikmua2b2e2 OA OC OE OL

δή שׁבנה 1 08(1400) + δὴ A

δή שׁבנה 1 11(0501) δή]
> ptv OA OC OE OL Thdt

δή שׁבנה 1 12(0301) δή]
> bdejn 236 OA OC

δή כי 1 12(1002) : δὴ
b(+ὅτι)
δή +-- 1 13(1701) δή]
> b'(μηδέ b)ecfjoqe2 OA OC OE (see OL nolite)
δή הנה 1 15(1000) + δη m
δή ??= +-- 1 15(2701) δή
(OS sub @)] > Mhmuyb2 OA OC OE OL
δή +-- 1 20(0701) δὴ]
> k(>5) AMNdefgijmrsuyb2 OA OE OL OS
δή ו/המה 1 22(2302) : δὴ
241
δή נא 2 02(1201) δὴ]
> b OA OC
δή נא 2 07(0501) δὴ]
> f OC OE
δή ה/לוא =הנה 2 09(2000) + δὴ
km
δή ל/עת 2 14(0700) + δὴ
(~)Nfh*rub2(~)
δή גשי 2 14(1300) + δή
qtv
δή סורה 4 01(2900) + δὴ
glnoptve2
δή *קניתי **קניתה 4 05(3902) : δὴ
bcho
διά כי 1 12(1003) : διά
MNdefhijmrsuyb2 OL
δίδραγμα ה/עמרים 2 15(1703) : διδραγμάτων d
δίδωμι ל/תת 1 06(2900) δοῦναι
δίδωμι יתן 1 09(0201) δῴη]
δίδωμι יתן 1 09(0202) : δοίη u
δίδωμι יתן 1 09(0203) : δῷ
Ac(c)
δίδωμι יתן 1 09(0204) : δῴηται
b'
δίδωμι ו/תתן 2 18(2801) ἔδωκεν]
δίδωμι ו/תתן 2 18(2802) : δέδωκεν
64
δίδωμι נתן 3 17(0901) ἔδωκέν]
δίδωμι נתן 3 17(0902) : δέδωκε
ptv
δίδωμι ??= מכרה 4 03(2301) δέδοται]
δίδωμι ו/נתן 4 07(3101) ἐδίδου]
δίδωμι ו/יתן= +-- 4 08(1900) ἔδωκεν
δίδωμι יתן 4 11(2201) Δῴη]
δίδωμι יתן 4 11(2202) : δῴοι
209
δίδωμι יתן 4 12(2501) δώσει]
δίδωμι יתן 4 12(2502) : δώσῃ h
δίδωμι יתן 4 12(2503) : δώσοι p
δίδωμι יתן 4 12(2504) : δώει n
δίδωμι יתן 4 12(2505) : δώῃ
bglob2e2 Thdt
δίδωμι ו/יתן 4 13(2000) ἔδωκεν

δίδωμι	ἀπο	??= מכרה	4	03(2302)	: ἀπέδοτο MNahikmqryb2 OE(vid)
δίδωμι	ἀπο	מואב	4	03(3301)	+:ἀποδίδοται goptve2
δίδωμι	ἀπο	מואב	4	03(3302)	:+ἀποδίδοτε l
δίδωμι	ἀπο	מואב	4	03(3303)	:+ἀποδίδωται n
δίδωμι	ἐπι	ו/נתן	4	07(3102)	: ἐπεδίδου 71
δικαίωμα		+-- =ה/משפט	4	07(0400)	δικαίωμα
διότι		כי	1	12(1001)	διότι]
διότι		כי	1	12(2102)	: διότι bck
διότι		אלין	1	16(4402)	:+διότι l
διψάω		ו/צמת	2	09(3301)	διψήσεις]
διψάω		ו/צמת	2	09(3302)	: διψήσης akpr
διψάω		ב/חמץ	2	14(3400)	+ διψήσης f(+16)
δουλεύω		ו/רחצת	3	03(0404)	: δουλεύσῃ b
δούλη		שׁפחת/ך	2	13(2701)	δούλης] > OC(c)
δούλη		אמת/ך	3	09(1900)	δούλη
δούλη		אמת/ך	3	09(2900)	δούλην
δράγμα		ב/עמרים	2	07(1001)	δράγμασιν]
δράγμα		ה/עמרים	2	15(1701)	δραγμάτων]
δράχμα		ב/עמרים	2	07(1002)	: δράχμασιν h*b2
δράχμα		ה/עמרים	2	15(1702)	: δραχμάτων h*b2
δύναμαι		אוכל	4	06(0901)	δυνήσομαι] > 16(>4)
δύναμαι		אוכל	4	06(3001)	δυνήσομαι] > n(>15)
δύναμις		חיל	3	11(3301)	δυνάμεως]
δύναμις		חיל	4	11(4901)	δύναμιν]
δύναμις		חיל	4	11(4902)	: δυνάμεις f
δυνατός		גבור	2	01(1600)	δυνατὸς
δύο		ו/שׁני	1	01(4100)	+ δύο AMNabcdefhijmprstuvxyb2 OA OE(c) OL OS(sub &)
δύο		שׁני	1	02(2501)	δυσὶν] > na2
δύο		שׁני	1	02(2502)	: δύο q
δύο		ו/שׁני	1	03(2000)	δύο
δύο		~ מ/שׁני	1	05(2200)	+ δύο (~)abcx-OL-OS(~)
δύο		ו/מ/שׁני= ~~~ ~	1	05(3201)	δύο] > (~)abcx-OL-OS(~) b2 OA
δύο		+-- =ו/שׁתי	1	06(0600)	δύο
δύο		ו/שׁתי	1	07(1700)	δύο
δύο		ל/שׁתי	1	08(0601)	+:δύο b'
δύο		ל/שׁתי	1	08(0602)	:+δυσὶ AMNbcdefhijklmpr(vid)stuvxyb2 18(-ὶν) OA OC OL OS
δύω	ἀπο	שׁלף	4	07(2403)	: ἀπεδύετο l

δύω ὑπο שלף 4 07(2402) : ὑπεδύετο u
δύω ὑπο ו/ישלף 4 08(1402) : ὑπεδύσατο
i*oue2
ἐάν אל אשר 1 16(2801) ἐὰν]
ἐάν ו/ב/אשר 1 16(3701) ἐὰν]
ἐάν ב/אשר 1 17(0301) ἐὰν]
ἐάν אשר 2 02(2501) ἐὰν]
ἐάν אשר 2 09(1101) ἐὰν]
> r
ἐάν מ/אשר 2 09(4402) : ἐὰν
defjqs
ἐάν ב/חמץ 2 14(3300) + ἐάν
f(+16)
ἐάν אשר 3 05(1101) ἐὰν
ABacfkxb2]
ἐάν אשר 3 11(1301) ἐὰν]
ἐάν אם 3 13(1500) ἐὰν
ἐάν ו/אם 3 13(2801) ἐὰν]
ἑαυτοῦ ל/הם 1 04(0301) ἑαυτοῖς]
ἑαυτοῦ *מרגלת/ו **מרגלת/יו 3 14(0802) : ἑαυτοῦ
a2
ἑαυτοῦ ל/י 4 06(1202) : ἑαυτῷ
236
ἑαυτοῦ ל/ך 4 08(0803) : ἑαυτῷ n
ἑαυτοῦ ל/י 4 10(1203) : ἑαυτῷ
ay
ἑαυτοῦ ל/ו 4 13(1002) : Ἑαυτῷ
bglnowe2
ἐγγίζω קרוב 2 20(3401) Ἐγγίζει]
> h
ἐγγίζω קרוב 2 20(3402) : ἐγγίζῃ
<u>b</u>n
ἐγγίζω קרוב 3 12(2802) : ἐγγίζων m
ἐγγύς קרוב 3 12(2801) ἐγγίων]
ἐγώ עמ/כם 1 08(3302) : ἡμῶν
ko*a2
ἐγώ ו/עמד/י 1 08(4500) ἐμοῦ
ἐγώ בנת/י 1 11(0800) μου
ἐγώ עמ/י 1 11(1600) ἐμοῦ
ἐγώ ל/י 1 11(2001) μοι]
> MNc(ἑτοίμη)dehijmn(ἕτοιμοι)rsuya2b2 OA OL
ἐγώ ל/י 1 11(2002) : μου q
ἐγώ ב/מע/י 1 11(2500) μου
ἐγώ בנת/י 1 12(0600) μου
ἐγώ מ/היות 1 12(1700) + με
b2
ἐγώ ל/י 1 12(2600) μοι
ἐγώ היתי =?? 1 12(3001) με]
> MN*hyb2 71 OA(?)
ἐγώ היתי =?? 1 12(3002) : μοι
dn
ἐγώ בנת/י 1 13(2000) μου
ἐγώ ל/י 1 13(2401) μοι]
ἐγώ ל/י 1 13(2402) : μου

ἐγώ ב/י 1 21(2900) με
ἐγώ ל/י 1 21(3501) με]
> a2 Al(>5)
ἐγώ מ/משׁפחת 2 01(2300) + μου
a2
ἐγώ עמ/כם 2 04(1702) : ἡμῶν
deln
ἐγώ נערת/י 2 08(3601) μου]
ἐγώ נערת/י 2 08(3602) : μοι
128
ἐγώ ה/נערים 2 09(4801) +:μου
gloptvwe2
ἐγώ ל/הכיר/ני 2 10(3400) με
ἐγώ ו/אנכי 2 10(3700) ἐγώ
ἐγώ ל/י 2 11(1000) μοι
ἐγώ חמות/ך 2 11(1702) : μου
h*(vid)
ἐγώ פעל/ך 2 12(0702) : μου
b2
ἐγώ אדנ/י 2 13(1400) + μου
Abhptvx OS
ἐγώ נחמת/ני 2 13(1801) με]
> b2(>3)
ἐγώ /ו= {...} 2 13(3100) + ἐγὼ
a2(~)
ἐγώ ו/אנכי 2 13(3301) ἐγὼ]
> OC(c) a2(~)
ἐγώ מן ה/לחם 2 14(2100) + μου
glnopqtvwe2
ἐγώ ל/נו 2 20(3501) ἡμῖν]
> h
ἐγώ מ/גאל/נו 2 20(4301) ἡμᾶς]
ἐγώ מ/גאל/נו 2 20(4302) : ἡμῖν
MNΔ(10)adefhijkmpqrstuvwa2b2 Thdt
ἐγώ מ/גאל/נו 2 20(4303) : ἡμῶν 1
ἐγώ אל/י 2 21(1301) με]
> glnowe2 Thdt
ἐγώ אל/י 2 21(1303) : ἐμέ
cx
ἐγώ אשׁר ל/י 2 21(1801) μου]
> ka2
ἐγώ אשׁר ל/י 2 21(1802) : ἐμῶν
AMNΔ(10)abchimpqrtuvxb2
ἐγώ ל/י 2 21(3300) μοι
ἐγώ בת/י 3 01(1800) + μου
ax OC
ἐγώ בת/י 3 01(2100) + ἐγώ
glnoptvwe2
ἐγώ מדעת/נו 3 02(0901) ἡμῶν]
> a2
ἐγώ מדעת/נו 3 02(0902) : ἡμῖν
ghklmnopqrtvwb2e2 OS
ἐγώ **שׂמלת/יך *שׂמלת/ך 3 03(1402) : μου
71

ἐγώ	אל/י** z*	3	05(1401)	+:με bcx
ἐγώ	אל/י** z*	3	05(1402)	:+μοι Δ(10)fhipqrtv OL OS
ἐγώ	אנכי	3	09(1400)	Ἐγώ
ἐγώ	לכת	3	10(3002)	: με f
ἐγώ	תאמרי	3	11(1601)	+:με bckx
ἐγώ	תאמרי	3	11(1602)	:+μοι df
ἐγώ	עמ/י	3	11(2801)	μου] > a OC
ἐγώ	כי	3	12(0600)	+ ἐγώ (~)gn(~)
ἐγώ	אנכי	3	12(1301)	ἐγώ] > (~)gn(~) OA(~)
ἐγώ	מ/מנ/י	3	12(3001)	ἐμέ]
ἐγώ	מ/מנ/י	3	12(3002)	: ἐμοῦ a2
ἐγώ	אנכי	3	13(3700)	ἐγώ
ἐγώ	שׁכבי	3	13(4900)	+ ἐμοῦ h
ἐγώ	ל/י	3	17(1000)	μοι
ἐγώ	אל/י** z*	3	17(1501)	με] > OA
ἐγώ	אל/י** z*	3	17(1502)	: ἐμέ ax(a)
ἐγώ	ל/אחי/נו	4	03(1501)	ἡμῶν] > (~)glnoe2(~)
ἐγώ	ל/אלימלך	4	03(2000)	+ ἡμῶν (~)glnoe2(~)
ἐγώ	ו/אני	4	04(0200)	+ ἐγώ aglnoptva2e2
ἐγώ	עמ/י	4	04(2101)	μου] > gny
ἐγώ	ל/י	4	04(3800)	μοι
ἐγώ	זולת/ך	4	04(4702)	: ἐμέ l
ἐγώ	אנכי	4	04(6101)	Ἐγώ] > OA-codd(>5)
ἐγώ	את נחלת/י	4	06(1801)	μου] > n(>15)
ἐγώ	את גאלת/י	4	06(2501)	μου] > n(>15)
ἐγώ	אתם	4	10(5702)	: ἡμεῖς x*
Εζρωμ	את חצרון	4	18(1104)	: Εζρωμ gk
Εζρωμ	ו/חצרון	4	19(0205)	: Εζρωμ gk
Εζρων	את חצרון	4	18(1103)	: Εζρων bw
Εζρων	ו/חצרון	4	19(0204)	: Εζρων b'w
εἰ	ל/אישׁ	1	12(3400)	+<εἰ ptv (?see OL <u>ut</u>)

εἰ	ו/גם	1	12(3700)	+<εἰ owe2
εἰ	ה/ל/הן	1	13(0802)	: εἰ n
εἰ	ו/תאמרנה	1	19(3401)	+<εἰ MNdefhijkmprstuvyb2
εἰ	ו/גם	3	12(1900)	+ εἰ k
εἰ	ו/אם	3	13(2802)	: εἰ h
εἰ	יהוה	3	13(4300)	+ εἰ B
εἰ	אם	4	04(2401)	εἰ] > c
εἰ	ו/אם	4	04(3200)	εἰ
εἴ τε	אם	3	10(3502)	: εἴτε MNhikmqrua2b2
εἴ τε	אם	3	10(3505)	: ἤτε f
εἴ τε	ו/אם	3	10(3702)	: εἴτε MNhikmqrua2b2
εἴ τι	אם	3	10(3503)	: εἴτι c
εἴ τι	ו/אם	3	10(3703)	: εἴτι c
εἴ τοι	אם	3	10(3501)	εἴτοι ABbdejsx]
εἴ τοι	ו/אם	3	10(3701)	εἴτοι ABbdejsx]
εἴ τοι (?)	אם	3	10(3504)	: ἤτοι
εἰμί	ו/יהיו	1	02(5300)	ἦσαν
εἰμί	היתה	1	07(1101)	ἦν]
εἰμί	היתה	1	07(1102)	: ἦσαν A OE
εἰμί	ו/היו	1	11(2900)	ἔσονται
εἰμί	מ/היות	1	12(1600)	εἶναι
εἰμί	יֵשׁ	1	12(2501)	ἔστιν] > Thdt
εἰμί	ה/זאת	1	19(3700)	ἐστὶν
εἰμί	היא	2	06(1601)	ἐστιν] > 1 OL(~?)
εἰμί	ו/אנכי	2	10(3900)	εἰμι
εἰμί	ו/אנכי	2	13(3400)	+ εἰμὶ MNh*imrub2
εἰμί	אהיה	2	13(3601)	ἔσομαι] > x
εἰμί	אהיה	2	13(3602)	: ἔσωμαι n
εἰμί	אהיה	2	13(3604)	: ἔσωμε c
εἰμί	ב/חמץ	2	14(3200)	+ ἔσται f(+16)
εἰμί	יהי	2	19(1801)	εἴη] > OL(>5)
εἰμί	הוא	2	20(1101)	ἐστιν]
εἰμί	הוא	2	20(1102)	: ἔσται af
εἰμί	הוא	2	20(4401)	ἐστιν] > OL(~?)
εἰμί	היית	3	02(1301)	ἦς]

εἰμί היית 3 02(1302) : ἦσθα
glnoptvwe2

εἰμί ו/יהי 3 04(0201) ἔσται]
> OC OE

εἰμί את 3 09(0700) εἶ

εἰμί ו/תאמר 3 09(1102) : εἶ q

εἰμί אנכי 3 09(1500) εἰμι

εἰμί אתה 3 09(3601) εἶ]
> B*cglnoswe2

εἰμί את 3 11(3401) εἶ]

εἰμί גאל 3 12(1200) + εἰμι
(~)ba2(~)

εἰμί אנכי 3 12(1401) εἰμι]
> (~)ba2(~) OA(~)

εἰμί יש 3 12(2301) ἔστιν]
> 16(~) 71

εἰμί יש 3 12(2302) : ἔσται o

εἰμί גאל 3 12(2600) + ἔστιν
16(~)

εἰμί ו/היה 3 13(1000) ἔσται

εἰμί את 3 16(1701) εἶ
Aacgloxe2 OC OS] > Bbna2 OE

εἰμί את 3 16(1702) : ἔστιν
MNdefhij(k~)mpqrstuvb2 OA OL

εἰμί את 3 16(1900) + ἔστιν
k(~)

εἰμί יפל 3 18(2103) : ἔσται
gnotve2

εἰμί יפל 3 18(2104) : ἔστι
lp

εἰμί ו/יאמר 4 01(2202) : εἶ n

εἰμί אלמני 4 01(4800) + εἶ
gptve2 OS (+7)

εἰμί אשר 4 03(1201) ἐστιν]

εἰμί אין 4 04(4501) ἔστιν]

εἰμί אין 4 04(4502) : ἔσται
128

εἰμί ו/אנכי 4 04(5201) εἰμι]
> OA-ed

εἰμί אנכי 4 04(6201) εἰμι]
> b' OA-codd(>5)

εἰμί ו/זאת 4 07(4501) ἦν]
> MNhiqruyb2

εἰμί ??= ו/קרא 4 11(5401) ἔσται
(σ ex ν n(a))] > y(>5)

εἰμί ו/היה 4 15(0201) ἔσται]

εἰμί ו/היה 4 15(0202) : ἔσονται
a2

εἰμί היא 4 15(3201) ἐστιν]
> OL

εἰμί היא 4 15(3400) + ἐστιν N

εἰμί ישי 4 17(3304) : ἔσται u

εἰμί παρα 0 00(0200) + παρὸν
e2

εἶπον	ו/תאמר	1 08(0200)	εἶπεν
εἶπον	ו/תאמרנה	1 10(0201)	εἶπαν]
εἶπον	ו/תאמרנה	1 10(0202)	: εἶπον abcegnopqtvwxe2
εἶπον	ו/תאמר	1 11(0200)	εἶπεν
εἶπον	אמרתי	1 12(2201)	εἶπα]
εἶπον	אמרתי	1 12(2202)	: εἶπαν y
εἶπον	אמרתי	1 12(2203)	: εἴπον gnopqtvwa2e2 Thdt
εἶπον	ל/חמות/ה	1 14(1800)	+ εἶπεν c(+5)
εἶπον	ו/תאמר	1 15(0200)	εἶπεν
εἶπον	ו/תאמר	1 16(0200)	εἶπεν
εἶπον	ו/תאמרנה	1 19(3301)	εἶπον] > a
εἶπον	ו/תאמרנה	1 19(3302)	: εἶπαν MNdfhi(a?)jkmrsuxxa2b2
εἶπον	ו/תאמרנה	1 19(3303)	: εἶπεν bcei*q OS
εἶπον	ו/תאמר	1 20(0201)	εἶπεν]
εἶπον	ו/תאמר	1 20(0202)	: εἶπον n
εἶπον	ו/תאמר	1 20(0203)	: εἶπαν 70
εἶπον	ו/תאמר	2 02(0200)	εἶπεν
εἶπον	ו/יאמרו	2 04(2002)	: εἶπαν AMadefhijkmrsuxb2
εἶπον	ו/יאמרו	2 04(2003)	: εἶπεν N
εἶπον	ו/יאמר	2 05(0200)	εἶπεν
εἶπον	ו/יען	2 06(0202)	: εἶπε 237
εἶπον	ו/יאמר	2 06(1101)	εἶπεν] > 237
εἶπον	ו/תאמר	2 07(0200)	εἶπεν
εἶπον	ו/יאמר	2 08(0200)	εἶπεν
εἶπον	ו/תאמר	2 10(2000)	εἶπεν
εἶπον	ו/יען	2 11(0202)	: <u>dixit</u> OL(~?εἶπεν)
εἶπον	ו/יאמר	2 11(0601)	εἶπεν] > OL(~?)
εἶπον	ו/תאמר	2 13(0400)	εἶπεν
εἶπον	דברת	2 13(2202)	: εἶπας ptv
εἶπον	ו/יאמר	2 14(0200)	εἶπεν
εἶπον	ו/תאמר	2 19(0200)	εἶπεν
εἶπον	מכיר/ך	2 19(2300)	+ εἶπεν l
εἶπον	ו/תאמר	2 19(4501)	εἶπεν] > 16(~)
εἶπον	שׁם	2 19(4800)	+ εἶπεν 16(~)
εἶπον	ו/תאמר	2 20(0200)	εἶπεν
εἶπον	ו/תאמר	2 20(3000)	εἶπεν
εἶπον	ו/תאמר	2 21(0200)	εἶπεν
εἶπον	אמר	2 21(1100)	εἶπεν
εἶπον	ו/תאמר	2 22(0200)	εἶπεν

εἶπον	ו/תאמר	3	01(0200)	Εἶπεν	
εἶπον	ו/תאמר	3	05(0200)	εἶπεν	
εἶπον	תאמרי	3	05(1200)	εἴπῃς	
εἶπον	צותה	3	06(1402)	: εἶπεν	u
εἶπον	ו/ישת	3	07(0502)	:+εἶπεν	
				a*<u>b</u>	
εἶπον	ו/יאמר	3	09(0201)	εἶπεν]	
εἶπον	ו/תאמר	3	09(1300)	εἶπεν	
εἶπον	ו/יאמר	3	10(0200)	εἶπεν	
εἶπον	תאמרי	3	11(1400)	εἴπῃς	
εἶπον	ו/יאמר	3	14(2700)	εἶπεν	
εἶπον	ו/יאמר	3	15(0201)	εἶπεν]	
				> OA(>3)	
εἶπον	ו/תאמר	3	16(1500)	εἶπεν	
εἶπον	ו/תגד	3	16(2401)	εἶπεν]	
εἶπον	עשׂה	3	16(3502)	: εἶπεν	
				a2	
εἶπον	ו/תאמר	3	17(0201)	εἶπεν]	
				> f(>3)a2	
εἶπον	אמר	3	17(1300)	εἶπεν	
εἶπον	ו/תאמר	3	18(0400)	εἶπεν	
εἶπον	דבר	4	01(1801)	εἶπεν]	
εἶπον	ו/יאמר	4	01(2201)	εἶπεν]	
εἶπον	אלמני	4	01(4600)	+ εἶπεν	
				ptve2 OL OS (+7)	
εἶπον	ו/יאמר	4	02(1200)	εἶπεν	
εἶπον	ו/יאמר	4	03(0200)	εἶπεν	
εἶπον	אמרתי	4	04(0301)	εἶπα]	
				> ptvb2	
εἶπον	אמרתי	4	04(0302)	: εἶπον	
				glnoe2	
εἶπον	ו/יאמר	4	04(6001)	εἶπεν]	
				> OA-ed OA-codd(>5)	
εἶπον	ו/יאמר	4	05(0200)	εἶπεν	
εἶπον	ו/יאמר	4	06(0201)	εἶπεν]	
εἶπον	ו/יאמר	4	08(0201)	εἶπεν]	
				> b2	
εἶπον	ו/יאמר	4	09(0201)	εἶπεν]	
εἶπον	ו/יאמרו	4	11(0201)	εἴποσαν]	
				> j(>12)	
εἶπον	ו/יאמרו	4	11(0202)	: εἶπον	
				abcloxa2e2	
εἶπον	ו/יאמרו	4	11(0203)	: εἶπαν	A
εἶπον	ו/יאמרו	4	11(0204)	: εἶπεν	
				gn OS	
εἶπον	ה/עם	4	11(0701)	+:εἶπαν	
				MNhqrtuvyb2	
εἶπον	ה/עם	4	11(0702)	:+εἶπον	i
εἶπον	ב/שׁער	4	11(1301)	+:εἶπαν	k
εἶπον	ו/ה/זקנים	4	11(1801)	+:εἶπαν	
				u(~)	
εἶπον	ו/ה/זקנים	4	11(1802)	:+εἶπον	
				n(~)	
εἶπον	+--	4	11(2101)	εἴποσαν	

				ABc] > (~)nu(~)
εἶπον	+--	4	11(2102)	: εἶπαν MNdefhijkmqrs(u~)yb2
εἶπον	+--	4	11(2103)	: εἶπον abgl(n~)optvxa2e2
εἶπον	ו/תאמרנה	4	14(0201)	εἶπαν]
εἶπον	ו/תאמרנה	4	14(0202)	: εἶπον bcglmnoptvwe2
εἰς	{...}	1	02(4901)	εἰς]
εἰς	שׂדי	1	02(0000)	{..p εἰς}
εἰς	אל	1	07(3501)	εἰς]
εἰς	ל/בית	1	08(1600)	εἰς
εἰς	ל/עמ/ך	1	10(0901)	εἰς]
εἰς	ל/אנשׂים	1	11(3100)	εἰς
εἰς	=אל +--	1	14(2401)	εἰς] > OL(? _habiit_)
εἰς	יבמת/ך	1	15(1302)	: εἰς q
εἰς	{...}	1	19(1001)	εἰς]
εἰς	בית לחם	1	19(0000)	{..p εἰς}
εἰς	בית לחם	1	19(2100)	+ εἰς MNabcdefhijkmprtuvxyb2 236 OA OC
εἰς	{...}	1	22(2501)	εἰς]
εἰς	בית לחם	1	22(0000)	{..p εἰς}
εἰς	ה/שׂדה	2	02(1301)	εἰς] > a2(~)
εἰς	ו/אלקטה	2	02(1700)	+ εἰς a2(~)
εἰς	מ/בית לחם	2	04(0502)	: εἰς ir(vid)
εἰς	ב/שׂדה	2	09(0501)	εἰς]
εἰς	אל	2	09(3701)	εἰς]
εἰς	אל	2	11(4502)	: εἰς dop OA
εἰς	על	2	13(2302)	: εἰς u OA(vid) OL(vid) OS
εἰς	ב/חמץ	2	14(3700)	+ εἰς f(+16)
εἰς	ה/עיר	2	18(0501)	εἰς] > d(>19)
εἰς	ל/ך	3	01(2600)	+<εἰς p
εἰς	ה/גרן	3	03(2002)	: εἰς a2 OA(vid) OS
εἰς	ה/גרן	3	06(0401)	εἰς] > OL(>5)
εἰς	יגאל/ך	3	13(2100)	+<εἰς 236
εἰς	ה/גרן	3	14(3801)	εἰς] > OL
εἰς	ה/עיר	3	15(3601)	εἰς] > y(>3)
εἰς	אל	3	16(0702)	: εἰς 76
εἰς	אל	3	17(2102)	: εἰς o
εἰς	ה/שׂער	4	01(0402)	: εἰς f OA(vid)

εἰς קנות/ך 4 05(1100) +<εἰς a

εἰς ל/אשׁה 4 10(1301) εἰς]
> 71(>3)

εἰς אל 4 11(3000) εἰς

εἰς ל/אשׁה 4 13(1101) εἰς
(OS sub &)] > Ba2-OE(f)(>9) bglnw OE(c) OL

εἰς ל/משׁיב 4 15(0401) εἰς
(ει ex corr o(a))] > N

εἰς ב/חיק/ה 4 16(0901) εἰς]

εἰς ל/אמנת 4 16(1701) εἰς]
> OL(?)

εἷς ה/אחת 1 04(0901) μιᾷ]
> <u>b</u>

εἷς כ/אחת 2 13(3900) μία

ἐκ מ/בית לחם 1 01(2302) : ἐκ
q OL

ἐκ מ/בית לחם 1 02(3700) ἐκ

ἐκ מ/שׂדי 1 06(1200) ἐξ

ἐκ מן 1 07(0501) ἐκ]
> b(>3)

ἐκ ו/תלכנה 1 07(2500) + ἐξ
m(+5)

ἐκ מ/שׂדי 1 22(1800) ἐξ

ἐκ מ/משׁפחת 2 01(2000) ἐκ

ἐκ מ/משׁפחת 2 03(2901) ἐκ]
> q

ἐκ מ/בית לחם 2 04(0501) ἐκ]

ἐκ מ/שׂדה 2 06(2200) ἐξ

ἐκ מ/צר 2 14(5100) ἐκ

ἐκ מן 2 16(0901) ἐκ]

ἐκ ו/תחבט 2 17(1200) +<ἐξ
a2

ἐκ מ/שׂבע/ה 2 18(3601) ἐξ]

ἐκ מ/גאל/נו 2 20(4000) ἐκ

ἐκ שׁשׁ 3 17(0502) : ἐκ k

ἐκ מ/שׂדה 4 03(3000) ἐξ

ἐκ מ/יד 4 05(1401) ἐκ]
> m

ἐκ מ/יד 4 09(3001) ἐκ]
> OL(>14)

ἐκ מחלון 4 10(0800) + ἐκ k

ἐκ ה/מת 4 10(2100) + ἐκ
c(~) u

ἐκ מ/עם 4 10(4101) ἐκ]
> c(~)

ἐκ מ/עם 4 10(4102) : ἐξ
241(?)

ἐκ ו/מ/שׁער 4 10(4600) ἐκ

ἐκ מן 4 12(1800) ἐκ

ἐκ מן 4 12(3200) ἐκ

ἐκ את עובד 4 21(1400) + ἐκ
h(b)

ἕκαστος אשׁה 1 08(1501) ἑκάστη]
> x (?OE(c)?)

ἕκαστος	אשׁה	1	08(1502)	: ἑκάστης c
ἕκαστος	אשׁה	1	08(1503)	: ἕκαστος a2
ἕκαστος	ו/מצאן	1	09(1200)	+ ἑκάστη (~)gnoqwe2-OC(~)
ἕκαστος	אשׁה	1	09(1401)	ἑκάστη] > (~)gnoqwe2-OC(~)
ἕκαστος	ו/תשׂאנה	1	09(2700)	+ ἑκάστη gnoptvwe2
ἐκεῖ	שׁם	1	02(5400)	ἐκεῖ
ἐκεῖ	היא	1	03(1702)	: ἐκεῖ q
ἐκεῖ	שׁם	1	04(2001)	ἐκεῖ] > b
ἐκεῖ	ו/ימותו	1	05(0400)	+ ἐκεῖ m OA
ἐκεῖ	שׁמ/ה	1	07(1201)	ἐκεῖ] > gn OA OE OS
ἐκεῖ	ו/תלכנה	1	07(2302)	: ἐκεῖ a2
ἐκεῖ	אלין	1	16(4200)	+ ἐκεῖ glnoptvwe2 OS(sub @) Thdt
ἐκεῖ	תמותי	1	17(0600)	+<ibi [ἐκεῖ] OL
ἐκεῖ	שׁם	3	04(1901)	ἐκεῖ] > k OA(vid)
ἐκεῖ	ו/תשׁכב	3	07(4200)	+ ἐκεῖ defjs
ἐκεῖ	שׁם	4	01(1001)	ἐκεῖ] > c(>3) a2
ἔλαιος	חסד/ך	3	10(1903)	: ἔλαιόν A
ἔλεος	יהוה	1	08(3100)	+ ἔλεος (~)ptv-64(~)
ἔλεος	חסד	1	08(3401)	ἔλεος] > (~)ptv-64(~) q
ἔλεος	חסד	1	08(3402)	: ἔλεον gnoptvwe2
ἔλεος	ל/כם	1	09(0701)	+:ἔλεον goptvwe2
ἔλεος	ל/כם	1	09(0702)	:+ἐλέως n
ἔλεος	חסד/ו	2	20(1901)	ἔλεος]
ἔλεος	חסד/ו	2	20(1902)	: ἔλεον gloptvwe2
ἔλεος	חסד/ך	3	10(1901)	ἔλεός]
ἔλεος	חסד/ך	3	10(1902)	: ἔλεον glnoptvwe2 Thdt
Ελιμελεχ	אלימלך =:אבימלך	1	02(1206)	: Ελιμελεχ MNabcehikmruxyb2 OA OL
Ελιμελεχ	אלימלך =:אבימלך	1	03(0406)	: Ελιμελεχ MNabcehi(a?)kmruxya2b2 OA OL
Ελιμελεχ	אלימלך =:אבימלך	2	01(2405)	: Ελιμελεχ MNabceh(first ε ex corr)ijkruxa2b2 OA OL
Ελιμελεχ	אלימלך =:אבימלך	2	03(3205)	: Ελιμελεχ MNacehikmruxa2b2 OA OL

Ελιμελεχ ל/אלימלך 4 03(1704) : Ελιμελεχ
MNacehikmqruxya2b2 OA OL

Ελιμελεχ ל/אלימלך =:ל/אבימלך 4 09(1805) : Ελιμελεχ
MNacehikqruxb2 OA OL

Ελιμεχ אלימלך =:אבימלך 1 02(1207) : Ελιμεχ
a2

ἕλκω כ/בא/נה 1 19(1805) :+ἑλκύσαι y

ἐμαυτοῦ ל/י 4 06(1201) ἐμαυτῷ]
> n(>15)

ἐμαυτοῦ ל/י 4 10(1201) ἐμαυτῷ
(seq ras (1) A(?))] > 71(>3)

ἐμαυτοῦ ל/י 4 10(1202) : ἐμαυτῶν
A*(vid)

ἔμπροσθε ל/פנים 4 07(0502) : ἔμπροσθε
M(b)

ἔμπροσθεν ל/פנים 4 07(0501) ἔμπροσθεν]

ἐν ב/ימי =ב/ 1 01(0500) ἐν

ἐν ב/ימי =ב/ 1 01(0800) +<ἐν A

ἐν ב/ארץ 1 01(1601) ἐν]
> q

ἐν ב/שׂדי 1 01(2900) ἐν

ἐν {...} 1 02(4902) : ἐν
71

ἐν ב/שׂדה 1 06(1801) ἐν]
>(>5) fhmqu OA OE(cl) OL

ἐν ב/דרך 1 07(3001) ἐν]
> OL

ἐν יהוה 1 09(0500) +<ἐν
70

ἐν {...} 1 09(1500) ἐν

ἐν בית 1 09(0000) {..p ἐν}

ἐν ב/מע/י 1 11(2200) ἐν

ἐν ה/לילה 1 12(3200) +<ἐν d

ἐν ב/י 1 13(3201) ἐν]

ἐν {...} 1 19(1002) : ἐν
MN

ἐν כ/בא/נה 1 19(1600) + ἐν
MNadefhijkmprtuvyb2 236 OA OC (see OL)

ἐν שׂדי ~ =ב/י 1 20(2201) ἐν]
> MNdefijkmrsux(~)b2 OA OL

ἐν ל/י ~ =שׂדי 1 20(2700) + ἐν
x(~)

ἐν ב/תחלת 1 22(2700) ἐν

ἐν גבור 2 01(1800) +<ἐν
Aq

ἐν ב/שׁבלים 2 02(1901) ἐν]
> OA OL

ἐν ב/עינ/יו 2 02(2800) ἐν

ἐν ב/שׂדה 2 03(0900) ἐν

ἐν מקר/ה =v 2 03(2000) +<ἐν
ptva2

ἐν חלקת 2 03(2400) +<ἐν
glno(a)we2

ἐν ו/יאמר 2 04(0900) + ἐν
gn

ἐν	ב/עמרים	2	07(0800)	ἐν
ἐν	ה/בית =ב/שׂדה	2	07(3000)	ἐν
ἐν	ו/יאמר	2	08(0300)	+ ἐν gn
ἐν	{...}	2	08(1800)	ἐν
ἐν	ב/שׂדה	2	08(0000)	{..~ ἐν}
ἐν	ב/שׂדה	2	09(0502)	: ἐν c
ἐν	ב/עינ/יך	2	10(2700)	ἐν
ἐν	ב/עינ/יך	2	13(0900)	ἐν
ἐν	ב/חמץ	2	14(2800)	ἐν
ἐν	מן	2	16(0902)	: ἐν 70
ἐν	ב/שׂדה	2	17(0401)	ἐν] > l
ἐν	ה/עיר	2	18(0502)	: ἐν q
ἐν	ב/שׂדה	2	22(2700)	ἐν
ἐν	ב/שׁכב/ו	3	04(0301)	ἐν ..]
ἐν	אשׁר	3	04(1704)	: ἐν ᾧ h OL
ἐν	ב/קצה	3	07(1900)	ἐν
ἐν	ו/תבא	3	07(3000)	+<ἐν gkmnq
ἐν	ב/חצי ה/לילה	3	08(0400)	ἐν
ἐν	ל/יהוה	3	10(0702)	: ἐν a2
ἐν	ב/יום	4	05(0501)	Ἐν]
ἐν	ב/ישׂראל	4	07(0601)	ἐν] > Acoe2 OE
ἐν	ב/ישׂראל	4	07(4801)	ἐν]
ἐν	ב/שׁער	4	11(0901)	ἐν] > j(>12)
ἐν	ב/אפרתה	4	11(5000)	ἐν
ἐν	ב/בית לחם	4	11(5701)	ἐν] > y(>5)
ἐν	ב/ישׂראל	4	14(3101)	ἐν] > s*
ἐν	ב/חיק/ה	4	16(0902)	: ἐν hikqrub2
ἔναντι	ו/נגד	4	04(1602)	: ἔναντι m(vid)
ἐναντίον	נגד	4	04(1201)	ἐναντίον]
ἐναντίον	ו/נגד	4	04(1601)	ἐναντίον] > 77
Ενιμελεχ	ל/אלימלך =:ל/אבימלך	4	09(1806)	: Ενιμελεχ a2
ἐνταῦθα	את דוד	X	00(0200)	+ ἐνταῦθα l(b)
ἐντεῦθεν	מ/זה	2	08(2801)	ἐντεῦθεν] > Thdt(>5)
ἐνώπιον	נגד	4	04(1202)	: ἐνώπιον c
ἕξ	שׁשׁ	3	15(2500)	ἕξ
ἕξ	שׁשׁ	3	17(0501)	ἕξ] > OL(>4)

ἐπαγγελία	{!} הגד	2 11(0802)	: Ἐπαγγελίᾳ o
ἐπάνω	על/יך	3 15(1101)	ἐπάνω] > a2
ἐπί	ב/ארץ	1 01(1602)	: ἐπὶ ciptv
ἐπί	אל	1 07(3502)	: ἐπὶ ptv
ἐπί	ל/עמ/ך	1 10(0902)	: ἐπὶ abx
ἐπί	ב/י	1 13(3202)	: ἐπ' g OC
ἐπί	על/יהן	1 19(2901)	ἐπ'] > N
ἐπί	המר	1 20(2103)	: ἐπι... y
ἐπί	על	2 05(0900)	ἐπὶ
ἐπί	על	2 06(0701)	ἐπὶ] > a(>9)k(>5)
ἐπί	על	2 10(0401)	ἐπὶ] > (~)ptv(~)
ἐπί	ו/תשתחו	2 10(0900)	+ ἐπὶ Aa2 (~)ptv(~)
ἐπί	ארצ/ה	2 10(1200)	ἐπὶ
ἐπί	תחת	2 12(2602)	: ἐπὶ cn
ἐπί	על	2 13(2301)	ἐπὶ]
ἐπί	על/יך	3 03(1500)	ἐπὶ
ἐπί	ה/גרן	3 03(2001)	ἐπὶ]
ἐπί	על	3 09(2700)	ἐπὶ
ἐπί	על/יה	3 15(2900)	ἐπ'
ἐπί	ה/שׂער	4 01(0401)	ἐπὶ]
ἐπί	ה/מת	4 05(2700)	+ ἐπὶ MNefhijpqrtvyb2 (+7)
ἐπί	על	4 05(6001)	ἐπὶ] > b'
ἐπί	על	4 07(0901)	ἐπὶ]
ἐπί	ו/על	4 07(1301)	ἐπὶ] > 's'
ἐπί	על	4 10(2501)	ἐπὶ] > a2-OL(>11)
ἐπί	ה/מת	4 10(3700)	+ ἐπὶ de(+4)
ἐπί	ב/חיק/ה	4 16(0903)	: ἐπὶ gn
ἔπος	את דוד	X 00(1701)	+:ἔπη e2
ἑπτά	מ/שׁבעה	4 15(4401)	ἑπτὰ]
ἐργασία	פעל/ך	2 12(0600)	ἐργασίαν
ἔργον	ו/אנ/ה	2 19(1300)	+ ἔργον glnoptvwe2
ἔρχομαι	ו/יבאו	1 02(4801)	ἤλθοσαν]
ἔρχομαι	ו/יבאו	1 02(4802)	: ἦλθον ab*(vid)gnqwxa2e2
ἔρχομαι	ו/יבאו	1 02(4803)	: ἦλθαν o
ἔρχομαι	כ/בא/נה	1 19(1801)	+:ἐλθούσης bcx

ἔρχομαι כ/בא/נה 1 19(1803) :+ἐλθεῖν
MNadejkmprtuvyb2 OA OC
ἔρχομαι ו/תלך 2 03(0400) + ἐλθοῦσα
cx OS
ἔρχομαι ו/תלקט 2 03(0600) + ἐλθοῦσα
AMNbdefhijmprstuvb2 OA OL
ἔρχομαι בא 2 04(0401) ἦλθεν]
> h
ἔρχομαι ו/תבוא 2 07(1600) ἦλθεν
ἔρχομαι באת 2 12(2401) ἦλθες]
ἔρχομαι ו/תבוא 2 18(0401) εἰσῆλθεν]
> d(>19)
ἔρχομαι ו/באת 3 04(2201) ἐλεύσῃ]
ἔρχομαι ו/יבא 3 07(1501) ἦλθεν]
ἔρχομαι ו/תבא 3 07(2801) ἦλθεν]
> 77(>9)
ἔρχομαι ו/תבא 3 07(2802) : ἦλθε
glnoptvwe2
ἔρχομαι באה 3 14(3401) ἦλθεν]
ἔρχομαι באה 3 14(3402) : ἐλήλυθεν
defhijkmqrsub2
ἔρχομαι ו/תבוא =באה 3 16(0400) εἰσῆλθεν
ἔρχομαι ἀπο תליני 1 16(3802) : ἀπελθῆς
b2
ἔρχομαι εἰς כ/בא/נה 1 19(1804) :+εἰσελθεῖν
fhi
ἔρχομαι εἰς באת 2 12(2402) : εἰσῆλθες
16
ἔρχομαι εἰς ו/באת 3 04(2202) : εἰσελεύσῃ
16
ἔρχομαι εἰς ו/יבא 3 07(1502) : εἴσελθε
16
ἔρχομαι εἰς ו/יבא 3 15(3300) εἰσῆλθεν
ἔρχομαι εἰς תבואי 3 17(1700) εἰσέλθῃς
ἔρχομαι εἰς ו/יבא 4 13(1501) εἰσῆλθεν]
> Ba2-OE(f)(>9) OE(c)(>4)
ἔρχομαι ἐκ ו/תצא 1 07(0201) ἐξῆλθεν]
ἔρχομαι ἐκ ו/תצא 1 07(0202) : ἐξῆλθον
209
ἔρχομαι ἐκ ו/תצא 1 07(0203) : ἐξῆλθαν A
ἔρχομαι ἐκ ו/תצא 1 07(0204) : ἐξήλθωσαν h
ἔρχομαι ἐκ יצאה 1 13(3100) ἐξῆλθεν
ἔρχομαι ἐκ בא 2 04(0402) : ἐξῆλθεν
71
ἔρχομαι ἐκ תצאי 2 22(1702) : ἐξῆλθες
MNΔ(10)hikmqrub2 OA-codd OL
ἔρχομαι παρα תעבורי 2 08(2703) : παρελεύσῃ
u OL
ἔρχομαι προς גשי 2 14(1201) πρόσελθε]
> OC(c)(>4)
Εσζρωμ ו/חצרון 4 19(0203) : Εσζρωμ n
ἐσθίω ה/אכל 2 14(1000) φαγεῖν
ἐσθίω ו/אכלת 2 14(1701) φάγεσαι]
> OC(c)(>4)

ἐσθίω ו/אכלת 2 14(1702) : φαγῆ
glnowe2

ἐσθίω ו/תאכל 2 14(6400) ἔφαγεν

ἐσθίω ו/עזבתם 2 16(1700) + φάγεται
BMNcdefhijkmpqrstuva2b2 OA OC OE(c,f)

ἐσθίω הותרה 2 18(3500) + φαγεῖν
glnoptvwe2

ἐσθίω ל/אכל ~ =ל/שׁתות 3 03(3503) : φαγεῖν
(~)AMNΔ(10)abcdefghijkmnpqrstuvxa2b2-OA-OC-OE-OS(~)

ἐσθίω ו/ל/שׁתות =ו/ל/אכל ~ 3 03(3801) φαγεῖν]

ἐσθίω ו/ל/שׁתות =ו/ל/אכל ~ 3 03(3802) : φάγην
b'

ἐσθίω ב/שׁכב/ו 3 04(0800) + φαγεῖν
j(+4)

ἐσθίω ו/יאכל 3 07(0200) ἔφαγεν

ἕσπερα עתה =ערב 2 07(2501) ἑσπέρας]

ἕσπερα ה/ערב 2 17(0800) ἑσπέρας

Εσρωμ את חצרון 4 18(1102) : Εσρωμ
AMNacdefhijlmnopqrstuvxya2b2e2 OA OC OE OL Anon

Εσρωμ ו/חצרון 4 19(0202) : Εσρωμ
MNacdefhijlmopqrstuvxya2b2e2 OA OC OE OL (see OS)

Εσρων את חצרון 4 18(1101) Εσρων
B]

Εσρων ו/חצרון 4 19(0201) Εσρων
B<u>b</u> (see OS)]

Εσφραθα ב/אפרתה 4 11(5105) : Εσφραθα
l(vid)

ἔσχατος ה/אחרון 3 10(2200) ἔσχατον

ἕτερος ה/שׁנית 1 04(1502) : ἑτέρᾳ
s OL(<u>alteri</u>)

ἕτερος {...} 2 08(2000) + ἑτέρῳ
(~)defgjlnoswe2-OC-OE-Thdt(ed)(~)

ἕτερος אחר 2 08(2201) ἑτέρῳ]
> r Thdt(cod)(>6) (~)defgjlnoswe2-OC-OE-Thdt(ed)(~)

ἕτερος אחר 2 22(3001) ἑτέρῳ]

ἕτερος אחר 2 22(3002) : ἕτεροι w

ἕτερος ה/בחורים 3 10(3300) + ἑτέρων h

ἔτι ה/עוד 1 11(1901) ἔτι]
> w(μηκέτι)

ἔτι קול/ך 1 14(0600) + ἔτι
(~)OA-OC-OE(~)

ἔτι עוד 1 14(0901) ἔτι]
> dejx (~)OA-OC-OE(~)

ἔτι --+ =עוד 1 18(2201) ἔτι]
> OL

ἔτι כי 2 21(1002) : ἔτι
ejs

ἕτοιμος ה/עוד 1 11(1903) : ἕτοιμοι n

ἕτοιμος ה/עוד 1 11(1904) : ἑτοίμη
c(η ex corr)

ἔτος שׁנים 1 04(2300) ἔτη

εὖ ייטב 3 01(3000) εὖ

εὖ את 3 11(3402) : εὖ
b'

ζάω	חי	3	13(3900)	ζῆ
ζητέω	אבקש	3	01(2401)	ζητήσω]
Ζοροβαβελ	את בעז	4	21(0606)	: Ζοροβαβελ h*
Ζοροβαβελ	ו/בעז	4	21(0906)	: Ζοροβαβελ h*
ζωμός	פת/ך	2	14(2602)	: ζωμόν p
η'		0	00(0502)	:+η' w
η'		0	00(0903)	:+η' gk
ἤ	ה/ל/הן	1	13(0801)	ἢ]
ἤ	ל/עזב/ך	1	16(1200)	+<ἢ (see below) a2
ἤ	ל/שוב	1	16(1501)	ἢ] > MNhimruyb2 OL
ἤ	ל/י	1	20(1600)	+ ἢ d
ἤ	ו/אם	3	10(3706)	: ἤ gn
ἤδη	ל/עת	2	14(0501)	Ἤδη] > bgiklmnoptvwe2 OL (~)Nfh*rub2(~) aglnoptve2 Thdt
ἡμέρα	ב/ימי =ב/	1	01(0700)	+ ἡμέραις AMNdefhijkmpqrstuvyb2 OA(codd) OE OL([<u>in</u>] <u>diebus</u>)
ἡμέρα	ב/תחלת	1	22(2802)	: εμέραις a2
ἡμέρα	ב/יום	4	05(0701)	ἡμέρᾳ]
ἡσυχάζω	ו/תחדל	1	18(1703)	: ἡσύχασεν a
ἡσυχάζω	ו/תהם	1	19(2503)	: ἡσύχασεν a2
ἡσυχάζω	ישקט	3	18(3001)	ἡσυχάσῃ]
ἡσυχάζω	ישקט	3	18(3002)	: ἡσυχάσει AMNnyb2
ἦτε	ו/אם	3	10(3705)	: ἦτε f
ἤτοι	ו/אם	3	10(3704)	: ἤτοι aloptvwe2 Thdt
ἠχέω	ו/תהם	1	19(2501)	ἤχησεν]
ἠχέω	ו/תהם	1	19(2502)	: ἠχῆ t*
θ'		0	00(0904)	:+θ' b'
Θαμαρ	תמר	4	12(1300)	Θαμαρ
θάνατος	ה/מות	1	17(2500)	θάνατος
θάπτω	אקבר	1	17(1001)	ταφήσομαι] > l
θάπτω	אקבר	1	17(1002)	: ταφήσωμαι n
θεός	אלה/יה	1	15(2301)	θεοὺς] > r(>5)
θεός	ו/אלה/יך	1	16(5301)	θεός] > q* Thdt(>6)
θεός	אלה/י	1	16(5501)	θεός] > Thdt(>6)
θεός	ל/י =יהוה ~	1	17(1602)	: θ(εὸ)ς hptva2 OL
θεός	ל/י =שדי ~	1	20(2503)	: <u>d</u>(<u>eu</u>)<u>s</u> OL (θεὸς)

θεός		יהוה	1	21(1302)	: θεός
					a2*
θεός		אלהי	2	12(1800)	θεοῦ
θεός		+--	3	10(1001)	θεῷ]
					> Aabcglmnowxe2 OC OE OL OS
θεός		יהוה	4	12(2900)	+ θ(εό)ς
					ptv
θεός		יהוה	4	14(1000)	+ θ(εό)ς
					gnoe2
θεός		את דוד	X	00(0600)	+ θ(ε)ῷ
					ptvw
θεράπων		ל/קוצרים	2	04(1202)	: θεράπουσιν r
θερίζω		ה/קצרים	2	03(1500)	θεριζόντων
θερίζω		ל/קוצרים	2	04(1201)	θερίζουσιν]
θερίζω		ה/קוצרים	2	05(1101)	θερίζοντας]
θερίζω		ה/קוצרים	2	05(1102)	: θερίζουσιν
					c*
θερίζω		ה/קוצרים	2	06(0901)	θερίζοντας]
					> a(>9)k(>5)
θερίζω		ה/קוצרים	2	07(1300)	θεριζόντων
θερίζω		יקצרון	2	09(1200)	θερίζωσιν
θερίζω		ה/קוצרים	2	14(5400)	θεριζόντων
θερισμός		קציר	1	22(2900)	θερισμοῦ
θερισμός		קציר	2	23(1501)	θερισμὸν]
θερισμός		ו/קציר	2	23(2000)	+ θερισμὸν
					Abckx OA OL OS(sub &)
θνῄσκω		ה/מתים	1	08(4201)	τεθνηκότων]
θνῄσκω		ה/מתים	1	08(4202)	: θνησκόντων d
θνῄσκω		ה/מתים	2	20(2701)	τεθνηκότων]
θνῄσκω		ה/מתים	2	20(2702)	: τεθνεότων
					30
θνῄσκω		ה/מת	4	05(2600)	τεθνηκότος
θνῄσκω		ה/מת	4	05(4801)	τεθνηκότος
					- σήμερον 4.10 valde mutila in OC(cr))] > d(>11)
θνῄσκω		ה/מת	4	05(5900)	+ τεθνηκότος
					1*(+11)
θνῄσκω		ה/מת	4	10(2000)	τεθνηκότος
θνῄσκω		ה/מת	4	10(3601)	τεθνηκότος]
					> c n(>4) a2-OL(>11)
θνῄσκω	ἀπο	ו/ימת	1	03(0200)	ἀπέθανεν
θνῄσκω	ἀπο	ו/ימותו	1	05(0301)	ἀπέθανον]
θνῄσκω	ἀπο	ו/ימותו	1	05(0302)	: ἀπέθαναν
					Ah
θνῄσκω	ἀπο	תמותי	1	17(0401)	ἀποθάνῃς]
θνῄσκω	ἀπο	אמות	1	17(0701)	ἀποθανοῦμαι]
θνῄσκω	ἀπο	אמות	1	17(0702)	: ἀποθάνω
					b'
θνῄσκω	ἀπο	מות	2	11(2100)	ἀποθανεῖν
θυγάτηρ		בנת/י	1	11(0700)	θυγατέρες
θυγάτηρ		בנת/י	1	12(0500)	θυγατέρες
θυγάτηρ		בנת/י	1	13(1900)	θυγατέρες
θυγάτηρ		בת/י	2	02(3801)	θύγατερ]
θυγάτηρ		בת/י	2	02(3802)	: θυγάτηρ
					BAfh*w(vid)

θυγάτηρ בת/י 2 08(1301) θύγατερ] > 128(>3)

θυγάτηρ בת/י 2 08(1302) : θυγάτηρ Bdklowe2

θυγάτηρ בת/י 2 22(1401) θύγατερ]

θυγάτηρ בת/י 2 22(1402) : θυγάτηρ ABlowe2

θυγάτηρ בת/י 3 01(1701) Θύγατερ] > o

θυγάτηρ בת/י 3 01(1702) : Θυγάτηρ ABfh*lwe2

θυγάτηρ בת/י 3 10(1300) θύγατερ

θυγάτηρ בת/י 3 11(0401) θύγατερ]

θυγάτηρ בת/י 3 11(0402) : θυγάτηρ l

θυγάτηρ בת/י 3 16(2101) θύγατερ]

θυγάτηρ בת/י 3 16(2102) : θυγάτηρ Alm

θυγάτηρ בת/י 3 18(1301) θύγατερ]

θυγάτηρ בת/י 3 18(1302) : θυγάτηρ lo

ἰδού הנה 1 15(0900) Ἰδοὺ

ἰδού ו/הנה 2 04(0200) ἰδοὺ

ἰδού ה/לוא =הנה 2 09(1901) ἰδοὺ]

ἰδού --+ =/הנה 2 13(3201) ἰδοὺ] > MNhimrub2 OA OL

ἰδού ו/עתה 3 02(0200) + ἰδοὺ glnoptvwe2 (~OC) (~OS)

ἰδού הנה 3 02(2101) ἰδοὺ] > 16(~)

ἰδού הוא 3 02(2300) + ἰδοὺ 16(~)

ἰδού ו/הנה 3 08(1500) ἰδοὺ

ἰδού ו/הנה 4 01(1300) ἰδοὺ

Ιεσαι ישי 4 17(3302) : Ιεσαι w*

Ιεσσαι ישי 4 17(3301) Ιεσσαι]

Ιεσσαι את ישי 4 22(0601) Ιεσσαι]

Ιεσσαι ו/ישי 4 22(1101) Ιεσσαι]

Ιεσσε את ישי 4 22(0602) : Ιεσσε n

Ιεσσε ו/ישי 4 22(1102) : Ιεσσε n

ἵημι ἀπο ו/עזבתם 2 16(1401) ἄφετε AMNabdefhijkmqrsuxb2 OA OE(c) OS] > Bca2 OC OL(?)

ἵημι ἀπο ו/עזבתם 2 16(1402) : ἀφήσετε gnoptvwe2 (74~)

ἵημι ἀπο ו/עזבתם 2 16(1403) : ἀφήσητε l

ἵημι ἀπο ו/עזבתם 2 16(1800) + ἀφήσετε 74(~)

ἱκανός ~ ל/י =שדי 1 20(2501) ἱκανὸς] > b

ἱκανός ו/שדי 1 21(3301) ἱκανὸς] > Al(>5)

ἱκανῶς ו/שדי 1 21(3302) : ἱκανῶς n

ἱματισμός *שמלת/ך **שמלת/יך 3 03(1300) ἱματισμόν

ἵνα			ל/מה	1	11(1200)	ἵνα
ἵνα			ל/מה	1	21(1801)	ἵνα] > OL(>8)
ἵνα			אשר	3	01(2900)	ἵνα
Ιουδα			יהודה	1	01(2601)	Ιουδα]
Ιουδα			מ/בית לחם	1	02(4000)	+ Ιουδα h(~)
Ιουδα			יהודה	1	02(4401)	Ιουδα] > h(~)
Ιουδα			יהודה	1	07(3800)	Ιουδα
Ιουδα			ל/יהודה	4	12(1500)	Ιουδα
Ιουδαια			יהודה	1	01(2602)	: Ἰουδαίας fikmnrya2
Ιουδαια			יהודה	1	02(4402)	: Ιουδαιας mn
Ισραηλ			ישׂראל	2	12(2000)	Ισραηλ
Ισραηλ			ב/ישׂראל	4	07(0800)	Ισραηλ
Ισραηλ			ב/ישׂראל	4	07(4900)	Ισραηλ
Ισραηλ			ישׂראל	4	11(4600)	Ισραηλ
Ισραηλ			ב/ישׂראל	4	14(3201)	Ισραηλ] > i*
ἵστημι			ישׁ	1	12(2502)	: ἔστη a2
ἵστημι			ה/נצב	2	05(0803)	: ἑστῶτι a2
ἵστημι			ו/תעמוד	2	07(2001)	ἔστη] > OL
ἵστημι			ל/קים	4	07(1800)	στῆσαι
ἵστημι	ἀνα		ו/תקם	1	06(0201)	ἀνέστη]
ἵστημι	ἀνα		ו/תקם	1	06(0203)	: ἀνέστησαν n
ἵστημι	ἀνα		ו/תקם	2	15(0200)	ἀνέστη
ἵστημι	ἀνα		ו/יחרד	3	08(0803)	: ἀνέστη 70
ἵστημι	ἀνα		ו/תקם	3	14(1500)	ἀνέστη
ἵστημι	ἀνα		ל/הקים	4	05(4301)	ἀναστῆσαι] > d(>11)
ἵστημι	ἀνα		ל/הקים	4	05(4302)	: ἀναστήσασθαι Am
ἵστημι	ἀνα		ל/הקים	4	05(4303)	: ἀναστῆναι k
ἵστημι	ἀνα		ה/מת	4	05(5500)	+ ἀναστῆσαι l*(+11)
ἵστημι	ἀνα		ל/הקים	4	10(1600)	ἀναστῆσαι
ἵστημι	ἀπο		ו/תקם	1	06(0202)	: ἀπέστη b*
ἵστημι	ἐκ		ו/יחרד	3	08(0801)	ἐξέστη]
ἵστημι	ἐκ	ἀνα	ו/יחרד	3	08(0802)	: ἐξανέστη Agmn
ἵστημι	ἐπι		ה/נצב	2	05(0801)	ἐφεστῶτι (φ ex corr h)] > OC
ἵστημι	ἐπι		ה/נצב	2	05(0802)	: ἐφεστήκωτι f
ἵστημι	ἐπι		ה/נצב	2	06(0601)	ἐφεστὸς] > a(>9)k(>5) OC
ἵστημι	ἐπι		ה/נצב	2	06(0602)	: ἐφέστωτι b
ἵστημι	ἐπι		ה/נצב	2	06(0603)	: ἐφεστῆκος MNfhimprtuvb2

ἰσχύνω κατα תעגנה 1 13(1002) : καταισχηνθήσεσθαι
c(2nd α ex corr)
ἰσχυρός ~ ל/י =שׁדי 1 20(2502) : ἰσχυρὸς
hptvb2
ἰσχύς חיל 2 01(1901) ἰσχύι]
ἰσχύς ו/יאמר 2 04(1000) + ἰσχύι
gn
ἰσχύς ו/יאמר 2 08(0400) + ἰσχύι
gn
Ιωβηδ עובד 4 17(2804) : Ιωβηδ
71 OC OE
Ιωβηδ את עובד 4 21(1304) : Ιωβηδ
i*kb2 OC OE
Ιωβηδ ו/עובד 4 22(0205) : Ιωβηδ
i*kb2 OC
Ιωβηθ את עובד 4 21(1305) : Ιωβηθ
a2
καθεύδω ו/תשׁכב 3 07(4101) +:ἐκάθευδεν
Abcx
κάθημαι שׁבי 3 18(1101) Κάθου]
κάθημαι ו/ישׁב 4 01(5502) : ἐκάθησαν c
κάθημαι ה/ישׁבים 4 04(1400) καθημένων
καθίζω ו/תשׁב 2 14(4900) ἐκάθισεν
καθίζω ו/תשׁב 2 23(2501) ἐκάθισεν]
> OL(>6)
καθίζω שׁבי 3 18(1102) : κάθισον
MNdefhijkmqrsuyb2
καθίζω ו/ישׁב 4 01(0901) ἐκάθισεν]
> c(>3)
καθίζω ו/ישׁב 4 01(0902) : ἐκάθεισαν h
καθίζω ו/ישׁב 4 01(0903) : ἐκάθητο n
καθίζω שׁבה 4 01(3000) κάθισον
καθίζω ו/ישׁב 4 01(5501) ἐκάθισεν]
καθίζω שׁבו 4 02(1300) Καθίσατε
καθίζω ו/ישׁבו 4 02(1801) ἐκάθισαν]
> b2 128
καθίζω ו/ישׁבו 4 02(1802) : ἐκάθεισεν A
καθώς כ/אשׁר 1 08(3600) καθὼς
καθώς ברוך 2 19(2900) + καθὼς
ghlnoptvwe2 Thdt (+9)
καί ו/יהי 1 01(0101) Καὶ]
> OL
καί ו/יהי 1 01(1301) καὶ
(sup ras q)] > gknowe2 125 OA OE OL
καί ו/ילך 1 01(2000) καὶ
καί מואב 1 01(3300) +<καὶ m
καί ו/אשׁת/ו 1 01(3500) καὶ
καί ו/שׁני 1 01(3901) καὶ]
> a2(>4)
καί בנ/יו 1 02(0100) +<καὶ
c*(~6)
καί ו/שׁם 1 02(0700) καὶ
καί ו/שׁם 1 02(1401) καὶ
c(a?)qb 236 241 OA OE(c) OL OS(sub &))] > Bc*(~)q* OE(f)

καί ו/שׁם 1 02(2100) καὶ
καί ו/כליון 1 02(3000) καὶ
καί ו/יבאו 1 02(4601) καὶ]
> 71
καί ו/יהיו 1 02(5200) καὶ
καί ו/ימת 1 03(0100) καὶ
καί ו/תשׁאר 1 03(1300) καὶ
καί ו/שׁני 1 03(1800) καὶ
καί ו/ישׂאו 1 04(0100) καὶ
καί ו/שׁם 1 04(1200) καὶ
καί ו/ישׁבו 1 04(1800) καὶ
καί ו/ימותו 1 05(0200) καὶ
καί ו/כליון 1 05(1200) καὶ
καί ו/תשׁאר 1 05(1500) καὶ
καί ~~~ ~ =ו/מ/שׁני 1 05(2700) καὶ
καί ו/תקם 1 06(0100) καὶ
καί +-- =ו/שׁתי 1 06(0400) καὶ
καί ו/כלת/יה 1 06(0000) {...καὶ}
καί ו/תשׁב 1 06(0900) καὶ
καί ו/תצא 1 07(0100) καὶ
καί ו/שׁתי 1 07(1500) καὶ
καί ו/תלכנה 1 07(2301) καὶ]
> OL
καί ו/תלכנה 1 07(2800) +<καὶ
m(+5)
καί ו/תאמר 1 08(0100) καὶ
καί לכנה 1 08(1200) +<καὶ
ehmptva2b2 74
καί ל/בית 1 08(2300) +<καὶ
OE(c)
καί אמ/ה 1 08(2800) +<καὶ
gnoptvwe2 OA OC OE
καί עשׂיתם 1 08(3900) +<καὶ
125
καί ו/עמד/י 1 08(4300) καὶ
καί ו/עמד/י 1 09(0100) +<καὶ
c*q OE
καί ו/מצאן 1 09(0801) καὶ]
καί ו/תשׁק 1 09(2100) καὶ
καί ו/תשׂאנה 1 09(2501) καὶ]
καί ו/תבכינה 1 09(3101) καὶ]
> m
καί ו/תאמרנה 1 10(0100) καὶ
καί ו/תאמר 1 11(0100) καὶ
καί ל/מה 1 11(1101) καὶ]
> MNdefhijklmrsuyb2 OA OE OL
καί ו/היו 1 11(2800) καὶ
καί ל/אנשׁים 1 12(0100) +<καὶ
236
καί ל/אישׁ 1 12(2000) +<καὶ
degjnoptvwe2 Thdt
καί ??= הייתי 1 12(2802) : καὶ
MN*hyb2 71 OA '?'(k)

καί ו/גם 1 12(3600) καὶ
καί ה/ל/הן 1 13(0803) : καὶ
MNhikruyb2 OA OE OL
καί ו/תשנה 1 14(0100) καὶ
καί ו/תבכינה 1 14(0700) καὶ
καί ו/תשק 1 14(1100) καὶ
καί ל/חמות/ה 1 14(1700) + καὶ
c(+5)
καί --+ =ו/תשב 1 14(2200) καὶ
καί ו/תאמר 1 15(0100) καὶ
καί ו/אל 1 15(2001) καὶ]
> r(>5)
καί --+ =גם 1 15(2801) καὶ
(OS sub @)] > MNhmuyb2
καί יבמת/ך 1 16(0100) +<καὶ
ky OE
καί ל/שוב 1 16(1502) : καὶ
k OA OE
καί ו/ב/אשר 1 16(3500) καὶ
καί ו/אלה/יך 1 16(5101) καὶ]
> Thdt(>6)
καί ב/אשר 1 17(0100) καὶ
καί ו/שם 1 17(0902) : καὶ ἐκεῖ
MNdefghijkmnoprstuvwyb2e2 Thdt
καί ו/כה 1 17(1800) καὶ
καί ו/בינ/ך 1 17(3000) καὶ
καί ו/בינ/ך 1 18(0100) +<καὶ a
καί את/ה 1 18(1600) +<καὶ
ir
καί --+ =עוד 1 19(0100) +<καὶ
glnoptvwe2
καί ו/יהי 1 19(1300) +<καὶ
MNadefhijkmprtvyb2 236 OA OL
καί ו/תהם 1 19(2401) καὶ]
> bkx OA
καί ו/תאמרנה 1 19(3201) καὶ]
> a
καί ו/תאמר 1 20(0100) καὶ
καί ו/ריקם 1 21(0700) καὶ
καί ל/מה 1 21(1601) καὶ]
> MNdefhijmrsub2 30 OE OL(>8)
καί ו/יהוה 1 21(2401) καὶ]
> OL(>8)
καί ו/שדי 1 21(3101) καὶ]
> Al(>5)
καί ו/תשב 1 22(0101) καὶ]
> 237
καί ו/רות 1 22(0500) καὶ
καί ו/ל/נעמי 2 01(0100) Καὶ
καί ו/שמ/ו 2 01(2600) καὶ
καί ו/תאמר 2 02(0101) καὶ]
> MNdefhijkmprstuvb2
καί ו/אלקטה 2 02(1500) καὶ
καί ב/שבלים 2 02(2200) +<καὶ w

καί ו/תלך 2 03(0100) καὶ
καί ו/תלקט 2 03(0500) καὶ
καί ב/שׂדה 2 03(1200) +<καὶ
236
καί ו/יקר 2 03(1700) καὶ
καί ו/הנה 2 04(0100) καὶ
καί ו/יאמר 2 04(0700) καὶ
καί ו/יאמרו 2 04(1900) καὶ
καί ו/יאמר 2 05(0100) καὶ
καί ו/יען 2 06(0101) καὶ]
> a(>9)
καί ו/יאמר 2 06(1001) καὶ]
> 237
καί ו/תאמר 2 07(0100) καὶ
καί ו/אספתי 2 07(0601) καὶ]
> fa2
καί ו/תבוא 2 07(1500) καὶ
καί ו/תעמוד 2 07(1901) καὶ]
> OL
καί ו/עד 2 07(2301) καὶ]
> MNadegh*h(b)ikmnqruwa2b2 OA OC OE OL
καί עתה =ערב 2 07(2600) +<καὶ
n OA OE
καί ו/יאמר 2 08(0100) καὶ
καί ו/גם 2 08(2401) καὶ]
> Thdt(>5)
καί נערת/י 2 09(0100) +<καὶ
MNabdefhijkmprstuvb2 OA OC OE OL
καί ו/הלכת 2 09(1401) καὶ]
> OL
καί ו/צמת 2 09(3000) καὶ
καί ו/הלכת 2 09(3501) καὶ]
> ab'kp OA OC OE OL
καί ו/שׁתית 2 09(4100) καὶ
καί ו/תפל 2 10(0100) καὶ
καί ו/תשׁתחו 2 10(0701) καὶ]
> OC(~)
καί ארצ/ה 2 10(1500) + καὶ
OC(~)
καί ו/תאמר 2 10(1900) καὶ
καί ו/אנכי 2 10(3601) καὶ]
> ikmrub2 OL
καί ו/יען 2 11(0100) καὶ
καί ו/יאמר 2 11(0501) καὶ]
> OL
καί חמות/ך 2 11(1800) +<καὶ
b' OC(c)
καί ו/תעזבי =?? 2 11(2600) καὶ
καί ו/אמ/ך 2 11(3201) καὶ]
> lq(>4)
καί ו/ארץ 2 11(3600) καὶ
καί ו/תלכי 2 11(4300) καὶ
καί שׁלשׁום 2 11(5301) καὶ]
καί ו/תהי 2 12(0901) καὶ]
> Ba

καί ו/כי 2 13(2001) καὶ]
> OL
καί /ו= {...} 2 13(3000) καὶ
καί ו/אנכי 2 13(0000) {...καὶ}
καί ו/יאמר 2 14(0100) καὶ
καί ו/אכלת 2 14(1601) καὶ]
> OC(c)(>4)
καί ו/טבלת 2 14(2301) καὶ]
> OL(>4)
καί ב/חמץ 2 14(3100) + καὶ
f(+16)
καί ב/חמץ 2 14(3500) + καὶ
f(+16)
καί ב/חמץ 2 14(4000) + καὶ
f(+16)
καί ו/תשב 2 14(4800) καὶ
καί ו/יצבט 2 14(5600) καὶ
καί ו/תאכל 2 14(6300) καὶ
καί ו/תשבע 2 14(6500) καὶ
καί ו/תתר 2 14(6701) καὶ]
> e OL
καί ו/תקם 2 15(0100) καὶ
καί ו/יצו 2 15(0600) καὶ
καί ו/לא 2 15(2000) καὶ
καί ו/גם 2 16(0101) καὶ]
> abx-OS(>4)
καί {...} 2 16(0502) : καὶ
gklnowa2e2 OA OC
καί ו/עזבתם 2 16(1300) καὶ
καί ו/עזבתם 2 16(1600) + καὶ
MNdefhijkmpqrstuvwb2 74 OA OE(c,f)
καί ו/לקטה 2 16(2001) καὶ]
> OL
καί ו/לא 2 16(2300) καὶ
καί ו/תלקט 2 17(0100) καὶ
καί ו/תחבט 2 17(1000) καὶ
καί ו/יהי 2 17(1601) καὶ]
> d(>19)
καί ו/תשא 2 18(0101) καὶ]
> d(>19)
καί ו/תבוא 2 18(0301) καὶ]
> d(>19)
καί ו/תרא 2 18(0901) καὶ]
> d(>19) OL(?)
καί ו/תרא 2 18(1200) + καὶ
18
καί ו/תוצא 2 18(2500) καὶ
καί ו/תאמר 2 19(0100) καὶ
καί ו/אנ/ה 2 19(1000) καὶ
καί ו/תגד 2 19(3500) καὶ
καί ו/תאמר 2 19(4401) καὶ
[καὶ-(3.7) κοιμηθῆναι mutila in Δ(10)]
καί ו/תאמר 2 20(0101) καὶ]
> MNΔ(10)(vid)dehijkmpqrstuvb2 OL

καί אשר 2 20(1502) : καί
30
καί ו/את 2 20(2401) καὶ]
> 70
καί ו/תאמר 2 20(2900) καὶ
καί ו/תאמר 2 21(0100) καὶ
καί גם 2 21(0802) : καὶ
dglonptvwe2 Thdt
καί אשר ל/י 2 21(1900) +<καὶ l
καί ו/תאמר 2 22(0100) καὶ
καί ו/לא 2 22(2301) καὶ]
> defjs
καί ו/תדבק 2 23(0100) καὶ
καί ו/קציר 2 23(1801) καὶ]
> f
καί ו/תשב 2 23(2401) καὶ]
> OL(>6)
καί חמות/ה 3 01(0100) +<Καὶ
glnowe2
καί ו/עתה 3 02(0101) καὶ]
> OC
καί נערות/יו 3 02(1900) +<καί
glnoptvwe2 OC OL
καί ה/שערים 3 02(3000) +<καὶ b
καί ה/לילה 3 03(0100) +<καί
MNfhimpqrtvb2
καί ו/סכת 3 03(0500) καὶ
καί ו/סכת 3 03(0700) + καὶ
glnoptvwe2
καί ו/שמת 3 03(1000) καὶ
καί *ו/ירדתי **ו/ירדת 3 03(1800) καὶ
καί ה/גרן 3 03(2400) +<καὶ
ptv OA OE OL
καί ~ ו/ל/שתות =ו/ל/אכל 3 03(3600) καὶ
καί ו/יהי 3 04(0100) καὶ
καί ב/שכב/ו 3 04(0900) + καὶ
j(+4)
καί ו/ידעת 3 04(1201) καὶ]
> k OA OC OE OL
καί ו/באת 3 04(2100) καὶ
καί ו/גלית 3 04(2300) καὶ
καί *ו/שכבתי **ו/שכבת 3 04(3000) καὶ
καί ו/הוא 3 04(3300) καὶ
καί תעשין 3 05(0100) +<καὶ
18
καί ו/תרד 3 06(0101) καὶ]
> OL(>5)
καί ו/תעש 3 06(0800) καὶ
καί ו/יאכל 3 07(0100) καὶ
καί ו/ישת 3 07(0400) + καὶ
AMNΔ(10)vid)abcdefhijkmpqrstuvxb2 OA OC OE(c) OL OS(sub &)
καί ו/ייטב 3 07(0800) καὶ
καί ו/יבא 3 07(1400) καὶ

καί   ו/יבא 3 07(1600) + καί
     x OE
καί   ה/ערמה 3 07(2500) +<καί
     glnoptvwe2 OE OL
καί   ו/חגל 3 07(3201) καί]
     > 77(>9)
καί   ו/חשׁב 3 07(4000) + καί
AMNabcdefghijklmnopqrstuvwxb2e2 OA OC OE OL OS(sub &)
καί   ו/חשׁב 3 08(0100) +<καί
     ga2 OL
καί   ו/יחרד 3 08(0701) καί]
     > k OA OC OE OL
καί   ו/ילפח 3 08(1100) καί
καί   ו/הנה 3 08(1401) καί]
καί   מרגלח/יו 3 09(0100) +<καί
     glnoptvwe2 OL
καί   אח 3 09(1000) +<καί
     km OA OE OL
καί   ו/פרשׁח 3 09(2200) καί
καί   ו/יאמר 3 10(0100) καί
καί   ו/עחה 3 11(0100) καί
καί   ו/עחה 3 12(0100) καί
καί   ו/גם 3 12(1802) : καί
     hkmw
καί   ו/היה 3 13(0900) καί
καί   יהוה 3 13(4600) +<καί u
καί   ו/חשׁב 3 14(0101) καί]
     > OA-codd(>7)
καί   ו/חקם 3 14(1402) : καί
     glnoptvwe2 OA OE OL
καί   ו/יאמר 3 14(2600) καί
καί   ו/יאמר 3 15(0101) καί]
     > OA(>3)
καί   ו/אחזי 3 15(1300) + καί
MNdefhijkmoqrsub2 77 209 237 OA OC OL
καί   ו/תאחז 3 15(1801) καί]
     > MNfhikmqrsub2 OA OC
καί   ו/ימד 3 15(2300) καί
καί   ו/ישׁח 3 15(2700) καί
καί   ו/יבא 3 15(3200) καί
καί   ו/:= +-- רוח 3 16(0101) καί]
     > OL
καί   ו/תבוא= באה 3 16(0000) {...καί}
καί   ו/תאמר 3 16(1302) : καί
     n OE OL
καί   ו/חגד 3 16(2300) καί
καί   ו/תאמר 3 17(0101) καί]
     > f(>3)
καί   ו/תאמר 3 18(0300) +<καί
     chm OE
καί   ו/בעז 4 01(0100) Καί
καί   ו/ישׁב 4 01(0801) καί]
     > c(>3)
καί   ו/הנה 4 01(1200) καί

καί ו/יאמר 4 01(2100) καὶ
καί ו/יסר 4 01(5101) καὶ]
> 30
καί ו/ישׁב 4 01(5400) καὶ
καί ו/יקח 4 02(0100) καὶ
καί ו/יאמר 4 02(1100) καὶ
καί ו/ישׁבו 4 02(1701) καὶ]
> b2 128
καί ו/יאמר 4 03(0100) καὶ
καί ו/אני 4 04(0102) : καὶ ..
aglnoptva2e2
καί ו/נגד 4 04(1501) καὶ]
> 77
καί ו/אדעה ** ו/אדע* 4 04(4001) καὶ]
> OL(~?)
καί ו/אנכי 4 04(5102) : καὶ ἐγώ
MNcdefghijklmopqrstuvb2e2
καί ו/יאמר 4 04(5900) +<καὶ
30
καί ו/יאמר 4 05(0100) καὶ
καί ו/מ/את 4 05(1700) καὶ
καί +-- 4 05(3501) καὶ
(OS sub @)] > d(>11) iqrb2(>5) 76 OL
καί ה/מת 4 05(4900)
+ καὶ l*(+11)
καί ו/יאמר 4 06(0100) καὶ
καί ו/זאת 4 07(0100) καὶ
καί ו/על 4 07(1201) καὶ
's'(b)] > ba2
καί שׁלף 4 07(2301) καὶ]
> MNdefh*ijkqrsuyb2 OA
καί ו/נתן 4 07(3000) καὶ
καί ו/זאת 4 07(4300) καὶ
καί ו/יאמר 4 08(0100) καὶ
καί ו/ישׁלף 4 08(1300) καὶ
καί =ו/יתן +-- 4 08(1800) καὶ
καί ו/יאמר 4 09(0100) καὶ
καί ו/כל 4 09(0600) καὶ
καί ו/את 4 09(1901) καὶ]
> OL(>14)
καί ו/מחלון 4 09(2601) καὶ]
> OL(>14)
καί ו/גם 4 10(0102) : καὶ ἡ c
καί ו/לא 4 10(3001) καὶ]
> a2-OL(>11)
καί ו/מ/שׁער 4 10(4501) καὶ]
> cl
καί ו/יאמרו 4 11(0101) καὶ]
> j(>12)
καί ה/עם 4 11(0600) + καὶ
MNhiqrtuvyb2 OA-codd
καί ב/שׁער 4 11(1200) + καὶ
k OA-ed OL
καί ו/ה/זקנים 4 11(1700) καὶ

καί ו/כ/לאה 4 11(3601) καὶ]
> 70
καί ו/עשה 4 11(4701) καὶ]
> OA
καί ו/קרא =?? 4 11(5301) καὶ]
> y(>5) k OL
καί ו/יהי 4 12(0100) καὶ
καί ל/יהודה 4 12(1700) +<καί
bglnoptve2 OE Thdt
καί ו/יקח 4 13(0100) καὶ
καί ו/תהי 4 13(0801) καὶ]
> Ba2-OE(f)(>9) blgnowe2
καί ו/יבא 4 13(1401) καὶ]
> Ba2-OE(f)(>9) OE(c)(>4)
καί ו/יתן 4 13(1900) καὶ
καί ו/תלד 4 13(2700) καὶ
καί ו/תאמרנה 4 14(0100) καὶ
καί ו/יקרא 4 14(2401) καὶ]
> Nbgklmnouwe2 OA OC Thdt
καί ו/היה 4 15(0100) καὶ
καί ו/ל/כלכל 4 15(1000) καὶ
καί ו/תקח 4 16(0101) καὶ]
> OL
καί ו/תשת/הו 4 16(0601) καὶ]
> OL
καί ו/תהי 4 16(1400) καὶ
καί ו/תקראנה 4 17(0101) καὶ]
> OL
καί ו/תקראנה 4 17(2300) καὶ
καί ו/אלה 4 18(0100) Καὶ
καί את חצרון 4 19(0100) +<καί
MNabdefghijklmnopqrstuvwxyb2e2 OA OC OS Anon
καί ו/רם 4 19(0801) καὶ]
> A 74 OA-ed OC OE OL
καί ו/עמינדב 4 20(0101) καὶ]
> 74 76 OA-ed OC OE OL
καί ו/נחשון 4 20(0801) καὶ]
> e(>10) g(>5) 74 76 OA-ed OE OL
καί ו/שלמון 4 21(0101) καὶ]
> e(>10) 74 76 OA OC OE OL
καί ו/בעז 4 21(0801) καὶ]
> 74 OA OC OE OL
καί ו/עובד 4 22(0101) καὶ]
> kv OC OL
καί ו/ישי 4 22(1001) καὶ]
> OA OC OE OL
καίγε שנים 1 05(0100) +<καίγε
18(~)
καίγε גם 1 05(0501) καίγε]
> Akptv 18(~) OA OC OE OL
καίγε =?? הייתי 1 12(2803) : καίγε
'a'(<u>b</u>)
καίγε ו/גם 2 08(2402) : καίγε
MNhikmrub2

καίγε גם 2 15(1301) Καίγε]
> k OC OE OL
καίγε ו/גם 2 16(0000) {...καίγε}
καίγε {...} 2 16(0501) καίγε]
> OL(>4)
καίγε גם 2 21(0801) Καίγε]
> OA(?<u>verum</u> <u>est</u>) OE OL
καίγε ו/גם 3 12(1801) καίγε]
καίγε ו/גם 4 10(0101) καίγε]
> dkr OE OL(>14)
καὶ ἐγώ ו/אני 4 04(0101) κἀγὼ]
> b2
καὶ ἐγώ ו/אנכי 4 04(5101) κἀγώ
ABabmxa2]
καὶ ἐκεῖ ו/שׁם 1 17(0901) κἀκεῖ
BAabcqxa2] > l
καινός ו/ריקם 1 21(0802) : καινὴν
a2
καινός ברוך 2 19(2802) :+καινὴν
n(+9)
καινός ריקם 3 17(2002) : καινὴ
b'ny
κακόω v= ענה 1 21(2802) : ἐκάκωσεν h
κακόω הרע 1 21(3401) ἐκάκωσέν]
> a2 Al(>5)
καλέω תקראנה 1 20(0801) καλεῖτέ]
> k(>5) (~)efjs(~)
καλέω תקראנה 1 20(0802) : καλεσῆτε w
καλέω ל/י 1 20(1000) + καλεῖτε
(~)efjs(~)
καλέω קראן 1 20(1401) καλέσατέ]
καλέω קראן 1 20(1402) : καλέσεται n
καλέω קראן 1 20(1403) : καλεῖται h
καλέω קראן 1 20(1404) : καλέσετε a
καλέω תקראנה 1 21(2001) καλεῖτέ]
> OL(>8)
καλέω *קניתי **קניתה 4 05(3702) : κλήσασθαί s
καλέω ו/קרא =?? 4 11(5402) : κάλεσαι
MNhikqrub2 OA
καλέω ו/קרא =?? 4 11(5403) : καλεσ...
e2(mg)
καλέω ו/קרא =?? 4 11(5404) : ἐκάλεσεν o
καλέω השׁבית 4 14(1702) : κεκάλεσεν f
καλέω ו/יקרא 4 14(2601) καλέσαι]
καλέω ו/יקרא 4 14(2602) : ἐκάλεσαι
70
καλέω ו/תקראנה 4 17(0201) ἐκάλεσαν]
> OL
καλέω ו/תקראנה 4 17(0202) : ἐκαλέσαντο
a2
καλέω ו/תקראנה 4 17(2401) ἐκάλεσαν]
καλέω ו/תקראנה 4 17(2402) : ἐκάλεσεν
deja2
καλέω παρα נחמת/ני 2 13(1701) παρεκάλεσάς]
> b2(>3)

καλύπτω	ἀπο	ו/גלית	3	04(2401)	ἀποκαλύψεις]
καλύπτω	ἀπο	ו/גלית	3	04(2402)	: ἀποκαλύψῃς cgv
καλύπτω	ἀπο	ו/גלית	3	04(2403)	: ἀποκαλύψῃ i
καλύπτω	ἀπο	ו/תגל	3	07(3301)	ἀπεκάλυψεν] > 77(>9)
καλύπτω	ἀπο	אגלה	4	04(0400)	Ἀποκαλύψω
καλύπτω	ἐπι	ו/תגל	3	07(3302)	: ἐπεκάλυψε ope2
καρδία		לב	2	13(2501)	καρδίαν]
καρδία		לב	2	13(2502)	: καρδίας k
καρδία		לב/ו	3	07(1100)	καρδία
κατά		כ/כל	3	06(1001)	κατὰ]
κατόπισθεν		אחר	2	02(2301)	κατόπισθεν]
κατόπισθεν		אחרי	2	03(1301)	κατόπισθεν]
κατόπισθεν		אחר/יהן	2	09(1600)	κατόπισθεν
Κελαιων		ו/כליון	1	02(3212)	: Κελαιων B
Κελλαιων		ו/כליון	1	02(3213)	: Κελλαιων 16
Κελλαιων		ו/כליון	1	05(1308)	: Κελλαιων 16
κενός		ו/ריקם	1	21(0801)	κενὴν]
κενός		ברוך	2	19(2801)	+:κενὴν ghkloptvwe2 Thdt (+9)
κενός		ריקם	3	17(2001)	κενὴ]
κλαίω		ו/תבכינה	1	09(3201)	ἔκλαυσαν] > m
κλαίω		ו/תבכינה	1	14(0800)	ἔκλαυσαν
κληρονομία		ה/מת	4	05(2900)	+ κληρονομίας MNefhijpqrtvyb2 (+7)
κληρονομία		נחלת/ו	4	05(6200)	κληρονομίας
κληρονομία		את נחלת/י	4	06(1701)	κληρονομίαν] > n (>15)
κληρονομία		נחלת/ו	4	10(2701)	κληρονομίας] > a2-OL(>11)
κληρονομία		ה/מת	4	10(3900)	+ κληρονομίας de(+4)
κληρουχία		ה/גאולה	4	07(1102)	: κληρουχίας 's'(b)
κλίνω	ἐκ	סורה	4	01(2801)	Ἐκκλίνας]
κλίνω	ἐκ	סורה	4	01(2802)	: ἐκκλίνον m
κλίνω	ἐκ	ו/יסר	4	01(5300)	ἐξέκλινεν
κλίνω	ἐν	סורה	4	01(2803)	: ἐγκλίνας n
κοιλία		ב/מע/י	1	11(2400)	κοιλίᾳ
κοιμάω		ב/שׁכב/ו	3	04(0500)	κοιμηθῆναι
κοιμάω		ישׁכב	3	04(1801)	κοιμᾶται]
κοιμάω		ישׁכב	3	04(1802)	: κοῖμα d
κοιμάω		*ו/שׁכבתי **ו/שׁכבת	3	04(3100)	κοιμηθήσῃ
κοιμάω		ל/שׁכב	3	07(1801)	κοιμηθῆναι]
κοιμάω		ל/שׁכב	3	07(1802)	: ἐκοιμήθη x OE
κοιμάω		ו/תשׁכב	3	07(4102)	:+ἐκοιμήθη MNadefghijklmnopqrstuvwa2b2e2 OA OC OE OL OS(sub &)

κοιμάω		שכבת	3	08(1701)	κοιμᾶται]
					> r OE(vid)
κοιμάω		שכבת	3	08(1702)	: ἐκοίματο
					ikmqb2 OA OL
κοιμάω		שכבי	3	13(4700)	κοιμήθητι
κοιμάω		ו/תשכב	3	14(0201)	ἐκοιμήθη]
					> OA-codd(>7)
κολλάω		תדבקין	2	08(3200)	κολλήθητι
κολλάω		תדבקין	2	21(2002)	: κολλήθητι
					B Thdt
κολλάω	προς	תדבקין	2	21(2001)	προσκολλήθητι]
κολλάω	προς	ו/תדבק	2	23(0201)	προσεκολλήθη]
κόλπος		בית/ך	4	11(3202)	: κόλπον
					defjs
κόλπος		ב/חיק/ה	4	16(1101)	κόλπον]
κόλπος		ב/חיק/ה	4	16(1102)	: κόλπῳ
					hikrub2
κοπάζω		ו/תחדל	1	18(1701)	ἐκόπασεν]
κοπιάω		ו/תחדל	1	18(1702)	: ἐκοπίασεν r
κοράσιον		נערת/י	2	08(3500)	κορασίων
κοράσιον		ה/נערים	2	21(1702)	: κορασίων
					MNΔ(10)(vid)adehijkmpqrtuvb2 OA OE OL Thdt
κοράσιον		נערות/יו	2	22(2000)	κορασίων
κοράσιον		ב/נערות	2	23(0600)	κορασίοις
κοράσιον		נערות/יו	3	02(1600)	κορασίων
κραταιόω		מתאמצת	1	18(0800)	κραταιοῦται
κρατέω		ו/אחזי	3	15(1401)	+:κράτησον
					MNdefhi(-σε)jkmqrsub2 77 209 237 OA OC OL
κρατέω		ו/אחזי	3	15(1402)	:+ἐκράτησεν o
κρατέω		ו/תאחז	3	15(2001)	ἐκράτησεν]
					> fu
κριθή		שערים	1	22(3001)	κριθῶν]
κριθή		שערים	2	17(2001)	κριθῶν]
					> d(>19)
κριθή		ה/שערים	2	23(1700)	κριθῶν
κριθή		ה/שערים	3	02(2900)	κριθῶν
κριθή		שערים	3	15(2600)	κριθῶν
κριθή		ה/שערים	3	17(0701)	κριθῶν]
					> OL(>4)
κρίνω		שפט	1	01(1001)	κρίνειν]
					> q OA(codd)
κρίνω		שפט	1	01(1003)	: κρίνοντος N
κρίνω	ἀπο	ו/יען	2	06(0201)	ἀπεκρίθη]
					> a(>9)
κρίνω	ἀπο	ו/יען	2	11(0201)	ἀπεκρίθη]
κρίνω	ἀπο	ו/יאמרו	4	11(0206)	: ἀπεκρίθησαν
					MNhkmpqtuvyb2 OA-codd
κρίνω	ἀπο	ו/יאמרו	4	11(0207)	: ἀπεκρίθη
					ir OA-ed
κριτής		שפט	1	01(1002)	: κριταῖς
					237
κριτής		ה/שפטים	1	01(1201)	κριτὰς]
κριτής		ה/שפטים	1	01(1202)	: κριτῶν
					q OA

κύριος			יהוה	3	13(4000)	κύριος
κύριος			יהוה	3	13(4400)	+ κύριος B
κύριος			יהוה	4	11(2300)	κύριος
κύριος			יהוה	4	12(2701)	κύριός]
κύριος			יהוה	4	13(2200)	κύριος
κύριος			יהוה	4	14(0800)	κύριος
λαϊκόω			ה/לילה	1	12(3102)	:+λελαικωμένην
						x 'a'(b̲)
λαϊκόω			ה/לילה	1	12(3105)	:+λελαίκω k
λακκόω			ה/לילה	1	12(3101)	+:λελακκωμένη
						MN*hyb2
λαλέω			ה/לילה	1	12(3103)	:+λελαληκαμένην (
λαλέω			ל/דבר	1	18(1900)	λαλῆσαι
λαλέω			תקראנה	1	20(0803)	: λαλεῖτε
						tv*
λαλέω			תקראנה	1	20(0804)	: λαλῆτε
						v(a)
λαλέω			דברת	2	13(2201)	ἐλάλησας]
λαλέω			דבר	4	01(1804)	: ἐλάλησεν
						hikmqru OA OL
λαμβάνω			ו/ישא	1	04(0201)	ἐλάβοσαν
						BAbca2] > q
λαμβάνω			ו/ישא	1	04(0202)	: ἔλαβεν r
λαμβάνω			ו/ישא	1	04(0203)	: ἔλαβον
						MNadefghijkmnopstuvwxyb2e2
λαμβάνω			י/קח	4	02(0201)	ἔλαβεν]
λαμβάνω			י/קח	4	13(0200)	ἔλαβεν
λαμβάνω			ו/תקח	4	16(0201)	ἔλαβεν]
λαμβάνω			אח דוד	X	00(0400)	+ ἔλαβεν
						a2
λαμβάνω	κατα		ו/תשאר	1	03(1402)	: κατελήφθησαν n
λαμβάνω	παρα		{...}	2	16(0604)	: παραλάβοντες q
λαμβάνω	συν	??=	הייתי	1	12(2906)	: συλλαβεῖν
						's'(M, see k)
λαός			ו/אח עמ	1	06(2500)	λαὸν
λαός			ל/עמ/ך	1	10(1100)	λαόν
λαός		+--	עמ/ה=	1	14(2601)	λαὸν]
						> OL(? habiit)
λαός			עמ/ה	1	15(1800)	λαὸν
λαός			עמ/ך	1	16(4600)	λαός
λαός			עמ/י	1	16(4800)	λαός
λαός			עם	2	11(4700)	λαὸν
λαός			ה/גרן	3	03(2203)	: λαόν q
λαός			עמ/י	3	11(2700)	λαοῦ
λαός			עמ/י	4	04(2000)	λαοῦ
λαός			ה/עם	4	09(0900)	λαῷ
λαός			מקומ/ו	4	10(5101)	λαοῦ
	Babsx 71)]		> MNghjklnob2e2 OA OE Thdt 'a''s'			
λαός			עם/ה	4	11(0501)	λαὸς]
						> j(>12) OL
λέγω			ו/תאמר	2	02(3200)	εἶπεν
λέγω			ו/יאמר	2	04(0800)	εἶπεν
λέγω			ו/יאמרו	2	04(2001)	εἶπον]

λείπω	κατα	??= ‎תעזב‏/‎ו‏	2	11(2804)	: κατέλιπεν
				18(vid)	
λείπω	κατα	‎חתר‏/‎ו‏	2	14(6801)	κατέλιπεν]
					> e OL
λείπω	κατα	‎חתר‏/‎ו‏	2	14(6802)	: κατέλειπεν
					Abghimnrua2b2
λείπω	κατα	‎הותרה‏	2	18(3301)	κατέλιπεν]
λείπω	κατα	‎הותרה‏	2	18(3302)	: κατέλειπεν
					AMNcghimnqrsua2b2
λέχομαι		‎ה‏/‎ליל‏/‎ה‏	1	12(3104)	:+λελοχωμένη
					71
Λια		‎ו‏/‎כ‏/‎לאה‏	4	11(3802)	: Λια
					ka2 OL
λικμάω		‎זרה‏	3	02(2401)	λικμᾷ]
λικμάω		‎זרה‏	3	02(2402)	: λίκμαται c
λιμός		‎רעב‏	1	01(1501)	λιμὸς
					(sup ras q)]
λόγος		‎דבר‏	4	07(2100)	λόγου
λόγος		‎את דוד‏	X	00(1500)	+ λόγων
					l(c)
λοιμός		‎רעב‏	1	01(1502)	: λοιμὸς
					dnv
λούω		‎ו‏/‎רחצת‏	3	03(0401)	λούσῃ]
λύω	απο	‎ו‏/‎ישלח‏	4	08(1403)	: ἀπελύσατο
					fp
λύω	επι	‎שלח‏	4	07(2404)	: ἐπιλύετο
					237
λύω	κατα	‎השביח‏	4	14(1701)	κατέλυσέ]
λύω	υπο	‎שלח‏	4	07(2401)	ὑπελύετο]
λύω	υπο	‎ו‏/‎ישלח‏	4	08(1401)	ὑπελύσατο]
λύω	υπο	‎ו‏/‎ישלח‏	4	08(1404)	: ὑπελύετο
					Nbx
Μααλλω		‎ו‏/‎מחלון‏	4	09(2802)	: Μααλλω M
Μααλλων		‎מחלון‏	1	02(2902)	: Μααλλων
					MNdefgknswya2b2 OL
Μααλλων		‎מחלון‏	1	05(1102)	: Μααλλων
					MNefgjklmnptwyb2e2 OL
Μααλλων		‎ל‏/‎כליון‏	4	09(2511)	: Μααλλων
					(~)dfgjne2(~)
Μααλλων		‎ו‏/‎מחלון‏	4	09(2803)	: Μααλλων
					Nptvyb2
Μααλλων		‎מחלון‏	4	10(0702)	: Μααλλων
					MNdfgjnopqtva2b2e2 OL
Μααλω		‎ל‏/‎כליון‏	4	09(2510)	: Μααλω
					(~)h(~)
Μααλων		‎מחלון‏	1	02(2901)	Μααλων]
Μααλων		‎מחלון‏	1	05(1101)	Μααλων]
Μααλων		‎ל‏/‎כליון‏	4	09(2509)	: Μααλων
					(~)eh(b)los-Thd(~)
Μααλων		‎ו‏/‎מחלון‏	4	09(2801)	Μααλων]
					> OL(>14)
Μααλων		‎מחלון‏	4	10(0701)	Μααλων]
Μαελλων		‎מחלון‏	1	02(2904)	: Μαελλων
					ptv

Μαελλων מחלון 1 05(1103) : Μαελλων v

Μαλλων מחלון 1 02(2903) : Μαλλων
cq(1st λ sup ras)

Μαλλων ו/מחלון 4 09(2804) : Μαλλων
74 OC

Μανωε מחלון 1 02(2905) : Μανωε
125

μαρτύριον ה/תעודה 4 07(4700) μαρτύριον

μάρτυς עדים 4 09(1000) Μάρτυρες

μάρτυς עדים 4 10(5600) μάρτυρες

μάρτυς ~~~ ~ =עדים 4 11(1501) Μάρτυρες]
> j(>12)

μερίς חלקת 2 03(2200) μερίδι

μερίς ב/קצה 3 07(2101) μερίδι]

μερίς חלקת 4 03(0701) μερίδα]

μέρος ב/קצה 3 07(2102) : μέρει
km

μεσονύκτιον ב/חצי ה/לילה 3 08(0600) μεσονυκτίῳ

μέσος ב/ינ/י 1 17(2800) μέσον

μέσος ו/ב/ינ/ך 1 17(3200) + μέσον
ir OL

μέσος ו/ב/ינ/ך 1 17(0000) {..d μέσον}

μέσος בין 2 15(1501) μέσον]

μέσος בין 2 15(1502) : μεσῶν v

μετά ו/יהי 1 01(0300) + <u>post</u> [μετὰ]
OA

μετά עמ/ה 1 07(2001) μετ']
> kmq

μετά עמ/כם 1 08(3200) μεθ'

μετά עם 1 08(4000) μετὰ

μετά ו/עמד/י 1 08(4400) μετ'

μετά את/ך 1 10(0600) Μετὰ

μετά עמ/י 1 11(1500) μετ'

μετά ל/חמות/ה 1 14(2000) + μεθ'
c(+5)

μετά את/ה 1 18(1301) μετ']

μετά אל/יה 1 18(2002) : μετ'
dejs OA(vid)

μετά כלת/ה 1 22(1500) + μετ'
AMNbcdefhijmprstuvxb2 OA OL OS(sub &)

μετά עמ/כם 2 04(1600) μεθ'

μετά עם 2 06(2001) μετὰ]
> n(~)

μετά מואב 2 06(2500) + μετὰ
n(~)

μετά עם 2 08(3300) μετὰ

μετά את 2 11(1400) μετὰ

μετά אחרי 2 11(1900) μετὰ

μετά ברוך 2 19(3100) + μεθ'
ghnoptvwe2 (+9)

μετά {...עמ/ו} אשר 2 19(5201) μεθ']
> a

μετά עמ/ו 2 19(5500) + μετ'
bcx

μετά אח 2 20(2100) μετὰ
μετά ו/אח 2 20(2500) μετὰ
μετά עם 2 21(1500) Μετὰ
μετά עם 2 22(1800) μετὰ
μετά אח 2 23(2601) μετὰ]
> OL(>6)
μετά אח 3 02(1400) μετὰ
μετά שׂכבי 3 13(4800) + μετ’ h
μετά אחר/יך 4 04(5300) μετὰ
μετρέω ו/ימד 3 15(2401) ἐμέτρησεν
(.μετ- y)(+ ras (8) q)]
μή ה/עוד 1 11(1801) μὴ]
μή מ/היות 1 12(1501) μὴ]
μή ??= הייתי 1 12(3003) : μὴ
241
μή ה/ל/הן 1 13(0101) μὴ]
μή ל/בלתי 1 13(1201) μὴ]
> 30
μή אל 1 13(1601) μὴ]
μή אל 1 16(0500) Μὴ
μή אל 1 20(0601) Μὴ]
> k(>5)
μή אל 2 08(1500) μὴ
μή ל/בלתי 2 09(2600) μὴ
μή ל/הכיר/ני 2 10(3200) + μή r
μή ו/לא 2 15(2100) μὴ
μή ה/לא 3 01(2301) μὴ]
> OA
μή אל 3 03(2500) μὴ
μή ל/בלתי 3 10(2801) μὴ]
> b'q 71 OL
μή אל 3 11(0600) μὴ
μή לא 3 13(3000) μὴ
μή אל 3 14(3100) Μὴ
μή אל 3 17(1600) Μὴ
μή לא 3 18(2900) μὴ
μή לא 4 04(3401) μὴ]
μή פן 4 06(1402) : μή ποτε
B-M
μηδέ אל 1 13(1602) : μηδέ
b
μηκέτι ה/עוד 1 11(1802) : μηκέτι w
μήποτε פן 4 06(1401) μήποτε]
> n(>15)
μήτηρ אמ/ה 1 08(2501) μητρὸς]
> AMNahikmptuvyb2 125 128 OA
μήτηρ ו/אמ/ך 2 11(3401) μητέρα]
> lq(>4)
μικρός v= שׂבת/ה 2 07(2900) + μικρόν
(~)glnowe2-OA-OC-OE(~)
μικρός מעט 2 07(3301) μικρόν]
> (~)glnowe2-OA-OC-OE(~)
μισθός משׂכרת/ך 2 12(1200) μισθός
Μοαβ מואב 1 06(2002) : Μοαβ
c*

μόνος		ה/אשה	1	05(1900)	+ μόνη gnowe2 OA
μύρον		ו/סכת	3	03(0900)	+ μύρον glnoptvwe2
Μωαβ		מואב	1	01(3100)	Μωαβ
Μωαβ		מואב	1	02(5100)	Μωαβ
Μωαβ		מואב	1	06(1400)	Μωαβ
Μωαβ		מואב	1	06(2001)	Μωαβ] >(>5) fhmqu 125 OA OE(cl) OL
Μωαβ		ו/תלכנה	1	07(2700)	+ Μωαβ m(+5)
Μωαβ		מואב	1	22(2000)	Μωαβ
Μωαβ		מואב	2	06(2400)	Μωαβ
Μωαβ		מואב	4	03(3200)	Μωαβ
Μωαβεῖτις		מאביות	1	04(0502)	: Μωαβείτιδας B
Μωαβῖτις		מאביות	1	04(0501)	Μωαβίτιδας (=A)]
Μωαβῖτις		ה/מואביה	1	22(0901)	Μωαβῖτις] > 77 (~)a2-OE(~)
Μωαβῖτις		כלת/ה	1	22(1400)	+ Μωαβῖτις (~)a2-OE(~)
Μωαβῖτις		ה/מואביה	2	02(0601)	Μωαβῖτις (OS sub @)] > (~)abc(~) b2
Μωαβῖτις		נעמי	2	02(1000)	+ Μωαβῖτις (OS sub @)] > (~)abc(~)
Μωαβῖτις		מואביה	2	06(1500)	Μωαβῖτίς (see OL <u>moabitidis</u>)
Μωαβῖτις		ה/מואביה	4	05(2300)	Μωαβίτιδος
Μωαβῖτις		ה/מאביה	4	10(0401)	Μωαβῖτιν] > l(>3)
Μωβῖς ?		ה/מאביה	4	10(0402)	: Μωβῖτιν r
Ναασσων		את נחשון	4	20(0601)	Ναασσων] > e(>10) g(>5)
Ναασσων		ו/נחשון	4	20(0901)	Ναασσων] > e(>10) g(>5)
Ναασων		את נחשון	4	20(0602)	: Ναασων l OA
Ναασων		ו/נחשון	4	20(0902)	: Ναασων l OA
Νασσων		את נחשון	4	20(0603)	: Νασσων f(a)x*
νεανίας		ה/בחורים	3	10(3201)	νεανιῶν]
νεᾶνις		ה/נערה	2	05(1401)	νεᾶνις] > a*(>4)
νεᾶνις		ה/בחורים	3	10(3202)	: νεανιδῶν fm OE(f)
νεανίσκος		ה/בחורים	3	10(3203)	: νεανισκῶν Thdt
Νεεμιν		נעמי	4	03(2612)	: Νεεμιν 18
νίπτω	ἀπο	ו/סכת	3	03(0603)	: ἀπονίψῃ l
Νοεμει		בנ/יו	1	02(0600)	+ Νοεμει c*(~6)

Νοεμει	נעמי	1	02(1906)	: Νοεμει	c(a?)
Νοεμει	נעמי	1	11(0305)	: Νοεμει	c
Νοεμει	נעמי:= +--	1	15(0503)	: Νοεμει	cx
Νοεμει	נעמי	2	20(0405)	: Νοεμει	c
Νοεμει	נעמי	4	03(2605)	: Νοεμει	b
Νοεμειν	נעמי	1	08(0404)	: Νοεμειν	h OC
Νοεμειν	נעמי	1	19(3905)	: Νοεμειν	c OC
Νοεμειν	נעמי	2	20(3305)	: Νοεμειν	o OC
Νοεμειν	נעמי	4	14(0604)	: Νοεμειν	c OC
Νοεμην	נעמי	2	20(0406)	: Νοεμην	l
Νοεμην	נעמי	2	20(3306)	: Νοεμην	l(a?)
Νοεμην	נעמי	2	22(0305)	: Νοεμην	l
Νοεμην	נעמי	3	01(0605)	: Νοεμην	l
Νοεμην	נעמי	4	03(2606)	: Νοεμην	l
Νοεμην	נעמי	4	05(1604)	: Νοεμην	l
Νοεμην	נעמי	4	09(3205)	: Νοεμην	l
Νοεμην	נעמי	4	14(0605)	: Νοεμην	l
Νοεμην	נעמי	4	16(0305)	: Νοεμην	l
Νοεμην	ל/נעמי	4	17(2105)	: Νοεμην	l
Νοεμιν	נעמי	1	03(1104)	: Νοεμιν	p Thdt
Νοεμιν	ו/חצא	1	07(0403)	:+Νοεμιν	125
Νοεμιν	נעמי	4	09(3204)	: Νοεμιν	Thdt
Νοεμμει	נעמי	1	02(1907)	: Νοεμμει	b
Νοεμμει	נעמי	1	03(1107)	: Νοεμμει	Aab'
Νοεμμει	נעמי	1	08(0405)	: Νοεμμει	ab'
Νοεμμει	נעמי	1	11(0306)	: Νοεμμει	ab'
Νοεμμει	נעמי:= +--	1	15(0504)	: Νοεμμει	b'
Νοεμμει	נעמי:= +--	1	18(0405)	: Νοεμμει	ab'
Νοεμμει	נעמי	1	19(3906)	: Νοεμμει	b'
Νοεμμει	נעמי	1	20(1105)	: Νοεμμει	ab'
Νοεμμει	נעמי	1	21(2205)	: Νοεμμει	ab'
Νοεμμει	נעמי	1	22(0405)	: Νοεμμει	ab'
Νοεμμει	ו/ל/נעמי	2	01(0505)	: Νοεμμει	ab'

Νοεμμει נעמי 2 06(2105) : Νοεμμει
ab'
Νοεμμει נעמי 2 20(0407) : Νοεμμει
ab'
Νοεμμει נעמי 2 20(3307) : Νοεμμει
ab'
Νοεμμει נעמי 2 22(0306) : Νοεμμει
ab'
Νοεμμει נעמי 3 01(0606) : Νοεμμει
ab'
Νοεμμει נעמי 4 03(2607) : Νοεμμει
ab'
Νοεμμει נעמי 4 05(1605) : Νοεμμει
ab'
Νοεμμει נעמי 4 09(3206) : Νοεμμει
ab'
Νοεμμει נעמי 4 14(0606) : Νοεμμει
ab'
Νοεμμει נעמי 4 16(0306) : Νοεμμει
ab'
Νοεμμει ל/נעמי 4 17(2106) : Νοεμμει
ab'e2
Νοεμμειμ נעמי 1 21(2208) : Νοεμμειμ
h(b?)
Νοεμμειμ נעמי 1 22(0408) : Νοεμμειμ
h(b?)
Νοεμμειμ ו/ל/נעמי 2 01(0508) : Νοεμμειμ
h(b?)
Νοεμμειν נעמי 1 02(1908) : Νοεμμειν
Aagoptvwe2 OE(c) OS(sub &)
Νοεμμειν נעמי 1 03(1105) : Νοεμμειν
ghotve2 Anon(I)
Νοεμμειν ו/תצא 1 07(0401) +:Νοεμμειν
goptvwe2
Νοεμμειν נעמי 1 08(0406) : Νοεμμειν
goptvwe2
Νοεμμειν נעמי 1 11(0307) : Νοεμμειν
goptvwe2
Νοεμμειν נעמי:= +-- 1 15(0505) : Νοεμμειν
Aaghoptvwe2
Νοεμμειν נעמי:= +-- 1 18(0406) : Νοεμμειν
Agoptvwe2
Νοεμμειν נעמי 1 19(3907) : Νοεμμειν
aghoptvwe2
Νοεμμειν נעמי 1 20(1106) : Νοεμμειν
ghoptvwe2
Νοεμμειν נעמי 1 21(2206) : Νοεμμειν
goptvwe2
Νοεμμειν נעמי 1 22(0406) : Νοεμμειν
goptvwe2
Νοεμμειν ו/ל/נעמי 2 01(0506) : Νοεμμειν
goptvwe2
Νοεμμειν נעמי 2 02(0805) : Νοεμμειν
ab'cgh(b?)optvwe2

Νοεμμην	נעמי	3	01(0609)	: Νοεμμην n	
Νοεμμην	נעמי	4	03(2609)	: Νοεμμην n	
Νοεμμην	נעמי	4	05(1607)	: Νοεμμην n	
Νοεμμην	נעמי	4	09(3208)	: Νοεμμην n	
Νοεμμην	נעמי	4	14(0608)	: Νοεμμην n	
Νοεμμην	נעמי	4	16(0308)	: Νοεμμην n	
Νοεμμην	ל/נעמי	4	17(2108)	: Νοεμμην n	
Νοεμμιν	נעמי	3	01(0608)	: Νοεμμιν	18
Νοεμοι	נעמי:= +--	1	18(0404)	: Νοεμοι	c(a)
Νομμει	ל/נעמי	4	17(2112)	: Νομμει	a2
Νομμειν	נעמי	1	20(1111)	: Νομμειν	N*
Νοομει	נעמי	1	03(1109)	: Νοομει	b
Νοομει	נעמי	1	08(0408)	: Νοομει	b
Νοομει	נעמי	1	11(0309)	: Νοομει	b
Νοομει	נעמי:= +--	1	15(0507)	: Νοομει	b
Νοομει	נעמי:= +--	1	18(0408)	: Νοομει	b
Νοομει	נעמי	1	19(3909)	: Νοομει	b
Νοομει	נעמי	1	20(1108)	: Νοομει	b
Νοομει	נעמי	1	21(2209)	: Νοομει	b
Νοομει	נעמי	1	22(0410)	: Νοομει	b
Νοομει	ו/ל/נעמי	2	01(0509)	: Νοομει	b
Νοομει	נעמי	2	02(0807)	: Νοομει A	
Νοομει	נעמי	2	06(2108)	: Νοομει	b
Νοομει	נעמי	2	20(0410)	: Νοομει	b
Νοομει	נעמי	2	20(3310)	: Νοομει	b
Νοομει	נעמי	2	22(0309)	: Νοομει	b
Νοομει	נעמי	3	01(0610)	: Νοομει	b
Νοομει	נעמי	4	05(1609)	: Νοομει	b
Νοομει	נעמי	4	09(3210)	: Νοομει	b
Νοομει	נעמי	4	14(0609)	: Νοομει	b (ο 1= ex corr vid)
Νοομει	נעמי	4	16(0309)	: Νοομει	b

Νοομει   ל/נעמי 4 17(2109)   : Νοομει
                 b

Νοομειν   נעמי 1 02(1910)   : Νοομειν
                 m OA

Νοομειν   נעמי 1 03(1110)   : Νοομειν
                 m OA

Νοομειν   נעמי 1 11(0310)   : Νοομειν
                 f*h OA

Νοομειν   נעמי 1 19(3910)   : Νοομειν
                 f OA

Νοομειν   נעמי 1 20(1109)   : Νοομειν
                 f OA

Νοομειν   נעמי 1 21(2210)   : Νοομειν
                 f* OA

Νοομειν   ו/ל/נעמי 2 01(0510)   : Νοομειν
            MNefh*(vid)ijkmrsua2b2

Νοομειν   נעמי 2 02(0808)   : Νοομειν
                 bf* OA

Νοομειν   נעמי 2 06(2109)   : Νοομειν
                 f* OA

Νοομειν   נעמי 2 20(3311)   : Νοομειν
                 fm OA

Νοομειν   נעמי 2 22(0310)   : Νοομειν
                 f OA

Νοομειν   נעמי 3 01(0611)   : Νοομειν
                 f OA

Νοομειν   נעמי 4 09(3211)   : Νοομειν
                 f OA

Νοομειν   נעמי 4 14(0610)   : Νοομειν
                 f OA

Νοομη   נעמי 1 02(1911)   : Νοομη
                 b

Νοομι   נעמי 2 02(0809)   : Νοομι
                 241

Νοομιν   נעמי 4 03(2610)   : Νοομιν
                 71 OA

Νοομμαν   נעמי 1 03(1108)   : Νοομμαν
                 a2

Νοομμει   נעמי 1 08(0410)   : Νοομμει A
Νοομμει   ו/ל/נעמי 2 01(0511)   : Νοομμει d
Νοομμει   נעמי 2 22(0311)   : Νοομμει A
Νοομμει   נעמי 3 01(0612)   : Νοομμει A
Νοομμει   נעמי 4 05(1610)   : Νοομμει A
Νοομμει   נעמי 4 09(3212)   : Νοομμει A
Νοομμειν   נעמי 1 02(1912)   : Νοομμειν
           MNdefhijkrsuya2b2

Νοομμειν   נעמי 1 03(1111)   : Νοομμειν
           MNdefijkrsuyb2

Νοομμειν   נעמי 1 08(0411)   : Νοομμειν
           MNdefijkmrsuya2b2

Νοομμειν   נעמי 1 11(0311)   : Νοομμειν
           AMNdef(a)ijkmrsuya2b2

Νοομμειν   נעמי:= +-- 1 15(0509)   : Νοομμειν
           MNdefijkmrsuya2b2

Nooμμειν	נעמי:= +--	1 18(0410)	: Nooμμειν	ka2
Nooμμειν	נעמי	1 19(3911)	: Nooμμειν	AMNdeijkmrsuya2b2
Nooμμειν	אל/יהן	1 20(0500)	+ Nooμμειν	km
Nooμμειν	נעמי	1 20(1110)	: Nooμμειν	AMN(a)deij(>k~)mrsuya2b2
Nooμμειν	נעמי	1 21(2211)	: Nooμμειν	AMNdef(a?)h*(vid)ijkmrsua2b2
Nooμμειν	נעמי	1 22(0411)	: Nooμμειν	AMNdefh*ijkmrsua2b2
Nooμμειν	נעמי	2 02(0810)	: Nooμμειν	MNdef(a?)h*ijkmrsua2b2
Nooμμειν	נעמי	2 06(2110)	: Nooμμειν	AMNdef(a?)h*ijkm(n~)rsua2b2
Nooμμειν	נעמי	2 20(0411)	: Nooμμειν	AMNdefh*ijkmqrsua2b2
Nooμμειν	נעמי	2 20(3312)	: Nooμμειν	AMNdehijkqrsua2b2
Nooμμειν	נעמי	2 22(0312)	: Nooμμειν	MNdeh*ijkmqrsua2b2
Nooμμειν	נעמי	3 01(0613)	: Nooμμειν	MNdeh*ijkmqrsua2b2
Nooμμειν	נעמי	4 03(2611)	: Nooμμειν	MNdeijkmqrsuya2b2
Nooμμειν	נעמי	4 05(1611)	: Nooμμειν	MNdeijkmqrsua2b2
Nooμμειν	נעמי	4 09(3213)	: Nooμμειν	MNdeijkmqrsuya2b2
Nooμμειν	מחלון	4 10(1000)	+ Nooμμειν	k
Nooμμειν	נעמי	4 14(0611)	: Nooμμειν	AMNdeh*ijkmqrsuya2b2
Nooμμειν	נעמי	4 16(0311)	: Nooμμειν	AMNdefijkmqrsuya2b2
Nooμμειν	ל/נעמי	4 17(2111)	: Nooμμειν	MNdefijkmqrsuyb2
Nooμμιν	נעמי	3 01(0614)	: Nooμμιν	241
Nooυμμειν	נעמי	1 02(1913)	: Nooυμμειν	236
Nooυμμειν	נעמי	1 22(0412)	: Nooυμμειν	236
νύμφη	ו/כלת/יה	1 06(0700)	νύμφαι	
νύμφη	כלת/יה	1 07(1800)	νύμφαι	
νύμφη	כלת/יה	1 08(0701)	νύμφαις]	
νύμφη	יבמת/ך	1 15(3405)	: νύμφης	dw
νύμφη	כלת/ה	1 22(1100)	νύμφη	
νύμφη	ל/כלת/ה	2 20(0701)	νύμφῃ]	> i 71(>3)
νύμφη	ל/כלת/ה	2 20(0702)	: νύμφην	Δ(10)(vid)
νύμφη	כלת/ה	2 22(0801)	νύμφην]	

νύμφη	כלת/ה	2	22(0802)	: νύμφῃ l
νύμφη	נעמי	3	01(0900)	+ νύμφῃ
				A 241 OE(c)(<u>nurui</u>)
νύμφη	כלת/ך	4	15(2001)	νύμφη]
				> l(>3)
νῦν	ל/מה	1	21(1700)	+ νῦν
				OA
νῦν	עתה =ערב	2	07(2502)	: νῦν
				MNfh*h(b)ikmprtuvb2 OA OE(c) OL
νῦν	חמות/ה	3	01(1600)	+<νῦν
				ptv
νῦν	בת/י	3	01(2000)	+<νῦν
				glnotvwe2
νῦν	ו/עתה	3	02(0301)	νῦν]
				> glnowe2
νῦν	נערות/יו	3	02(2000)	+ νῦν
				glnoptvwe2
νῦν	ו/עתה	3	11(0200)	νῦν
νῦν	כי	3	12(0300)	+ νῦν
				MNfh*ikmqrb2 OL
νῦν	נעמי	4	03(2700)	+<νῦν ἐμοὶ c
νῦν	ב/ישׂראל	4	07(0602)	: νῦν
				M(b)
νύξ	ה/לילה	3	02(3300)	νυκτί
νύξ	ה/לילה	3	13(0301)	νύκτα]
				> 16
Νωεμει	נעמי	1	02(1902)	: Νωεμει x
Νωεμει	נעמי	1	03(1102)	: Νωεμει
				cx
Νωεμει	נעמי	1	08(0402)	: Νωεμει
				cx OL
Νωεμει	נעמי	1	11(0302)	: Νωεμει x
Νωεμει	נעמי:= +--	1	18(0402)	: Νωεμει x
Νωεμει	נעמי	1	19(3902)	: Νωεμει
				x OL
Νωεμει	נעמי	1	20(1102)	: Νωεμει
				x OL
Νωεμει	נעמי	1	21(2202)	: Νωεμει x
Νωεμει	נעמי	1	22(0402)	: Νωεμει
				x OL
Νωεμει	ו/ל/נעמי	2	01(0502)	: Νωεμει
				cx OL
Νωεμει	נעמי	2	02(0802)	: Νωεμει
				x OL
Νωεμει	נעמי	2	06(2102)	: Νωεμει
				cx OL
Νωεμει	נעמי	2	20(0402)	: Νωεμει
				x OL
Νωεμει	נעמי	2	20(3302)	: Νωεμει
				x OL
Νωεμει	נעמי	2	22(0302)	: Νωεμει
				cx OL
Νωεμει	נעמי	3	01(0602)	: Νωεμει
				cx OL

Νωεμει	נעמי	4 03(2602)	: Νωεμει **x**
Νωεμει	נעמי	4 05(1602)	: Νωεμει
		cx OL	
Νωεμει	נעמי	4 09(3202)	: Νωεμει
		cx	
Νωεμει	נעמי	4 16(0302)	: Νωεμει
		cx OL	
Νωεμει	ל/נעמי	4 17(2102)	: Νωεμει
		cx OL	
Νωεμειν	נעמי	1 03(1103)	: Νωεμειν
		Bq	
Νωεμειν	נעמי	1 08(0403)	: Νωεμειν
		Bq	
Νωεμειν	נעמי	1 11(0303)	: Νωεμειν
		Bq	
Νωεμειν	נעמי:= +--	1 15(0502)	: Νωεμειν
		Bq	
Νωεμειν	נעמי:= +--	1 18(0403)	: Νωεμειν
		Bq	
Νωεμειν	נעמי	1 19(3903)	: Νωεμειν
		Bq	
Νωεμειν	נעמי	1 20(1103)	: Νωεμειν
		Bcq	
Νωεμειν	נעמי	1 21(2203)	: Νωεμειν
		Bcq	
Νωεμειν	נעמי	1 22(0403)	: Νωεμειν
		Bcq	
Νωεμειν	ו/ל/נעמי	2 01(0503)	: Νωεμειν
		BAq	
Νωεμειν	נעמי	2 02(0803)	: Νωεμειν
		Bq	
Νωεμειν	נעמי	2 06(2103)	: Νωεμειν
		Bq	
Νωεμειν	נעמי	2 20(0403)	: Νωεμειν B
Νωεμειν	נעמי	2 20(3303)	: Νωεμειν B
Νωεμειν	נעמי	2 22(0303)	: Νωεμειν B
Νωεμειν	נעמי	3 01(0603)	: Νωεμειν B
Νωεμειν	נעמי	4 03(2603)	: Νωεμειν
		AB	
Νωεμειν	נעמי	4 05(1603)	: Νωεμειν B
Νωεμειν	נעמי	4 09(3203)	: Νωεμειν B
Νωεμειν	נעמי	4 14(0602)	: Νωεμειν
		Bx	
Νωεμειν	נעמי	4 16(0303)	: Νωεμειν B
Νωεμειν	ל/נעמי	4 17(2103)	: Νωεμειν
		AB	
Νωεμη	נעמי	1 02(1903)	: Νωεμη
		q(b)	
Νωεμιν	נעמי	1 02(1901)	Νωεμιν
		(R)] > Bc*(~)q* OE(f)	
Νωεμιν	נעמי	1 03(1101)	Νωεμιν]
		> w OL	
Νωεμιν	נעמי	1 08(0401)	Νωεμιν
		(R)]	

Νωεμιν נעמי 1 11(0301) Νωεμιν
OC]

Νωεμιν נעמי:= +-- 1 15(0501) Νωεμιν
(see OC)] > OL (? <u>socrus</u> <u>sua</u>)

Νωεμιν נעמי:= +-- 1 18(0401) Νωεμιν
(see OC; OS sub @)] > MNc*def

Νωεμιν נעמי 1 19(3901) Νωεμιν
(R)]

Νωεμιν נעמי 1 20(1101) Νωεμιν
(R)] > k(>5)

Νωεμιν נעמי 1 21(2201) Νωεμιν
(R)] > OL(>8)

Νωεμιν נעמי 1 22(0401) Νωεμιν
(R)]

Νωεμιν ו/ל/נעמי 2 01(0501) Νωεμιν
(R)] > OA(~?)

Νωεμιν נעמי 2 02(0801) Νωεμιν
(R)]

Νωεμιν נעמי 2 06(2101) Νωεμιν
(R)] > n(~)

Νωεμιν נעמי 2 20(0401) Νωεμιν
(R)]

Νωεμιν נעמי 2 20(3301) Νωεμιν
(R)]

Νωεμιν נעמי 2 22(0301) Νωεμιν
(R)]

Νωεμιν נעמי 3 01(0601) Νωεμιν
(R)] > p

Νωεμιν נעמי 4 03(2601) Νωεμιν
(R)] > c

Νωεμιν נעמי 4 05(1601) Νωεμιν
(R)]

Νωεμιν נעמי 4 09(3201) Νωεμιν
(R)] > OL(>14)

Νωεμιν נעמי 4 14(0601) Νωεμιν
(R)]

Νωεμιν נעמי 4 16(0301) Νωεμιν
(R)]

Νωεμιν ל/נעמי 4 17(2101) Νωεμιν
(R)]

Νωεμμιν נעמי 1 02(1904) : Νωεμμιν
241

Νωομμιν נעמי 1 19(3904) : Νωομμιν
241

ξένος נכריה 2 10(4000) ξένη

ὁ 0 00(0100) + Tὸ
e2

ὁ 0 00(0600) +<῾H
km

ὁ ב/ימי =ב/ 1 01(0600) + ταῖς
AMNdefhijkmpqrstuvyb2 OA(codd) OE

ὁ שׁפט 1 01(0901) τῷ]
> q OA(codd)

ὁ שׁפט 1 01(0902) : τοῦ
MNdefhijkmprstuvyb2 OA(ed) OE

ὁ שפט 1 01(0903) : ταῖς
237

ὁ ה/שפטים 1 01(1101) τοὺς]
> N

ὁ ה/שפטים 1 01(1102) : τῶν q

ὁ ב/ארץ 1 01(1701) τῇ]
> q

ὁ ב/ארץ 1 01(1702) : τὴν
iptv

ὁ ב/ארץ 1 01(1703) : τῆς c

ὁ יהודה 1 01(2501) τῆς]
> hq(a?)

ὁ ל/גור 1 01(2701) τοῦ]
> 18 70 128

ὁ ו/אשת/ו 1 01(3601) ἡ]
> j

ὁ ו/שני 1 01(4001) οἱ]
> a2(>4)

ὁ ו/שני 1 01(4200) +<οἱ
N*tv*(vid)

ὁ ו/שני 1 01(4201) ~~~

ὁ בנ/יו 1 02(0300) + τῇ
c*(~6)

ὁ ה/איש 1 02(1001) τῷ]

ὁ אשת/ו 1 02(1601) τῇ
(=c(a?) 236 241 OA OE(c) OL OS(sub &))] > Bc*(~)q*OE(f)

ὁ אשת/ו 1 02(1602) : τῆς
q(b)

ὁ ו/שם 1 02(2200) +<τὸ
30

ὁ שני 1 02(2400) τοῖς

ὁ שני 1 02(2600) +<οἱ
e2

ὁ בנ/יו 1 02(0000) {...τοῖς}

ὁ מ/בית לחם 1 02(3800) + τῆς
h(~)

ὁ יהודה 1 02(4301) τῆς]
> h(~) 125

ὁ ו/יבאו 1 02(4700) +<τοῦ
71

ὁ ו/ימת 1 03(0300) +<ὁ
ovwe2

ὁ איש 1 03(0500) ὁ

ὁ איש 1 03(0700) + ὁ
b'(bis scr)

ὁ נעמי 1 03(0901) τῆς]
> MNdefhijkmrsuyb2

ὁ ו/תשאר 1 03(1500) + ἡ
bcx (OA)

ὁ ו/שני 1 03(1900) οἱ

ὁ בנ/יה 1 03(0000) {...οἱ}

ὁ ה/אחת 1 04(0801) τῇ]
> N<u>b</u>

ό ה/שׁנית 1 04(1400) τῇ
(periere in r)
ό ה/אשה 1 05(1700) ἡ
ό ~ מ/שׁני 1 05(2100) + τῶν
(~)abcx-OS(~)
ό ו/מ/אישׁ/ה 1 05(2401) τοῦ]
> (~)abcx-OS(~)
ό ו/מ/שׁני= ~~~ ~ 1 05(2900) + τοῦ
(~)abcx-OS(~)
ό ו/מ/שׁני= ~~~ ~ 1 05(3101) τῶν]
> (~)abcx-OS(~)
ό ילד/יה= ~~~ ~ 1 05(0000) {...τῶν}
ό ו/שׁתי= +-- 1 06(0500) αἱ
ό ו/כלת/יה 1 06(0000) {...αἱ}
ό את עמ/ו 1 06(2400) τὸν
ό את עמ/ו 1 06(2800) +<τοῦ
MNikmpqrtuvyb2
ό ו/תצא 1 07(0300) + ἡ
gnowe2
ό ה/מקום 1 07(0601) τοῦ]
> b(>3)
ό ו/שׁתי 1 07(1601) αἱ]
> n
ό כלת/יה 1 07(0000) {...αἱ}
ό ב/דרך 1 07(3100) τῇ
ό ל/שׁוב 1 07(3300) τοῦ
ό ארץ 1 07(3601) τὴν]
> AMNabcdefgikjlmnsuxyza2b2
ό ו/תאמר 1 08(0300) +<ἡ n
ό ל/שׁתי 1 08(0500) ταῖς
ό כלת/יה 1 08(0000) ~~~
ό ל/בית 1 08(1700) +<τὸν
Aadehjnopqtvwyb2e2
ό ל/בית 1 08(1901) +:τοῦ A
ό ל/בית 1 08(1902) :+τὸν
ahptvyb2 125
ό ל/בית 1 08(2400) +<τῆς
nq
ό ה/מתים 1 08(4100) τῶν
ό {...} 1 09(1600) +<τῷ
defjs
ό קול/ן 1 09(2800) τὴν
ό ל/עמ/ך 1 10(1000) τὸν
ό ב/מע/י 1 11(2300) τῇ
ό מ/היות 1 12(1400) τοῦ
ό ??= הייתי 1 12(2801) τοῦ]
ό אשׁר 1 13(0502) : τοῦ
i*
ό ל/בלתי 1 13(1101) τοῦ]
> 30
ό ל/בלתי 1 13(1102) : τὸ b
ό קול/ן 1 14(0300) τὴν
ό ל/חמות/ה 1 14(1400) τὴν
ό עמ/ה= +-- 1 14(2500) τὸν

ὁ אל;= +-- 1 15(0700) +<τὴν a

ὁ יבמת/ך 1 15(1301) ἡ]
> B

ὁ אל 1 15(1700) +<τὸν
MNabefghijkmnopqrstuvwyb2e2

ὁ אלה/יה 1 15(2201) τοὺς]
> r(>5)

ὁ יבמת/ך 1 15(3301) τῆς]

ὁ יבמת/ך 1 15(3302) : τῇ
r*

ὁ ל/עזב/ך 1 16(1001) τοῦ]

ὁ ל/שׁוב 1 16(1600) +<τοῦ
MNghilmnoprtuvwyb2e2 Thdt

ὁ עמ/ך 1 16(4500) ὁ

ὁ ו/אלה/יך 1 16(5201) ὁ]
> Thdt(>6)

ὁ יהוה ~ =ל/י 1 17(1500) +<ὁ
MNdehijkpstuva2b2

ὁ כי 1 17(2400) +<ὁ
MNkmub2 Thdt

ὁ היא 1 18(0902) : ἡ
loptve2

ὁ ל/לכת 1 18(1100) τοῦ

ὁ ל/דבר 1 18(1801) τοῦ]
> MNdefhijkmrsuyb2

ὁ בא/נה 1 19(0701) τοῦ]

ὁ כ/בא/נה 1 19(1700) + τῷ
MNadefhijkmprtuvyb2 236 OA OC

ὁ ה/עיר 1 19(2700) ἡ

ὁ ו/תאמרנה 1 19(3402) :+ἡ
71

ὁ ה/זאת 1 19(3800) +<ἡ l

ὁ ל/י 1 20(1700) +<ἡ
MNdefhijsuya2b2 OL

ὁ כי 1 20(2002) : ὁ
a2

ὁ ~ ל/י =שׁדי 1 20(2401) ὁ]
> b

ὁ יהוה 1 21(1201) ὁ]
> bqtv

ὁ ו/יהוה 1 21(2600) +<ὁ
MNcdefghijklmnprstuvwb2

ὁ ו/שׁדי 1 21(3201) ὁ]
> n Al(>5)

ὁ ו/תשׁב 1 22(0300) +<ἡ
ej 236

ὁ ו/רות 1 22(0600) +<ἡ w

ὁ ה/מואביה 1 22(0801) ἡ]
> 77 (~)a2-OE(~)

ὁ כלת/ה 1 22(1000) ἡ

ὁ כלת/ה 1 22(1300) + ἡ
(~)a2-OE(~)

ὁ ו/ל/נעמי 2 01(0401) τῇ]

ὁ ו/ל/נעמי 2 01(0402) : τὴν
oe2

ὁ ל/אישׁ/ה 2 01(0800) τῷ
ὁ אישׁ 2 01(1301) ὁ]
> OL(>3)
ὁ מ/משׁפחת 2 01(2100) τῆς
ὁ ו/שׁמ/ו 2 01(2700) +<τὸ
209
ὁ נעמי 2 02(0900) + ἡ
(~)abc(~)
ὁ ב/שׁבלים 2 02(2001) τοῖς]
ὁ ב/שׂדה 2 03(1000) τῷ
ὁ ה/קצרים 2 03(1400) τῶν
ὁ חלקת 2 03(2100) τῇ
ὁ ה/שׂדה 2 03(2501) τοῦ]
> o*
ὁ ה/שׂדה 2 03(2502) : τῷ
glno(a)we2
ὁ אשׁר 2 03(2801) τοῦ]
> bhq
ὁ מ/משׁפחת 2 03(3000) +<τῆς
AMNadefhijkmpqrstuvwb2
ὁ ל/קוצרים 2 04(1100) τοῖς
ὁ ל/קוצרים 2 04(1400) +<ὁ a
ὁ ל/נער/ו 2 05(0400) τῷ
ὁ ה/נצב 2 05(0700) τῷ
ὁ ה/קוצרים 2 05(1001) τοὺς]
ὁ ה/קוצרים 2 05(1002) : τῆς
c*
ὁ ה/נערה 2 05(1301) ἡ]
> a*(>4)
ὁ ה/נער 2 06(0301) τὸ]
> a(>9)
ὁ ה/נצב 2 06(0501) τὸ]
> a(>9)k(>5)
ὁ ה/נצב 2 06(0502) : τῷ b
ὁ ה/קוצרים 2 06(0801) τοὺς]
> a(>9)k(>5)
ὁ נערה 2 06(1202) : ὁ f
ὁ מואביה 2 06(1401) ἡ]
> cv*a2b2
ὁ ה/שׁבה 2 06(1800) ἡ
ὁ ב/עמרים 2 07(0900) τοῖς
ὁ ה/קוצרים 2 07(1200) τῶν
ὁ ה/בית =ב/שׂדה 2 07(3100) τῷ
ὁ נערת/י 2 08(3400) τῶν
ὁ עינ/יך 2 09(0200) οἱ
ὁ ב/שׂדה 2 09(0601) τὸν]
ὁ ב/שׂדה 2 09(0602) : τῷ c
ὁ את ה/נערים 2 09(2201) τοῖς]
ὁ את ה/נערים 2 09(2202) : τοῦς f
ὁ ל/בלתי 2 09(2500) τοῦ
ὁ ה/כלים 2 09(3800) τὰ
ὁ ה/נערים 2 09(4601) τὰ]
ὁ ה/נערים 2 09(4602) : οἱ
glnowe2

ό ארצ/ה 2 10(1300) τὴν
ό ל/הכיר/ני 2 10(3000) τοῦ
ό חמות/ך 2 11(1501) τῆς]
> a
ό חמות/ך 2 11(1502) : τὴν
i*
ό חמות/ך 2 11(1503) : τῇ
defi(a?)jkmrsb2 OA
ό מות 2 11(2000) τὸ
ό איש/ך 2 11(2200) τὸν
ό אבי/ך 2 11(2900) τὸν
ό ו/אמ/ך 2 11(3301) τὴν]
> lq(>4)
ό ו/ארץ 2 11(3701) τὴν]
> 236 77(vid)
ό ו/ארץ 2 11(3900) +<τῆς
MNdefhijknoprstuvwb2e2 Thdt
ό אל 2 11(4600) +<τὸν
aoq
ό ישלם 2 12(0300) +<ὁ
opwe2
ό פעל/ך 2 12(0500) τὴν
ό משכרת/ך 2 12(1101) ὁ]
> h
ό יהוה 2 12(1700) +<τοῦ
b'loptvwe2
ό אשר 2 12(2302) : ὁ
x*
ό כנפ/יו 2 12(2701) τὰς]
> nq
ό ו/תאמר 2 13(0201) ἡ]
ό על 2 13(2400) +<τὴν
b'cghilnoprtuvwb2e2
ό שפחת/ך 2 13(2601) τῆς]
> OC(c)
ό שפחת/יך 2 13(4000) τῶν
ό ל/עת 2 14(0600) +<τῇ
Nbfgh*iklmnoprtuvwb2e2
ό ה/אכל 2 14(0900) τοῦ
ό מן ה/לחם 2 14(1901) τῶν]
> 70 128
ό מן ה/לחם 2 14(1902) : τὸν
bdegjklnoptve2
ό פת/ך 2 14(2501) τὸν]
> OL(>4)
ό ב/חמץ 2 14(2900) τῷ
ό ב/חמץ 2 14(3800) + τὰ
f(+16)
ό ב/חמץ 2 14(4500) + τὰ
f(+16)
ό ה/קוצרים 2 14(5300) τῶν
ό בעז:= +-- 2 14(6000) +<ὁ n
ό ל/לקט 2 15(0300) τοῦ

ὁ את נער/יו 2 15(0901) τοῖς]
ὁ את נער/יו 2 15(0902) : τῷ h
ὁ ה/עמרים 2 15(1600) τῶν
ὁ ה/צבתים 2 16(1001) τῶν]
ὁ ה/צבתים 2 16(1002) : τῷ
70
ὁ ב/שׂדה 2 17(0500) τῷ
ὁ ה/עיר 2 18(0601) τὴν]
> d(>19)
ὁ ה/עיר 2 18(0602) : τῇ q
ὁ חמות/ה 2 18(1301) ἡ]
> d(>19)
ὁ ל/ה 2 18(2902) : τῇ
glnptvw
ὁ ל/ה 2 18(2903) : τὴν
oe2
ὁ הותרה 2 18(3400) + τοῦ
glnoptvwe2
ὁ חמות/ה 2 19(0401) ἡ]
> 71(>3)
ὁ ו/אנ/ה 2 19(1200) + τὸ
glnoptvwe2
ὁ מכיר/ך 2 19(1901) ὁ]
> OL(>5)
ὁ מכיר/ך 2 19(1902) : ἡ l
ὁ ל/חמות/ה 2 19(3801) τῇ]
ὁ ל/חמות/ה 2 19(3803) : τὴν
oe2
ὁ שׁם 2 19(4601) Τὸ]
> OC
ὁ ה/אישׁ 2 19(4901) τοῦ]
> OC
ὁ ל/כלת/ה 2 20(0601) τῇ]
> 71(>3)
ὁ ל/כלת/ה 2 20(0602) : τὴν
Δ(10)(vid)
ὁ ל/כלת/ה 2 20(0603) : ἡ
h*
ὁ ל/יהוה 2 20(1200) τῷ
ὁ חסד/ו 2 20(1801) τὸ]
ὁ חסד/ו 2 20(1802) : τὸν
gptvwe2
ὁ ה/חיים 2 20(2200) τῶν
ὁ ה/מתים 2 20(2600) τῶν
ὁ ל/ה 2 20(3200) +<τῇ n
ὁ ה/אישׁ 2 20(3601) ὁ]
ὁ מ/גאל/נו 2 20(4100) τῶν
ὁ --+ =חמות/ה 2 21(0501) τὴν]
> 71(>4)
ὁ ה/נערים 2 21(1600) τῶν
ὁ ה/קציר 2 21(2600) τὸν
ὁ אשׁר 2 21(3003) : τόν
glnoptvwe2 Thdt
ὁ אל 2 22(0500) +<τήν n

ὁ כלת/ה 2 22(0701) τὴν]

ὁ כלת/ה 2 22(0702) : τῇ l

ὁ נערות/יו 2 22(1900) τῶν

ὁ ו/תדבק 2 23(0300) +<ἥ m

ὁ ב/נערות 2 23(0500) τοῖς

ὁ ב/נערות 2 23(0700) +<τοῦ
Δ(10)defhijkmpqrstuvb2

ὁ בעז 2 23(0900) +<τοῦ
MNΔ(10)defhijkmpqrstuvb2

ὁ כלות =v 2 23(1203) : τοῦ
MNΔ(10)defijkmqrsuxb2 OA

ὁ קציר 2 23(1400) τὸν

ὁ ה/שערים 2 23(1600) τῶν

ὁ ו/קציר 2 23(1901) +:τόν
Abkx OA OS(sub &)

ὁ ו/קציר 2 23(1902) :+τῶν c

ὁ ה/חטים 2 23(2100) τῶν

ὁ חמות/ה 2 23(2701) τῆς]
> OL(>6)

ὁ חמות/ה 2 23(2702) : τήν
n*oe2

ὁ ל/ה 3 01(0403) : τῇ
glnoptvwe2

ὁ נעמי 3 01(0801) +:τῇ
A 241

ὁ חמות/ה 3 01(1101) ἡ]
> Akp-OE(c)(>3)

ὁ ה/לא 3 02(0600) +<ὁ
abcx

ὁ נערות/יו 3 02(1500) τῶν

ὁ את גרן 3 02(2501) τὸν]

ὁ את גרן 3 02(2502) : τὴν
glnoptvwe2

ὁ ה/שערים 3 02(2800) τῶν

ὁ ה/לילה 3 02(3200) τῇ

ὁ *שמלת/ך **שמלת/יך 3 03(1200) τὸν

ὁ ה/גרן 3 03(2101) τὸν]

ὁ ה/גרן 3 03(2102) : τὴν
Δ(10)bglnoptwe2

ὁ ל/איש 3 03(2700) τῷ

ὁ עד 3 03(3100) +<τοῦ
MNΔ(10)defghijklmnopqrstuvwxa2b2e2

ὁ כלת/ו 3 03(3400) +<τοῦ
MNΔ(10)defhijklmqrsub2

ὁ ו/ל/שתות =ו/ל/אכל ~ 3 03(3700) +<τοῦ
Δ(10)

ὁ ב/שכב/ו 3 04(0401) τῷ]

ὁ ב/שכב/ו 3 04(0700) + τοῦ
j(+4)

ὁ את ה/מקום 3 04(1400) τὸν

ὁ מרגלת/יו 3 04(2601) τὰ]

ὁ מרגלת/יו 3 04(2602) : τὸ
Δ(10)

ὁ ה/גרן 3 06(0501) τὸν]
> OL(>5)

ὁ   ה/גרן 3 06(0502) : τῇ᾿ עֶד
              b'glnoptvwe2
ὁ   ב/כל 3 06(1002) : τὰ
              74 76
ὁ   חמוח/ה 3 06(1600) ἡ
ὁ   לב/ו 3 07(1000) ἡ
ὁ   ו/יבא 3 07(1700) +<τοῦ
              MNdefhijkmpqrstuvb2
ὁ   ב/קצה 3 07(2000) +<τῇ c
ὁ   ה/ערמה 3 07(2200) τῆς
ὁ   ו/חבא 3 07(2601) ἡ]
              > glnoptvwe2 77(>9)
ὁ   מרגלח/יו 3 07(3501) τὰ]
              > 77(>9)
ὁ   ב/חצי ה/לילה 3 08(0500) τῷ
ὁ   ה/איש 3 08(0900) ὁ
ὁ   ו/חאמר 3 09(1101) ἡ]
              > km OA OE
ὁ   אנכי 3 09(1600) +<ἡ c
ὁ   אמח/ך 3 09(1800) ἡ
ὁ   כנפ/ך 3 09(2400) τὸ
ὁ   אמח/ך 3 09(2800) τῇν
ὁ   ל/יהוה 3 10(0701) τῷ]
              > prtv
ὁ   ל/יהוה 3 10(0900) + τῷ
              eprtva2
ὁ   חסד/ך 3 10(1801) τὸ]
ὁ   חסד/ך 3 10(1802) : τὸν
              glnoptvwe2 Thdt
ὁ   ה/אחרון 3 10(2101) τὸ]
              > h
ὁ   ה/אחרון 3 10(2102) : τὸν
              glnoptvwe2 Thdt
ὁ   ה/ראשון 3 10(2401) τὸ]
              > n 71
ὁ   ה/ראשון 3 10(2402) : τὸν
              goptvwe2 Thdt
ὁ   ל/בלחי 3 10(2701) τὸ]
ὁ   ל/בלחי 3 10(2702) : τοῦ
              adefghi(a?)jklmnopqrtvwa2 71 Thdt
ὁ   כל 3 11(2400) +<ἡ
              MNb2
ὁ   שער 3 11(2600) +<τοῦ
              Thdt
ὁ   כי 3 11(3000) +<ἡ N
ὁ   כי 3 12(0400) + ὁ
              MNh*iqrb2
ὁ   ה/לילה 3 13(0201) τῇν]
              > 16
ὁ   ב/בקר 3 13(1101) τὸ]
              > dej
ὁ   ב/בקר 3 13(1102) : τῷ
              acgnb2

ὁ עד 3 13(5101) +:τὸ
MNdeijkmprstuv
ὁ עד 3 13(5102) :+τῷ
fqb2
ὁ עד 3 14(1000) +<τὸ
77
ὁ ו/תקם 3 14(1301) ἡ]
> glnoptvwe2 OA OE OL
ὁ ו/תקם 3 14(1601) +:τὸ
adejrs
ὁ ו/תקם 3 14(1602) :+τῷ f
ὁ יכיר 3 14(1900) τοῦ
ὁ את רע/הו 3 14(2201) τὸν]
ὁ את רע/הו 3 14(2202) : τῷ f
ὁ ה/גרן 3 14(3901) τὸν]
> OL
ὁ ה/גרן 3 14(3902) : τὴν
Bfglnoe2
ὁ --+ =;ל/ה 3 15(0302) : τῇ
glnowe2
ὁ ה/מטפחת 3 15(0700) τὸ
ὁ אשר 3 15(1001) τὸ]
> a2
ὁ ב/ה 3 15(1700) +<ἡ
MNhikmqrsb2 OA OC
ὁ ה/עיר 3 15(3701) τὴν]
> y(>3)
ὁ חמות/ה 3 16(0800) τὴν
ὁ ו/תאמר 3 16(1201) ἡ]
> n OE (> w to 4.12 ταύτης)
ὁ ה/איש 3 16(3701) ὁ]
> 128
ὁ שש 3 17(0401) Τὰ]
> OL(>4)
ὁ ה/שערים 3 17(0601) τῶν]
> l OL(>4)
ὁ חמות/ך 3 17(2200) τὴν
ὁ ו/תאמר 3 18(0101) ἡ]
> chm OE
ὁ ו/תאמר 3 18(0800) + ἡ
hm
ὁ אשר 3 18(1600) τοῦ
ὁ יפל 3 18(2200) +<τὸ
MNadefhijlmnopqrstuvyb2e2
ὁ ה/איש 3 18(3100) ὁ
ὁ כי אם 3 18(3504) : τοῦ
ptv
ὁ ה/דבר 3 18(3801) τὸ]
ὁ ה/שער 4 01(0500) τὴν
ὁ ה/גאל 4 01(1401) ὁ]
> u
ὁ פה 4 01(3703) :+ὁ
M(mg)kmu 30 'a'(b)
ὁ אלמני 4 01(4401) +:ὁ
ptve2 OS (+7)

ὁ   אוכל 4 06(1000) +<τοῦ
                            gklnoptve2
ὁ   אח נחלת/י 4 06(1601) τὴν]
                            > n(>15)
ὁ   אח גאלת/י 4 06(2301) τὴν]
                            > n(>15)
ὁ   אוכל 4 06(3100) +<τοῦ
                            gltv
ὁ   ל/גאל 4 06(3300) + τὸ k
ὁ   =ה/משפט +-- 4 07(0301) τὸ]
                            > 77
ὁ   ב/ישראל 4 07(0701) τῷ]
                            > A OE
ὁ   ה/גאולה 4 07(1001) τὴν]
                            > 's'
ὁ   ה/חמורה 4 07(1401) τὸ]
                            > 's'
ὁ   ל/קים 4 07(1700) τοῦ
ὁ   כל 4 07(2000) +<τὸν
                            Adefjs 18 OE
ὁ   איש 4 07(2501) ὁ]
                            > MNciqryb2
ὁ   נעל/ו 4 07(2700) τὸ
ὁ   ו/נתן 4 07(3200) + τὸ x
ὁ   ל/רע/הו 4 07(3401) τῷ]
ὁ   =ה/גאל +-- 4 07(3701) τῷ]
                            > A OL(>5)
ὁ =את גאלת/ו +-- 4 07(3901) τὴν]
                            > u(>3) OL(>5)
ὁ   ו/זאת 4 07(4600) +<τὸ
                            MNhuy
ὁ   ב/ישראל 4 07(4802) : τῷ
                            236
ὁ   ה/גאל 4 08(0300) ὁ
ὁ   ל/בעז 4 08(0500) τῷ
ὁ =גאלת/י +-- 4 08(0900) τὴν
ὁ   נעל/ו 4 08(1501) τὸ]
ὁ   נעל/ו 4 08(1502) : τοῦ l
ὁ   =ל/ו +-- 4 08(2002) : τῷ
                            ptv
ὁ   ל/זקנים 4 09(0401) τοῖς]
ὁ   ל/זקנים 4 09(0402) : τῷ
                            h OS-cod
ὁ   ה/עם 4 09(0800) τῷ
ὁ   אשר 4 09(1601) τὰ]
                            > cnoptv
ὁ ל/אלימלך =:=ל/אבימלך 4 09(1701) τοῦ]
                            > a2
ὁ   ל/כליון 4 09(2401) τῷ]
                            > OL(>14)
ὁ   ו/מחלון 4 09(2701) τῷ]
                            > h OL(>14)
ὁ   ו/מחלון 4 09(2702) : τῶν q
ὁ   ה/מאביה 4 10(0300) τὴν

ὁ ו/ל/כלכל 4 15(1101) τοῦ]
> b2
ὁ את שׂיבת/ך 4 15(1300) τὴν
ὁ כלת/ך 4 15(1901) ἡ]
> l(>3) u
ὁ אשׁר 4 15(2301) ἡ]
> s
ὁ את ה/ילד 4 16(0400) τὸ
ὁ ב/חיק/ה 4 16(1001) τὸν]
ὁ ב/חיק/ה 4 16(1002) : τῷ
hikrub2
ὁ ה/שׁכנות 4 17(0901) αἱ]
> OC
ὁ ה/שׁכנות 4 17(0902) : οἱ
70
ὁ ה/שׁכנות 4 17(1300) +<τὸ
MNadefhjkqsuya2b2 OS
ὁ ל/נעמי 4 17(2001) τῇ]
> OA
ὁ ל/נעמי 4 17(2002) : τήν q
ὁ שׁמ/ו 4 17(2500) τὸ
ὁ הוא 4 17(3100) +<ὁ
18
ὁ תולדות 4 18(0401) αἱ
's'(b)] > w*
ὁ את חצרון 4 18(1000) τὸν
ὁ את רם 4 19(0500) τὸν
ὁ את עמינדב 4 19(1200) τὸν
ὁ את נחשׁון 4 20(0500) τὸν
ὁ את שׂלמה 4 20(1101) τὸν]
> e(>10) g(>5)
ὁ את בעז 4 21(0501) τὸν]
> e(>10)
ὁ את עובד 4 21(1200) τὸν
ὁ את עובד 4 21(1500) + τῆς
h(b)
ὁ את ישׁי 4 22(0501) τὸν]
ὁ את דוד 4 22(1400) τὸν
ὁ את דוד 4 22(1600) + τὸν
A 241
ὁ את דוד X 00(0700) + τῆς
Aceqy
ὁ את דוד X 00(0900) + τοῦ
l(b)
ὁ את דוד X 00(1100) + τῆς
b'l(c)ptvw
ὁ את דוד X 00(1400) + τῶν
l(c)
ὄγδοος 0 00(0902) :+ὄγδοον
dp
ὄγδος 0 00(0901) +:ὄγδος n
ὅδε כה 1 17(1200) τάδε
ὅδε ו/כה 1 17(1900) τάδε
ὅδε ו/כה 2 08(3102) : ὅδε n

ὅδε		פה	4 01(3701)	+:ὅδε
				iqn 's'(<u>b</u>)
ὁδός		ב/דרך	1 07(3201)	ὁδῷ]
				> OL
ὅθεν		מ/אשׁר	2 09(4300)	ὅθεν
ὅθεν		ב/חמץ	2 14(4200)	+ ὅθεν
				f(+16)
οἶδα		ידעת	2 11(5001)	ᾔδεις]
οἶδα		ידעת	2 11(5002)	: ᾖδες c
οἶδα		ידעת	2 11(5003)	: ᾖδας
				70
οἶδα		ידעת	2 11(5004)	: εἶδες p
οἶδα		ידעת	2 11(5005)	: εἴδης m
οἶδα		ידעת	2 11(5006)	: οἴδεις n
οἶδα		יודע	3 11(2101)	οἶδεν]
οἰκέω	κατα	ו/ישבו	1 04(1901)	κατῴκησαν]
οἰκέω	παρα	ל/גור	1 01(2800)	παροικῆσαι
οἰκέω	παρα	ו/יבאו	1 02(4804)	: παροικήσαι
				71
οἰκοδομέω		בנו	4 11(4101)	ᾠκοδόμησαν]
οἰκοδομέω		בנו	4 11(4102)	: οἰκοδόμησαν
				Ai
οἶκος		ל/בית	1 08(1801)	οἶκον]
				> 125(~)
οἶκος		ל/בית	1 08(1802)	: <u>domos</u>
				OE(c)(?οἴκους?)
οἶκος		ל/בית	1 08(2100)	+ οἶκον
				125(~)
οἶκος		בית	1 09(1700)	οἴκῳ
οἶκος		ה/עמ= +--	1 14(2602)	: οἶκον
				71
οἶκος		בית/ך	4 11(3201)	οἶκόν]
οἶκος		את בית	4 11(4400)	οἶκον
οἶκος		בית/ך	4 12(0400)	οἶκός
οἶκος		כ/בית	4 12(0801)	οἶκος]
				> oe2(>4)
οιφι		כ/איפה	2 17(1901)	οιφι
				((B-M) οἰφὶ)] > d(>19)
ὀκτάτευχος		את דוד	X 00(1200)	+ ὀκτατεύχου
				b'l(c)ptvw
ὀλεθρεύω	ἐκ	יכרת	4 10(3201)	ἐξολεθρευθήσεται]
				> a2-OL(>11)
ὀλοθρεύω	ἐκ	יכרת	4 10(3202)	: ἐξολοθρεύθῃ c
ὅλος		את כל	2 21(2501)	ὅλον]
				> b OA (~)defjs(~)
ὅλος		ה/קציר	2 21(2800)	+ ὅλον
				(~)defjs(~)
ὄνομα		בנ/יו	1 02(0200)	+ ὄνομα
				c*(~6)
ὄνομα		ו/שׁם	1 02(0800)	ὄνομα
ὄνομα		ו/שׁם	1 02(1501)	ὄνομα(=c(a?)q(b)
				236 241 OA OE(c) OL OS(sub &))] > Bc*(~)q* OE(f)
ὄνομα		ו/שׁם	1 02(2301)	ὄνομα]
				> 125

ὅς   אשׁר 2 11(4801) ὅν]
                   > n
ὅς   אשׁר 2 12(2301) ὅν]
ὅς   את אשׁר 2 17(1300) ἅ
ὅς   את אשׁר 2 18(1601) ἅ]
                   > d(>19)
ὅς   את אשׁר 2 18(3200) ἅ
ὅς   מ/שׁבע/ה 2 18(3700) ὧν
                   '?'(k)
ὅς   אשׁר 2 21(3001) ὅς]
ὅς   את אשׁר 3 04(3700) ἅ
ὅς   אשׁר 4 01(1701) ὅν]
ὅς   אשׁר 4 03(1101) ἥ]
ὅς   +-- 4 03(2201) ἥ]
              > MNahikmqrb2 OA OE OL
ὅς   +-- 4 03(2202) : ᾧ
                   y
ὅς   אשׁר 4 11(4001) αἵ]
                   > x
ὅς   אשׁר 4 12(1100) ὅν
ὅς   אשׁר 4 14(1301) ὅς
                 '?'(b)] > e2
ὅς   אשׁר 4 15(3101) ἥ]
ὅς   היא 4 15(3300) + ἥ N
ὅσος   כל אשׁר 2 11(1201) ὅσα]
ὅσος   אשׁר 2 21(3002) : ὅσος
                   dej
ὅσος   אשׁר 3 05(1000) ὅσα
ὅσος   אשׁר 3 06(1300) ὅσα
ὅσος   אשׁר 3 11(1200) ὅσα
ὅσος   אשׁר 3 16(3400) ὅσα
ὅσος   אשׁר 4 09(2201) ὅσα]
                  > OL(>14)
ὅσος   אשׁר 4 11(0803) : ὅσοι
                   acx
ὅστις (?)   אם 3 10(3506) : ἥτις w
ὅστις   אשׁר 4 03(1102) : ἥτις A
ὀσφύς   ו/מ/שׁער 4 10(4803) : ὀσφύος y
ὅταν   ב/שׁכב/ו 3 04(0402) : ὅταν
                   30
ὅτε   צמח/ו 2 09(3202) : ὅτε
                 abdefjlqw
ὅτι   כי 1 06(1601) ὅτι]
             > (>5) fhmqu OE(1) OL
ὅτι   כי 1 06(2100) ὅτι
ὅτι   כי 1 10(0501) +:ὅτι
                   ir
ὅτι   כי 1 12(1200) +<ὅτι
        MNbdefhijmrsuvyb2 OL Thdt
ὅτι   כי 1 12(2101) ὅτι]
               > gjnoptvwb2e2
ὅτι   +-- 1 12(2301) ὅτι
       (o ex corr o(a))] > bcx Thdt
ὅτι   כי 1 13(2201) ὅτι]
                   > n

οὐ   ואנכי 2 13(3500) +<οὐκ b
οὐ   ולא/ 2 16(2400) οὐκ
οὐ   ברוך 2 19(3200) + οὐ
                                     ghnoptvwe2 (+9)
οὐ   לא 2 20(1600) οὐκ
οὐ   ולא/ 2 22(2401) οὐκ]
οὐ   ולא/ 2 22(2402) : οὐ
                                     glnowe2
οὐ   הלא/ 3 01(2201) οὐ]
                                     > ax OA
οὐ   הלא/ 3 02(0401) οὐχι]
                                     > glnowe2
οὐ   הלא/ 3 02(0402) : οὐχ
                                     abcx
οὐ   +-- 3 18(2001) οὐ
                         (see f)] > glnoptve2 OL
οὐ   {...} 3 18(2700) οὐ
οὐ   לא 3 18(0000) {..~ οὐ}
οὐ   כי אם 3 18(3502) : οὐ
                                   dehja2
οὐ   לא 4 04(3402) : οὐχ 1
οὐ   אין 4 04(4400) οὐκ
οὐ   לא 4 06(0801) Οὐ]
                                    > 16(>4)
οὐ   לא 4 06(2901) οὐ]
                                    > n(>15)
οὐ   ולא/ 4 10(3101) οὐκ]
                                > a2-OL(>11)
οὐ   ולא/ 4 10(3102) : οὐ μὴ c
οὐ   לא 4 14(1401) οὐ
                                '?'(b)] > fye2
οὖ   אשר 1 07(0901) οὖ]
οὖ   אשר 1 13(0501) οὖ]
                                    > q
οὖ   {...} 1 16(2502) : οὖ
                                    30
οὖ   אל אשר 1 16(2602) : οὖ
                      MNfghiklmnopqrtvwya2b2e2 Thdt
οὖ   אשר/ב/ו 1 16(3601) οὖ]
οὖ   אשר/ב 1 17(0200) οὖ
οὖ   אשר 2 02(2401) οὖ]
οὖ   אשר 2 09(1000) οὖ
οὖ   {ו/עמ...} אשר 2 19(5300) οὖ
οὖ   v= כלוח 2 23(1201) οὖ]
                                    > ba2
οὖ   אשר 3 02(1201) οὖ]
                                    > o*
οὖ   עד 3 03(3001) οὖ]
                 > MNΔ(10)defghijklmnopqrstuvwxa2b2e2
οὖ   אשר 3 04(1703) : οὖ
                      AMNΔ(10)(vid)defijkmqrub2
οὖ   אשר 4 12(2301) οὖ]
             > MNbghiklmnopqrtuvya2b2e2 OA OE OS Thdt
οὐκέτι   +-- 1 12(2402) :+οὐκέτι
                                      Thdt

οὖν	ה/לא 3 02(0403)	: <u>igitur</u> [οὖν] OC
οὖν	אם 4 04(2500)	+ οὖν glnoptve2 OS(sub @) (see OA)
οὖς	אזנ/ך 4 04(0601)	οὖς]
οὔτε	כי אם 3 18(3503)	: οὔτε 77
οὗτος	ו/יהי 1 01(0400)	+ <u>hoc</u> [ταῦτα] OA
οὗτος	כי 1 12(1100)	+ τοῦτο MNdefhijmrsuyb2 OL
οὗτος	ל/עזב/ך 1 16(1002)	: τοῦτο owe2
οὗτος	ה/זאת 1 19(3500)	Αὕτη
οὗτος	ה/זאת 2 05(1501)	αὕτη] > a*(>4)
οὗτος	זה 2 07(2702)	: τοῦτο MNh*ikmrub2
οὗτος	ו/אנ/ה 2 19(1400)	+ τοῦτο glnoptvwe2
οὗτος	ה/לילה 3 02(3100)	ταύτῃ
οὗτος	דבר 3 18(2500)	+ τοῦτο lnoptve2
οὗτος	ה/דבר 3 18(4000)	+ τοῦτο b'hoye2
οὗτος	+-- 4 05(3603)	: ταυτὴν h
οὗτος	ו/זאת 4 07(0201)	τοῦτο]
οὗτος	ו/זאת 4 07(0202)	: τούτῳ c
οὗτος	ו/זאת 4 07(4401)	τοῦτο]
οὗτος	ו/זאת 4 07(4402)	: τούτῳ c
οὗτος	את ה/אשה 4 11(2700)	+ ταυτὴν h 71
οὗτος	ה/זאת 4 12(3600)	ταύτης
οὗτος	הוא 4 17(3001)	οὗτος]
οὗτος	ו/אלה 4 18(0201)	αὗται]
ὀφθαλμός	ב/עינ/יו 2 02(2900)	ὀφθαλμοῖς
ὀφθαλμός	עינ/יך 2 09(0300)	ὀφθαλμοί
ὀφθαλμός	ב/עינ/יך 2 10(2800)	ὀφθαλμοῖς
ὀφθαλμός	ב/עינ/יך 2 13(1000)	ὀφθαλμοῖς
πα ?	איך 3 18(1902)	: πα spat (3-4) f
παιδάριον	ל/נער/ו 2 05(0500)	παιδαρίῳ
παιδάριον	ה/נער 2 06(0401)	παιδάριον] > a(>9)
παιδάριον	את ה/נערים 2 09(2301)	παιδαρίοις]
παιδάριον	ה/נערים 2 09(4701)	παιδάρια]
παιδάριον	שפחת/יך 2 13(4102)	: παιδαρίων l
παιδάριον	ב/חמץ 2 14(4600)	+ παιδάρια f(+16)
παιδάριον	את נער/יו 2 15(1001)	παιδαρίοις]
παιδάριον	את נער/יו 2 15(1002)	: παιδαρίῳ h
παιδάριον	ה/נערים 2 21(1701)	παιδαρίων]

παιδάριον   את ה/ילד 4 16(0502) : παιδάριον
bptvwy
παιδίον   את ה/ילד 4 16(0501) παιδίον]
παιδίσκη   ה/נערה 4 12(3400) παιδίσκης
παιδίσκος   שפחת/יך 2 13(4101) παιδισκῶν]
παῖς   נערה 2 06(1300) παῖς
(see OL <u>puella</u>)
παῖς   את ה/נערים 2 09(2302) : παῖδας f
παῖς   ה/נערים 2 09(4702) : παῖδες
glnowe2
παρά   מ/עם 2 12(1500) παρὰ
παρά   בין 2 15(1402) : παρὰ
tv
παρά   זולת/ך 4 04(4602) : παρ' l
παρά   ו/מ/את 4 05(1801) παρὰ]
> OL
παρά   ב/בית לחם 4 11(5900) + παρὰ
Thdt (+4)
παράπτωμα   v= ה/מקר 2 03(1903) : παραπτώματι x
πάρεξ   זולת/ך 4 04(4601) πάρεξ]
πᾶς   כל 1 19(2600) πᾶσα
πᾶς   ל/י 2 11(1101) +:πάντα
Abckx OA OE(vid) OS(sub &)
πᾶς   כל 3 05(0800) Πάντα
πᾶς   כ/כל 3 06(1100) πάντα
πᾶς   כל 3 11(1000) πάντα
πᾶς   כל 3 11(2300) πᾶσα
πᾶς   את כל 3 16(3201) πάντα]
> 30
πᾶς   כל 4 07(1901) πᾶν
BMNchiruxy*a2b2] > Adefjs 77 237 OE
πᾶς   כל 4 07(1902) : πάντα
abgklmnopqtvy(c?)e2
πᾶς   ו/כל 4 09(0700) παντὶ
πᾶς   את כל 4 09(1500) πάντα
πᾶς   כל 4 09(2001) πάντα]
> OL(>14)
πᾶς   כל 4 11(0301) πᾶς]
> j(>12)
πᾶς   ב/בית לחם 4 11(6000) + πᾶσιν
Thdt (+4)
πᾶς   συν   את כל 3 16(3202) : συμπάντα
ab(συν-)c(συν-)
πατήρ   ל/בית 1 08(2001) +:πάτρος
A 128 OA
πατήρ   ל/בית 1 08(2002) :+<u>patrum</u>
OE(c)(?πατέρων?)
πατήρ   אבי/ך 2 11(3000) πατέρα
πατήρ   אבי 4 17(3200) πατὴρ
πατήρ   אבי 4 17(3401) πατρὸς]
πατρικός   ל/בית 1 08(2003) :+πατρικὸν
MNahikptuvyb2 125
πατρικός   ל/בית 1 08(2004) :+πατρικῆς m
παύω   κατα   v= ה/שׁבת 2 07(2801) κατέπαυσεν]

πείθω	ל/חמות =ל/עשׂות	2	12(2501)	πεποιθέναι]
πείθω	ל/חמות =ל/עשׂות	2	12(2502)	: πεποίθυια l
πενθερά	ל/חמות/ה	1	14(1500)	πενθερὰν
πενθερά	חמות/ך	2	11(1601)	πενθερᾶς]
πενθερά	חמות/ך	2	11(1602)	: πενθερᾶν i*
πενθερά	חמות/ך	2	11(1603)	: πενθερᾷ defi(a?)jkmrsb2
πενθερά	חמות/ה	2	18(1401)	πενθερὰ] > d(>19)
πενθερά	ל/ה	2	18(3001)	+:πενθερᾷ glnptvw
πενθερά	ל/ה	2	18(3002)	:+πενθερὰν oe2
πενθερά	חמות/ה	2	19(0501)	πενθερὰ] > 71(>3)
πενθερά	ל/חמות/ה	2	19(3901)	πενθερᾷ] > 71
πενθερά	ל/חמות/ה	2	19(3902)	: πενθερὰν oe2
πενθερά	+-- =חמות/ה	2	21(0601)	πενθερὰν] > 71(>4)
πενθερά	חמות/ה	2	23(2801)	πενθερᾶς] > OL(>6)
πενθερά	חמות/ה	2	23(2802)	: πενθεράν oe2
πενθερά	חמות/ה	3	01(1201)	πενθερὰ] > Akp-OE(c)(>3)
πενθερά	חמות/ה	3	06(1700)	πενθερὰ
πενθερά	חמות/ה	3	16(0900)	πενθερὰν
πενθερά	חמות/ך	3	17(2300)	πενθεράν
πενθερά	ו/תאמר	3	18(0900)	+ πενθερὰ hm
περί	מרגלת/יו	3	04(2703)	: περὶ Thdt
περί	על	4	07(0902)	: περὶ 's'(<u>b</u>)
περίζωμα	ה/מטפחת	3	15(0801)	περίζωμα]
περίζωσμα	ה/מטפחת	3	15(0802)	: περίζωσμα efjk*mu
περίπτωμα	מקר/ה =v	2	03(1901)	περιπτώματι] > OC OE
περίπτωμα	מקר/ה =v	2	03(1902)	: περίπτωμα n f(+16)
Πικρά	מרא	1	20(1802)	: Πικρά MNdefhijmrsya2b2
πικραίνω	מר	1	13(2301)	ἐπικράνθη]
πικραίνω	מר	1	13(2302)	: ἐπικράνον M(b)
πικραίνω	המר	1	20(2101)	ἐπικράνθη (pr ras 5 litt t)]
πικραίνω	המר	1	20(2102)	: ἐπίκρανεν MNdefijkmrsub2 OA OL
Πικρία	מרא	1	20(1803)	: Πικρία u OL

Πικρία		מרא	1	20(1804)	: Πικρίαν Akqw
Πικρός		מרא	1	20(1801)	Πικράν]
πίμπλημι	ἐν	ו/תשׂבע	2	14(6600)	ἐνεπλήσθη
πίμπλημι	ἐν	מ/שׂבע/ה	2	18(3800)	ἐνεπλήσθη
πίνω		ו/שׁתית	2	09(4201)	πίεσαι]
πίνω		ו/שׁתית	2	09(4202)	: πίῃς we2
πίνω		ו/שׁתית	2	09(4203)	: πίῃ l
πίνω		ו/שׁתית	2	09(4204)	: πίει g (ει ex corr)
πίνω		ב/חמץ	2	14(4100)	+ πίεσε
πίνω		ל/אכל ~ =ל/שׁתות	3	03(3501)	πιεῖν]
πίνω		~ ו/ל/שׁתות =ו/ל/אך	3	03(3803)	: πιεῖν (~)AMNΔ(10)abcdefghijkmnpqrstuvxa2b2-OA-OC-OE-OS(~)
πίνω		ב/שׁכב/ו	3	04(1000)	+ πιεῖν j(+4)
πίνω		ו/ישׁת	3	07(0500)	+:ἔπιεν AMNΔ(10)(vid)a(a?)b'cdefhijkmpqrstuvxb2 OA OC OE(c) OL OS(sub &)
πίπτω		ו/תפל	2	10(0200)	ἔπεσεν
πίπτω		יפל	3	18(2101)	πεσεῖται]
πίπτω	περι	ו/יקר	2	03(1801)	περιέπεσεν]
πλάγιος		מ/צד	2	14(5200)	πλαγίων
πλήρης		מלאה	1	21(0301)	πλήρης] > b(~)
πλήρης		הלכתי	1	21(0500)	+ πλήρης b(~)
πλήρης		שׁלמה	2	12(1401)	πλήρης] > aa2 70
πλησίον		את רע/הו	3	14(2300)	πλησίον
πλησίον		ל/רע/הו	4	07(3500)	πλησίον
πλούσιος		עשׁיר	3	10(3801)	πλούσιος]
πλούσιος		עשׁיר	3	10(3802)	: πλουσιῶν Thdt
ποιέω		*יעשׂ **יעשׂה	1	08(2900)	ποιῆσαι
ποιέω		עשׂיתם	1	08(3701)	ἐποιήσατε]
ποιέω		עשׂיתם	1	08(3702)	: ἐποίησε 16
ποιέω		יעשׂה	1	17(1301)	ποιῆσαι]
ποιέω		יעשׂה	1	17(1302)	: ἐποίησε n
ποιέω		ו/שׁתית	2	09(4205)	: ποιεῖς n
ποιέω		ו/שׁתית	2	09(4206)	: ποιῇς o
ποιέω		עשׂית	2	11(1301)	πεποίηκας (κ ex σ f(vid))]
ποιέω		עשׂית	2	11(1302)	: ἐποίησας aikmqrua2b2
ποιέω		עשׂית	2	11(1303)	: ἐποίησα h
ποιέω		עשׂית	2	19(1501)	ἐποίησας]
ποιέω		ברוך	2	19(3000)	+ ἐποίησεν ghlnoptvwe2 Thdt (+9)
ποιέω		ברוך	2	19(3300)	+ ἐποίησεν ghnoptvwe2 (+9)
ποιέω		ו/תגד	2	19(3603)	: ἐποίησε e

ποιέω עשׂתה 2 19(4201) ἐποίησεν]
ποιέω עשׂיתי 2 19(5401) ἐποίησα]
ποιέω עשׂיתי 2 19(5402) : ἐποίησε w
ποιέω עשׂיתי 2 19(5403) : ἐποίησας
70
ποιέω ל/אכל ~ =ל/שׂתות 3 03(3502) : ποιεῖν
b'o
ποιέω תעשׂין 3 04(3801) ποιήσεις]
ποιέω תעשׂין 3 04(3802) : ποιεῖς
Δ(10)(vid)
ποιέω אעשׂה 3 05(1600) ποιήσω
ποιέω ו/תעשׂ 3 06(0900) ἐποίησεν
ποιέω אעשׂה 3 11(1800) ποιήσω
ποιέω עשׂה 3 16(3501) ἐποίησεν]
ποιέω ו/עשׂה 4 11(4801) ἐποίησαν]
ποιέω ו/עשׂה 4 11(4802) : ἐποίησαι n
ποιέω ו/עשׂה 4 11(4803) : ποίησαι
Aabcgloptvxa2e2 OS Thdt
πολιά את שׂיבת/ך 4 15(1401) πολιάν]
πόλις ה/עיר 1 19(2800) πόλις
πόλις ה/עיר 2 18(0701) πόλιν]
> d(>19)
πόλις ה/עיר 2 18(0702) : πόλει q
πόλις ה/עיר 3 15(3801) πόλιν]
> y(>3)
πόλις ה/עיר 4 02(1000) πόλεως
πόλις ב/שׂער 4 11(1102) : πόλει
gnpa2
πορεύσις ב/חמץ 2 14(3600) + πορεύσει
f(+16)
πορεύω ו/ילך 1 01(2100) ἐπορεύθη
πορεύω ו/תלכנה 1 07(2901) ἐπορεύοντο]
πορεύω ו/תלכנה 1 07(2902) : ἐπορεύετο
c(-εύε- ex -εύθ-)h
πορεύω ו/תלכנה 1 07(2903) : ἐπορεύθησαν
b2 OA OE
πορεύω לכנה 1 08(0901) Πορεύεσθε
(to end of verse, periere in r)]
πορεύω לכנה 1 08(0902) : πορεύθεισε N
πορεύω לכנה 1 08(0903) : πορεύθησαι M
πορεύω לכנה 1 08(0904) : πορεύθητε
Aabcginopqtvwxyza2b2e2
πορεύω בנת/י 1 11(1000) + πορεύθητε
A(-ται) OC
πορεύω תלכנה 1 11(1401) πορεύεσθε]
πορεύω לכן 1 12(0900) +<πορεύθητε
bcx OC OS(sub &)
πορεύω תלכי 1 16(3000) πορευθῇς
πορεύω אלך 1 16(3301) πορεύσομαι]
πορεύω אלך 1 16(3302) : πορεύσωμαι n
πορεύω ל/לכת 1 18(1201) πορεύεσθαι]
πορεύω ל/לכת 1 18(1202) : πορεύθηναι
aikmrua2b2
πορεύω ו/תלכנה 1 19(0200) ἐπορεύθησαν

πορεύω		הלכתי	1	21(0401)	ἐπορεύθην]
πορεύω		הלכתי	1	21(0402)	: ἐπορεύθη c
πορεύω		אלכה	2	02(1101)	Πορευθῶ]
πορεύω		אלכה	2	02(1102)	: πορευθῶμεν u
πορεύω		לכי	2	02(3601)	Πορεύου]
πορεύω		לכי	2	02(3602)	: πορευθῆτι a2
πορεύω		ו/תלך	2	03(0200)	ἐπορεύθη
πορεύω		תלכי	2	08(1600)	πορευθῇς
πορεύω		תעבורי	2	08(2701)	πορεύσῃ] > Thdt(>5)
πορεύω		תעבורי	2	08(2702)	: πορεύῃ mq*
πορεύω		ו/הלכת	2	09(1500)	πορεύσῃ
πορεύω		ו/הלכת	2	09(3601)	πορευθήσῃ]
πορεύω		ו/הלכת	2	09(3602)	: πορεύθης N
πορεύω		ו/הלכת	2	09(3603)	: πορεύσῃ bha2b2
πορεύω		ו/תלכי	2	11(4400)	ἐπορεύθης
πορεύω		תצאי	2	22(1701)	ἐπορεύθης] > 16
πορεύω		לכת	3	10(2901)	πορευθῆναί]
πορεύω	εἰς	ה/באה	4	11(2901)	εἰσπορευομένην]
πορεύω	εἰς	ה/באה	4	11(2902)	: εἰσπεπορευμένην i*q
πορεύω	ἐκ	ה/באה	4	11(2903)	: ἐκπορευομένην k
πορεύω	παρα	עבר	4	01(1601)	παρεπορεύετο]
πορεύω	παρα	עבר	4	01(1602)	: παρεπορεύοντο f
ποῦ		איפה	2	19(0700)	Ποῦ
ποῦ		ו/אנ/ה	2	19(1100)	ποῦ
ποῦ		את אשר	2	19(4101)	ποῦ]
ποῦ		אשר	3	04(1702)	: ποῦ abcglnoptvwe2
ποῦ		איך	3	18(1903)	: ποῦ b2
πούς		מרגלת/יו	3	04(2800)	ποδῶν
πούς		מרגלת/יו	3	07(3801)	ποδῶν] > 77(>9)
πούς		מרגלת/יו	3	08(1900)	ποδῶν
πούς	**מרגלת/יו	*מרגלת/ו	3	14(0701)	ποδῶν] > OA-codd(>
πρεσβύτερος		מ/זקני	4	02(0800)	πρεσβυτέρων
πρεσβύτερος		זקני	4	04(1800)	πρεσβυτέρων
πρεσβύτερος		ל/זקנים	4	09(0501)	πρεσβυτέροις]
πρεσβύτερος		ל/זקנים	4	09(0502)	: πρεσβυτέρῳ h OS-cod
πρεσβύτερος		ו/ה/זקנים	4	11(2001)	πρεσβύτεροι] > OL(~?)
πρό		מרגלת/יו	3	04(2702)	: πρὸ w
πρό		ב/טרם	3	14(1801)	πρὸ] > qs
πρός		אל;= +--	1	15(0601)	πρὸς] > 125 OL(? <u>socrus</u> <u>sua</u>)
πρός		אל	1	15(1601)	πρὸς] > 18

πρός	ו/אל	1	15(2101)	πρὸς] > r(>5)
πρός	אל/יה	1	18(2001)	πρὸς]
πρός	{...}	1	19(1003)	: πρὸς y
πρός	אל/יהן	1	20(0301)	πρὸς] > OL
πρός	אל	2	02(0700)	πρὸς
πρός	ו/יאמר	2	08(0500)	+ πρὸς h(~)
πρός	אל	2	08(0801)	πρὸς] > h(~)
πρός	אל/יו	2	10(2101)	πρὸς] > Aj OA-ed
πρός	אל	2	11(4501)	πρὸς]
πρός	אשר	2	12(2200)	πρὸς
πρός	נעמי	2	20(0500)	+<πρὸς Δ(10)(vid)
πρός	+-- =אל	2	21(0401)	πρὸς] > 71(>4)
πρός	אל/י	2	21(1201)	πρός] > glnowe2 OL Thdt
πρός	אל	2	22(0400)	πρὸς
πρός	חמות/ה	3	01(1400)	+ πρός c
πρός	מרגלת/יו	3	04(2701)	πρὸς]
πρός	אל/יה	3	05(0500)	πρὸς
πρός	z* **אל/י	3	05(1300)	+ πρός bcx
πρός	מרגלת/יו	3	07(3701)	πρὸς] > 77(>9)
πρός	מרגלת/יו	3	08(1800)	πρὸς
πρός	תאמרי	3	11(1500)	+ πρός bckx
πρός	*מרגלת/ו **מרגלת/יו	3	14(0601)	πρὸς] > OA-codd(>7
πρός	ה/גרן	3	14(3802)	: πρὸς b'
πρός	אל	3	16(0701)	πρὸς]
πρός	z* **אל/י	3	17(1401)	πρός] > OA
πρός	אל	3	17(2101)	πρὸς]
πρός	ו/תאמר	3	18(0601)	+:πρός 71 OC OE
πρός	+-- =;אל/יו	4	01(2301)	πρὸς] > (~)ptv(~) OL(>3)
πρός	+-- =:בעז	4	01(2600)	+ πρὸς (~)ptv(~)
πρός	אל/יה	4	13(1601)	πρὸς] > Ba2-OE(f)(>9) OE(c)(>4)
πρός	אל	4	14(0500)	πρὸς
πρός	אבי	4	17(3402)	: πρὸς a
πρόσωπον	פנ/יה	2	10(0501)	πρόσωπον] > (~)ptv(~)

πρόσωπον ו/תשתחו 2 10(1000) + πρόσωπον
Aa2 (~)ptv(~)
πρότερος ה/ראשון 3 10(2502) : πρότερον
a2
πρωΐ ה/בקר 2 07(2202) : πρωὶ
qw
πρωί ה/לילה 3 13(0600) + mane [πρωί]
OC
πρωΐ ב/בקר 3 13(1200) πρωί
πρωΐ ה/בקר 3 13(5200) πρωί
πρωΐ ו/תשכב 3 14(0500) + πρωί
(~)ah-OL(~)
πρωΐ ה/בקר 3 14(1101) πρωί]
> OA-codd(>7) (~)ah-OL(~)
πρωΐ ו/תקם 3 14(1700) + πρωί
adefijqrs
πρωΐθεν ה/בקר 2 07(2201) πρωίθεν]
πρῶτος ה/ראשון 3 10(2501) πρῶτον]
> n 71
πτερύγιον כנפ/ך 3 09(2501) πτερύγιόν]
πτέρυξ כנפ/יו 2 12(2800) πτέρυγας
πτωχός דל 3 10(3601) πτωχὸς]
πτωχός דל 3 10(3602) : πτωχῶν
Thdt
πύλη ה/שער 4 01(0600) πύλην
πύλη ו/מ/שער 4 10(4802) : πυλῆς x
πύλη ב/שער 4 11(1101) πύλῃ]
> j(>12)
πῦρ ו/יקר 2 03(1802) : πυρὶ ἔπεσε o
πυρά שערים 1 22(3002) : πυρῶν
a2
πυρά ה/חטים 2 23(2200) πυρῶν
πῶς ו/תעזבי =?? 2 11(2701) πῶς
(OS sub @)] > MNhkmub2 OL
πῶς איך 3 18(1901) πῶς]
ῥαβάω ו/תחבט 2 17(1104) : ἐράβησεν b
ῥαβδίζω ו/תחבט 2 17(1101) ἐρράβδισεν]
ῥαβδίζω ו/תחבט 2 17(1102) : ἐράβδισεν
ABMNacdeghijklmnopqrstuvwxa2b2e2
ῥαβδίζω ו/תחבט 2 17(1103) : ἐράβδισαν f
Ραχηλ כ/רחל 4 11(3501) Ραχηλ]
Ραχην כ/רחל 4 11(3505) : Ραχην A
Ραχιηλ כ/רחל 4 11(3504) : Ραχιηλ
b(vid)l
Ραχιλ כ/רחל 4 11(3502) : Ραχιλ f
ῥῆμα דבר 3 18(2301) ῥῆμα]
ῥῆμα ה/דבר 3 18(3900) ῥῆμα
Ρουθ 0 00(0700) Ρουθ
(BAMNabcehijoqrstuvxya2b2)
Ρουθ רות 1 04(1601) Ρουθ
(periere in r)
Ρουθ ו/רות 1 14(2900) Ρουθ
Ρουθ רות:= +-- 1 15(0801) Ρουθ]
> 125 OL(? socrus sua)

Ρουθ רות 1 16(0400) Ρουθ
Ρουθ היא 1 18(1000) + Ρουθ
glnoptvwe2
Ρουθ ו/רות 1 22(0700) Ρουθ
Ρουθ רות 2 02(0400) Ρουθ
Ρουθ ו/תלך 2 03(0300) + Ρουθ
glnoptvwe2
Ρουθ ו/תאמר 2 07(0300) + Ρουθ
70 128
Ρουθ ו/יאמר 2 08(0600) + Ρουθ
h(~)
Ρουθ רות 2 08(0901) Ρουθ]
> h(~)
Ρουθ ו/תפל 2 10(0300) + Ρουθ
glnoptvwe2 OL
Ρουθ --+ =:רות 2 14(5001) Ρουθ]
> OL
Ρουθ ו/תלקט 2 17(0300) + Ρουθ
glnoptvwe2
Ρουθ --+ =:רות 2 18(2701) Ρουθ
(OS sub @)] > OL
Ρουθ --+ =:רות 2 19(3701) Ρουθ]
> OL
Ρουθ ל/כלת/ה 2 20(0800) + Ρουθ i
Ρουθ רות 2 21(0300) Ρουθ
Ρουθ רות 2 22(0601) Ρουθ]
> OL
Ρουθ --+ =:רות 2 23(0401) Ρουθ]
Ρουθ ל/ה 3 01(0500) + Ρουθ
lnoptvwe2
Ρουθ --+ =:רות 3 05(0401) Ρουθ]
> (~)OA-OL(~)
Ρουθ אל/יה 3 05(0700) + Ρουθ
(~)OA-OL(~)
Ρουθ ו/תרד 3 06(0300) + Ρουθ
glnoptvwe2
Ρουθ ו/תבא 3 07(2900) + Ρουθ
glnoptvwe2 OC
Ρουθ רות 3 09(1700) Ρουθ
Ρουθ ו/תשׁכב 3 14(0300) + Ρουθ
glnoptvwe2
Ρουθ --+ =;ל/ה 3 15(0400) + Ρουθ
glnowe2
Ρουθ ו/יבא 3 15(3400) + Ρουθ
loe2
Ρουθ --+ =:ו/רות 3 16(0200) Ρουθ
(OS sub @)
Ρουθ ל/ה 3 16(3100) + Ρουθ
glnoptve2
Ρουθ רות 4 05(1900) Ρουθ
Ρουθ את רות 4 10(0201) Ρουθ]
> OL(>14)
Ρουθ את רות 4 13(0600) Ρουθ
Ρουθ את עובד 4 21(1600) + Ρουθ
h(b)

Ρουθ אח דוד X 00(0100) + Ρουθ
BM(vid)Nafhirstvxe2 (~Acenqya2~)

Ρουθ אח דוד X 00(0800) + Ρουθ
Acenqya2 (~BM(vid)Nafhirstvxe2~)

σ’)T DWD X 00(1801) +: σ’
e2

Σααλμον (?) אח שׂלמה 4 20(1204) : Σααλμον n

Σαλμαν (?) אח שׂלמה 4 20(1201) Σαλμαν
Bcl(ras (1) post λ)x (non liquet r)] > e(>10)

Σαλμαν (?) ו/שׂלמון 4 21(0201) Σαλμαν
Bcx (non liquet r)] > e(>10)

Σαλμων אח שׂלמה 4 20(1202) : Σαλμων
ANabdfghijkl(c)mopqstuvwya2b2e2 OA OC OE Anon

Σαλμων ו/שׂלמון 4 21(0202) : Σαλμων
ANabdfghijkl(μω ex corr)mopqstuvwya2b2e2 OE Anon

σεαυτοῦ על/יך 3 03(1601) σεαυτῇ]

σεαυτοῦ על/יך 3 03(1603) : σεαυτῷ g

σεαυτοῦ על/יך 3 03(1604) : σεαυτήν
MNΔ(10)(vid)k

σεαυτοῦ קנה 4 04(1100) + σεαυτῷ
km OE

σεαυτοῦ ל/ך 4 06(2101) σεαυτῷ]
> n(>15)

σεαυτοῦ ל/ך 4 06(2102) : σεαυτὸν
70

σεαυτοῦ ל/ך 4 08(0801) σεαυτῷ]

σεαυτοῦ ל/ך 4 08(0802) : σαυτῷ
74

σήμερον ה/יום 2 19(0900) σήμερον

σήμερον עשׂית 2 19(1600) + σήμερον
a2

σήμερον ה/יום 2 19(5701) σήμερον]
> 16

σήμερον כלה 3 18(3700) + σήμερον
(~)oye2-OA-OC(~)

σήμερον ה/יום 3 18(4101) σήμερον]
> b'h (~)oye2-OA-OC(~)

σήμερον ה/יום 4 09(1200) σήμερον

σήμερον ה/יום 4 10(5801) σήμερον]
> j(>12)

σήμερון ה/יום= ~ ~~~ 4 14(1901) σήμερον]
> (~)achikqruxa2b2-OS(~) OL

σήμερον גאל 4 14(2200) + σήμερον
(~)achikqruxa2b2-OS(~)

σινδόνιος ה/מטפחת 3 15(0803) : σινδόνιον
's'(b)

σκέπτομαι ἐπι פקד 1 06(2201) ἐπέσκεπται]

σκέπτομαι ἐπι פקד 1 06(2202) : ἐπεσκέψατο
gnorwe2 (see Lk 7.16)

σκεῦος ה/כלים 2 09(3901) σκεύη]

σκεῦος ב/חמץ 2 14(3900) + σκεύη
f(+16)

σκληρός ב/י 1 16(0901) +:σκληρῶς

					ir
σκληρός		ב/י	1	16(0902)	:+σκληρὸς
					dej
σπέρμα		ה/זרע	4	12(2000)	σπέρματος
στάχυς		ב/שׁבלים	2	02(2101)	στάχυσιν]
στάχυς		ב/עמרים	2	07(1003)	: στάχυσι
					a2
στέλλω	δια	יפריד	1	17(2601)	διαστελεῖ]
στέλλω	δια	יפריד	1	17(2602)	: διαστέλλει
					chva2
στίχος		את דוד	X	00(1702)	:+στίχοι s
στοιβή		ה/ערמה	3	07(2300)	στοιβῆς
στρέφω	ἀνα	ו/תשׁב	1	06(1002)	: ἀνέστρεψαν h
στρέφω	ἀνα	--+ =ו/תשׁב	1	14(2303)	: ἀνέστρεψεν
					209
στρέφω	ἀνα	שׁבה	1	15(1101)	ἀνέστρεψεν]
στρέφω	ἀπο	ו/תשׁב	1	06(1001)	ἀπέστρεψαν]
στρέφω	ἀπο	ו/תלכנה	1	07(2400)	+ ἀπέστρεψαν
					m(+5)
στρέφω	ἀπο	שׁבנה	1	08(1301)	ἀποστράφητε]
					> b
στρέφω	ἀπο	שׁבנה	1	08(1302)	: ἀποστρέψατε
					74
στρέφω	ἀπο	שׁבנה	1	08(1303)	: ἀποστρέψετε
					ptv
στρέφω	ἀπο	שׁבנה	1	08(1304)	: ἀποστράφηθι
					125
στρέφω	ἀπο	שׁבנה	1	11(0402)	: Ἀποστράφητε
					Thdt
στρέφω	ἀπο	שׁבנה	1	12(0202)	: ἀποστράφητε
					h Thdt
στρέφω	ἀπο	--+ =ו/תשׁב	1	14(2302)	: ἀπέστρεψεν b
στρέφω	ἀπο	שׁבה	1	15(1102)	: ἀπέστρεψεν
					ahx
στρέφω	ἀπο	ל/עזב/ך	1	16(1100)	+ ἀποστρέψαι
					(see below) a2
στρέφω	ἀπο	ל/שׁוב	1	16(1701)	ἀποστρέψαι]
στρέφω	ἀπο	ל/שׁוב	1	16(1703)	: ἀποστράφῃ q
στρέφω	ἀπο	ל/שׁוב	1	16(1800)	+ ἀποστρέψω q
στρέφω	ἀπο	השׁיב/ני	1	21(1001)	ἀπέστρεψέν]
στρέφω	ἀπο	ו/תשׁב	1	22(0202)	: ἀπέστρεψεν
					hptvx
στρέφω	ἀπο	ה/שׁבה	2	06(1901)	ἀποστραφεῖσα]
στρέφω	ἐπι	ו/תשׁב	1	06(1003)	: ἐπέστρεψαν
					Aab̲cqxa2
στρέφω	ἐπι	ל/שׁוב	1	07(3400)	ἐπιστρέψαι
στρέφω	ἐπι	נשׁוב	1	10(0801)	ἐπιστρέφομεν]
στρέφω	ἐπι	נשׁוב	1	10(0802)	: ἐπιστρέφωμεν n
στρέφω	ἐπι	נשׁוב	1	10(0803)	: ἐπιστρέψομεν
					AMikmpr(a)suy OA OC OL
στρέφω	ἐπι	נשׁוב	1	10(0804)	: ἐπιστρέψωμεν
					Nbhr*(vid)tvb2
στρέφω	ἐπι	שׁבנה	1	11(0401)	Ἐπιστράφητε]
στρέφω	ἐπι	שׁבנה	1	12(0201)	ἐπιστράφητε]

στρέφω ἐπι ו/תשב= +-- 1 14(2301) ἐπέστρεψεν]
στρέφω ἐπι שבה 1 15(1103) : ἐπέστρεψεν q
στρέφω ἐπι שובי 1 15(2601) ἐπιστράφητι]
στρέφω ἐπι שובי 1 15(2602) : ἐπιστράφηθι
B(1b)Mdeh(b?)jklmnpqstvw
στρέφω ἐπι השיב/ני 1 21(1002) : ἐπέστρεψε
glnowe2
στρέφω ἐπι ו/תשב 1 22(0201) ἐπέστρεψεν]
στρέφω ἐπι ה/שבה 1 22(1701) ἐπιστρέφουσα]
στρέφω ἐπι ה/שבה 1 22(1702) : ἐπιστρεφούσαι
qtvwe2 OE
στρέφω ἐπι ה/שבה 2 06(1902) : ἐπιστρέψασα
MNhikmprtvb2
στρέφω ἐπι ה/שבה 4 03(2901) ἐπιστρεφούσῃ]
στρέφω ἐπι ה/שבה 4 03(2902) : ἐπιστρεψάσῃ
gklmnoptve2 OE(vid)
στρέφω ἐπι ה/שבה 4 03(2903) : ἐπιστρέφουσα
Nahi(a?)qrb2
στρέφω ἐπι ה/שבה 4 03(2904) : ἐπιστρέψασα
i*y OA(vid)
στρέφω ἐπι ל/משיב 4 15(0501) ἐπιστρέφοντα]
στρέφω ὑπο ו/תשב 1 06(1004) : ὑπέστρεψαν
b2
στρέφω ὑπο ו/תשב= +-- 1 14(2304) : ὑπέστρεψεν
ckma2
στρέφω ὑπο ה/שבה 2 06(1903) : ὑποστρέψασα
71
σύ עמ/כם 1 08(3301) ὑμῶν]
σύ יתן 1 09(0300) + ὑμῖν
(~)p-OA(~)
σύ ל/כם 1 09(0601) ὑμῖν]
> (~)p-OA(~)
σύ את/ך 1 10(0700) σοῦ
σύ ל/עמ/ך 1 10(1200) σου
σύ ל/כם 1 11(3000) ὑμῖν
σύ מ/כם 1 13(2701) ὑμᾶς]
σύ יבמת/ך 1 15(1500) σου
σύ את= +-- 1 15(2901) σὺ
(OS sub @)] > MNhmuyb2
σύ יבמת/ך 1 15(3501) σου]
> 125
σύ ל/עזב/ך 1 16(1400) σε
σύ מ/אחר/יך 1 16(2201) σου]
σύ מ/אחר/יך 1 16(2202) : σε
b'
σύ {...} 1 16(2501) σὺ]
> AMNhikmryb2e2 OL (~)glnoptvw-OE-Thdt(~) OA(~) OS(~)
σύ אל אשר 1 16(2700) + σὺ
OA(~)
σύ אל אשר 1 16(2900) + σὺ
OS(~)
σύ תלכי 1 16(0000) {..~ σὺ}
σύ תלכי 1 16(3100) + σὺ
(~)glnoptvw-OE-Thdt(~)

σύ תליני 1 16(3900) + σύ
lowe2
σύ עמ/ך 1 16(4701) σου]
σύ עמ/י 1 16(4902) : σου x
σύ ו/אלה/יך 1 16(5401) σου]
> q* Thdt(>6)
σύ ו/בינ/ך 1 17(3300) σοῦ
σύ עמ/כם 2 04(1701) ὑμῶν]
σύ יברכ/ך 2 04(2400) σε
σύ {...} 2 08(2501) σὺ]
> MNikmrub2 Thdt(>5) OE(c) OL(<u>nunc</u>)
σύ תעבורי 2 08(0000) {..~ σὺ}
σύ עינ/יך 2 09(0400) σου
σύ ב/שׂדה 2 09(0800) + σου
a2
σύ נגע/ך 2 09(2801) σου]
σύ נגע/ך 2 09(2802) : σε
cpv
σύ ה/נערים 2 09(4802) :+σου n
σύ ב/עינ/יך 2 10(2901) σου]
> r
σύ ל/הכיר/ני 2 10(3100) + σε
ghlnptvw
σύ חמות/ך 2 11(1701) σου]
σύ אישׁ/ך 2 11(2401) σου]
σύ אבי/ך 2 11(3100) σου
σύ ו/אמ/ך 2 11(3501) σου]
> lq(>4) OA
σύ מולדת/ך 2 11(4100) σου
σύ ישׁלם 2 12(0201) +:σοι
glnoptvwe2 OA OC OE OL Thdt-ed
σύ ישׁלם 2 12(0202) :+σου
Thdt-cod
σύ פעל/ך 2 12(0701) σου]
σύ משׂכרת/ך 2 12(1301) σου]
> 70
σύ אלהי 2 12(1900) + σου
<u>b</u>
σύ ב/עינ/יך 2 13(1100) σου
σύ שׁפחת/ך 2 13(2801) σου]
σύ אהיה 2 13(3700) + σοι
c OC(mt) OE
σύ שׁפחת/יך 2 13(4200) σου
σύ פת/ך 2 14(2701) σου]
> c
σύ מכיר/ך 2 19(2201) σε]
> OL(>5)
σύ מכיר/ך 2 19(2202) : σοι
l(οι ex corr)
σύ ל/נו 2 20(3502) : ὑμῖν w
σύ ב/ך 2 22(2601) σοι]
> l*e2
σύ ל/ך 3 01(2501) σοι]
> f

σύ את 3 16(1801) +:σοι
b'kna2
σύ את 3 16(1802) :+συ
bgloe2
σύ חמות/ך 3 17(2400) σου
σύ תדעין 3 18(1800) σε
σύ +-- 3 18(2002) : σου
b2
σύ אלמני 4 01(4900) + συ
gptve2 OS (+7)
σύ אזנ/ך 4 04(0700) σου
σύ עמ/י 4 04(2102) : σου e
σύ זולת/ך 4 04(4701) σοῦ]
σύ אחר/יך 4 04(5401) σέ]
σύ אחר/יך 4 04(5402) : σοῦ
h*(vid)ioqe2
σύ אגאל 4 04(6400) + σε f
σύ קנות/ך 4 05(1001) σε]
> l OL
σύ ה/מת 4 05(3200) + σε
MNipqrtvy*b2 (+7)
σύ *קניתי **קניתה 4 05(3801) σε]
> d(>11) e(~) iqrb2(>5)
σύ *קניתי **קניתה 4 05(4000) + σε
e(~)
σύ ל/הקים 4 05(4400) + σε
Akm 209
σύ ה/מת 4 05(5200) + σε
l*(+11)
σύ ל/ך 4 06(2200) + συ
MNbcdefijkpqrstuvyb2 OL
σύ אתם 4 09(1101) ὑμεῖς]
σύ אתם 4 09(1102) : ὑμῶν o
σύ אתם 4 10(5701) ὑμεῖς]
> j(>12)
σύ את ה/אשה 4 11(2601) σου]
> ahx OA OL OS
σύ בית/ך 4 11(3300) σου
σύ בית/ך 4 12(0501) σου]
> oe2(>4)
σύ ה/זרע 4 12(2100) + σου
MNabeghiklnopqrtuvya2b2e2 OC OE OS Thdt
σύ יתן 4 12(2600) + σοι
(~)bglnoe2-OA-OL-Thdt(~)
σύ ל/ך 4 12(3001) σοι]
> (~)bglnoe2-OA-OL-Thdt(~)
σύ ה/נערה 4 12(3500) + σου u
σύ יהוה 4 14(1100) + σου
oe2
σύ ל/ך 4 14(1801) σοι
'?'(b)] > OL
σύ ל/ך 4 14(1802) : σου
dejptuv
σύ ל/ך 4 14(1803) : σε q

σύ		שׁמ/ו	4	14(3001)	σου]
σύ		ל/ך	4	15(0301)	σοι
					(ex corr o(a))] > a2 OL Thdt
σύ		נפשׁ	4	15(0902)	:+σου
					71
σύ		את שׁיבת/ך	4	15(1500)	σου
σύ		כלת/ך	4	15(2201)	σου]
					> B
σύ		אהבת/ך	4	15(2501)	σε]
					> OL(~?)
σύ		היא	4	15(3501)	+:σοι
					h(~)
σύ		ל/ך	4	15(4101)	σοι]
					> h(~) OL
συγγένεια		מ/משׁפחת	2	01(2200)	συγγενείας
συγγένεια		מ/משׁפחת	2	03(3100)	συγγενείας
σύν		את/ה	1	18(1302)	: σὺν
					dej
σύν		את דוד	X	00(0500)	+ σὺν
					ptvw
συναγωγή		שׁער	3	11(2503)	: συναγωγὴ
					h*
συναλλαγή		ה/תמורה	4	07(1502)	: συναλλαγῆς
					's'(b)
σύννυμφη		יבמת/ך	1	15(3404)	: συννύμφης
					bfhe2*(vid)
συννυμφίος		יבמת/ך	1	15(3403)	: συννυμφίου 1
σύννυμφος		יבמת/ך	1	15(1400)	σύννυμφός
σύννυμφος		יבמת/ך	1	15(3401)	συννύμφου]
					> 125
σύννυμφος		יבמת/ך	1	15(3402)	: συννύμφῳ
					r*
σφόδρα		מאד	1	13(2500)	+ σφόδρα
					Abckx OE OL(valde) OS(sub &)
σφόδρα		מ/כם	1	13(2800)	+ σφόδρα
					ir (see above)
σφόδρα		מאד	1	20(2900)	σφόδρα
σῴζω		הרע	1	21(3403)	: ἔσωσε
					125
σωρεύω		{...}	2	16(0704)	: σωρεύσατε
					glnowe2
τ'	)T DWD		X	00(1802)	:+τ' s
ταπεινόω		v= ענה	1	21(2801)	ἐταπείνωσέν]
ταπεινόω		הרע	1	21(3402)	: ἐταπείνωσέν h
ταράσσω		ו/ילפת	3	08(1200)	ἐταράχθη
τε		ו/יקרא	4	14(2700)	+ τε 1
τείνω	ἀπο	ישׁלם	2	12(0101)	ἀποτείσαι(B*)]
τέκνον		ה/זאת	4	12(3700)	+ τέκνα
					MNadefhijkpqrtuvya2b2
τελέω		כלו	2	21(2401)	τελέσωσιν]
τελέω		v= כלות	2	23(1303)	: τέλεσαι
					MNb2
τελέω		כלה	3	18(3601)	τελέσῃ]
τελέω		כלה	3	18(3603)	: τέλεσθει
					77

τελέω		כלה	3	18(3604)	: τέλεσαι d(vid)
τελέω	ἐκ	כלה	3	18(3605)	: ἐκτέλεση 18
τελέω	συν	כלו	2	21(2402)	: συντελέσωσιν ea2
τελέω	συν	v= כלות	2	23(1301)	συνετέλεσεν ABacx]
τελέω	συν	v= כלות	2	23(1302)	: συντέλεσαν glnoptvwe2 OC
τελέω	συν	v= כלות	2	23(1304)	: συντέλεσαι Δ(10)bdefhijkmqrsua2 OA(vid)
τελέω	συν	כלת/ו	3	03(3201)	συντελέσαι]
τελέω	συν	כלת/ו	3	03(3202)	: συντέλεσας c
τελέω	συν	כלת/ו	3	03(3203)	: συντέλεσεν 70
τελέω	συν	כלה	3	18(3606)	: συντελέσαι ptv
τελέω	συν	כלה	3	18(3607)	: συντελέση MNb'ghkmnua2b2
τελέω	συν	כלה	3	18(3608)	: συντελέσθη iqr
τελέω	συν	כלה	3	18(3609)	: συντελέσητε y
τέλλω	ἐν	צויתי	2	09(2100)	ἐνετειλάμην
τέλλω	ἐν	ו/יצו	2	15(0700)	ἐνετείλατο
τέλλω	ἐν	צותה	3	06(1401)	ἐνετείλατο]
τέλος		כלו	2	21(2403)	: τέλος s#sh f
τελός		את דוד	X	00(0300)	+ τελός Ab'ceil(b)npqtvwya2
τέρμα		את דוד	X	00(1300)	+ τέρμα l(c)
τεσσαρ...			0	00(0501)	+:τεσσαρ... e2
τίθημι		ו/תשת/הו	4	16(0701)	ἔθηκεν]
τίθημι		ו/תשת/הו	4	16(0703)	: ἔθετο ikqrub2
τίθημι	ἐπι	ו/שׂמת	3	03(1105)	: ἐπιθήσεις a2
τίθημι	ἐπι	ו/שׂמת	3	03(1106)	: ἐπιθήση b2
τίθημι	ἐπι	ו/ישת	3	15(2801)	ἐπέθηκεν]
τίθημι	ἐπι	ו/תשת/הו	4	16(0702)	: ἐπέθηκεν gn
τίθημι	περι	ו/שׂמת	3	03(1101)	περιθήσεις]
τίθημι	περι	ו/שׂמת	3	03(1102)	: περιθήσης d
τίθημι	περι	ו/שׂמת	3	03(1103)	: περιθήσει Ahmnoe2
τίθημι	περι	ו/שׂמת	3	03(1104)	: περιθήση MNgiklpqrtuvwx*(vid)
τίθημι	προς	יעשׂה	1	17(1303)	: προσθείη (see below) a2
τίθημι	προς	יסיף	1	17(2000)	προσθείη

τίθημι	συν	זרה 3 02(2403)	: συντίθησιν MNhik(txt)mpqrtuvb2
τίθημι	ὑπο	ו/ישׁת 3 15(2802)	: ὑπέθηκε r
τιθηνίον		ל/אמנת 4 16(1802)	: τιθηνίον g*h
τιθηνός		ל/אמנת 4 16(1801)	τιθηνόν]
τίκτω		ילדתי 1 12(3801)	τέξομαι]
τίκτω		ילדתי 1 12(3802)	: τέξω s
τίκτω		ילדה 4 12(1201)	ἔτεκεν]
τίκτω		ילדה 4 12(1202)	: ἔτεκαν b2
τίκτω		ו/תלד 4 13(2801)	ἔτεκεν]
τίκτω		ילדת/ו 4 15(2601)	ἔτεκεν]
τίκτω		ילד 4 17(1800)	Ἐτέχθη
τιμάω	ἐπι	תגערו 2 16(2501)	ἐπιτιμήσετε]
τιμάω	ἐπι	תגערו 2 16(2502)	: ἐπιτιμήσεται AM*bchi(vid)noa2b2
τίνω	ἀπο	ישׁלם 2 12(0102)	: ἀποτίσαι AB(b)MNacdefghijklmnopqrstuvwxa2b2e2
τίνω	ἀπο	ישׁלם 2 12(0103)	: ἀποτήσαιτο b
τίνω	ἐπι	תגערו 2 16(2503)	: ἐπιτίσετε w(a? vid)
τίς		ל/מה 1 11(1300)	τί
τις		ה/עוד 1 11(1902)	: τι u
τίς		ה/זאת 1 19(3600)	+<τί Aq
τίς		ל/מה 1 21(1901)	τί] > OL(>8)
τίς		ל/מי 2 05(1201)	Τίνος] > a*(>4)
τίς		ל/מי 2 05(1202)	: τίς MNa(b)defhijkmrsub2 OL
τις		ו/צמת 2 09(3201)	τι]
τίς		מדוע 2 10(2301)	Τί] > ghlnoqwe2 OC(ecce) OL
τίς		גם 2 21(0900)	+<τὶ dgloptvwe2
τίς		מי 3 09(0601)	Τίς]
τίς		מי 3 16(1601)	Τίς Aacgloxe2 OC OS] > B
τίς		מי 3 16(1602)	: τί MNbdefhijkmnpqrstuva2b2 OA OL
τις		פה 4 01(3800)	+ τις ig 's'(b)
τίς		אלמני 4 01(4701)	+:τίς gptve2 OS (+7)
τόπος		ה/מקום 1 07(0701)	τόπου] > b(>3)
τόπος		את ה/מקום 3 04(1500)	τόπον
τόπος		מקומ/ו 4 10(5200)	+ τόπου MNhyb2 71 OA OE 'a''s'(b)
τρέφω	δια	ו/ל/כלכל 4 15(1201)	διαθρέψαι]
τρίτος		שׁלשׁום 2 11(5401)	τρίτης]
τρίτος		שׁלשׁום 2 11(5402)	: τρίτην gla2

ὑδρεύω	ישׁאבון	2	09(4501)	ὑδρεύωνται]
ὑδρεύω	ישׁאבון	2	09(4502)	: ὑδρεύονται a
ὑδρεύω	ישׁאבון	2	09(4503)	: ὑδρεύσωνται MNhiprtva2b2
ὑδρεύω	ב/חמץ	2	14(4400)	+ ὑδρεύονται f(+16)
υἱός	בנ/יו	1	01(4301)	υἱοὶ] > a2(>4)
υἱός	בנ/יו	1	02(2701)	υἱοῖς] > o
υἱός	בנ/יה	1	03(2100)	υἱοὶ
υἱός	~ מ/שׁני	1	05(2300)	+ υἱῶν (~)abcx-OL-OS(~)
υἱός	ילד/יה= ~~~ ~	1	05(3301)	υἱῶν] > (~)abcx-OL-OS(~)
υἱός	בנים	1	11(2101)	υἱοὶ] > i* 30(~)
υἱός	ב/מע/י	1	11(2600)	+ υἱοί 30(~)
υἱός	תקוה	1	12(2702)	: υἱὸς y
υἱός	בנים	1	12(3900)	υἱούς
υἱός	בן	4	13(3000)	υἱόν
υἱός	ילדת/ו	4	15(2802)	: υἱὸν MNadehijklpqrstuvya2b2 OA
υἱός	בנים	4	15(4601)	υἱούς]
υἱός	בן	4	17(1900)	υἱὸς
ὑπάρχη		0	00(0400)	+ ὑπάρχη e2
ὑπάρχη	ל/י	2	21(3203)	: ὑπάρχη <u>b</u>chj
ὑπέρ	מ/כם	1	13(2600)	ὑπὲρ
ὑπέρ	מן	3	10(2301)	ὑπὲρ] > n
ὑπέρ	מ/מנ/י	3	12(2900)	ὑπὲρ
ὑπέρ	מ/שׁבעה	4	15(4201)	ὑπὲρ]
ὑπό	תחת	2	12(2601)	ὑπὸ]
ὑπόδημα	נעל/ו	4	07(2801)	ὑπόδημα]
ὑπόδημα	נעל/ו	4	08(1601)	ὑπόδημα]
ὑπόδημα	נעל/ו	4	08(1602)	: ὑποδήματος l
ὑπόδυμα	נעל/ו	4	07(2802)	: ὑπόδυμα b*n
ὑπόδυμα	ו/נתן	4	07(3300)	+ ὑπόδημα x
ὑπόδυμα	נעל/ו	4	08(1603)	: ὑπόδυμα c
ὑπόστασις	תקוה	1	12(2701)	ὑπόστασις]
υφη	כ/איפה	2	17(1903)	: υφη l (ιφη l*)
υφι	כ/איפה	2	17(1902)	: υφι im
Φαρεζ	פרץ	4	12(0902)	: Φαρεζ 241
Φαρες	פרץ	4	12(0901)	Φαρες]
Φάρες	פרץ	4	18(0600)	Φάρες
Φάρες	פרץ	4	18(0801)	Φάρες] > lu

φέρω		ו/תוצא	2	18(2603)	: ἐνέγκασα
					x OE
φέρω		הבי	3	15(0601)	Φέρε]
φέρω		הבי	3	15(0602)	: Φέρετε
					70
φέρω	ἐκ	ו/תוצא	2	18(2601)	ἐξενέγκασα]
φέρω	ἐκ	ו/תוצא	2	18(2602)	: ἐξενεγκοῦσα j
φθείρω	δια	אשחית	4	06(1501)	διαφθείρω]
					> n(>15)
φθείρω	δια	אשחית	4	06(1502)	: διαφθέρω
					76
φιλέω	κατα	ו/תשק	1	09(2200)	κατεφίλησεν
φιλέω	κατα	ו/תשק	1	14(1200)	κατεφίλησεν
φοβέω		תיראי	3	11(0700)	φοβοῦ
φρεύω	δια	ו/ל/כלכל	4	15(1202)	: διαφρεύσαι n
φρυκτός		קלי	2	14(6103)	: φρυκτά
					'a'(?)(b)
φυλή		מ/בית לחם	1	02(3900)	+ φυλῆς
					h (see OA-ed [de] tribu)
φυλή		שער	3	11(2501)	φυλὴ]
φυλή		ו/מ/שער	4	10(4801)	φυλῆς]
φωνέω		ו/יצבט	2	14(5702)	: ἐφώνησεν n
φωνή		קול/ך	1	09(2900)	φωνὴν
φωνή		קול/ך	1	14(0400)	φωνὴν
Χαιλεων		ל/כליון	4	09(2508)	: Χαιλεων A
Χαιλων		ו/כליון	1	02(3211)	: Χαιλων
					a2
χάρις		חן	2	02(2700)	χάριν
χάρις		חן	2	10(2600)	χάριν
χάρις		חן	2	13(0800)	χάριν
Χεελων		ל/כליון	4	09(2507)	: Χεελων
					18
χείρ		יד	1	13(3400)	χεὶρ
χείρ		מ/יד	4	05(1501)	χειρὸς]
					> m
χείρ		מ/יד	4	09(3101)	χειρὸς]
					> OL(>14)
χείρ		מחלון	4	10(0900)	+ χειρὸς k
Χελαιων		ו/כליון	1	02(3201)	Χελαιων
					ksx(α sup ras x(a))y]
Χελαιων		ו/כליון	1	05(1301)	Χελαιων
					Bksxy OC]
Χελαιων		ל/כליון	4	09(2501)	Χελαιων
					Bx] > OL(>14
Χελαιων		ו/מחלון	4	09(2806)	: Χελαιων
					(~)s(~)
Χελεων		ו/כליון	1	02(3202)	: Χελεων
					Abcoq
Χελεων		ו/כליון	1	05(1302)	: Χελεων
					Abcq
Χελεων		ל/כליון	4	09(2502)	: Χελεων
					br
Χελεων		ו/מחלון	4	09(2807)	: Χελεων
					(~)f-Thdt(~)

Χελιων	ו/כליון	1	02(3204)	: Χελιων f
Χελλαιον	ו/כליון	1	02(3208)	: Χελλαιον u
Χελλαιω	ל/כליון	4	09(2504)	: Χελλαιω u
Χελλαιω	ו/מחלון	4	09(2810)	: Χελλαιω (~)h*(~)
Χελλαιων	ו/כליון	1	02(3207)	: Χελλαιων MNadeghj
Χελλαιων	ו/כליון	1	05(1304)	: Χελλαιων MNadeghjmua2b2
Χελλαιων	ל/כליון	4	09(2503)	: Χελλαιων MNaikma2b2
Χελλαιων	ו/מחלון	4	09(2809)	: Χελλαιων (~)deh(b)j(~)
Χελλαων	ו/כליון	1	05(1305)	: Χελλαων 131
Χελλεων	ו/כליון	1	02(3209)	: Χελλεων imnprtvw(x?)e2
Χελλεων	ו/כליון	1	05(1306)	: Χελλεων inoprtvwe2
Χελλεων	ל/כליון	4	09(2505)	: Χελλεων cpqtvy
Χελλεων	ו/מחלון	4	09(2811)	: Χελλεων (~)gnoe2(~)
Χελλων	ו/כליון	1	02(3210)	: Χελλων b2 OA Anon(I)
Χελσων	ו/מחלון	4	09(2808)	: Χελσων (~)l(~)
Χελων	ו/כליון	1	02(3206)	: Χελων b'
χθές (ἐχθές)	תמול	2	11(5201)	ἐχθὲς]
χθές	תמול	2	11(5202)	: χθές B(b)bln
χορτάζω	ברוך	2	19(2601)	+:ἐχόρτασεν ghlnoptvwe2 Thdt (+9)
χορτάζω	ברוך	2	19(2602)	:+ἐχόρτασε k(+5)
χρίω	ו/סכת	3	03(0800)	+ χρίσῃ glnoptvwe2
ψυχή	ברוך	2	19(2700)	+ ψυχὴν ghklnoptvwe2 Thdt (+9)
ψυχή	נפשׁ	4	15(0800)	ψυχὴν
ψωμός	פת/ך	2	14(2601)	ψωμόν] > OL(>4)
Ωβηδ	עובד	4	17(2801)	Ωβηδ]
Ωβηδ	את עובד	4	21(1301)	Ωβηδ]
Ωβηδ	ו/עובד	4	22(0201)	Ωβηδ]
Ωβηθ	ו/עובד	4	22(0203)	: Ωβηθ a2
Ωβηλ	עובד	4	17(2802)	: Ωβηλ l
Ωβηλ	את עובד	4	21(1302)	: Ωβηλ l
Ωβηλ	ו/עובד	4	22(0202)	: Ωβηλ l
ὧδε	יהוה	1	21(1400)	+ ὧδε 18 30

ὧδε	ו/כה	2 08(3101)	ὧδε] > OC OL
ὧδε	הלם	2 14(1501)	ὧδε] > (~)defjs(~) b2 OC(c)(>4)
ὧδε	ו/אכלת	2 14(1800)	: ὧδε > e(>10)
ὧδε	פה	4 01(3101)	ὧδε] > n
ὧδε	פה	4 02(1400)	ὧδε
ὧδε	ו/יאמר	4 04(5802)	: ὧδε 30
ὥρα	ל/עת	2 14(0800)	ὥρα
ὡς	כ/עשׂר	1 04(2101)	ὡς]
ὡς	ו/תעזבי =??	2 11(2702)	: ὡς a
ὡς	כ/אחת	2 13(3800)	ὡς
ὡς	כ/איפה	2 17(1801)	ὡς] > d(>19) b2 OA
ὡς	ב/שׂדה	2 22(2900)	+ ὡς N
ὡς	אשׂר	4 01(1702)	: ὡς y
ὡς	כ/רחל	4 11(3400)	ὡς
ὡς	ו/כ/לאה	4 11(3701)	ὡς] > bdefgjlnoa2e2 Thdt
ὡς	כ/בית	4 12(0601)	ὡς] > oe2(>4)
ὡς	ל/משׁיב	4 15(0402)	: ὡς b2
ὡσεί	כ/עשׂר	1 04(2102)	: ὡσεὶ goptvwe2
ὥστε	ו/כה	2 08(3103)	: ὥστε q
ὥστε	ל/הקים	4 05(4201)	ὥστε] > d(>11)
ὥστε	ה/מת	4 05(5400)	+ ὥστε l*(+11)
ὠτίον	אזנ/ך	4 04(0603)	: ὠτίον r

III.3 HEBREW-GREEK INDEX OF MAIN TEXT (WITHOUT VARIANTS)

Note: Dagesh is not included in Hebrew vocalization.

			Hebrew		Greek
+--	1	6	ו/שׁתי=	+--	καὶ αἱ δύο
+--	1	12		+--	ὅτι
+--	1	13		+--	δή
+--	1	14	ו/חשׁב=	+--	καὶ ἐπέστρεψεν
+--	1	14	אל=	+--	εἰς
+--	1	14	עמ/ה=	+--	τὸν λαὸν αὐτῆς
+--	1	15	נעמי:=	+--	Νωεμιν
+--	1	15	אל;=	+--	πρὸς
+--	1	15	רות:=	+--	Ρουθ
+--	1	15		+--	δή
+--	1	15	גם=	+--	καὶ
+--	1	15	את=	+--	σὺ
+--	1	18	נעמי:=	+--	Νωεμιν
+--	1	18	עוד=	+--	ἔτι
+--	1	20		+--	δή
+--	2	13	ה/נה=	+--	ἰδοὺ
+--	2	14	רות:=	+--	Ρουθ
+--	2	14	בעז:=	+--	Βοος
+--	2	18	רות:=	+--	Ρουθ
+--	2	19	רות:=	+--	Ρουθ
+--	2	21	אל=	+--	πρὸς
+--	2	21	חמו/ת/ה=	+--	τὴν πενθερὰν αὐτῆς
+--	2	23	רות:=	+--	Ρουθ
+--	3	5	רות:=	+--	Ρουθ
+--	3	6	ל/ה;=	+--	αὐτῇ
+--	3	10	בעז:=	+--	Βοος
+--	3	10		+--	θεῷ
+--	3	10		+--	ὅτι
+--	3	14	בעז:=	+--	Βοος
+--	3	15	ל/ה;=	+--	αὐτῇ
+--	3	16	ו/רות:=	+--	καὶ Ρουθ
+--	3	17	ל/ה;=	+--	αὐτῇ
+--	3	18		+--	οὐ
+--	4	1	אל/י;= י	+--	πρὸς αὐτὸν
+--	4	1	בעז:=	+--	Βοος
+--	4	2	בעז:=	+--	Βοος
+--	4	3	בעז:=	+--	Βοος
+--	4	3		+--	ἦ
+--	4	5		+--	καὶ αὐτήν
+--	4	7	ה/משׁפט=	+--	τὸ δικαίωμα
+--	4	7	ה/גאל=	+--	τῷ ἀγχιστεύον
+--	4	7	את גאלה/ו=	+--	τὴν ἀγχιστείαν
+--	4	8	גאלה/י=	+--	τὴν ἀγχιστείαν μου
+--	4	8	ו/יתן=	+--	καὶ ἔδωκεν
+--	4	8	ל/ו=	+--	αὐτῷ
~~	1	5	ו/מ/שׁנ י=	~~~ ~	καὶ ἀπὸ τῶν δύο
~~	1	5	ו/ילד/יה=	~~~ ~	{...τῶν} υἱῶν
~~	4	11	עדים=	~ ~~~	μάρτυρες
~~	4	13	ל/ה=	~ ~~~	αὐτῇ
~~	4	14	ה/יום=	~ ~~~	σήμερον
{p..}	1	2		{p..}	εἰς

Hebrew	Ch	V	Hebrew	Greek
{p..}	1	9	{p..}	ἐν
{~..}	1	16	{~..}	σύ
{p..}	1	19	{p..}	εἰς
{p..}	1	22	{p..}	εἰς
{~..}	2	8	{~..}	ἐν ἀγρῷ
{~..}	2	8	{~..}	σύ
{...}	2	13	/ו= {...}	καί
{...}	2	16	{...}	καίγε
{...}	2	16	{...}	παραβάλλοντες
{...}	2	16	{...}	παραβαλεῖτε
{...}	2	16	{...}	αὐτῇ
{כ~י..}	3	11	{כ~י..}	γάρ
{...}	3	18	{...}	οὐ
אָב	2	11	אבי/ך	τὸν πατέρα σου
אָב	4	17	אבי	πατὴρ
אָב	4	17	אבי	πατρὸς
אָדֹן	2	13	ארנ/י	κύριε
אָהֵב	4	15	אהבת/ך	ἀγαπήσασά σε
אַז	2	7	מ/אז	ἀπὸ
אֹזֶן	4	4	אזנ/ך	τὸ οὖς σου
אָח	4	3	ל/אח/י/נו	τοῦ ἀδελφοῦ ἡμῶν
אָח	4	10	אח/י/ו	τῶν ἀδελφῶν αὐτοῦ
אֶחָד	1	4	ה/אחת	τῇ μιᾷ
אֶחָד	2	13	כ/אחת	ὡς μία
אַחַז	3	15	ו/אחז/י	---
אַחַז	3	15	ו/תאחז	καὶ ἐκράτησεν
אַחַר	1	16	מ/אחר/י/ך	ὄπισθέν σου
אַחַר	2	2	אחר	κατόπισθεν
אַחַר	2	9	אחר/י/הן	κατόπισθεν αὐτῶν
אַחַר	4	4	אחר/י/ך	μετὰ σέ
אַחַר	2	8	אחר	ἑτέρῳ
אַחַר	2	22	אחר	ἑτέρῳ
אַחֲרוֹן	3	10	ה/אחרון	τὸ ἔσχατον
אַחֲרֵי	1	15	אחר/י	ὀπίσω
אַחֲרֵי	2	7	אחר/י	ὄπισθεν
אַחֲרֵי	2	11	אחר/י	μετὰ
אַחֲרֵי	2	3	אחר/י	κατόπισθεν
אַחֲרֵי	3	10	אחר/י	ὀπίσω
אֵיךְ	3	18	אי/ך	πῶς
אַיִן	4	4	אי/ן	οὐκ ἔστιν
אֵיפָה	2	17	כ/איפה	ὡς οιφι
אֵיפֹה	2	19	איפה	ποῦ
אִישׁ	1	1	איש	ἀνὴρ
אִישׁ	1	2	ה/איש	τῷ ἀνδρὶ
אִישׁ	1	3	איש	ὁ ἀνὴρ
אִישׁ	1	5	ו/מ/איש/ה	{...ἀπὸ} τοῦ ἀνδρὸς αὐτῆς
אִישׁ	1	9	ה/איש/ה	ἀνδρὸς αὐτῆς
אִישׁ	1	11	ל/אנשים	εἰς ἄνδρας
אִישׁ	1	12	ל/איש/	ἀνδρί
אִישׁ	1	12	ל/איש/	ἀνδρὶ
אִישׁ	1	13	ל/איש/	ἀνδρί
אִישׁ	2	1	ל/איש/ה	τῷ ἀνδρὶ αὐτῆς
אִישׁ	2	1	איש	ὁ δὲ ἀνὴρ
אִישׁ	2	11	איש/ך	τὸν ἄνδρα σου

אִישׁ	2	19	ה/אישׁ	τοῦ ἀνδρός
אִישׁ	2	20	ה/אישׁ	ὁ ἀνὴρ
אִישׁ	3	3	ל/אישׁ	τῷ ἀνδρὶ
אִישׁ	3	8	ה/אישׁ	ὁ ἀνὴρ
אִישׁ	3	14	אישׁ	ἄνδρα
אִישׁ	3	16	ה/אישׁ	ὁ ἀνήρ
אִישׁ	3	18	ה/אישׁ	ὁ ἀνήρ
אִישׁ	4	2	אנשׁים	ἄνδρας
אִישׁ	4	7	אישׁ	ὁ ἀνὴρ
אכל	2	14	ו/אכלת	καὶ φάγεσαι
אכל	2	14	ו/תאכל	καὶ ἔφαγεν
אכל	3	3	ל/אכל ~ =ל/שׁתות	πιεῖν
אכל	3	7	ו/יאכל	καὶ ἔφαγεν
אֹכֶל	2	14	ה/אכל	τοῦ φαγεῖν
אַל	1	13	אל	μὴ
אַל	1	16	אל	μὴ
אַל	1	20	אל	μὴ
אַל	2	8	אל	μὴ
אַל	3	3	אל	μὴ
אַל	3	11	אל	μὴ
אַל	3	14	אל	μὴ
אַל	3	17	אל	μὴ
אֶל	1	7	אל	εἰς
אֶל	1	15	אל	πρὸς
אֶל	1	15	ו/אל	καὶ πρὸς
אֶל	1	16	אל אשׁר	ὅπου ἐὰν
אֶל	1	18	אל/יה	πρὸς αὐτὴν
אֶל	1	20	אל/יהן	πρὸς αὐτάς
אֶל	2	2	אל	πρὸς
אֶל	2	8	אל	πρὸς
אֶל	2	9	אל	εἰς
אֶל	2	10	אל/יו	πρὸς αὐτόν
אֶל	2	11	אל	πρὸς
אֶל	2	21	אל/י	πρός με
אֶל	2	22	אל	πρὸς
אֶל	3	5	אל/יה	πρὸς αὐτήν
אֶל	3	5	*z **אל/י	---
אֶל	3	16	אל	πρὸς
אֶל	3	17	*z **אל/י	πρός με
אֶל	3	17	אל	πρὸς
אֶל	4	11	אל	εἰς
אֶל	4	13	אל/יה	πρὸς αὐτήν
אֶל	4	14	אל	πρὸς
אֱלֹהִים	1	16	ו/אלה/יך	καὶ ὁ θεός σου
אֱלֹהִים	1	16	אלה/י	θεός μου
אֱלֹהִים	2	12	אלהי	θεοῦ
אֱלֹהִים	1	15	אלה/יה	τοὺς θεοὺς αὐτῆς
אֱלִימֶלֶךְ	1	2	אלימלך =:אבימלך	Αβιμελεχ
אֱלִימֶלֶךְ	1	3	אלימלך =:אבימלך	Αβιμελεχ
אֱלִימֶלֶךְ	2	1	אלימלך =:אבימלך	Αβιμελεχ
אֱלִימֶלֶךְ	2	3	אלימלך =:אבימלך	Αβιμελεχ
אֱלִימֶלֶךְ	4	3	ל/אלימלך =:אבימלך	τοῦ Αβιμελεχ
אֱלִימֶלֶךְ	4	9	ל/אלימלך =:אבימלך	τοῦ Αβιμελεχ
אֵלֶּה	3	17	ה/אלה	ταῦτα

אֵלֶּה	4	18		וְ/אלה	καὶ αὗται
אַלְמֹנִי	4	1		אלמני	κρύφιε
אֵם	1	8		אמ/ה	μητρὸς αὐτῆς
אֵם	2	11		וְ/אמ/ך	καὶ τὴν μητέρα σου
אֵם	2	21		אם	ἄν
אִם	3	10		אם	εἴτοι
אִם	3	10		וְ/אם	εἴτοι
אִם	3	12	z**	כי * אם	---
אִם	3	13		אם	ἐὰν
אִם	3	13		וְ/אם	ἐὰν ~ δὲ
אִם	3	18		כי אם	ἕως ἂν
אִם	4	4		אם	εἰ
אִם	4	4		וְ/אם	εἰ ~ δὲ
אָמָה	3	9		אמח/ך	ἡ δούλη σου
אָמָה	3	9		אמח/ך	τὴν δούλην σου
אָמֵן	4	16		לְ/אמנת	εἰς τιθηνόν
אָמְנָם	3	12		אמנם	ἀληθῶς
אָמֵץ	1	18		מתאמצת	κραταιοῦται
אָמַר	1	8		וְ/תאמר	καὶ εἶπεν
אָמַר	1	10		וְ/תאמר נה	καὶ εἶπαν
אָמַר	1	11		וְ/תאמר	καὶ εἶπεν
אָמַר	1	12		אמרתי	εἶπα
אָמַר	1	15		וְ/תאמר	καὶ εἶπεν
אָמַר	1	16		וְ/תאמר	εἶπεν ~ δὲ
אָמַר	1	19		וְ/תאמר נה	καὶ εἶπον
אָמַר	1	20		וְ/תאמר	καὶ εἶπεν
אָמַר	2	2		וְ/תאמר	καὶ εἶπεν
אָמַר	2	2		וְ/תאמר	εἶπεν ~ δὲ
אָמַר	2	4		וְ/יאמר	καὶ εἶπεν
אָמַר	2	4		וְ/יאמר ו	καὶ εἶπον
אָמַר	2	5		וְ/יאמר	καὶ εἶπεν
אָמַר	2	6		וְ/יאמר	καὶ εἶπεν
אָמַר	2	7		וְ/תאמר	καὶ εἶπεν
אָמַר	2	8		וְ/יאמר	καὶ εἶπεν
אָמַר	2	10		וְ/תאמר	καὶ εἶπεν
אָמַר	2	11		וְ/יאמר	καὶ εἶπεν
אָמַר	2	13		וְ/תאמר	ἡ ~ δὲ εἶπεν
אָמַר	2	14		וְ/יאמר	καὶ εἶπεν
אָמַר	2	15		לְ/אמר	λέγων
אָמַר	2	19		וְ/תאמר	καὶ εἶπεν
אָמַר	2	19		וְ/תאמר	καὶ εἶπεν
אָמַר	2	20		וְ/תאמר	καὶ εἶπεν
אָמַר	2	20		וְ/תאמר	καὶ εἶπεν
אָמַר	2	21		וְ/תאמר	καὶ εἶπεν
אָמַר	2	21		אמר	εἶπεν
אָמַר	2	22		וְ/תאמר	καὶ εἶπεν
אָמַר	3	1		וְ/תאמר	εἶπεν ~ δὲ
אָמַר	3	5		וְ/תאמר	εἶπεν ~ δὲ
אָמַר	3	5		תאמרי	εἴπης
אָמַר	3	9		וְ/יאמר	εἶπεν δέ
אָמַר	3	9		וְ/תאמר	ἡ ~ δὲ εἶπεν
אָמַר	3	10		וְ/יאמר	καὶ εἶπεν
אָמַר	3	11		תאמרי	εἴπης
אָמַר	3	14		וְ/יאמר	καὶ εἶπεν

אמר	3	15	ו/יאמר	καὶ εἶπεν
אמר	3	16	ו/תאמר	ἡ ~ δὲ εἶπεν
אמר	3	17	ו/תאמר	καὶ εἶπεν
אמר	3	17	אמר	εἶπεν
אמר	3	18	ו/תאמר	ἡ ~ δὲ εἶπεν
אמר	4	1	ו/יאמר	καὶ εἶπεν
אמר	4	2	ו/יאמר	καὶ εἶπεν
אמר	4	3	ו/יאמר	καὶ εἶπεν
אמר	4	4	אמרתי	εἶπα
אמר	4	4	ל/אמר	λέγων
אמר	4	4	ו/יאמר	ὁ ~ δὲ εἶπεν
אמר	4	5	ו/יאמר	καὶ εἶπεν
אמר	4	6	ו/יאמר	καὶ εἶπεν
אמר	4	8	ו/יאמר	καὶ εἶπεν
אמר	4	9	ו/יאמר	καὶ εἶπεν
אמר	4	11	ו/יאמרו	καὶ εἴποσαν
אמר	4	14	ו/תאמרנה	καὶ εἶπαν
אמר	4	17	ל/אמר	λέγουσαι
אָן	2	19	ו/אנ/ה	καὶ ποῦ
אֲנִי	1	21	אני	ἐγὼ
אֲנִי	4	4	ו/אני	κἀγὼ
אָנֹכִי	2	10	ו/אנכי	καὶ ἐγώ εἰμι
אָנֹכִי	2	13	ו/אנכי	{...καὶ} ἐγὼ
אָנֹכִי	3	9	אנכי	ἐγώ εἰμι
אָנֹכִי	3	12	אנכי	ἐγώ εἰμι
אָנֹכִי	3	13	אנכי	ἐγώ
אָנֹכִי	4	4	ו/אנכי	κἀγώ εἰμι
אָנֹכִי	4	4	אנכי	ἐγώ εἰμι
אסף	2	7	ו/אספתי	καὶ συνάξω
אֶפְרָתָה	4	11	ב/אפרתה	ἐν Εφραθα
אֶפְרָתִי	1	2	אפרתים	εφραθαῖοι
אֶרֶץ	1	1	ב/ארץ	ἐν τῇ γῇ
אֶרֶץ	1	7	ארץ	τὴν γῆν
אֶרֶץ	2	10	ארצ/ה	ἐπὶ τὴν γῆν
אֶרֶץ	2	11	ו/ארץ	καὶ τὴν γῆν
אֲשֶׁר	1	7	אשר	οὗ
אֲשֶׁר	1	8	כ/אשר	καθὼς
אֲשֶׁר	1	13	אשר	οὗ
אֲשֶׁר	1	16	אל אשר	ὅπου ἐὰν
אֲשֶׁר	1	16	ו/ב/אשר	καὶ οὗ ἐὰν
אֲשֶׁר	1	17	ב/אשר	καὶ οὗ ἐὰν
אֲשֶׁר	2	2	אשר	οὗ ἐὰν
אֲשֶׁר	2	3	אשר	τοῦ
אֲשֶׁר	2	9	אשר	οὗ ἐὰν
אֲשֶׁר	2	9	מ/אשר	ὅθεν ἂν
אֲשֶׁר	2	11	כל אשר	ὅσα
אֲשֶׁר	2	11	אשר	ὃν
אֲשֶׁר	2	12	אשר	πρὸς ὃν
אֲשֶׁר	2	17	את אשר	ἃ
אֲשֶׁר	2	18	את אשר	ἃ
אֲשֶׁר	2	18	את אשר	ἃ
אֲשֶׁר	2	19	את אשר	ποῦ
אֲשֶׁר	2	19	{עמ/ו...} אשר	μεθ᾽ οὗ
אֲשֶׁר	2	20	אשר	ὅτι

אֲשֶׁר	2	21	אשר ל/י	μου
אֲשֶׁר	2	21	אשר	ὃς
אֲשֶׁר	3	1	אשר	ἵνα
אֲשֶׁר	3	2	אשר	οὗ
אֲשֶׁר	3	4	אשר	ὅπου
אֲשֶׁר	3	4	את אשר	ἃ
אֲשֶׁר	3	5	אשר	ὅσα ἐὰν
אֲשֶׁר	3	6	אשר	ὅσα
אֲשֶׁר	3	11	אשר	ὅσα ἐὰν
אֲשֶׁר	3	15	אשר	τὸ
אֲשֶׁר	3	16	אשר	ὅσα
אֲשֶׁר	3	18	אשר	τοῦ
אֲשֶׁר	4	1	אשר	ὃν
אֲשֶׁר	4	3	אשר	ἥ ἐστιν
אֲשֶׁר	4	9	אשר	τὰ
אֲשֶׁר	4	9	אשר	ὅσα
אֲשֶׁר	4	11	אשר	οἱ
אֲשֶׁר	4	11	אשר	αἳ
אֲשֶׁר	4	12	אשר	ὃν
אֲשֶׁר	4	12	אשר	οὗ
אֲשֶׁר	4	14	אשר	ὃς
אֲשֶׁר	4	15	אשר	ἡ
אֲשֶׁר	4	15	אשר	ἥ
אִשָּׁה	1	1	ו/אשת/ו	καὶ ἡ γυνὴ αὐτοῦ
אִשָּׁה	1	2	אשת/ו	τῇ γυναικὶ αὐτοῦ
אִשָּׁה	1	4	נשים	γυναῖκας
אִשָּׁה	1	5	ה/אשה	ἡ γυνὴ
אִשָּׁה	1	8	אשה	ἑκάστη
אִשָּׁה	1	9	אשה	ἑκάστη
אִשָּׁה	3	8	אשה	γυνὴ
אִשָּׁה	3	11	אשת	γυνὴ
אִשָּׁה	3	14	ה/אשה	γυνὴ
אִשָּׁה	4	5	אשת	γυναικὸς
אִשָּׁה	4	10	אשת	τὴν γυναῖκα
אִשָּׁה	4	10	ל/אשה	εἰς γυναῖκα
אִשָּׁה	4	11	את ה/אשה	τὴν γυναῖκά σου
אִשָּׁה	4	13	ל/אשה	εἰς γυναῖκα
אִשָּׁה	4	14	ה/נשים	αἱ γυναῖκες
אֵת	1	6	את עמ/ו	τὸν λαὸν αὐτου
אֵת	1	10	את/ך	μετὰ σοῦ
אֵת	1	18	את/ה	μετ' αὐτῆς
אֵת	2	9	את ה/נערים	τοῖς παιδαρίοις
אֵת	2	11	את	μετὰ
אֵת	2	17	את אשר	ἃ
אֵת	2	18	את אשר	ἃ
אֵת	2	18	את אשר	ἃ
אֵת	2	19	את אשר	ποῦ
אֵת	2	20	את	μετὰ
אֵת	2	20	ו/את	καὶ μετὰ
אֵת	2	21	את כל	ὅλον
אֵת	2	23	את	μετὰ
אֵת	3	2	את	μετὰ
אֵת	3	2	את גרן	τὸν ἅλωνα
אֵת	3	4	את אשר	ἃ

Lemma			Hebrew	Greek
אֵת	3	16	אח כל	πάντα
אֵת	4	5	ו/מ/אח	καὶ παρὰ
אֵת	4	9	אח כל	πάντα
אֵת	4	9	ו/אח	καὶ
אֵת	4	11	אח ה/אשה	τὴν γυναῖκά σου
אֵת	4	11	אח בית	τὸν οἶκον
אֵת	4	16	אח ה/ילד	τὸ παιδίον
אֵת	4	19	אח רם	τὸν Αρραν
אֵת	4	20	אח נחשון	τὸν Ναασσων
אֵת	4	20	אח שלמה	τὸν Σαλμαν
אֵת	4	21	אח בעז	τὸν Βοος
אֵת	4	22	אח ישי	τὸν Ιεσσαι
אֵת	4	22	אח דוד	τὸν Δαυιδ
אַתְ	3	9	אח	εἶ σύ
אַתְ	3	10	אח	σὺ
אַתְ	3	11	אח	εἶ σύ
אַתְ	3	16	אח	εἶ
אַתָה	3	9	אחה	εἶ σύ
אַתָה	4	6	אחה	---
אַתֶם	4	9	אחם	ὑμεῖς
אַתֶם	4	10	אחם	ὑμεῖς
ב/	1	13	ב/י	ἐν ἐμοὶ
ב/	1	14	ב/ה	αὐτῇ
ב/	1	16	ב/י	ἐμοὶ
ב/	1	21	ב/י	με
ב/	2	16	ב/ה	αὐτῇ
ב/	2	22	ב/ך	σοι
ב/	3	15	ב/ה	---
ב/	3	15	ב/ה	αὐτό
בוא	1	2	ו/יבאו	καὶ ἤλθοσαν
בוא	1	19	בא/נה	τοῦ παραγενέσθαι αὐτὰς
בוא	1	19	כ/בא/נה	---
בוא	1	22	באו	παρεγενήθησαν
בוא	2	3	ו/חבוא	---
בוא	2	4	בא	ἦλθεν
בוא	2	7	ו/חבוא	καὶ ἦλθεν
בוא	2	12	באח	ἦλθες
בוא	2	18	ו/חבוא	καὶ εἰσῆλθεν
בוא	3	4	ו/באח	καὶ ἐλεύσῃ
בוא	3	7	ו/יבא	καὶ ἦλθεν
בוא	3	7	ו/חבא	ἡ ~ δὲ ἦλθεν
בוא	3	14	באה	ἦλθεν
בוא	3	15	ו/יבא	καὶ εἰσῆλθεν
בוא	3	16	ו/חבוא =באה	{...καὶ} εἰσῆλθεν
בוא	3	17	חבואי	εἰσέλθῃς
בוא	4	11	ה/באה	τὴν εἰσπορευομένη
בוא	4	13	ו/יבא	καὶ εἰσῆλθεν
בָחור	3	10	ה/בחורים	νεανιῶν
בֵין	1	17	ב/י/	ἀνὰ μέσον ἐμοῦ
בֵין	1	17	ו/בי/ן	καὶ {..d ἀνὰ μέσον} σοῦ
בֵין	2	15	בי/ן	ἀνὰ μέσον
בַיִת	1	8	ל/בית	εἰς οἶκον
בַיִת	1	9	בית	{..p ἐν} οἴκῳ
בַיִת	2	7	ה/בית =ב/שדה	ἐν τῷ ἀγρῷ

בַּיִת	4	11	בי/ת/ך	τὸν οἶκόν σου
בַּיִת	4	11	אח בית	τὸν οἶκον
בַּיִת	4	12	בי/ת/ך	ὁ οἶκός σου
בַּיִת	4	12	כ/בית	ὡς ὁ οἶκος
בֵּית לֶחֶם	1	1	מ/בית לחם	ἀπὸ Βαιθλεεμ
בֵּית לֶחֶם	1	2	מ/בית לחם	ἐκ Βαιθλεεμ
בֵּית לֶחֶם	1	19	בית לחם	{..p εἰς} Βαιθλεεμ
בֵּית לֶחֶם	1	19	בית לחם	---
בֵּית לֶחֶם	1	22	בית לחם	{..p εἰς} Βαιθλεεμ
בֵּית לֶחֶם	2	4	מ/בית לחם	ἐκ Βαιθλεεμ
בֵּית לֶחֶם	4	11	ב/בית לחם	ἐν Βαιθλεεμ
בכה	1	9	ו/תבכי נה	καὶ ἔκλαυσαν
בכה	1	14	ו/תבכי נה	καὶ ἔκλαυσαν
בִּלְתִּי	1	13	ל/בלתי	τοῦ μὴ
בִּלְתִּי	2	9	ל/בלתי	τοῦ μὴ
בִּלְתִּי	3	10	ל/בלתי	τὸ μὴ
בֵּן	1	1	בנ/י ו	{...οἱ} υἱοὶ αὐτοῦ
בֵּן	1	2	בנ/י ו	{...τοῖς} υἱοῖς αὐτοῦ
בֵּן	1	3	בנ/י ה	{...οἱ} υἱοὶ αὐτῆς
בֵּן	1	11	בנים	υἱοὶ
בֵּן	1	12	בנים	υἱούς
בֵּן	4	13	בן	υἱόν
בֵּן	4	15	בנים	υἱούς
בֵּן	4	17	בן	υἱὸς
בנה	4	11	בנו	ᾠκοδόμησαν
בֹּעַז	2	1	בעז	Βοος
בֹּעַז	2	3	ל/בעז	Βοος
בֹּעַז	2	4	בעז	Βοος
בֹּעַז	2	5	בעז	Βοος
בֹּעַז	2	8	בעז	Βοος
בֹּעַז	2	11	בעז	Βοος
בֹּעַז	2	14	בעז	Βοος
בֹּעַז	2	15	בעז	Βοος
בֹּעַז	2	19	בעז	Βοος
בֹּעַז	2	23	בעז	Βοος
בֹּעַז	3	2	בעז	Βοος
בֹּעַז	3	7	בעז	Βοος
בֹּעַז	4	1	ו/בעז	καὶ Βοος
בֹּעַז	4	1	בעז	Βοος
בֹּעַז	4	5	בעז	Βοος
בֹּעַז	4	8	ל/בעז	τῷ Βοος
בֹּעַז	4	9	בעז	Βοος
בֹּעַז	4	13	בעז	Βοος
בֹּעַז	4	21	ו/בעז	καὶ Βοος
בֹּקֶר	2	7	ה/בקר	πρωίθεν
בֹּקֶר	3	13	ב/בקר	τὸ πρωί
בֹּקֶר	3	13	ה/בקר	πρωί
בֹּקֶר	3	14	ה/בקר	πρωί
בקש	3	1	אבקש	ζητήσω
ברך	2	4	יברכ/ך	εὐλογήσαι σε
ברך	2	19	ברוך	εὐλογημένος
ברך	2	20	ברוך	εὐλογητός
ברך	3	10	ברוכה	εὐλογημένη
ברך	4	14	ברוך	εὐλογητὸς

Hebrew			Hebrew form	Greek
בַּת	1	11	בנח/י	θυγατέρες μου
בַּת	1	12	בנח/י	θυγατέρες μου
בַּת	1	13	בנח/י	θυγατέρες μου
בַּת	2	2	בח/י	θύγατερ
בַּת	2	8	בח/י	θύγατερ
בַּת	2	22	בח/י	θύγατερ
בַּת	3	1	בח/י	θύγατερ
בַּת	3	10	בח/י	θύγατερ
בַּת	3	11	בח/י	θύγατερ
בַּת	3	16	בח/י	θύγατερ
בַּת	3	18	בח/י	θύγατερ
גאל	2	20	מ/גאל/נו	ἐκ τῶν ἀγχιστευόντων ἡμᾶς
גאל	3	9	גאל	ἀγχιστεὺς
גאל	3	12	גאל	ἀγχιστεὺς
גאל	3	12	גאל	ἀγχιστεὺς
גאל	3	13	יגאל/ך	ἀγχιστεύσῃ σε
גאל	3	13	יגאל	ἀγχιστευέτω
גאל	3	13	ל/גאל/ך	ἀγχιστεῦσαί σε
גאל	3	13	ו/גאלתי/ך	ἀγχιστεύσω σε
גאל	4	1	ה/גאל	ὁ ἀγχιστευτὴς
גאל	4	3	ל/גאל	τῷ ἀγχιστεῖ
גאל	4	4	חגאל	ἀγχιστεύεις
גאל	4	4	גאל	ἀγχίστευε
גאל	4	4	יגאל	ἀγχιστεύεις
גאל	4	4	ל/גאול	τοῦ ἀγχιστεῦσαι
גאל	4	4	אגאל	ἀγχιστεύσω
גאל	4	6	ה/גאל	ὁ ἀγχιστεὺς
גאל	4	6	ל/גאול	ἀγχιστεῦσαι
גאל	4	6	גאל	ἀγχίστευσον
גאל	4	6	ל/גאל	ἀγχιστεῦσαι
גאל	4	8	ה/גאל	ὁ ἀγχιστεὺς
גאל	4	14	גאל	τὸν ἀγχιστέα
גאלה	4	6	אח גאלת/י	τὴν ἀγχιστείαν
גְאֻלָּה	4	7	ה/גאולה	τὴν ἀγχιστείαν
גִּבּוֹר	2	1	גבור	δυνατὸς
גדל	1	13	יגדלו	ἀδρυνθῶσιν
גור	1	1	ל/גור	τοῦ παροικῆσαι
גלה	3	4	ו/גלי/ת	καὶ ἀποκαλύψεις
גלה	3	7	ו/תגל	καὶ ἀπεκάλυψεν
גלה	4	4	אגלה	ἀποκαλύψω
גַם	1	5	גם	καίγε
גַם	1	12	גם	---
גַם	1	12	ו/גם	καὶ
גַם	2	8	ו/גם	καὶ
גַם	2	15	גם	καίγε
גַם	2	16	ו/גם	καὶ {d} (...καίγε}
גַם	2	21	גם	καίγε
גַם	3	12	ו/גם	καίγε
גַם	4	10	ו/גם	καίγε
גער	2	16	תגער/ו	ἐπιτιμήσετε
גֹרֶן	3	2	את גרן	τὸν ἄλωνα
גֹרֶן	3	3	ה/גרן	ἐπὶ τὸν ἄλω
גֹרֶן	3	6	ה/גרן	εἰς τὸν ἄλω
גֹרֶן	3	14	ה/גרן	εἰς τὸν ἄλωνα

הָלַךְ	1	18	לְ/לכת	τοῦ πορεύεσθαι
הָלַךְ	1	19	ו/תלכנה	ἐπορεύθησαν ~ δὲ
הָלַךְ	1	21	הלכתי	ἐπορεύθην
הָלַךְ	2	2	אלכה	πορευθῶ
הָלַךְ	2	2	לכי	πορεύου
הָלַךְ	2	3	ו/תלך	καὶ ἐπορεύθη
הָלַךְ	2	8	תלכי	πορευθῇς
הָלַךְ	2	9	ו/הלכת	καὶ πορεύσῃ
הָלַךְ	2	9	ו/הלכת	καὶ πορευθήσῃ
הָלַךְ	2	11	ו/תלכי	καὶ ἐπορεύθης
הָלַךְ	3	10	לכת	πορευθῆναί σε
הֲלֹם	2	14	הלם	ὧδε
הֵם	1	22	ו/המה	αὐταὶ ~ δὲ
הָמַם	1	19	ו/תהם	καὶ ἤχησεν
הִנֵּה	1	15	הנה	ἰδού
הִנֵּה	2	4	ו/הנה	καὶ ἰδοὺ
הִנֵּה	3	2	הנה	ἰδοὺ
הִנֵּה	3	8	ו/הנה	καὶ ἰδοὺ
הִנֵּה	4	1	ו/הנה	καὶ ἰδοὺ
הֵרָיוֹן	4	13	הריון	κύησιν
זֹאת	1	19	ה/זאת	αὕτη ἐστὶν
זֹאת	2	5	ה/זאת	αὕτη
זֹאת	4	7	ו/זאת	καὶ τοῦτο
זֹאת	4	7	ו/זאת	καὶ τοῦτο ἦν
זֹאת	4	12	ה/זאת	ταύτης
זֶה	2	7	זה	οὗ
זֶה	2	8	מ/זה	ἐντεῦθεν
זוּלָת	4	4	זולת/ך	πάρεξ σοῦ
זָקֵן	4	2	מ/זקני	ἀπὸ τῶν πρεσβυτέρων
זָקֵן	4	4	זקני	τῶν πρεσβυτέρων
זָקֵן	4	9	ל/זקנים	τοῖς πρεσβυτέροις
זָקֵן	4	11	ו/ה/זקנים	καὶ οἱ πρεσβύτεροι
זָקֵן	1	12	זקנתי	γεγήρακα
זָרָה	3	2	זרה	λικμᾷ
זֶרַע	4	12	ה/זרע	τοῦ σπέρματος
חָבַט	2	17	ו/תחבט	καὶ ἐρράβδισεν
חָדַל	1	18	ו/תחדל	ἐκόπασεν
חִטָּה	2	23	ה/חטים	τῶν πυρῶν
חָיָה	3	13	חי	ζῇ
חַיִּים	2	20	ה/חיים	τῶν ζώντων
חַיִל	2	1	חיל	ἰσχύι
חַיִל	3	11	חיל	δυνάμεως
חַיִל	4	11	חיל	δύναμιν
חֵיק	4	16	ב/חיק/ה	εἰς τὸν κόλπον αὐτῆς
חֶלְקָה	2	3	חלקת	τῇ μερίδι
חֶלְקָה	4	3	חלקת	τὴν μερίδα
חָמוֹת	1	14	ל/חמות/ה	τὴν πενθερὰν αὐτῆς
חָמוֹת	2	11	חמות/ך	τῆς πενθερᾶς σου
חָמוֹת	2	18	חמות/ה	ἡ πενθερὰ αὐτῆς
חָמוֹת	2	19	חמות/ה	ἡ πενθερὰ αὐτῆς
חָמוֹת	2	19	ל/חמות/ה	τῇ πενθερᾷ αὐτῆς
חָמוֹת	2	23	חמות/ה	τῆς πενθερᾶς αὐτῆς
חָמוֹת	3	1	חמות/ה	ἡ πενθερὰ αὐτῆς
חָמוֹת	3	6	חמות/ה	ἡ πενθερὰ αὐτῆς

חָמוֹת	3	16	חמות/ה	τὴν πενθερὰν αὐτῆς
חָמוֹת	3	17	חמות/ך	τὴν πενθεράν σου
חֹמֶץ	2	14	ב/חמץ	ἐν τῷ ὄξει
חֵן	2	2	חן	χάριν
חֵן	2	10	חן	χάριν
חֵן	2	13	חן	χάριν
חֶסֶד	1	8	חסד	ἔλεος
חֶסֶד	2	20	חסד/ו	τὸ ἔλεος αὐτοῦ
חֶסֶד	3	10	חסד/ך	τὸ ἔλεός σου
חָסָה	2	12	ל/חסות =ל/עשׂות	πεποιθέναι
חפץ	3	13	יחפץ	βούληται
חֲצִי	3	8	ב/חצי ה/לילה	ἐν τῷ μεσονυκτίῳ
חֶצְרוֹן	4	18	את חצרון	τὸν Εσρων
חֶצְרוֹן	4	19	ו/חצרון	Εσρων ~ δὲ
חָרַד	3	8	ו/יחרד	καὶ ἐξέστη
טבל	2	14	ו/טבלת	καὶ βάψεις
טוֹב	2	22	טוב	ἀγαθόν
טוֹב	3	13	טוב	ἀγαθόν
טוֹב	4	15	טובה	ἀγαθή
טֶרֶם	3	14	ב/טרם	πρὸ
יְבֵמֶת	1	15	יבמת/ך	ἡ σύννυμφός σου
יְבֵמֶת	1	15	יבמת/ך	τῆς συννύμφου σου
יָד	1	13	יד	χεὶρ
יָד	4	5	מ/יד	ἐκ χειρὸς
יָד	4	9	מ/יד	ἐκ χειρὸς
ידע	2	11	ידעת	ᾔδεις
ידע	3	3	תודעי	γνωρισθῇς
ידע	3	4	ו/ידעת	καὶ γνώσῃ
ידע	3	11	יודע	οἶδεν
ידע	3	14	יודע	γνωσθήτω
ידע	3	18	תדעין	ἐπιγνῶναί σε
ידע	4	4	*ו/אדע **ו/אדעה	καὶ γνώσομαι
יְהוּדָה	1	1	יהודה	τῆς Ιουδα
יְהוּדָה	1	2	יהודה	τῆς Ιουδα
יְהוּדָה	1	7	יהודה	Ιουδα
יְהוּדָה	4	12	ל/יהודה	τῷ Ιουδα
יְהוָה	1	6	יהוה	κύριος
יְהוָה	1	8	יהוה	κύριος
יְהוָה	1	9	יהוה	κύριος
יְהוָה	1	13	יהוה	κυρίου
יְהוָה	1	17	יהוה ~ =ל/י	μοι
יְהוָה	1	21	יהוה	ὁ κύριος
יְהוָה	1	21	ו/יהוה	καὶ κύριος
יְהוָה	2	4	יהוה	κύριος
יְהוָה	2	4	יהוה	κύριος
יְהוָה	2	12	יהוה	κύριος
יְהוָה	2	12	יהוה	κυρίου
יְהוָה	2	20	ל/יהוה	τῷ κυρίῳ
יְהוָה	3	10	ל/יהוה	τῷ κυρίῳ
יְהוָה	3	13	יהוה	κύριος
יְהוָה	4	11	יהוה	κύριος
יְהוָה	4	12	יהוה	κύριός
יְהוָה	4	13	יהוה	κύριος
יְהוָה	4	14	יהוה	κύριος

יוֹם	1	1	ב/ימי =ב/	ἐν ---
יוֹם	2	19	ה/יום	σήμερον
יוֹם	2	19	ה/יום	σήμερον
יוֹם	3	18	ה/יום	σήμερον
יוֹם	4	5	ב/יום	ἐν ἡμέρᾳ
יוֹם	4	9	ה/יום	σήμερον
יוֹם	4	10	ה/יום	σήμερον
יוֹם	4	14	ה/יום ~	~~~
יטב	3	1	ייטב	εὖ γένηταί
יטב	3	7	ו/ייטב	καὶ ἠγαθύνθη
יטב	3	10	היטבת	ἠγάθυνας
יכל	4	6	אוכל	δυνήσομαι
יכל	4	6	אוכל	δυνήσομαι
ילד	1	12	ילדתי	τέξομαι
ילד	4	12	ילדה	ἔτεκεν
ילד	4	13	ו/תלד	καὶ ἔτεκεν
ילד	4	15	ילדת/ו	ἔτεκεν αὐτόν
ילד	4	18	הוליד	ἐγέννησεν
ילד	4	19	הוליד	ἐγέννησεν
ילד	4	19	הוליד	ἐγέννησεν
ילד	4	20	הוליד	ἐγέννησεν
ילד	4	20	הוליד	ἐγέννησεν
ילד	4	21	הוליד	ἐγέννησεν
ילד	4	21	הוליד	ἐγέννησεν
ילד	4	22	הוליד	ἐγέννησεן
ילד	4	22	הוליד	ἐγέννησεν
יֶלֶד	1	5	ילד/יה ~	~~~
יֶלֶד	1	5	~ ~~~ =ילד/יה	{...τῶν} υἱῶν
יֶלֶד	4	16	את ה/ילד	τὸ παιδίον
יֶלֶד	4	17	ילד	ἐτέχθη
יסף	1	17	יסיף	προσθείη
יצא	1	7	ו/תצא	καὶ ἐξῆλθεν
יצא	1	13	יצאה	ἐξῆλθεν
יצא	2	18	ו/תוצא	καὶ ἐξενέγκασα
יצא	2	22	תצאי	ἐπορεύθης
ירא	3	11	תיראי	φοβοῦ
ירד	3	3	*ו/ירדתי **ו/ירדת	καὶ ἀναβήσῃ
ירד	3	6	ו/תרד	καὶ κατέβη
יֵשׁ	1	12	ישׁ	ἔστιν
יֵשׁ	3	12	ישׁ	ἔστιν
ישׁב	1	4	ו/ישׁבו	καὶ κατῴκησαν
ישׁב	2	7	שׁבת/ה =v	κατέπαυσεν
ישׁב	2	14	ו/תשׁב	καὶ ἐκάθισεν
ישׁב	2	23	ו/תשׁב	καὶ ἐκάθισεν
ישׁב	3	18	שׁבי	κάθου
ישׁב	4	1	ו/ישׁב	καὶ ἐκάθισεν
ישׁב	4	1	שׁבה	κάθισον
ישׁב	4	1	ו/ישׁב	καὶ ἐκάθισεν
ישׁב	4	2	שׁבו	καθίσατε
ישׁב	4	2	ו/ישׁבו	καὶ ἐκάθισαν
ישׁב	4	4	ה/ישׁבים	τῶν καθημένων
יִשַׁי	4	17	ישׁי	Ιεσσαι
יִשַׁי	4	22	את ישׁי	τὸν Ιεσσαι
יִשַׁי	4	22	ו/ישׁי	καὶ Ιεσσαι

יִשְׂרָאֵל	2	12	ישׂראל	Ισραηλ
יִשְׂרָאֵל	4	7	ב/ישׂראל	ἐν τῷ Ισραηλ
יִשְׂרָאֵל	4	7	ב/ישׂראל	ἐν Ισραηλ
יִשְׂרָאֵל	4	11	ישׂראל	Ισραηλ
יִשְׂרָאֵל	4	14	ב/ישׂראל	ἐν Ισραηλ
יָתַר	2	14	ו/תתר	καὶ κατέλιπεν
יתר	2	18	הותרה	κατέλιπεν
כֹּה	1	17	כה	τάδε
כֹּה	1	17	ו/כה	καὶ τάδε
כֹּה	2	8	ו/כה	ὧδε
כִּי	1	6	כי	ὅτι
כִּי	1	6	כי	ὅτι
כִּי	1	10	כי	---
כִּי	1	12	כי	διότι
כִּי	1	12	כי	ὅτι
כִּי	1	13	כי	ὅτι
כִּי	1	13	כי	ὅτι
כִּי	1	16	כי	ὅτι
כִּי	1	17	כי	ὅτι
כִּי	1	18	כי	ὅτι
כִּי	1	20	כי	ὅτι
כִּי	2	13	כי	ὅτι
כִּי	2	13	ו/כי	καὶ ὅτι
כִּי	2	21	כי	ὅτι
כִּי	2	22	כי	ὅτι
כִּי	3	9	כי	ὅτι
כִּי	3	11	כי	{...}
כִּי	3	11	כי	ὅτι
כִּי	3	12	כי	ὅτι
כִּי	3	12	z** כי *אם	---
כִּי	3	14	כי	ὅτι
כִּי	3	17	כי	ὅτι
כִּי	3	18	כי	γὰρ
כִּי	3	18	כי אם	ἕως ἂν
כִּי	4	4	כי	ὅτι
כִּי	4	6	כי	ὅτι
כִּי	4	9	כי	ὅτι
כִּי	4	15	כי	ὅτι
כֹּל	1	19	כל	πᾶσα
כֹּל	2	11	כל אשׁר	ὅσα
כֹּל	2	21	את כל	ὅλον
כֹּל	3	5	כל	πάντα
כֹּל	3	6	כ/כל	κατὰ πάντα
כֹּל	3	11	כל	πάντα
כֹּל	3	11	כל	πᾶσα
כֹּל	3	16	את כל	πάντα
כֹּל	4	7	כל	πᾶν
כֹּל	4	9	ו/כל	καὶ παντὶ
כֹּל	4	9	את כל	πάντα
כֹּל	4	9	כל	πάντα
כֹּל	4	11	כל	πᾶς
כלה	2	21	כלו	τελέσωσιν
כלה	2	23	v= כלות	οὗ συνετέλεσεν
כלה	3	3	כלת/ו	συντελέσαι αὐτὸν

כלה	3	3	כלח/ו	συντελέσαι αὐτὸν
כלה	3	3	כלח/ו	συντελέσαι αὐτὸν
כלה	3	18	כלה	τελέσῃ
כל׳	2	9	ה/כל׳ם	τὰ σκεύη
כל׳יון	1	2	ו/כל׳יון	καὶ Χελαιων
כל׳יון	1	5	ו/כל׳יון	καὶ Χελαιων
כל׳יון	4	9	ל/כל׳יון	ὑπάρχει τῷ Χελαιων
כלבל	4	15	ו/ל/כלבל	καὶ τοῦ διαθρέξαι
כלה	1	6	ו/כלח/יה	{...καὶ αἱ} νύμφαι αὐτῆς
כלה	1	7	כלח/יה	{...αἱ} νύμφαι
כלה	1	8	כלח/יה	{...ταῖς} νύμφαις αὐτῆς
כלה	1	22	כלח/ה	ἡ νύμφη αὐτῆς
כלה	2	20	ל/כלח/ה	τῇ νύμφῃ αὐτῆς
כלה	2	22	כלח/ה	τὴν νύμφην αὐτῆς
כלה	4	15	כלח/ך	ἡ νύμφη σου
כלם	2	15	תכל׳מו/ה	καταισχύνητε αὐτήν
כנף	2	12	כנפ/י׳	τὰς πτέρυγας αὐτοῦ
כנף	3	9	כנפ/ך	τὸ πτερύγιόν σου
כרת	4	10	יכרת	ἐξολεθρευθήσεται
ל/	1	4	ל/הם	ἑαυτοῖς
ל/	1	6	ל/הם	αὐτοῖς
ל/	1	9	ל/כם	ὑμῖν
ל/	1	9	ל/הן	αὐτάς
ל/	1	10	ל/ה	αὐτῇ
ל/	1	11	ל/י׳	μοι
ל/	1	11	ל/כם	ὑμῖν
ל/	1	12	ל/י׳	μοι
ל/	1	13	ל/הן	μὴ αὐτοὺς
ל/	1	13	ה/ל/הן	ἢ αὐτοῖς
ל/	1	13	ל/י׳	μοι
ל/	1	17	~ ל/י׳ = יהוה	κύριος
ל/	1	20	ל/י׳	με
ל/	1	20	ל/י׳	με
ל/	1	20	~ ל/י׳ =שׁד׳	ὁ ἱκανὸς
ל/	1	21	ל/י׳	με
ל/	1	21	ל/י׳	με
ל/	2	2	ל/ה	αὐτῇ
ל/	2	4	ל/ו	αὐτῷ
ל/	2	11	ל/ה	αὐτῇ
ל/	2	11	ל/י׳	μοι
ל/	2	14	ל/ה	αὐτῇ
ל/	2	14	ל/ה	αὐτῇ
ל/	2	16	ל/ה	αὐτῇ {d} {...αὐτῇ}
ל/	2	18	ל/ה	αὐτῇ
ל/	2	19	ל/ה	αὐτῇ
ל/	2	20	ל/ה	αὐτῇ
ל/	2	20	ל/נו	ἡμῖν
ל/	2	21	אשׁר ל/י׳	μου
ל/	2	21	ל/י׳	ὑπάρχει μοι
ל/	3	1	ל/ה	αὐτῇ
ל/	3	1	ל/ך	σοι
ל/	3	1	ל/ך	σοι
ל/	3	4	ל/ך	σοι
ל/	3	11	ל/ך	σοι

ל/	3	16	ל/ה	αὐτῇ
ל/	3	16	ל/ה	αὐτῇ
ל/	3	17	ל/י	μοι
ל/	4	4	ל/י	μοι
ל/	4	6	ל/י	ἐμαυτῷ
ל/	4	6	ל/ך	σεαυτῷ
ל/	4	8	ל/ך	σεαυτῷ
ל/	4	10	ל/י	ἐμαυτῷ
ל/	4	12	ל/ך	σοι
ל/	4	13	ל/ו	αὐτῷ
ל/	4	13	ל/ה ~	~~~
ל/	4	14	ל/ך	σοι
ל/	4	15	ל/ך	σοι
ל/	4	15	ל/ך	σοι
ל/	4	16	ל/ו	αὐτῷ
ל/	4	17	ל/ו	αὐτοῦ
לא	2	8	ה/לוא	οὐκ
לא	2	8	לא	οὐ
לא	2	9	ה/לוא =הנה	ἰδοὺ
לא	2	11	לא	οὐκ
לא	2	13	לא	---
לא	2	15	ו/לא	καὶ μὴ
לא	2	16	ו/לא	καὶ οὐκ
לא	2	20	לא	οὐκ
לא	2	22	ו/לא	καὶ οὐκ
לא	3	1	ה/לא	οὐ μὴ
לא	3	2	ה/לא	οὐχὶ
לא	3	13	לא	μὴ
לא	3	18	לא	{...οὐ} μὴ
לא	4	4	לא	μὴ
לא	4	6	לא	οὐ
לא	4	6	לא	οὐ
לא	4	10	ו/לא	καὶ οὐκ
לא	4	14	לא	οὐ
לאה	4	11	ו/כ/לאה	καὶ ὡς λειαν
לבב	2	13	לב	καρδίαν
לבב	3	7	לב/ו	ἡ καρδία αὐτοῦ
לחם	1	6	לחם	ἄρτους
לחם	2	14	מן ה/לחם	τῶν ἄρτων
לט	3	7	ב/לט	κρυφῇ
לילה	1	12	ה/לילה	---
לילה	3	2	ה/לילה	ταύτῃ τῇ νυκτί
לילה	3	8	ב/חצי ה/לילה	ἐν τῷ μεσονυκτ
לילה	3	13	ה/לילה	τὴν νύκτα
לין	1	16	תלי/ני	αὐλισθῇς
לין	1	16	אלי/ן	αὐλισθήσομαι
לין	3	13	לי/ני	αὐλίσθητι
לפת	3	8	ו/י/לפת	καὶ ἐταράχθη
לקח	4	2	ו/י/קח	καὶ ἔλαβεν
לקח	4	13	ו/י/קח	καὶ ἔλαβεν
לקח	4	16	ו/תקח	καὶ ἔλαβεν
לקט	2	2	ו/אלקטה	καὶ συνάξω
לקט	2	3	ו/תלקט	καὶ συνέλεξεν
לקט	2	7	אלקטה	συλλέξω

Hebrew			Hebrew form	Greek
לקט	2	8	ל/לקט	συλλέξαι
לקט	2	15	ל/לקט	τοῦ συλλέγειν
לקט	2	15	תלקט	συλλεγέτω
לקט	2	16	ו/לקטה	καὶ συλλέξει
לקט	2	17	ו/תלקט	καὶ συνέλεξεν
לקט	2	17	לקטה	συνέλεξεν
לקט	2	18	לקטה	συνέλεξεν
לקט	2	19	לקטת	συνέλεξας
לקט	2	23	ל/לקט	συλλέγειν
מאבי׳	1	4	מאביות	μωαβίτιδας
מאבי׳	1	22	ה/מואביה	ἡ μωαβῖτις
מאבי׳	2	2	ה/מואביה	ἡ μωαβῖτις
מאבי׳	2	6	מואביה	ἡ μωαβῖτίς
מאבי׳	2	21	ה/מואביה	---
מאבי׳	4	5	ה/מואביה	τῆς μωαβίτιδος
מאבי׳	4	10	ה/מאביה	τὴν μωαβῖτιν
מאר	1	13	מאר	---
מאר	1	20	מאר	σφόδρα
מדד	3	15	ו/ימד	καὶ ἐμέτρησεν
מדוע	2	10	מדוע	τί ὅτι
מדע	2	1	*מידע **מודע	ἀνὴρ γνώριμος
מדע	3	2	מדעת/נו	γνώριμος ἡμῶν
מה	1	11	ל/מה	καὶ ἵνα τί
מה	1	21	ל/מה	καὶ ἵνα τί
מואב	1	1	מואב	Μωαβ
מואב	1	2	מואב	Μωαβ
מואב	1	6	מואב	Μωαβ
מואב	1	6	מואב	Μωαβ
מואב	1	22	מואב	Μωαβ
מואב	2	6	מואב	Μωαβ
מואב	4	3	מואב	Μωαβ
מולדת	2	11	מולדת/ך	γενέσεώς σου
מות	1	3	ו/ימת	καὶ ἀπέθανεν
מות	1	5	ו/ימותו	καὶ ἀπέθανον
מות	1	17	תמות׳	ἀποθάνῃς
מות	1	17	אמות	ἀποθανοῦμαι
מות	1	17	ה/מות	θάνατος
מות	2	11	מות	τὸ ἀποθανεῖν
מחלון	1	2	מחלון	Μααλων
מחלון	1	5	מחלון	Μααλων
מחלון	4	9	ו/מחלון	καὶ τῷ Μααλων
מחלון	4	10	מחלון	Μααλων
מטפחת	3	15	ה/מטפחת	τὸ περίζωμα
מי	2	5	ל/מי׳	τίνος
מי	3	9	מי׳	τίς
מי	3	16	מי׳	τίς
מידע	2	1	*מידע **מודע	ἀνὴρ γνώριμος
מכר	4	3	מכרה =??	δέδοται
מלא	1	21	מלאה	πλήρης
מן	1	7	מן	ἐκ
מן	1	13	מ/כם	ὑπὲρ ὑμᾶς
מן	2	16	מן	ἐκ
מן	3	10	מן	ὑπὲρ
מן	3	12	מ/מנ/י׳	ὑπὲρ ἐμέ

עִם	1	11	עמ/י	μετ᾽ ἐμοῦ
עִם	1	22	עמ/ה	---
עִם	2	4	עמ/כם	μεθ᾽ ὑμῶν
עִם	2	6	עם	μετὰ
עִם	2	8	עם	μετὰ
עִם	2	12	מ/עם	παρὰ
עִם	2	19	עמ/ו	---
עִם	2	19	עמ/ו	{...}
עִם	2	21	עם	μετὰ
עִם	2	22	עם	μετὰ
עִם	4	10	מ/עם	ἐκ
עַם	1	6	את עמ/ו	τὸν λαὸν αὐτου
עַם	1	10	ל/עמ/ך	εἰς τὸν λαόν σου
עַם	1	15	עמ/ה	λαὸν αὐτῆς
עַם	1	16	עמ/ך	ὁ λαός σου
עַם	1	16	עמ/י	λαός μου
עַם	2	11	עם	λαὸν
עַם	3	11	עמ/י	λαοῦ μου
עַם	4	4	עמ/י	τοῦ λαοῦ μου
עַם	4	9	ה/עם	τῷ λαῷ
עַם	4	11	ה/עם	ὁ λαὸς
עמד	2	7	ו/תעמוד	καὶ ἔστη
עַמִּינָדָב	4	19	את עמינדב	τὸν Αμιναδαβ
עַמִּינָדָב	4	20	ו/עמינדב	καὶ Αμιναδαβ
עֹמֶר	2	7	ב/עמרים	ἐν τοῖς δράγμασιν
עֹמֶר	2	15	ה/עמרים	τῶν δραγμάτων
ענה	1	21	ענה =v	ἐταπείνωσέν
ענה	2	6	ו/יען	καὶ ἀπεκρίθη
ענה	2	11	ו/יען	καὶ ἀπεκρίθη
עֶרֶב	2	17	ה/ערב	ἑσπέρας
עֲרֵמָה	3	7	ה/ערמה	τῆς στοιβῆς
עָרְפָּה	1	4	ערפה	Ορφα
עָרְפָּה	1	14	ערפה	Ορφα
עָשִׁיר	3	10	עשׁיר	πλούσιος
עשׂה	1	8	*יעשׂ **יעשׂה	ποιῆσαι
עשׂה	1	8	עשׂיתם	ἐποιήσατε
עשׂה	1	17	יעשׂה	ποιῆσαι
עשׂה	2	11	עשׂית	πεποίηκας
עשׂה	2	19	עשׂית	ἐποίησας
עשׂה	2	19	עשׂתה	ἐποίησεν
עשׂה	2	19	עשׂיתי	ἐποίησα
עשׂה	3	4	תעשׂין	ποιήσεις
עשׂה	3	5	אעשׂה	ποιήσω
עשׂה	3	6	ו/תעשׂ	καὶ ἐποίησεν
עשׂה	3	11	אעשׂה	ποιήσω
עשׂה	3	16	עשׂה	ἐποίησεν
עשׂה	4	11	ו/עשׂה	καὶ ἐποίησαν
עֶשֶׂר	1	4	כ/עשׂר	ὡς δέκα
עֶשֶׂר	4	2	עשׂרה	δέκα
עֵת	2	14	ל/עת	ἤδη ὥρᾳ
עַתָּה	2	7	עתה =ערב	ἑσπέρας
עַתָּה	3	2	ו/עתה	καὶ νῦν
עַתָּה	3	11	ו/עתה	καὶ νῦν
עַתָּה	3	12	ו/עתה	καὶ ---

פגע	1	16	תפגעי	ἀπαντῆσαι
פגע	2	22	יפגעו	ἀπαντήσονταί
פֹּה	4	1	פה	ὧδε
פֹּה	4	2	פה	ὧδε
פְּלֹנִי	4	1	פלני	---
פֶּן	4	6	פן	μήποτε
פָּנִים	2	10	פנ/יה	πρόσωπον αὐτῆς
פָּנִים	4	7	ל/פנים	ἔμπροσθεν
פֹּעַל	2	12	פעל/ך	τὴν ἐργασίαν σου
פקד	1	6	פקד	ἐπέσκεπται
פרד	1	17	יפריד	διαστελεῖ
פֶּרֶץ	4	12	פרץ	Φαρες
פֶּרֶץ	4	18	פרץ	Φαρες
פֶּרֶץ	4	18	פרץ	Φαρες
פרשׂ	3	9	ו/פרשׂת	καὶ περιβαλεῖς
פַּת	2	14	פת/ך	τὸν ψωμόν σου
צבט	2	14	ו/יצבט	καὶ ἐβούνισεν
צֶבֶת	2	16	ה/צבתים	τῶν βεβουνισμένων
צַד	2	14	מ/צד	ἐκ πλαγίων
צוה	2	9	צויתי	ἐνετειλάμην
צוה	2	15	ו/יצו	καὶ ἐνετείλατο
צוה	3	6	צותה	ἐνετείλατο
צמא	2	9	ו/צמת	καὶ ὅ τι διψήσεις
קבר	1	17	אקבר	ταφήσομαι
קוֹל	1	9	קול/ן	τὴν φωνὴν αὐτῶν
קוֹל	1	14	קול/ן	τὴν φωνὴν αὐτῶν
קום	1	6	ו/תקם	καὶ ἀνέστη
קום	2	15	ו/תקם	καὶ ἀνέστη
קום	3	14	ו/תקם	ἡ ~ δὲ ἀνέστη
קום	4	5	ל/הקים	ὥστε ἀναστῆσαι
קום	4	10	ל/הקים	τοῦ ἀναστῆσαι
קים	4	7	ל/קים	τοῦ στῆσαι
קָלִי	2	14	קלי	ἄλφιτον
קנה	4	4	קנה	κτῆσαι
קנה	4	5	קנות/ך	τοῦ κτήσασθαί σε
קנה	4	5	*קניתי **קניתה	κτήσασθαί σε δεῖ
קנה	4	8	קנה	κτῆσαι
קנה	4	9	קניתי	κέκτημαι
קנה	4	10	קניתי	κέκτημαι
קָצֶה	3	7	ב/קצה	ἐν μερίδι
קָצִיר	1	22	קציר	θερισμοῦ
קָצִיר	2	21	ה/קציר	τὸν ἀμητόν
קָצִיר	2	23	קציר	τὸν θερισμὸν
קָצִיר	2	23	ו/קציר	καὶ ---
קצר	2	3	ה/קצרים	τῶν θεριζόντων
קצר	2	4	ל/קוצרים	τοῖς θερίζουσιν
קצר	2	5	ה/קוצרים	τοὺς θερίζοντας
קצר	2	6	ה/קוצרים	τοὺς θερίζοντας
קצר	2	7	ה/קוצרים	τῶν θεριζόντων
קצר	2	9	יקצרון	θερίζωσιν
קצר	2	14	ה/קוצרים	τῶν θεριζόντων
קרא	1	20	תקראנה	καλεῖτέ
קרא	1	20	קראן	καλέσατέ
קרא	1	21	תקראנה	καλεῖτέ

Hebrew			Form	Greek
קרא	4	11	ו/קרא	καὶ ἔσται
קרא	4	14	ו/יקרא	καὶ καλέσαι
קרא	4	17	ו/תקראנה	καὶ ἐκάλεσαν
קרא	4	17	ו/תקראנה	καὶ ἐκάλεσαν
קרב	2	20	קרוב	ἐγγίζει
קרב	3	12	קרוב	ἐγγίων
קרה	2	3	ו/יקר	καὶ περιέπεσεν
ראה	1	18	ו/תרא	ἰδοῦσα ~ δὲ
ראה	2	18	ו/תרא	καὶ εἶδεν
ראשׁון	3	10	ה/ראשׁון	τὸ πρῶτον
רות	1	4	רות	Ρουθ
רות	1	14	ו/רות	Ρουθ ~ δὲ
רות	1	16	רות	Ρουθ
רות	1	22	ו/רות	καὶ Ρουθ
רות	2	2	רות	Ρουθ
רות	2	8	רות	Ρουθ
רות	2	21	רות	Ρουθ
רות	2	22	רות	Ρουθ
רות	3	9	רות	Ρουθ
רות	4	5	רות	Ρουθ
רות	4	10	את רות	Ρουθ
רות	4	13	את רות	τὴν Ρουθ
רחל	4	11	כ/רחל	ὡς Ραχηλ
רחץ	3	3	ו/רחצת	σὺ ~ δὲ λούσῃ
רֵיקָם	1	21	ו/ריקם	καὶ κενὴν
רֵיקָם	3	17	ריקם	κενή
רָם	4	19	את רם	τὸν Αρραν
רָם	4	19	ו/רם	καὶ Αρραν
רֵעַ	3	14	את רע/הו	τὸν πλησίον αὐτοῦ
רֵעַ	4	7	ל/רע/הו	τῷ πλησίον αὐτοῦ
רָעָב	1	1	רעב	λιμὸς
רעע	1	21	הרע	ἐκάκωσέν
שׁאב	2	9	ישׁאבון	ὑδρεύωνται
שׁאר	1	3	ו/תשׁאר	καὶ κατελείφθη
שׁאר	1	5	ו/תשׁאר	καὶ κατελείφθη
שׁבלת	2	2	ב/שׁבלים	ἐν τοῖς στάχυσιν
שׁבע	4	15	מ/שׁבעה	ὑπὲρ ἑπτὰ
שׁבת	4	14	השׁבית	κατέλυσέ
שׁדי	1	20	שׁדי ~ =%/ב ׳	ἐν ἐμοὶ
שׁדי	1	21	ו/שׁדי	καὶ ὁ ἱκανὸς
שׁוב	1	6	ו/תשׁב	καὶ ἀπέστρεψαν
שׁוב	1	7	ל/שׁוב	τοῦ ἐπιστρέψαι
שׁוב	1	8	שׁבנה	ἀποστράφητε
שׁוב	1	10	נשׁוב	ἐπιστρέφομεν
שׁוב	1	11	שׁבנה	ἐπιστράφητε δή
שׁוב	1	12	שׁבנה	ἐπιστράφητε δή
שׁוב	1	15	שׁבה	ἀνέστρεψεν
שׁוב	1	15	שׁובי	ἐπιστράφητι
שׁוב	1	16	ל/שׁוב	ἢ ἀποστρέψαι
שׁוב	1	21	השׁיב/נ ׳	ἀπέστρεψέν με
שׁוב	1	22	ו/תשׁב	καὶ ἐπέστρεψεν
שׁוב	1	22	ה/שׁבה	ἐπιστρέφουσα
שׁוב	2	6	ה/שׁבה	ἡ ἀποστραφεῖσα
שׁוב	4	3	ה/שׁבה	τῇ ἐπιστρεφούσῃ